财务管理实务

王玉娟　阚春燕／主编
祁金祥　周剑飞　蔡亚南／副主编

立信会计出版社

图书在版编目(CIP)数据

财务管理实务 / 王玉娟,阚春燕主编. —上海:
立信会计出版社,2018.12
ISBN 978-7-5429-6011-5

Ⅰ.①财⋯ Ⅱ.①王⋯ ②阚⋯ Ⅲ.①财务管理
Ⅳ.①F275

中国版本图书馆 CIP 数据核字(2018)第 284190 号

策划编辑	何颖颖
责任编辑	何颖颖
封面设计	南房间

财务管理实务

Caiwu Guanli Shiwu

出版发行	立信会计出版社		
地　　址	上海市中山西路 2230 号	邮政编码	200235
电　　话	(021)64411389	传　　真	(021)64411325
网　　址	www.lixinaph.com	电子邮箱	lxaph@sh163.net
网上书店	www.shlx.net	电　　话	(021)64411071
经　　销	各地新华书店		
印　　刷	常熟市梅李印刷有限公司		
开　　本	787 毫米×1092 毫米	1/16	
印　　张	18.75		
字　　数	442 千字		
版　　次	2018 年 12 月第 1 版		
印　　次	2018 年 12 月第 1 次		
印　　数	1—3100		
书　　号	ISBN 978-7-5429-6011-5/F		
定　　价	42.00 元		

如有印订差错,请与本社联系调换

前　言

"财务管理"对会计专业以及经济管理类其他专业来说，是一门十分重要的课程。结合高职高专培养高技能型应用人才的教学要求，我们针对以往"财务管理""成本会计""管理会计""证券投资学"及"财务报表分析"等课程教学内容混杂重复的状况，进行了整合，在内容的拣选上分清主次，突出重点，循序渐进。本书结构分为两大部分——基础知识和实务，细分为五个项目，分别是财务管理基础知识、筹资管理实务、营运资金管理实务、投资管理实务、利润分配管理实务。每个项目分解为多个任务，用案例导入的方式激发学生学习兴趣，引出学习内容，最后进行案例解析。案例贯穿整本教材，力求实现教学内容的先进性、科学性和完整性。项目任务后附有丰富的知识检测和任务实训题，配备任务拓展题，增强学生的动手与实务操作技能。教材中不乏编者个人的理解和描述，力争使本书脉络清晰，通俗易懂。

本书主编王玉娟、阚春燕负责全书的整体框架结构设计和内容的编撰，副主编祁金祥、周剑飞、蔡亚南负责全书的配套习题的整理和全书的校验工作。同时，编者要感谢江苏省南通科技职业学院和南通职业大学经济管理学院其他老师给予的大力支持。

本教材可作为高职高专教学教材，也可作为会计人员在职培训和自学经济财务知识的良好助手，同时还可作为会计职称考试参考资料。

在本书的编写过程中，我们广泛参阅了国内外的教材和专著，借鉴了同行的其他教学研究成果，从中学到了很多的知识，限于篇幅，不能全部列出，仅在本书末列出部分参考文献，也在此向同行深表感谢。由于编者水平有限，加之编写时间仓促，书中难免有疏漏和不足之处，敬请广大读者批评指正！

编　者

2018 年 12 月

目　　录

项目一　财务管理基础知识

任务一　认识企业

【任务描述】　了解企业的含义和功能，熟悉企业各种组织形式的相关法律规定和优缺点。

企业是依法设立的，以营利为目的，运用各种生产要素（土地、劳动力、资本和技术等），向市场提供商品或服务，实行自主经营、自负盈亏、独立核算的法人或其他社会经济组织。企业的目标是创造财富（或价值）。企业在创造财富（或价值）过程中必须承担相应的社会责任。

知识点一　企业的功能

当今社会，企业作为国家经济细胞，发挥着越来越重要的功能。

（一）企业是市场经济活动的主要参与者

市场经济活动的顺利进行离不开企业的生产和销售活动，离开了企业的生产和销售活动，市场就成了无源之水、无本之木。创造价值是企业经营行为动机的内在要求，企业的生产状况和经济效益直接影响社会经济实力的增长和人民物质生活水平的提高,只有培育大量的充满生机和活力的企业,社会才能够稳定、和谐而健康地发展。

(二) 企业是社会生产和服务的主要承担者

社会经济活动的主要过程,即生产和服务过程,大多是由企业来承担和完成的。企业要组织社会生产,通过劳动者将生产资料(劳动工具等)作用于劳动对象,从而生产出商品,这个过程就是企业组织社会生产的过程,所以企业是社会生产的直接承担者。企业在组织社会生产的过程中必然要在社会上购买其他企业的商品,再把本企业的产品销售出去,形成服务(包括商品流通)的过程。离开了企业的生产和服务活动,社会经济活动就会中断或停止。

(三) 企业是经济社会发展的重要推动力量

企业为了在竞争中立于不败之地,就需要不断积极采用先进技术,这在客观上必将推动整个社会技术的进步。企业的发展对整个社会技术进步,有着不可替代的作用。加快企业技术进步,加速科技成果产业化培育,发展创新型企业,是企业发展壮大的重要途径。

知识点二 企业的组织形式

典型的企业组织形式有三种:个人独资企业、合伙企业以及公司制企业。

(一) 个人独资企业

个人独资企业是指由一个自然人投资,全部资产为投资人个人所有,全部债务由投资者个人承担的经济实体。

个人独资企业具有创立容易、经营管理灵活自由、不需要缴纳企业所得税等优点。但对于个人独资企业主而言,个人独资企业也有以下缺点:①需要业主对企业承担债务承担无限责任,当企业的损失超过业主最初对企业的投资时,需要用业主个人的其他财产偿债;②难以从外部获得大量资金用于经营;③个人独资企业所有权的转移比较困难;④企业的生命有限,将随着业主的死亡而自动消亡。

(二) 合伙企业

合伙企业是指由两个或两个以上的自然人(有时候也包括法人或其他组织)合伙经营的企业。它是由各合伙人遵循自愿、平等、公平、诚实信用原则订立合伙协议,共同出资、合伙经营、共享收益、共担风险的营利性组织。合伙企业分为普通合伙企业和有限合伙企业。

普通合伙企业由普通合伙人组成,合伙人对合伙企业债务承担无限连带责任。按照合伙企业法的规定,国有独资公司、国有企业、上市公司以及公益性的事业单位、社会团体不得成为普通合伙人。以专业知识和专门技能为客户提供有偿服务的专业服务机构,可以设立为特殊的普通合伙企业。一个合伙人或者数个合伙人在执业活动中因故意或重大过失造成合伙企业债务的,应当承担无限责任或者无限连带责任,其他合伙人以其在合伙企业中的财产份额为限承担责任。合伙人在执业活动中非因故意或者重大过失造成的合伙企业债务以及合伙企业的其他债务,由全体合伙人承担无限连带责任。合伙人执业过程中因故意或者重大过失造成的合伙企业债务,以合伙企业财产对外承担责任后,该合伙人应当按照合伙协议的约定对给合伙企业造成的损失承担赔偿责任。

有限合伙企业由普通合伙人和有限合伙人组成,普通合伙人对合伙企业承担债务无限连带责任,有限合伙人以其认缴的出资额为限对合伙企业债务承担有限责任。有限合伙企业应当至少有一个普通合伙人,由普通合伙人执行合伙事务。有限合伙人不执行合伙事务,不得对外代表有限合伙企业。有限合伙人转变为普通合伙人的,对其作为有限合伙人期间有限合伙企业发生的债务承担无限连带责任;普通合伙人转变为有限合伙人的,对其作为普通合伙人期间合伙企业发生的债务承担无限连带责任。

合伙企业的生产经营所得和其他所得,按照国家有关税收规定,由合伙人分别缴纳所得税。除业主不止一人外,合伙企业的优点和缺点与个人独资企业类似。此外,《中华人民共和国合伙企业法》规定普通合伙人对企业债务须承担无限连带责任。如果一个合伙人没有能力偿还其应分担的债务,其他合伙人须承担连带责任,即有责任替其偿还债务。法律还规定合伙人转让其所有权时需要取得其他合伙人的同意,有时甚至需要修改合伙协议。由于合伙企业与个人独资企业存在共同缺陷,所以一些企业尽管在刚成立时以独资或合伙的形式出现,但是在发展到一定阶段后都将转换成公司的形式。

(三) 公司制企业

公司或称公司制企业,是指由投资人(自然人或法人)依法出资组建,有独立法人财产,自主经营、自负盈亏的法人企业。公司是经政府注册的营利性法人组织,并且独立于所有者和经营者。根据中国现行的公司法,其形式分为有限责任公司和股份有限公司两种。

1. 有限责任公司

有限责任公司简称有限公司,是指股东以其认缴的出资额为限对公司承担责任,公司以其全部财产为限对公司的债务承担责任的企业法人。根据《中华人民共和国公司法》(以下简称《公司法》)的规定,必须在公司名称中标明"有限责任公司"或者"有限公司"字样。

其中,国有独资公司是有限责任公司的一种特殊形式。它具体是指国家单独出资、由国务院或者地方人民政府授权本级人民政府国有资产监督管理机构履行出资人职责的有限责任公司。国有独资公司的公司章程由国有资产监督管理机构制订,或者由董事会制订后报国有资产监督管理机构批准。我国国有独资公司不设立股东会,由国有资产监督管理机构行使股东会职权。国有资产监督管理机构可以授权公司董事会行使股东会的部分职权,决定公司的重大事项,但公司的合并、分立、解散,增加或者减少注册资本和发行公司债券,必须由国有资产监督管理机构决定。

2. 股份有限公司

股份有限公司简称股份公司,是指其全部资本分为等额股份,股东以其所持股份为限对公司承担责任,公司以其全部财产对公司的债务承担责任的企业法人。

有限责任公司和股份有限公司的区别:①公司设立时对股东人数要求不同:有限责任公司的股东人数可以为 1 人或 50 人以下;股份有限公司应当有 2 人以上 200 以下为发起人。②股东的股权表现形式不同:有限责任公司的权益总额不作等额划分,股东的股权是通过投资人所拥有的比例来表示的;股份有限公司的权益总额平均划分为相等的股份,股东的股权是用持有多少股份来表示的。③股份转让限制不同:有限责任公司不发行股票,对股东只发放一张出资证明书,股东转让出资需要由股东会或董事会讨论通过;股份有限公司可以发行股票,股票可以依法转让。

公司制企业的优点有:①容易转让所有权。公司的所有者权益被划分为若干股权份额,每个份额可以单独转让。②有限债务责任。公司债务是法人的债务，不是所有者的债务，所有者对公司承担的责任以出资额为限。当公司资产不足以偿还其所欠债务时，股东无需承担连带清偿责任。③公司制企业可以无限存续。一个公司在最初的所有者和经营者退出后仍然可以继续存在。④公司制企业融资渠道较多，更容易筹集所需资金。

公司制企业的缺点有：①组建公司成本高。《公司法》对于设立公司的要求比设立个人独资或合伙企业复杂，并且需要提交一系列法律文件，花费的时间较长。公司成立后，政府对其监管比较严格，需要其定期提交各种报告。②存在代理问题。所有者和经营者分开以后，所有者成为委托人，经营者成为代理人，代理人可能为了自身利益而伤害委托人利益。③双重课税。公司作为独立的法人，其利润需要缴纳企业所得税，企业利润分配给股东，股东还需缴纳个人所得税。

以上三种形式的企业组织形式中，个人独资企业占企业总数的比重很大，但是绝大部分的商业资金是由公司制企业控制的。因此财务管理通常把公司理财作为讨论的重点，除非特别说明，本教材讨论的财务管理均指公司的财务管理。

 知识检测

一、单项选择题

下列不属于合伙企业特点的是（　　）。

　　A. 由两个或两个以上的自然人订立合伙协议设立

　　B. 不需要缴纳企业所得税

　　C. 每个合伙人对企业债务承担有限责任

　　D. 较难从外部获得大量资金用于经营

二、多项选择题

1. 下列属于公司制企业优点的有（　　）。

　　A. 容易转让所有权　　　　　　　　B. 承担有限债务责任

　　C. 容易筹集所需资金　　　　　　　D. 组建成本低

2. 在当今社会，企业作为国家经济细胞，发挥着越来越重要的功能。这主要表现为（　　）。

　　A. 企业是市场经济活动的主要参与者

　　B. 企业是国家税收的主要来源

　　C. 企业是社会生产和服务的主要承担者

　　D. 企业是经济社会发展的重要推动力量

三、判断题

1. 企业是一个契约性组织，它是从事生产、流通、服务等经济活动，以生产或服务满足社会需要，实行自主经营、独立核算、依法设立的一种营利性的经济组织。　　（　　）

2. 甲现在想要设立新公司，考虑到风险因素，不愿承担无限的责任，当不想经营时，能容易地转让所有权，所以甲应采用公司制形式设立公司。　　（　　）

3. 个人独资企业占企业总数的比重很大，绝大部分的商业资金也是由个人独资企业控制的。　　（　　）

任务二 熟悉财务管理的内容

【任务描述】 了解财务管理的含义，理解财务管理的基本内容，懂得各种财务活动之间的联系以及财务活动与其他各种经济活动的联系。

财务管理就是管理财务，是利用价值形式对企业生产经营过程进行的管理，是企业组织财务活动、处理各方面财务关系的一项综合性管理工作，是企业管理的重要组成部分。

知识点一 财务活动

企业将拥有的资金用于购买生产经营所需的建筑物、设备、原材料等劳动资料和劳动对象；然后劳动者运用一定的劳动资料将劳动对象加工成新的产品，并将生产中消耗掉的劳动资料、劳动对象和劳动力的价值转移到产品中去，创造出新的价值；最后通过出售产品转移价值，使新创造的价值得以实现。

在企业生产经营过程中，商品不断地运动，其价值形态由一种形态转换为另一种形态，不断地发生变化，从最初的货币资金形态变化为储备资金形态，继而进入生产资金形态，完工后成为产品资金形态，出售后又恢复到货币资金形态，周而复始，不断循环，形成资金运动。

企业的资金运动是企业生产经营过程的价值方面，它以价值形式综合地反映着企业生产经营过程。资金运动是构成企业生产经营活动的一个相对独立的方面，具有自己的运动规律，这就是企业的财务活动。企业财务活动是以现金收支为主的企业资金收支活动的总称，包括资金的筹集、投放、使用、收回和分配等一系列活动。从整个过程上看，财务活动包括以下四个方面。

（一）筹资引起的财务活动

筹资活动是指企业为了满足内、外部的资金需要，筹集所需资金的过程。企业想要从事经营，前提是必须筹集到一定数量的资金，这也是企业资金运动的起点。企业资金可按来源分成性质不同的两类：一是来源于投资者的权益资金，即企业通过发行股票、吸收直接投资和使用留存收益转增资本等方式取得所需资金；二是来源于债权人的债务资金，企业可以通过向银行借款、发行债券、利用商业信用等方式取得所需资金。

筹资阶段资金的流入表现为企业筹集到的资金，资金的流出表现为企业偿还借款、支付利息和股息等，这些资金收付活动就是由于筹集资金而产生的财务活动。

在筹资过程中，企业一方面要确定筹资的规模，另一方面还要通过选择筹资渠道和筹资方式，确定合理的筹资结构，降低筹资的成本和风险，提高企业价值。

（二）投资引起的财务活动

企业筹集资金的目的是为了将资金用于生产经营活动取得盈利，不断增加企业价值。企业把筹集到的资金投资于企业内部购置固定资产和无形资产等，便形成企业的对内投资；企业把筹集到的资金投资于购买其他企业的股票、债券，或对其他企业进行直接投资，便形成企业的对外投资。

无论是企业对内投资还是对外投资,资金流出表现为投资需要的资金的支出;资金流入表现为企业变卖对内投资形成的各种资产或收回对外投资时产生的资金的收入。这些资金收付活动就是由于资金投放而产生的财务活动。

企业在投资过程中,必须考虑投资规模,同时还要考虑投资的方向,选择投资方式,确定合理的投资结构来提高投资的效益,降低投资风险。

(三) 经营引起的财务活动

在企业正常的经营过程中,资金流出表现为了满足企业日常营运的需要而垫支的资金,如采购材料、商品、低值易耗品以及支付工资和各种费用产生的资金流出;资金流入表现为销售取得收入收回资金,通过合理占用应付款项等方式形成的流入。这些资金收付活动就是由于经营活动而产生的财务活动。

企业营运资金的周转与生产经营周期具有一致性。在一定时期内,资金周转越快,资金利用效率就越高,就可能生产出更多的产品,取得更多的收入,获得更多的报酬。因此,加速资金周转,提高资金使用效率,是财务管理的主要内容之一。

(四) 分配引起的财务活动

分配是指对企业各种收入进行分割和分派的过程,狭义的分配仅指对企业净利润的分配。

企业将资金投放和使用后,会取得收入并实现资金的增值,即产生利润。收入补偿生产经营中的各种成本、费用、销售税金后若有剩余,为企业的息税前利润,即支付利息及缴纳所得税之前的收益。

息税前利润在支付债权人的利息以后,即税前利润;依法缴纳所得税后,即税后利润。税后利润是企业的净利润,可以弥补亏损以及提取公积金、公益金之后向投资者分配的利润。这个过程中的资金收付就是由利润分配而产生的财务活动。

【结论】 四项活动,即企业筹资管理、企业投资管理、营运资金管理和利润分配管理。相互联系、相互依存,共同构成完整的企业财务活动,这便是企业财务管理的基本内容。

知识点二 财务关系

企业财务关系是指企业在组织财务活动过程中与有关方面发生的经济利益关系。企业的财务活动,从表面上看是钱和物的增减变化;从本质上说,钱和物的增减变动反映的是人与人之间的经济利益关系。所以企业财务管理的实质就是处理好企业同各方面的财务关系。财务管理作为企业管理的一个不可或缺的组成部分,在企业管理中的地位和作用越来越重要。

在资金的筹集、投放、使用、回收和分配过程中,企业与企业内外部各方面有着广泛的联系。企业的财务关系可以概括为以下几个方面。

(一) 企业与投资者之间的财务关系

企业与投资者之间的财务关系主要是指投资者按照投资合同、协议和章程的约定向企业投入资金,企业按出资比例或合同、章程的约定向投资者支付投资报酬所形成的经济利益关系。企业与投资者之间的财务关系体现着所有权的性质,反映着经营权和所有权的关系。企业的投资者主要有:国家、法人单位、个人和外商。

（二）企业与受资者之间的财务关系

企业与受资者之间的财务关系主要是指企业以购买股票或直接投资的形式向其他企业投资,受资单位按规定分配给企业投资报酬所形成的经济利益关系。企业与受资者之间的财务关系体现着所有权的性质,反映着投资和受资的关系。

（三）企业与债权人之间的财务关系

企业与债权人之间的财务关系主要是指企业向债权人借入资金,并按借款合同的规定按时支付利息和归还本金所形成的经济利益关系。企业与债权人之间的财务关系反映着债务与债权的关系。企业的债权人主要有:债券持有人、贷款机构、商业信用提供者以及其他出借资金给企业的单位或个人。

（四）企业与债务人之间的财务关系

企业与债务人之间的财务关系主要是指企业将其资金以购买债券、提供借款或商业信用等形式出借给其他单位,并按约定的条件要求债务人支付利息和归还本金所形成的经济利益关系。企业与债权人之间的财务关系反映着债权与债务的关系。

（五）企业与税务机关之间的财务关系

企业与税务机关之间的财务关系主要是指企业按照国家税法规定依法缴纳流转税、所得税和其他各种税的过程中所形成的经济利益关系。企业与税务机关之间的财务关系反映的是依法纳税和依法征税的权利义务关系。

任何企业都要按照国家税法的规定及时、足额地缴纳各种税款,以保证国家财政收入的实现,满足社会各方面的需要,这既是企业对国家的贡献,又是企业对社会应尽的义务。

（六）企业内部各部门之间的财务关系

在实行企业内部经济核算制和内部经营责任制的前提下,企业内部各部门具有相对独立的资金定额和独立支配的费用限额,对各部门之间相互提供的产品或劳务需要进行计价结算。企业内部各部门之间的财务关系,是其在生产经营各环节中形成的资金结算关系,反映了企业内部各部门之间的利益关系。

（七）企业与职工之间的财务关系

企业与职工之间的财务关系主要是指企业按照职工提供的劳动数量和质量向其支付工资、津贴和奖金等劳动报酬,并按规定提取职工福利费和公益金以及为职工代垫款项等而形成的经济利益关系。企业与职工之间的财务关系反映了职工个人和企业在劳动成果上的分配关系。

 知识检测

一、单项选择题

1. 财务管理是企业组织财务活动,处理与各方面(　　)的一项经济管理工作。
   A. 筹资关系　　　B. 投资关系　　　C. 分配关系　　　D. 财务关系
2. 企业与政府的财务关系体现为(　　)。
   A. 债权债务关系　　　　　　　B. 强制和无偿的分配关系
   C. 资金结算关系　　　　　　　D. 风险收益对等关系

3. 企业同其债权人之间的财务关系反映的是( )。

A. 经营权和所有权关系   B. 债权债务关系

C. 投资与受资关系   D. 债务债权关系

二、判断题

1. 财务是指企业生产经营过程中的资金运动。 ( )

2. 进行财务管理就是对资金的使用进行管理。 ( )

3. 财务管理区别于其他管理的特点是侧重于价值管理,排除实物管理。 ( )

4. 财务活动的内容,同时也是企业财务管理的基本内容。 ( )

任务三　明确财务管理的目标

【任务描述】 财务目标具有导向作用、激励作用、凝聚作用和考核作用。在不同时期,不同理财环境下企业具有不同的财务目标。明确当前的财务管理目标决定着我们财务管理工作的努力方向。

 【案例导入】

佳洁公司是大中型上市公司,近日,公司的高级管理人员陆续从二级市场上购入该公司的社会公众股,平均每股购入价格为 10 元左右。公司还显示,购入股份最多的是该公司总经理宋佳洁,持股数量达 28 000 股,而购入股份最少的高级管理人员也持有 10 000 股。按照有关规定,上述人员只有在离职后 6 个月后,才能将所购入的股份抛出。

资料显示,佳洁公司经过半年多的清产核资,不良资产基本上得到剥离,留下的都是比较扎实的优质资产。在此基础上,2017 年 6 月,公司董事会提出,公司总经理、副总经理、财务负责人和董事会秘书等在 6 个月之内,必须持有一定数量的公司发行在外的社会公众股,并且规定如果在此期限内,高级管理人员没有完成上述持股要求,公司董事会将解除对其的聘任。

据总经理宋佳洁介绍,此次高级管理人员持股,可以说是公司董事会的一种强制行为,目的是为了增强高级管理人员对公司发展的使命感和责任感,让他们也来投资自己所管理的公司。公司取得好的发展,他们的资产就会增值;公司发展不好,就会直接影响到他们的切身利益。把公司高级管理人员的个人利益与公司利益紧密结合起来,有利于企业的快速健康发展。

思考:

1. 公司高级管理人员持股对公司的财务目标会产生什么影响?

2. 如何评价佳洁公司的高级管理人员持股?

财务管理目标又称理财目标,是指企业进行财务活动要达到的根本目的,是评价企业财务活动是否合理的基本标准。它是企业一切财务活动的出发点和归宿,决定着企业财务管理的基本方向。不同的财务管理目标会产生不同的财务管理运行机制,科学地设置财务管理目标,对优化理财行为、实现财务管理的良性循环具有重要意义。

知识点一 财务目标的层次性

企业财务目标在某一时期具有相对稳定性,同时具有层次性。财务管理目标之所以具有层次性,主要是因为财务管理的具体内容可以划分为若干层次。企业财务管理的基本内容可以划分为筹资管理、投资管理、营运资金管理和利润分配管理等几个方面,而每一个方面又可以再进行细分。例如,筹资管理可以再分为预测资金需要量、选择资金渠道、确定筹资方式和决定资金结构;投资管理可以再分为研究投资环境、确定投资方式和作出投资决策。财务管理内容的这种层次化和细分化,使财务管理目标成为一个由总体目标、分部目标和具体目标三个层次构成的层次体系。

(一)总体目标

总体目标是指整个企业财务管理所要达到的目标。财务管理的总体目标决定着分部目标和具体目标,决定着整个财务管理过程的发展方向,是企业财务活动的出发点和归宿。

(二)分部目标

分部目标是指在总体目标的制约下,进行某一部分财务活动所要达到的目标。财务管理的分部目标会随着总体目标的变化而变化,它对总体目标的实现有重要作用。分部目标一般包括筹资管理目标、投资管理目标、营运资金管理目标、利润分配管理目标。

(三)具体目标

具体目标是在总体目标和分部目标的制约下,从事某项具体财务活动所要达到的目标。例如,企业发行股票要达到的目标、更新固定资产要达到的目标。

具体目标是财务管理目标层次体系中的基层环节,是总体目标和分部目标的落脚点,对保证总体目标和分部目标的实现有重要意义。

下面讨论的是财务管理的总体目标,分部目标和具体目标将在后面的项目任务中作介绍。

知识点二 财务管理的总体目标

明确财务管理目标是做好财务工作的前提。从根本上说,财务目标取决于企业发展目标,企业财务管理的总体目标应该与企业的总体目标具有一致性。另外,社会经济体制、经济模式和企业所采用的组织制度,也在很大程度上决定该企业财务目标的取向。根据现代企业财务管理理论和实践,最具有代表性的财务管理总体目标主要有以下几种观点。

(一)利润最大化

财务管理行为以追逐利润最大化作为财务管理的目标,其主要原因有三:一是人类从事生产经营活动的目的是创造更多的剩余产品,在商品经济条件下,剩余产品的多少可以用利润这个价值指标来衡量;二是在自由竞争的资本市场中,资本的使用权最终属于获利最多的企业;三是只有每个企业都最大限度地获得利润,整个社会的财富才可能实现最大化,从而带来社会的进步和发展。在社会主义市场经济条件下,企业作为自主经营的主体,所创造的利润是企业在一定时期全部收入和全部费用的差额,是按照收入和费用配比的原则加以计算的。它不仅可以直接反映企业创造剩余产品的多少,而且也从一定程度上反映出企业经济效益的高低和对社会贡献的大小。同时,利润是企业补充资本、扩大经营规模的源泉。因此,以利润最大化作为理财目标是有一定的道理的。企业追求利润最大化,就必须讲求经济核算,加强管理,改进技术,提高劳动生产率,降低产品成本。这些措施都有利于资源的合理配置和经济效益的提高。

利润最大化目标在实际中存在以下难以解决的问题:

(1)利润的计算建立在权责发生制基础之上,没有考虑资金的时间价值。

(2)没有反映创造的利润与投入资金之间的关系,因而不利于不同资金规模的企业或同一企业不同期间的比较。

(3)没有考虑风险因素,高额利润往往要承担过大的风险。

(4)片面追求利润最大化,可能导致企业短期行为,如忽视产品开发、人才开发、生产安全、技术装备水平、生活福利设施和履行社会责任等问题。

（二）资本利润率最大化

资本利润率是净利润与投入资本额的比率,在股份制企业中称为每股收益或每股利润,是净利润与普通股数的比值。所有者作为企业的投资者,其投资目标是取得资本收益,具体表现为净利润与出资额或股份数(普通股)的对比关系。这个目标的优点是把企业实现的利润额同投入的资本或股本数进行对比,能够说明企业的盈利水平,并且可以在不同资本规模的企业或同一企业不同期间之间进行比较,揭示其盈利水平的差异。但该指标仍然没有考虑资金时间价值和风险因素,也不能避免企业的短期行为。

（三）股东财富最大化

股东财富最大化是指企业财务管理以最大限度实现股东财富为目标。在上市公司,股东财富最大化是由其所拥有的股票数量和股票市场价格两方面决定的。在股票数量一定时,股票价格达到最高,股东财富也就达到最大。

与利润最大化相比,股东财富最大化的主要优点是:

(1)考虑了资金时间价值和风险因素,因为通常股价会对风险作出较敏感的反应。

(2)在一定程度上能避免企业短期行为,因为不仅目前的利润会影响股票价格,预期未来的利润同样会对股价产生重要影响。

(3)对上市公司而言,股东财富最大化目标比较容易量化,便于考核和奖惩。

以股东财富最大化作为财务管理目标存在以下缺点:

(1)通常只适用于上市公司,非上市公司难以应用,非上市公司无法像上市公同一样随时准确获得公司股价。

(2)股价受众多因素影响,特别是企业外部的因素,有些还可能是非正常因素。股价不能完全准确反映企业财务管理状况,如有的上市公司处于破产的边缘,但由于可能存在某些机会,其股票市价可能还在走高。

(3)它强调的更多的是股东利益,而对其他相关者的利益重视不够。

（四）企业价值最大化

企业价值最大化是指企业财务管理行为以最大限度实现企业的价值为目标。企业价值可以理解为企业所有者权益和债权人权益的市场价值，或者是企业所能创造的预计未来现金流量的现值。未来现金流量的预测包含了不确定性和风险因素，而现金流量的现值是以资金的时间价值为基础对现金流量进行折现计算得出的。所以，未来现金流量这一概念包含了资金的时间价值和风险价值两个方面，反映了企业潜在或预期的获利能力。

企业价值最大化目标要求企业采用最优的财务政策，充分考虑资金的时间价值、风险与报酬的关系，在保证企业长期稳定发展的基础上使企业总价值达到最大。

以企业价值最大化作为财务管理目标，具有以下优点：

（1）考虑了取得报酬的时间，并用时间价值的原理进行了计量。

（2）考虑了风险与报酬的关系。

（3）将企业长期、稳定的发展和持续的获利能力放在首位，能克服企业追求利润的短期行为，因为不仅当前利润会影响企业的价值，预期未来的利润对企业价值也会产生重大影响。

（4）用价值代替价格，避免了过多外界市场因素的干扰，更具有客观性。

但是，以企业价值最大化作为财务管理目标过于理论化，不易操作。再者对于非上市公司而言，只有对企业进行专门的评估才能确定其价值，而对企业资产的评估，由于受评估标准和评估方式的影响，很难做到客观和准确。

（五）相关者利益最大化

在现代企业是多边契约关系的总和的前提下，要确立科学的财务管理目标，需要考虑哪些利益关系会对企业发展产生影响。在市场经济中，企业的理财主体更加细化和多元化。股东作为企业所有者，在企业中拥有最高的权力，并承担着最大的义务和风险，但是债权人、员工、企业经营者、客户、供应商和政府也为企业承担着风险。因此，企业的利益相关者不仅包括股东，还包括债权人、企业经营者、客户、供应商、员工、政府等。在确定企业财务管理目标时，不能忽视这些相关利益群体的利益。

相关者利益最大化目标的具体内容包括如下几个方面：

① 强调风险与报酬的均衡，将风险限制在企业可以承受的范围内；

② 强调股东的首要地位，并强调企业与股东之间的协调关系；

③ 强调对企业经营者的监督和控制，建立有效的激励机制以便企业战略目标的顺利实施；

④ 关心本企业普通职工的利益，创造优美和谐的工作环境，提供合理恰当的福利待遇，培养职工长期努力为企业工作；

⑤ 不断加强与债权人的关系，培养可靠的资金供应者；

⑥ 关心客户的长期利益，以便保持销售收入的长期稳定增长；

⑦ 加强与供应商的协作，共同面对市场竞争，并注重企业形象的宣传，遵守承诺，讲究信誉；

⑧ 保持与政府部门的良好关系。

以相关者利益最大化作为财务管理目标，具有以下优点：

（1）有利于企业长期稳定发展。这一目标注重企业在发展过程中考虑并满足各利益相关者的利益关系,在追求长期稳定发展的过程中,站在企业的角度上进行投资研究,避免只站在股东的角度进行投资可能导致的一系列问题。

(2)体现了合作共赢的价值理念,有利于实现企业经济效益和社会效益的统一。由于兼顾了企业、股东、政府、客户等的利益,企业就不仅仅是一个单纯牟利的组织,还承担了一定的社会责任。企业在寻求其自身的发展和利益最大化过程中,由于需维护客户及其他利益相关者的利益,就会依法经营、依法管理,正确处理各种财务关系,自觉维护和切实保障国家、集体和社会公众的合法权益。

(3)这一目标本身是一个多元化、多层次的目标体系,较好地兼顾了各利益主体的利益。这一目标可使企业各利益主体相互作用、相互协调,并在使企业利益、股东利益达到最大化的同时,也使其他利益相关者利益达到最大化。这也就是将企业财富这块"蛋糕"做到最大的同时,保证每个利益主体所得的"蛋糕"更多。

(4)体现了前瞻性和现实性的统一。企业作为利益相关者之一,有其一套评价指标,如企业利益评价用未来报酬贴现值;股东的利益评价可以使用股票市价;债权人利益评价可以考虑风险和利息;工人利益评价可以使用工资福利;政府利益评价指标可以考虑社会效益等。不同的利益相关者有各自的指标,只要合理合法、互利互惠、相互协调,就可以实现所有相关者利益最大化。

上述各种财务管理目标都以股东财富最大化为基础。因为,企业是市场经济的主要参与者,企业的创立和发展都必须以股东的投入为基础,离开了股东的投入,企业就不复存在;并且,在企业的日常经营过程中,作为所有者的股东在企业中承担着最大的义务和风险,相应也需要享有最高的报酬,否则就难以为市场经济的持续发展提供动力。

当然,以股东财富最大化为核心和基础,还应该考虑利益相关者的利益,各国公司法都规定,服东权益是剩余权益,只有满足了其他方面的相关利益之后才会有股东的利益。企业必须缴税、给职工发工资、给顾客提供满意的产品和服务,然后才能获得税后收益。可见,其他利益相关者的要求优先于股东被满足,因此这种满足必须是有限度的,如果对其他利益相关者的要求不加限制,股东就不会有"剩余"了。除非股东确信投资会带来满意的回报,否则股东不会出资。没有股东财富最大化的目标,利润最大化、企业价值最大化以及相关者利益最大化的目标也就无法实现。因此,在强调公司承担应尽的社会责任的前提下,应当允许企业以股东财富最大化为目标。

知识点三　利益冲突与协调

在企业追求利益的过程中,与企业有关的不同利益主体会有不同的目标,这些目标之间有时会存在矛盾。协调不同利益主体之间的矛盾是财务管理必须解决好的问题。而在所有利益冲突协调中,协调所有者与经营者、所有者与债权人的利益冲突至关重要。

(一)所有者与经营者的利益冲突与协调

股东财富最大化直接反映了企业所有者的利益,与企业经营者没有直接的利益关系。对于所有者来讲,他所放弃的利益也就是经营者所得的利益。在西方,这种被放弃的利益被称作为所有者支付给经营者的享受成本。所有者和经营者矛盾的关键不在于享受成本的多少,而是在增加享受成本的同时,股东财富是否得到更多的提高。因而,经营者和所有者的主要矛盾就是经营者希望在提高股东财富的同时,能更多地增加享受成本;而所有者和股东则希望以较少的享受成本支出带来更高的股东财富。为了解决这一矛盾,企业应采取让经营者的报酬与绩效相联系的办法,并辅之以一定的监督措施,具体如下。

1. 解聘

解聘是一种通过所有者约束经营者的办法。所有者对经营者予以监督,如果经营者未能使股东财富达到最大,就解聘经营者。为此,经营者会因为害怕被解聘而努力实现财务管理目标。

2. 接收

接收是一种通过市场约束经营者的办法。如果经营者经营决策失误、经营不力,未能采取一切有效措施使股东财富提高,该公司就可能被其他公司强行接收或吞并,经营者相应也会被解雇。为此,经营者为了避免这种接收,必须采取一切措施提高股票市价。

3. 激励

激励是将经营者的报酬与其绩效挂钩,使经营者自觉采取能满足股东财富最大化的措施。激励有两种基本方式:

(1)"股票期权"方式。它是允许经营者以固定的价格购买一定数量的公司股票,股票的价格越是高于固定价格,经营者所得的报酬就越多。经营者为了获得更大的股票涨价益处,就会主动采取能够提高股价的行动。

(2)"绩效股"形式。它是公司运用每股收益、资产收益率等指标来评价经营者的业绩,视其业绩的大小给予经营者数量不等的股票作为报酬。如果公司的经营业绩未能达到规定的目标,经营者也将丧失部分原先持有的"绩效股"。这种方式使经营者不仅会为了多得"绩效股"而不断采取措施提高公司的经营业绩,而且为了使每股市价最大化,也会采取各种措施使股票市价稳定上升。

(二)所有者与债权人的利益冲突与协调

所有者的财务目标可能与债权人期望实现的目标发生矛盾。首先,所有者可能要求经营者改变举债资金的原定用途,将其用于风险更高的项目,这会增大偿债的风险,债权人的负债价值也必然会降低。高风险的项目一旦成功,额外的利润就会被所有者独享;但若失败,债权人却要与所有者共同承担损失,对债权人来说风险与收益是不对称的。其次,所有者或股东可能未征得现有债权人的同意,而要求经营者发行新的债券或举借新债,因为相应的偿债风险增加,会使旧债券或老债券的价值降低。

为了协调所有者与债权人的上述矛盾,通常可以采取以下方式:

1. 限制性借债

债权人通过事先规定借款用途限制、借款担保条款和借款信用条件,使所有者不能通过以上两种方式削弱债权人的债权价值。

2. 收回借款或停止借款

当债权人发现企业有侵蚀其债权价值的意图时,采取收回债权和不给企业增加放款等方式,保护自身的权益。

【案例解析】

1. 股东和公司高级管理人员本是不同的利益主体,他们之间的代理问题是财务关系的重点,而高级管理人员持股对公司财务管理起到了积极的作用。

(1) 它使高管利益和公司利益一致。不同利益主体的目标之间有时存在矛盾。协调不同利益主体之间的矛盾,是财务管理必须解决好的问题。佳洁公司通过高级管理人员持股,参与企业利润的分配,将经营者外部激励与他律变为自我激励和约束,经营者要实现个人利益最大化,也就能实现企业价值最大化的目标,两者目标是一致的。

(2) 它可以更好地保护小股东的利益。管理层持股一般比例不大,属于小股东,在经营决策时必然会照顾到小股东的利益。

(3) 减少管理层的短期行为。佳洁公司规定管理层必须认购公众股,而且管理层认购的股票,在离职6个月后才可以抛售。这样能将经营者和公司终身有效地"捆绑"在一起,维护公司的利益。

2. 佳洁公司管理人员持股的优势在于消除了股东和经营者利益的冲突,使得两者利益长期一致,保证了高管人员按股东的利益进行财务活动,降低了代理成本。高管持股也让公众放心投资公司。

高管持股过程中,企业应该对其持股比例进行限制,以免造成一股独大,控制了公司的局面,影响决策的正确性。因此必须对高管人员进行必要的约束和监督,加强对公司的整合。

 知识检测

任务拓展

一、单项选择题

1. 在协调企业所有者与经营者的关系时,通过所有者约束经营者的一种方法是( )。

    A. 解聘   B. 接收   C. 激励   D. 提高报酬

2. 作为企业财务目标,每股利润最大化较之利润最大化的优点是( )。

    A. 考虑了资金的时间价值因素   B. 反映了创造利润与投入资本的关系

    C. 考虑了风险因素   D. 能够避免企业的短期行为

3. 筹资管理的目标是( )。

    A. 追求资金成本最低   B. 获取最大数额的资金

    C. 以比较小的成本获取同样多的资金   D. 尽量使筹资风险达到最小

4. 将企业长期稳定的发展放在首位,以便创造更多的价值是( )财务管理目标所涉及的观点。

    A. 利润最大化   B. 企业规模最大化

    C. 企业价值最大化   D. 相关者利益最大化

5. 下列各项中,属于协调所有者和经营者矛盾的方法是( )。

    A. 限制性借债   B. 停止借款   C. 解聘   D. 收回借款

6. 下列属于通过采取激励方式协调所有者与经营者利益冲突的方法是(　　)。

   A. 解聘　　　　　　B. 股票期权　　　　　C. 接收　　　　　　D. 限制性借债

二、多项选择题

1. 下列各项中,可以来协调公司债权人与所有者矛盾的方法有(　　)。

   A. 规定借款用途　　　　　　　　　　B. 规定借款的信用条件

   C. 收回借款或不再贷款　　　　　　　D. 要求提供借款担保

2. 以企业价值最大化作为理财目标的优点有(　　)。

   A. 考虑了资金的时间价值和风险价值

   B. 有利于社会资源的合理配置

   C. 反映了对资产保值增值的要求

   D. 有利于克服管理上的短期行为

3. 所有者通过经营者损害债权人利益的常见形式有(　　)。

   A. 未经债权人同意发行新债券

   B. 未经债权人同意向银行借款

   C. 不尽量增加企业价值

   D. 投资于比债权人预计风险要高的新项目

4. 协调所有者与经营者之间矛盾的措施有(　　)。

   A. 解聘　　　　　　B. 接收　　　　　　C. 激励　　　　　　D. 规定借款的用途

5. 下列各项中,属于利润最大化目标优点的有(　　)。

   A. 利润可以直接反映企业创造的剩余产品的多少

   B. 考虑了资金时间价值

   C. 有利于企业资源的合理配置,有利于企业整体经济效益的提高

   D. 反映了创造的利润与投入的资本之间的关系

6. 在某公司财务目标研讨会上,张经理主张“贯彻合作共赢的价值理念,做大企业的财富蛋糕”;李经理认为“既然企业的绩效按年度考核,财务目标就应当集中体现当年利润指标”;王经理提出“应将企业长期稳定的发展放在首位,以便创造更多的价值”。上述观点涉及的财务管理目标有(　　)。

   A. 利润最大化　　　　　　　　　　　B. 企业规模最大化

   C. 企业价值最大化　　　　　　　　　D. 相关者利益最大化

三、判断题

1. 财务管理的目标会对财务管理的具体工作起决定性作用。　　　　　　　　(　　)

2. 相关者利益最大化目标强调股东的首要地位,并强调企业与股东之间的协调关系。

   　　　　　　　　　　　　　　　　　　　　　　　　　　　　　　　　(　　)

3. 协调相关利益群体的利益冲突,要把握的原则是尽可能使企业相关利益者的利益分配在数量上和时间上达到动态的协调平衡。　　　　　　　　　　　　　　　(　　)

4. 监督是协调所有者和经营者利益冲突中解聘方式的一种表现。　　　　　　(　　)

5. 从财务管理的角度看,企业价值是账面资产的总价值,企业价值可以理解为企业所有者权益和债权人权益的账面价值,或者是企业所能创造的预计未来现金流量的现值。(　　)

任务四　知晓财务管理的环节

【任务描述】　财务管理的环节也就是财务管理的方法和手段,各个环节相互联结,形成财务管理工作的完整过程,这也被称为财务管理循环。

财务管理的环节是指财务管理的工作步骤与一般程序。一般来说,企业财务管理包括以下五个环节。

知识点一　财务预测

财务预测是指根据财务活动的历史资料,考虑现实的要求和条件,对企业未来的活动和财务成果作出科学的预计和测算。本环节的任务在于:测算各项生产经营方案的经济效益,为决策提供可靠的依据;预计财务收支的发展变化情况,以确定经营目标;测定各项定额和标准,为编制计划、分解计划指标服务。财务预测环节包括明确预测目标、搜集相关资料、建立预测模型、确定财务预测结果等步骤。

知识点二　财务决策

财务决策是指财务人员按照财务目标的总体要求,利用专门方法对各种备选方案进行比较分析,并从中选出最佳方案的过程。在市场经济条件下,财务管理的核心是财务决策,财务预测是为财务决策服务的,决策成功与否直接关系到企业的兴衰成败。财务决策环节包括确定决策目标、提出备选方案、选择最优方案等步骤。

知识点三　财务预算

财务预算是指运用科学的技术手段和数量方法,对未来财务活动的内容及指标所进行的具体规划。财务预算是以财务决策确立的方案和财务预测提供的信息为基础编制的,是财务预测和财务决策的具体化,是控制财务活动的依据。财务预算的编制一般包括以下几个步骤:分析财务环境,确定财务指标;协调财务能力,组织综合平衡;选择预算方法,编制财务预算。

知识点四　财务控制

财务控制是指在财务管理的过程中,利用有关信息和特定手段,对企业财务活动施加影响或进行调节。实行财务控制是落实预算的任务、保证预算实现的有效措施。财务控制一般要经过以下步骤:制定控制标准,分解落实责任;实施追踪控制,及时调整误差;分析执行情况,搞好考核奖惩。

知识点五　财务分析

　　财务分析是指根据核算资料,运用特定方法,对企业财务活动过程及其结果进行分析和评价的一项工作。通过财务分析,企业可以掌握各项财务计划的完成情况,评价财务状况,研究和掌握企业财务活动的规律,做好财务预测、决策、预算和控制,提高企业管理水平,提高企业经济效益。财务分析包括以下步骤:占用资料,掌握信息;指标对比,揭露矛盾;分析原因,明确责任;提出措施,改进工作。

　　【结论】　财务管理环节也是财务管理的程序和职能,其中财务决策是核心职能,其他职能都是为财务决策服务的,实施财务决策必须先进行调查预测,根据决策制定相应财务预算,方案实施中应进行财务控制,实施后进行财务分析,寻找差异产生的原因,找到可行措施解决问题,为下一步的决策提供依据。

 **知识检测**

一、单项选择题

　　财务管理的主要环节是(　　　)。

　　A. 财务预测　　　　B. 财务计划　　　　C. 财务控制　　　　D. 财务决策

二、多项选择题

　　财务预测要做的工作包含(　　　)。

　　A. 明确预测目标　　　　　　　　　B. 搜集相关资料

　　C. 建立预测模型　　　　　　　　　D. 确定财务预测结果

任务五　熟悉财务管理环境

　　【任务描述】　企业财务活动是在一定的环境下进行的,必然受到环境的影响。企业的资金的取得、运用和收益的分配会受到环境的影响,所以,财务管理要获得成功,必须了解所面临的各种环境,包括微观财务管理环境和宏观财务管理环境。

　　财务管理环境也称理财环境,是指对企业财务活动产生影响的各种内部和外部因素。企业财务活动的运作是受理财环境制约的,企业的理财活动要与理财环境相协调,财务管理人员只有研究企业财务管理所处环境的现状和发展趋势,把握开展财务活动的有利条件和不利条件,才能为企业财务决策提供可靠的依据,制定出财务管理策略,更好地实现企业的财务管理目标。

　　财务管理环境按其所涉及的范围分为微观财务管理环境和宏观财务管理环境。

知识点一　微观财务管理环境

　　微观财务管理环境又称企业内部财务管理环境,是指存在于企业内部的影响企业财务管理活动的条件和因素。

（一）企业的组织形式

目前我国企业的组织形式按经济成分和投资主体的不同,划分为股份制企业、国有企业、集体企业、私营企业、中外合资经营企业、中外合作经营企业、外商独资经营企业及其他经济组织。企业组织形式的不同,决定了企业内部财务管理权限分配和职责划分的不同,其资金来源和利润分配有着较大的差别,其遵守的财务制度和法律法规等也不尽相同。因此企业在进行财务活动时,必须根据企业的组织形式来筹集资金、投放资金和分配收益,处理好企业与各方面的财务关系。

（二）企业资产结构和资金结构

企业资产规模是指企业所拥有的流动资产、固定资产、长期资产和无形资产的总和,它在一定程度上反映了企业的资金实力。大型企业资金实力雄厚,一般考虑大型的投资项目,以取得规模经济效应;而小型企业资金实力相对较弱,只能在小型项目内进行投资。

在注重企业资产规模的同时,还应关注其结构比例。企业的流动资产体现了其营运能力,固定资产则体现了企业的生产能力,企业的生产能力与营运能力必须相互配合,两者之间保持一定的比例,才能保证企业正常的生产经营活动。否则,固定资产过多,流动资产过少,会造成固定资产闲置;反之,流动资产过多,固定资产过少,又满足不了生产的需要。

企业除了安排好资金占用方面的结构比例外,还要安排好资金来源的结构比例,即安排好自有资金与借入资金的结构比例。企业必须根据自身的资产规模和结构比例,来规划自己的财务行为和进行财务决策,以便发挥资金的最大经济效益。

（三）企业生产经营状况

1. 企业生产状况

企业生产状况主要包括企业所处的生产条件和企业产品的生命周期。

企业按生产条件可以分为技术密集型企业、劳动密集型企业和资源开发型企业。技术密集型企业拥有较多的先进设备,固定资产比重大,需要筹集大量的长期资金。劳动密集型企业所需的人力较多,固定资产比重较小,需要筹集大量的短期资金。资源开发型企业需要投入大量资金用于勘探和开采,资金回收的时间长,需要筹集较多的长期资金。不同的生产条件要求有不同的财务行为与之相适应。

产品的生命周期通常分为初创期、成长期、成熟期和衰退期四个阶段。不管是对个别产品还是对整个企业而言,产品收入的多少、成本的高低、利润的大小以及企业资金周转的快慢都会因不同产品生命周期而存在较大的差别。因此,企业不仅要针对现有产品所处的阶段采取适当的措施,并且要有预见性地开发新产品,以保持企业在同行业中的领先地位和竞争优势。

2. 企业销售状况

企业销售状况反映了企业产品在销售市场上的竞争程度。企业所处的销售状况按其竞争程度可分为完全竞争市场、不完全竞争市场、寡头垄断市场和完全垄断市场四种。完全竞争市场的特点是企业数量很多,商品差异不大,企业产品的销售价格主要取决于市场供求关系。不完全竞争市场的特点是企业数量较多,但在商品的质量、服务和特性等方面存在一定的品牌差异,因此产品价格也会有一定程度的差异。那些生产规模大、质量优、服务好和品牌知名度高的企业在同行业中具有较强的竞争能力。寡头垄断市场的特点是企业数量很少,企业之间的商品质量、服务和特性等方面略有差异,个别企业对其产品价格有较强的控制能力。完全垄断市场的特点是该行业为独家生产经营,其产品价格与市场也为独家企业所控制。

企业销售状况对企业财务管理具有重要的影响。对处于完全竞争市场的企业,由于产品价格和销售量容易出现波动,风险较大,因此要慎重利用债务资金;对处于不完全竞争市场和寡头垄断市场的企业,应注重产品特色,创出名牌产品,应在产品开发、宣传和售后服务等方面投入较多资金;而对处于完全垄断市场的企业,由于其产品销路畅通,价格波动不大,利润较稳定,风险较小,可较多地利用债务资金。

(四) 企业内部管理水平

企业内部管理水平是指企业内部各项管理制度的制定及执行情况。从企业财务管理来看,企业内部有着完备、健全的管理制度并能得到严格执行,就意味着企业财务管理有着较好的基础,有章可循,企业财务管理工作的起点较高,容易走上规范化的轨道并带来理想的财务管理效果。反之,企业内部管理制度不健全,或者即使有制度但没有得到严格执行,必然会给企业财务管理工作带来困难。

【结论】 一般来说,财务管理的微观财务管理环境是企业可控的内部因素,可以通过企业自身的活动调整改变。

知识点二 宏观财务管理环境

宏观财务管理环境又称外部财务管理环境,是指存在于企业外部,作用于各个部门和地区,影响和制约企业财务活动的各种因素。其中,对企业财务管理产生影响的宏观环境因素主要有技术环境、经济环境、法律环境和金融环境。

(一) 技术环境

财务管理的技术环境是指财务管理得以实现的技术手段和技术条件,它决定了财务管理的效率和效果。目前我国进行财务管理所依据的会计信息是通过会计系统提供的,占企业经济信息总量的60%~70%。在企业内部,会计信息主要是提供给管理层决策使用,而在企业外部,会计信息则主要是为企业的投资者、债权人等提供服务。

目前,我国正全面推进会计信息化工作,全力打造会计信息化人才队伍,以求基本实现大型企、事业单位会计信息化与经营管理信息化的融合,进一步提升企、事业单位的管理水平和风险防范能力,做到数出一门、资源共享,便于不同信息使用者获取、分析和利用信息,进行投资和相关决策;基本实现以大型会计师事务所采用信息化手段对客户的财务报告和内部控制进行审计,进一步提升社会审计质量和效率;基本实现政府会计管理和会计监督的信息化,进一步提升会计管理水平和监督效能。全面推进会计信息化工作,将使我国会计信息化达到或接近世界先进水平。我国企业会计信息化的全面推进,必将促使企业财务管理的技术环境进一步完善和优化。

(二) 经济环境

经济环境会直接影响企业的财务活动,不同地域的经济发展水平、市场发育程度、经济资源、经济制度和经济政策是不完全相同的。

1. 经济体制

经济体制又称经济管理体制，是指在一定的社会制度下，生产关系的具体形式以及组织、管理和调节国民经济的体系、制度、方式和方法的总称。在市场条件下，国家赋予了企业自主权、经营权和决策权，企业的一切财务活动都要面向市场，企业根据自身情况开展财务活动。经济体制决定了企业的经营方式，从而影响了企业的财务行为和财务决策。

2. 经济发展水平

一个国家或地区的经济发展水平会影响到其范围内的企业财务管理的各个环节。经济发展增长速度快，各项建设方兴未艾，就给企业扩大规模、调整方向、打开市场，以及拓宽财务活动的领域带来了机遇。同时，由于高速发展中的资金短缺将长期存在，这又给企业财务管理带来严峻的挑战。经济发展速度慢，会使企业规模缩减，资金闲置。因此，企业财务工作管理者必须积极探索与经济发展水平相适应的财务管理模式。

市场经济条件下，经济发展与运行还带有一定的周期性（复苏、繁荣、衰退和萧条），在经济周期的不同阶段，企业应相应采取不同的财务管理策略。当下，我国的经济发展运行也呈现其特有的周期特征，带有一定的经济波动。因此，企业财务人员必须认识到经济周期的影响，掌握在经济发展波动中理财的本领。

3. 经济政策

我国正在对财税体制、金融体制、外汇体制、外贸体制、价格体制、投资体制、社会保障制度等进行改革。所有这些改革措施，都深刻地影响着我国的经济生活，也深刻地影响着我国企业的发展和财务活动的运行。例如，金融政策中货币的发行量、信贷规模的改变会影响企业投资的资金来源和投资的预期收益；财税政策会影响企业的资金结构和投资项目的选择等。国家对重点发展、优先扶持的行业，往往给予特殊优惠的政策，这样的企业发展前景较好，利润有望增加；而对限制发展的行业，往往会增加种种限制措施。可见，经济政策对企业财务的影响是非常大的。这就要求企业财务人员必须把握好经济政策，更好地为企业的经营理财活动服务。

4. 通货膨胀

通货膨胀是指货币购买力下降。一般而言，适度的通货膨胀对投资市场的发展是有利的，但过度的通货膨胀对经济发展会产生破坏作用。过度的通货膨胀不仅对消费者不利，而且会给企业财务管理带来不利的影响。通货膨胀主要表现在：资金需要量迅速增加、筹资成本升高、筹资难度增大、利润虚增等。

财务管理人员应当采取措施对过度的通货膨胀予以防范。在通货膨胀初期，货币面临贬值的风险，这时公司可以进行投资避免风险，实现资本保值；与客户签订长期购货合同，以减少物价上涨造成的损失；取得长期负债，保持资金成本的稳定。在通货膨胀持续期，公司可以采取比较严格的信用政策，减少公司债权；调整理财政策，防止或减少公司的资金流失等。

5. 市场竞争

在市场经济条件下，竞争无处不在。企业与企业之间、各产品之间、老产品与新产品之间，甚至在设备、技术、人才和管理等方面都存在着竞争，这是任何企业都无法回避的。

为了提高竞争力,求得生存和发展,企业必须使自己的产品、服务和质量等方面都优于其他企业,这就要求企业筹集足够的资金,大力研究与开发新产品、进行广告宣传、加强售后服务。投资成功会给企业带来机遇;投资失败则会使企业陷入困境,甚至破产。

(三) 法律环境

市场经济就是法制经济,企业的经济活动应该在一定的法律法规范围内进行。一方面,法律提供了企业从事经济活动所必须遵守的规范,从而对企业的经济行为进行约束;另一方面,法律也为企业合法从事各项经济活动提供了保障。影响财务管理的法律环境因素有企业组织形式的法律规定和税收法律规定等。

1. 组织法规

按《公司法》的规定,企业分为独资企业、合伙企业和公司制企业。不同类型的企业适用的法律有所不同,投资者的权利责任、公司投融资活动、收益分配方式、信息披露方式和公司治理结构也不同。了解企业组织形式,有助于企业财务管理活动的开展。

2. 税收法规

税收法规对企业的资金供应和税收负担有着重要的影响。国家通过各种税种的设置和税率的调整,来调节企业的生产经营活动。国家的税收制度是企业财务管理的重要外部条件。企业的财务决策应当适应税收政策的导向,合理安排资金投放,以获得最佳的经济效益。

3. 财务法规

《公司法》《中华人民共和国证券法》《中华人民共和国证券投资基金法》《中华人民共和国合同法》《企业财务通则》《中华人民共和国商业银行法》《中华人民共和国票据法》《中华人民共和国信托法》《中华人民共和国会计法》等从不同角度规范制约着公司筹资活动、投资活动和收益分配活动。

(四) 金融环境

金融环境是企业财务管理最主要的环境因素,是指一个国家在一定的金融体制下,影响经济主体活动的各种要素的集合。金融环境、金融政策的变化必然影响企业的筹资、投资和资金运营等活动。

1. 金融市场

金融市场是以资金作为交易对象,由资金的供应者和资金的需求者双方融通资金达成交易的场所。金融市场的构成要素主要包括资金供给者、资金需求者、金融工具、资金价格和组织方式等。金融市场的主要功能就是把社会各个单位和个人的剩余资金,有条件地转让给社会各个缺乏资金的单位和个人,使财尽其用,促进社会发展。资金供应者为了取得利息或利润,期望在最高利率条件下贷出资金,资金需求者则期望在最低利率条件下借入资金。因利率、时间、安全性条件不会使借贷双方都完全满意,于是就出现了金融机构和金融市场从中协调,使双方各得其所。金融市场不仅为企业融资和投资提供了场所,而且还可以帮助企业实现长短期资金转换,引导资金流动,提高资金转移效率。

(1) 以期限为标准,金融市场分为货币市场和资本市场。货币市场又称短期金融市场,是指以期限在 1 年以内的金融工具为媒介进行短期资金融通的场所,包括同业拆借市场、票据市场、大额定期存单市场和短期债券市场;资本市场又称长期金融市场,是指以期限在 1

年以上的金融工具为媒介进行长期资金交易活动的场所,包括股票市场、债券市场和融资租赁市场等。

(2)以功能为标准,金融市场可分为发行市场和流通市场。发行市场又称一级市场,主要处理金融工具的发行与最初购买者之间的交易;流通市场又称二级市场,主要处理现有金融工具转让和变现的交易。

(3)以融资对象为标准,金融市场可分为资本市场、外汇市场和黄金市场。资本市场以货币和资本为交易对象;外汇市场以各种外汇金融工具为交易对象;黄金市场则集中进行黄金买卖和金币兑换。

(4)以所交易金融工具的属性为标准,金融市场可分为基础性金融市场与金融衍生品市场。基础性金融市场是指以基础性金融工具为交易对象的金融市场,如商业票据、企业债券、企业股票的交易市场;金融衍生品交易市场是指以金融衍生产品为交易对象的金融市场,如远期、期货、掉期(互换)、期权的交易市场,以及具有远期、期货、掉期(互换)、期权中一种或多种特征的结构化金融工具的交易市场。

(5)以地理范围为标准,金融市场可分为地方性金融市场、全国性金融市场和国际性金融市场。

金融市场的功能主要有:①货币资金融通功能——最主要、最基本的功能;②优化资源配置功能;③风险分散与风险管理功能;④经济调节功能;⑤定价功能。

2.金融机构

资金从资金供应者手中转移到资金需求者手中,要以金融机构作为中介。金融机构包括银行金融机构和非银行金融机构。

银行金融机构是指经营存款、放款、汇兑、储蓄等金融业务,承担信用中介的金融机构。我国的银行主要包括中央银行、政策性银行和商业银行。其中,中央银行代表政府管理国家的金融活动,制定和实施国家金融政策,发行货币,依法对其他金融机构进行监管,维护国家金融业的健康发展;政策性银行是指在特定的领域执行国家的政策,不以营利为目的,对企业提供金融服务的银行,如国家开发银行、中国农业发展银行和中国进出口银行;商业银行是金融业的主体,以存款、贷款和中间业务作为主要经营对象,如中国工商银行、中国建设银行、中国农业银行、中国银行。

非银行金融机构主要是指银行以外的各类金融机构,包括财务公司、保险公司、证券公司、信托投资公司、金融资产管理公司和金融租赁公司等。

3.金融工具

金融工具是指资金供求双方在金融市场上进行资金交易、转让的工具。借助金融工具资金从供给方转移到需求方。金融工具分为基础金融工具和衍生金融工具两大类。常见的基础金融工具有货币、票据、债券、股票等;衍生金融工具又称派生金融工具,是在基础金融工具的基础上,通过特定技术设计形成的新的融资工具,如各种远期合约、掉期(互换)、资产支持证券。

金融工具一般具有期限性、流动性、风险性和收益性等特征。

4.利率

利率也称利息率,是利息占本金的百分比。从资金的借贷关系来讲,利率是一定时期使用资金的交易价格。资金作为一种特殊的商品，以利率作为价格的融通，实质上是资源通过利率实行的再分配。因此利率在资金分配及企业财务决策中起着十分重要的作用。

（1）利率的分类。按利率之间的变动关系，利率分为基准利率和套算利率。基准利率又称基本利率，是指在多种利率并存的条件下起决定作用的利率，这种利率的变动，会导致其他利率的相应变动；套算利率是指在基准利率确定后，各金融机构根据基准利率和借贷款项的特点而换算出来的利率。

按利率与市场资金的供求情况的关系，利率可以分为固定利率和浮动利率。固定利率是指在借贷期限内固定不变的利率，受通货膨胀的影响，实行固定利率会使债权人的利益受到侵害；浮动利率是指在借贷期限内可以调整的利率，在通货膨胀条件下采用浮动利率，会使债权人减少损失。

按利率形成机制的不同，利率分为市场利率和法定利率。市场利率是指根据资金市场上的供求关系，随着市场而自由变动的利率；法定利率是指由政府金融管理部门或中央银行确定的利率。

（2）利率的一般计算公式。利率作为资金这种特殊的商品的价格，主要是由供给和需求来决定。但除了这两个因素以外，经济周期、通货膨胀、国家的货币政策和财政政策、国际政治经济形势、国家的利率管制等，对利率的变动均有不同程度的影响。因此，资金的利率通常由以下三部分组成，可以表示如下：

$$利率（社会平均报酬率）＝纯利率＋通货膨胀补偿率＋风险报酬率$$

纯利率是指没有风险和通货膨胀情况下的社会平均报酬率，即资金的时间价值；通货膨胀补偿率是指由于持续的通货膨胀会不断降低货币的实际购买力，为补偿货币购买力损失而要求提高的利率；风险报酬率又称风险收益率，是因投资者承担风险而额外要求的风险补偿率，即风险价值，包括违约风险报酬率、流动性风险报酬率和期限风险报酬率。其中，违约风险报酬率是指为了弥补因债务人无法按时还本付息而带来的风险，由债权人要求提高的利率；流动性风险报酬率是指为了弥补因债务人资产流动性不好而带来的风险，由债权人要求提高的利率；期限风险报酬率是指为了弥补因偿债期长而带来的风险，由债权人要求提高的利率。

如果不考虑通货膨胀因素，投资报酬率就是时间价值率和风险报酬率之和。因此，时间价值和风险价值便成为财务管理中两项基本因素，同时也是两个重要的价值观念，对正确评价企业的财务活动意义非凡。

【结论】 影响财务管理宏观环境的因素一般为宏观因素，影响范围大，是企业自身所无法改变的条件，所以财务管理人员应该主动适应这些因素变化，适时调整财务活动。

 知识检测

一、单项选择题

1. 依照利率之间的变动关系，利率可分为（　　）。

    A. 固定利率和变动利率　　　　　　B. 市场利率和法定利率

    C. 名义利率和实际利率　　　　　　D. 基准利率和套算利率

任务拓展

2. 直接影响财务管理的环境因素是（   ）。

    A. 经济体制　　　　B. 经济结构　　　　C. 金融环境　　　　D. 市场竞争

3. 我国银行金融机构的主体是（   ）。

    A. 中央银行　　　　　　　　　　　　B. 商业银行

    C. 政策性银行　　　　　　　　　　　D. 信用社等其他金融机构

4. 在通货膨胀初期,下列应对通货膨胀风险的各项策略中,不正确的是（   ）。

    A. 进行长期投资　　　　　　　　　　B. 签订长期购货合同

    C. 取得长期借款　　　　　　　　　　D. 签订长期销货合同

5. 下列关于货币市场和资本市场的相关说法中,不正确的是（   ）。

    A. 货币市场的主要功能是调节短期资金融通

    B. 资本市场的主要功能是实现长期资本融通

    C. 货币市场上交易的金融工具有较强的"货币性"

    D. 资本市场中资本借贷量小,收益较小

6. 按所交易金融工具的属性,可将金融市场划分为（   ）。

    A. 货币市场和资本市场

    B. 基础性金融市场和金融衍生品市场

    C. 发行市场和流通市场

    D. 地方性金融市场、全国性金融市场和国际性金融市场

7. 企业与外部发生经济关系时应遵守的有关法律、法规和规章制度是指（   ）。

    A. 经济环境　　　　B. 技术环境　　　　C. 金融环境　　　　D. 法律环境

二、多项选择题

1. 在不存在通货膨胀的情况下,利率的组成因素包括（   ）。

    A. 纯利率　　　　　　　　　　　　　B. 违约风险报酬率

    C. 流动性风险报酬率　　　　　　　　D. 期限风险报酬率

2. 在金融市场上,决定利率高低的因素有（   ）。

    A. 纯利率　　　　　　　　　　　　　B. 通货膨胀率

    C. 风险报酬率　　　　　　　　　　　D. 借款利率

3. 风险报酬率的构成内容有（   ）。

    A. 违约风险报酬率　　　　　　　　　B. 流动性风险报酬率

    C. 通货膨胀补偿率　　　　　　　　　D. 期限风险报酬率

4. 影响财务管理的主要金融环境因素有（   ）。

    A. 金融机构　　　　B. 金融工具　　　　C. 金融市场　　　　D. 利率

5. 税收对财务管理的影响具体表现在（   ）。

    A. 影响企业的融资决策　　　　　　　B. 影响企业的投资决策

    C. 影响企业的现金流量　　　　　　　D. 影响企业的利润和利润分配

三、判断题

    宏观财务环境是企业无法改变的,所以在做财务管理工作时无需考虑。　　　　　　（   ）

任务六 运用资金时间价值

【任务描述】 财务活动离不开资金的时间价值,理解资金时间价值的含义,掌握资金时间价值的等值计算,对财务决策尤为重要。

 【案例导入】

佳洁公司拟扩展业务,欲投资研制生产某种机器设备,每次生产周期为 3 年。企业有两套方案:

第一套方案:设立甲、乙、丙三个独立核算的子公司,彼此间存在购销关系。甲生产的产品可作为乙的原材料,而乙生产的产品全部提供给丙。经调查预算,第 1 年底甲提供给乙的价格为 1 200 万元,第 2 年底乙以 1 500 万元提供给丙,第 3 年底丙以 2 000 万元价格向市场出售。预计甲为乙生产的原材料购进时发生 170 万元进项税额,机器设备能全部投入市场销售。

第二套方案,设立一综合性公司,设甲、乙、丙三个部门。

思考:运用时间价值的原理,佳洁公司应该选择哪个方案去投资?

知识点一 资金时间价值的含义

时间价值是客观存在的经济范畴,任何企业的财务活动,都是在特定的时空中进行的。离开了时间价值因素,就无法正确计算不同时期的财务收支。时间价值原理,正确地揭示了不同时间点上的资金之间的换算关系,是财务决策的基本依据。

在商品经济中,不同时点上的 1 元钱的经济价值是不等的,现在的 1 元钱要比 1 年后的 1 元钱经济价值更大些。因为如果将 1 元钱投资于银行 1 年,会增加一定的收益(利息),这部分收益忽略掉通货膨胀因素和风险因素,就是资金的时间价值。投资者进行投资就必须推迟消费。资金时间价值可以理解为对投资者推迟消费的耐心应给予的报酬。资金的时间价值又称为货币的时间价值,是指资金在周转使用中由于时间推移而形成的增值额。

对于资金时间价值的概念与成因,人们的认识与理解并不完全一致。要真正理解资金时间价值从哪里来,必须把握以下四个方面。

(一) 资金时间价值产生的前提条件是商品经济的高度发展和借贷关系的出现

随着商品经济的高度发展和借贷关系的产生,资金的所有权和使用权相分离,导致资金时间价值的产生。在简单商品经济条件下,商品运动的形式是:商品——货币——商品,商品运动的目的仅仅是交换使用价值,商品生产经营者是为买而卖的。当商品经济条件发展以后,商品运动的形式是:货币——商品——货币。商品运动的目的是为了增值,商品生产经营者是为卖而买。随着商品经济的发展,借贷关系逐步产生,这使资金所有权与使用权相分离,资金所有者从资金经营者处获得的报酬,即资金增值额,或称为利息。如果资金是从银行等金融机构借入的,银行等金融机构要以利息的形式分享一部分资金的增值额。这部分增值额实质上是资金的所有者向使用者索取的报酬,即资金的时间价值。因此,一定量的资金存入银行或投入生产经营,必会取得一定利息或利润。无论供企业使用的是自有的还是借入的资金,都需得到回报。

(二)资金时间价值在企业的生产经营和流通过程中产生

资金的时间价值与资金是否运动有着密切的关系,如果不将一定量的资金投入生产中,使之与劳动相结合,就不会产生时间价值,甚至还会由于无形损耗而发生贬值。100元钱放在口袋里经过1年,它的面值还是100元,结合时间来考虑,它贬值了。资金投入生产经营活动过程以后,劳动者通过生产新的产品、创造新的价值,给企业带来利润、实现增值。如果从财务管理和资金运动的角度看,资金的时间价值是针对资金在运动中可以不断增值这一现象而言的。资金的时间价值又是与时间密不可分的,资金周转使用时间越长,企业获得利润越多,实现的增值额越大。在一定时期内,资金周转速度不同,价值便不同,资金周转速度快,资金利用效率高,与生产过程结合越紧密,资金的时间价值越大。

(三)资金时间价值的真正来源是劳动者创造的剩余价值

根据马克思的劳动价值学说,资金时间价值是劳动者在生产过程中创造的剩余价值,是作为生产资料货币表现的资金与劳动力相结合的结果。

(四)资金时间价值的确定以社会平均资金利润率或平均报酬率为基础

事实上,投资者获得的收益包括资金的风险报酬和通货膨胀补偿报酬。资金的时间价值仅仅指投资收益扣除风险报酬和通货膨胀补偿的那部分收益。

一般的利息率如银行存款利率、贷款利率、各种债券利率、股票的股利率都可以看作投资报酬率,但它们与时间价值的利息率还是有区别的,只有在没有风险和没有通货膨胀的情况下,时间价值才与上述各报酬率相等。我国关于资金时间价值的概念一般表述为:资金时间价值是扣除风险报酬和通货膨胀补偿后的真实报酬率。

资金时间价值代表着无风险的社会平均资金利润率,是企业资金利润率的最低限度,是衡量企业经济效益和考核企业经营成果的重要依据。在筹资决策中,筹集的资金应适合生产经营或投资规模和投资时机的需要,尽量降低资金成本。在投资决策中,应运用资金的时间价值进行成本效益分析,对投资方案作出科学的决策。在生产经营活动过程中应运用资金的时间价值加速资金的循环周转,充分提高资金的利用效率。

【结论】 资金时间价值是在不考虑风险和通货膨胀条件下的社会平均资金利润率或平均投资报酬率。它产生于生产经营和流通过程,其真正的来源是劳动者创造的剩余价值。

知识点二 资金时间价值的表现形式

资金的时间价值可以用绝对数表示,也可以用相对数表示。

(一)绝对数

资金的时间价值表现为利息,即是资金在生产经营过程中带来的真实增值额。

（二）相对数

资金的时间价值表现为增值额占本金的比例,是扣除风险报酬和通货膨胀补偿后的平均资金利润率或平均报酬率,即纯利率。没有通货膨胀时,短期国库券的利率可以视为纯利率。

由于资金随时间的增长与利息的增长过程在数学上相似,因此计算时广泛采用利息率这一相对数来表达,即以单位时间(通常为1年)的报酬与投资额的百分率表示。在实务中人们习惯用相对数表示资金的时间价值。

知识点三　资金时间价值的计算

由于货币随时间的延续而增值,不同时间单位的货币的价值不相等。所以,不同时间点的货币量不宜直接进行比较,需要把他们换算到相同的时点进行比较。

要做好企业财务管理工作,就必须弄清不同时间点上收到或付出资金之间的数量关系,这就要掌握时间价值的计算方法。根据计算利息的方法不同,资金时间价值的计算有单利法和复利法。

（一）单利终值和现值的计算

单利法:各期利息的计算都是以本金为基础计算的,之前各期的利息不能转化为本金,不能生利。

终值(future value)又称将来值、未来值或本利和,是指现在投入的一定量资金在未来某一时点上的价值。

现值(present value)又称本金,是指未来某一时点上的一定量资金折合到现在的价值。

1. 单利利息的计算

单利利息是指一定量资金在若干年内的增值额。

单利利息的一般计算公式为:

$$I = P \cdot i \cdot n$$

2. 单利终值的计算

单利的终值是指某一特定金额在单利计息条件下若干年后的本利和。

单利终值的一般计算公式为:

$$F = P \cdot (1 + i \cdot n)$$

式中,P——现值;

$\quad\quad F$——第 n 年末的终值;

$\quad\quad i$——年利率;

$\quad\quad n$——期数。

【例1-1】　现在存入银行10 000元,在年利率10%的情况下,5年后的本利和是多少?

解答:　　　　　　　$F = 10\ 000 \times (1 + 10\% \times 5) = 15\ 000(元)$

3. 单利现值的计算

单利的现值是指若干年后的某一特定金额在单利计息条件下的现在价值。

单利现值可用单利终值倒求本金的方法计算。由终值求现值叫作贴现。

单利现值的一般计算公式为：

$$P = F/(1+i \cdot n)$$

【例1-2】 如果希望第5年末银行存款数为10 000元，在年利率为10%的情况下，现在应一次性存入银行多少钱？

解答： $P = 10\,000/(1+10\% \times 5) = 6\,666.67(元)$

（二）复利终值和现值的计算

资金的时间价值一般都是按复利的方法计算的。所谓复利，就是不仅本金要计算利息，每经过一个计息期，要将所产生的利息加入本金，再计算利息，即以当期本利和为基础计算下期利息，逐期滚动计算，俗称"利滚利"。

1. 复利终值的计算

复利终值是指若干年后包括本金和利息在内的未来价值，又称本利和。复利终值的计算可推导如下：

第一年的终值：$F=P+Pi=P(1+i)$

第二年的终值：$F=P(1+i)+P(1+i)i=P(1+i)^2$

第三年的终值：$F=P(1+i)^2+P(1+i)^2i=P(1+i)^3$

依此类推，第 n 年复利终值的计算公式如下：

$$F = P(1+i)^n = P \cdot (F/P, i, n)$$

上述公式中的 $(1+i)^n$ 称为复利终值系数，可以记作 $(F/P, i, n)$，为了简化和加速计算，可编制复利终值系数表，详见书后附录一。

【例1-3】 某人存入银行10 000元，假定年利率为10%，复利计息，5年后的本利和为多少？

解答： $F = P \cdot (1+i)^n = P \cdot (F/P, i, n)$

$\qquad = 10\,000 \times (1+10\%)^5 = 10\,000 \times 1.610\,5 = 16\,105(元)$

2. 复利现值的计算

复利现值是指若干年后某一特定金额按复利计算的现在价值。实际上是倒求本金。

复利现值的计算公式可由复利终值的计算公式导出：

因为，复利终值的计算公式为 $F=P \cdot (1+i)^n$

所以，复利现值的计算公式为：

$$P = F \cdot \frac{1}{(1+i)^n} = F(1+i)^{-n} = F \cdot (P/F, i, n)$$

上述公式中的 $(1+i)^{-n}$ 称为复利现值系数或贴现系数，可以记作 $(P/F, i, n)$，为了简化和加速计算，可编制1元复利现值系数表，详见附录二。

【例1-4】 若希望某投资项目5年后可得投资收益10 000元，按年利率10%复利计息，现在需投入的资金额是多少？

解答：
$$P = F(1+i)^{-n} = 10\,000 \times (P/F, \, 10\%, \, 5)$$
$$= 10\,000 \times 0.620\,9 = 6\,209(元)$$

3. 复利息的计算

本金 p 的 n 期复利息为：

$$I = F - P$$

【例1-5】　本金 10 000 元，投资报酬率为 10%，每年复利一次，投资期 5 年，其本利和与复利息各是多少？

解答：
$$F = 10\,000 \times (1+10\%)^5$$
$$= 10\,000 \times 1.610\,5$$
$$= 16\,105(元)$$
$$I = F - P$$
$$= 16\,105 - 10\,000$$
$$= 6\,105(元)$$

4. 名义利率与实际利率

1）一年多次计息时的实际利率

终值和现值通常是按年来计算的，但有时，也会遇到计息期短于 1 年的情况，如计息期是季、月或日，当利息在 1 年内要复利几次时，给出的年利率叫作名义利率。这时，计息期数和计息利率应口径一致。

【例1-6】　[例1-5]中，每半年复利一次，则本利和与复利息各是多少？

解答：
$$换算后的半年利率 = 10\%/2 = 5\%$$
$$换算后的复利次数 = 5 \times 2 = 10$$
$$F = 10\,000 \times (1+5\%)^{10}$$
$$= 10\,000 \times 1.628\,9$$
$$= 16\,289(元)$$
$$I = F - P$$
$$= 16\,289 - 10\,000$$
$$= 6\,289(元)$$

【结论】　当一年复利不止一次时，实际得到的利息要比按名义利率计算的利息高，即实际利率高于名义利率。

名义利率和实际利率的关系是：

$$1 + i = (1+r/m)^m$$
$$i = (1+r/m)^m - 1$$

式中，r——名义利率；

　　m——每年复利次数；

　　i——实际利率。

将[例1-6]的数据代入公式：

$$i = (1 + r/m)^m - 1$$
$$= (1 + 5\%)^2 - 1$$
$$= 1.1025 - 1$$
$$= 10.25\%$$

2）通货膨胀情况下的实际利率

通货膨胀情况下,央行或其他提供资金借贷的机构所公布的利率是未调整通货膨胀因素的名义利率,名义利率中包含通货膨胀率。实际利率是指剔除通货膨胀后储户或投资者得到的真实回报率。

假设本金是 100 元,实际利率 5%,通货膨胀率为 2%,则如果不考虑通货膨胀,1 年后的本利和=100×(1+5%)=105(元),如果考虑通货膨胀因素,由于通货膨胀导致货币贬值,所以,1 年后的本利和=105×(1+2%),年利息=105×(1+2%)-100=100×(1+5%)×(1+2%)-100=100×[(1+5%)×(1+2%)-1],则名义利率=(1+5%)×(1+2%)-1,1+名义利率=(1+5%)×(1+2%)。

用公式表示名义利率和实际利率之间的关系：

$$1 + 名义利率 = (1 + 实际利率) \times (1 + 通货膨胀率)$$

$$实际利率 = \frac{1 + 名义利率}{1 + 通货膨胀率} - 1$$

公示表明,如果通货膨胀率大于名义利率,则实际利率为负数。例如,银行 1 年期存款利率为 3%,通货膨胀率为 2%,则实际利率=(1+3%)/(1+2%)-1=0.98%,如果通货膨胀率为 4%,则实际利率=(1+3%)/(1+4%)-1=-0.96%。

（三）年金终值和现值的计算

年金（annuity）是指一定时期内每期相等金额的系列收付款项。折旧、利息、租金、保险金和养老金等均表现为年金的形式。

年金一般应同时具备四个条件:①等额性:即各期发生的款项必须相等。②连续性:即该收付款项的发生必须是系列的,也就是必须有两笔或两笔以上的收付款项。③均匀性:即各笔收付款发生的间隔期间必须相等。④方向性:即款项均为收入或均为支出。

年金按收支发生的时间点的不同,可分为普通年金、预付年金、递延年金和永续年金。

1. 普通年金终值和现值的计算

普通年金是指每期期末都有等额收付款项的年金,也称为后付年金。在现实经济生活中这种年金最为常见。

1）普通年金终值的计算

普通年金终值是一定时期内每期期末等额收付款项的复利终值之和。普通年金终值犹如零存整取的本利和。

计算普通年金终值应首先计算出每期期末等额收付款项的复利终值,然后把各期的复利终值汇总求和,即得出普通年金的终值。其计算过程可用图 1-1 说明如下。

根据图 1-1 所示,可得出普通年金计算终值的一般计算公式如下：

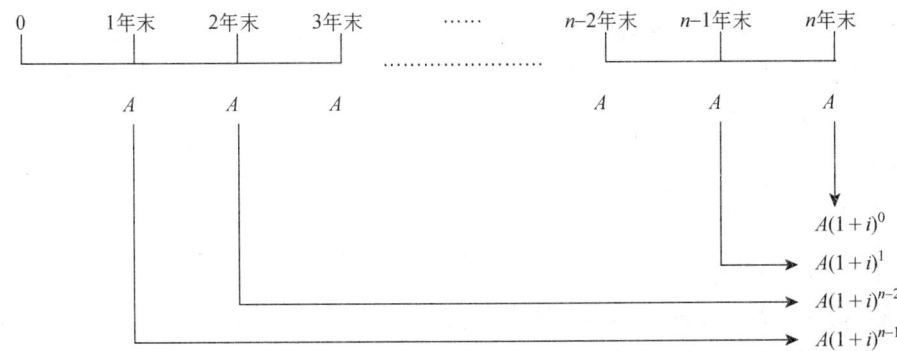

图 1-1　普通年金终值计算示意图

$$F = A(1+i)^0 + A(1+i)^1 + A(1+i)^2 + \cdots + A(1+i)^{n-3} + A(1+i)^{n-2} + A(1+i)^{n-1}$$
$$= A[1 + (1+i)^1 + (1+i)^2 + \cdots + (1+i)^{n-3} + (1+i)^{n-2} + (1+i)^{n-1}]$$

利用等比数列前 n 项求和公式,可求得:

$$F = A \cdot \frac{(1+i)^n - 1}{i} = A \cdot (F/A, i, n)$$

上式中的 $\frac{(1+i)^n - 1}{i}$ 称为年金终值系数,可以记作 $(F/A, i, n)$。普通年金终值系数可通过查普通年金终值系数表获得,详见附录三。

因此,普通年金终值的一般计算公式为:

$$F = A \cdot \frac{(1+i)^n - 1}{i} = A \cdot (F/A, i, n)$$

式中,F——年金终值;

　　A——每次等额收付款项的金额即年金;

　　i——年利率;

　　n——计息期数。

【例 1-7】　某在建工程项目,建设期为 3 年,拟每年末向银行贷款 50 万元,贷款年利率为 10%,如果按复利计息,该项目竣工时应付的本息合计是多少?

解答:
$$F = A \cdot \frac{(1+i)^n - 1}{i} = A \cdot (F/A, i, n)$$
$$= 50 \times \frac{(1+10\%)^3 - 1}{10\%} = 50 \times (F/A, 10\%, 3)$$
$$= 50 \times 3.31 = 165.5(万元)$$

2) 年偿债基金的计算

年偿债基金指的是为了偿还到期的固定债务,每年年末等额存入银行一笔款项(即基金),使得到期本利和正好能偿还这笔固定债务。

【结论】　年偿债基金的计算实际上是已知年金终值求年金,它是年金终值的逆运算。

根据年金终值的计算公式可推导出年偿债基金的计算公式:

$$年偿债基金 = \frac{年金终值}{年金终值系数} = \frac{F}{(F/A, i, n)} = F(A/F, i, n)$$

式中,$(A/F, i, n)$为偿债基金系数,是年金终值系数的倒数。

【例 1-8】 某银行的年复利率为 10%,如果要在 10 年后获得本利和 20 000 元,那么从现在起每年年末应存入多少元?

解答:
$$F = A \cdot (F/A, i, n)$$
$$A = 20\,000/(F/A, 10\%, 10) = 20\,000/15.937\,4 = 1\,254.91(元)$$

3) 普通年金现值的计算

普通年金现值是一定时期内每期期末等额收付款项的复利现值之和。

其计算过程可用图 1-2 说明如下。

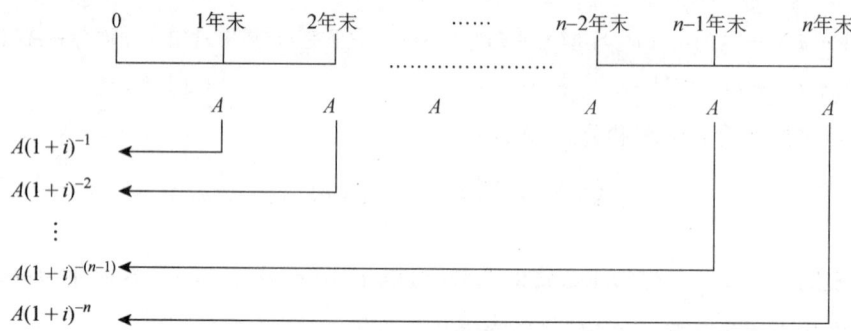

图 1-2 普通年金现值计算示意图

参照年金终值的公式推导,可以得出普通年金现值的一般计算公式为:

$$P = A \cdot \frac{1-(1+i)^{-n}}{i} = A \cdot (P/A, i, n)$$

式中,$\dfrac{1-(1+i)^{-n}}{i}$称为年金现值系数,可以记作$(P/A, i, n)$。普通年金现值系数可通过查普通年金现值系数表获得,详见附录四。

【例 1-9】 某企业现在存入银行一笔资金,准备在以后 5 年内每年年末支付 3 万元的设备租金,假如银行的年利率为 10%,现在要存入多少钱?

解答:
$$P = A \cdot \frac{1-(1+i)^{-n}}{i} = A \cdot (P/A, i, n)$$
$$= 3 \times \frac{1-(1+10\%)^{-5}}{10\%} = 3 \times (P/A, 10\%, 5)$$
$$= 3 \times 3.790\,8 = 11.372\,4(万元)$$

4) 年资本回收额的计算

资本回收额是指在给定的年限内等额回收或清偿初始投入的资本或所欠的债务,这里的等额款项为年资本回收额。

【结论】 年资本回收额计算实质为已知年金现值 P,求年金数额 A。

根据年金现值的计算公式,可推导出年资本回收额的计算公式:

$$A = \frac{年金现值}{年金现值系数} = \frac{P}{(P/A, i, n)} = P(A/P, i, n)$$

式中,$(A/P,i,n)$称为资本回收系数,是年金现值系数的倒数。

【例 1-10】 某企业年初借得 50 000 元贷款,10 年期,年利率为 12%,每年末等额偿还,已知年金现值系数$(P/A,10\%,10)=6.144\,6$,则每年应付金额为多少元?

解答:

$$A=\frac{P}{(P/A,i,n)}=\frac{50\,000}{6.144\,6}=8\,137.23(元)$$

2. 预付年金终值和现值的计算

预付年金也称即付年金、先付年金,是指一定时期内,各期期初等额的系列收付款项。预付年金与后付年金的区别在于付款时间的不同、计息期的不同。由于后付年金是最常用的,因此,年金终值和现值的系数表是按后付年金编制的,为了便于计算和查表,必须根据后付年金的计算公式,推导出预付年金的计算公式。

1) 预付年金终值的计算

预付年金终值是一定时期内每期期初等额收付款项的复利终值之和。

n 期预付年金终值与 n 期普通年金终值之间的关系可以用图 1-3 所示。

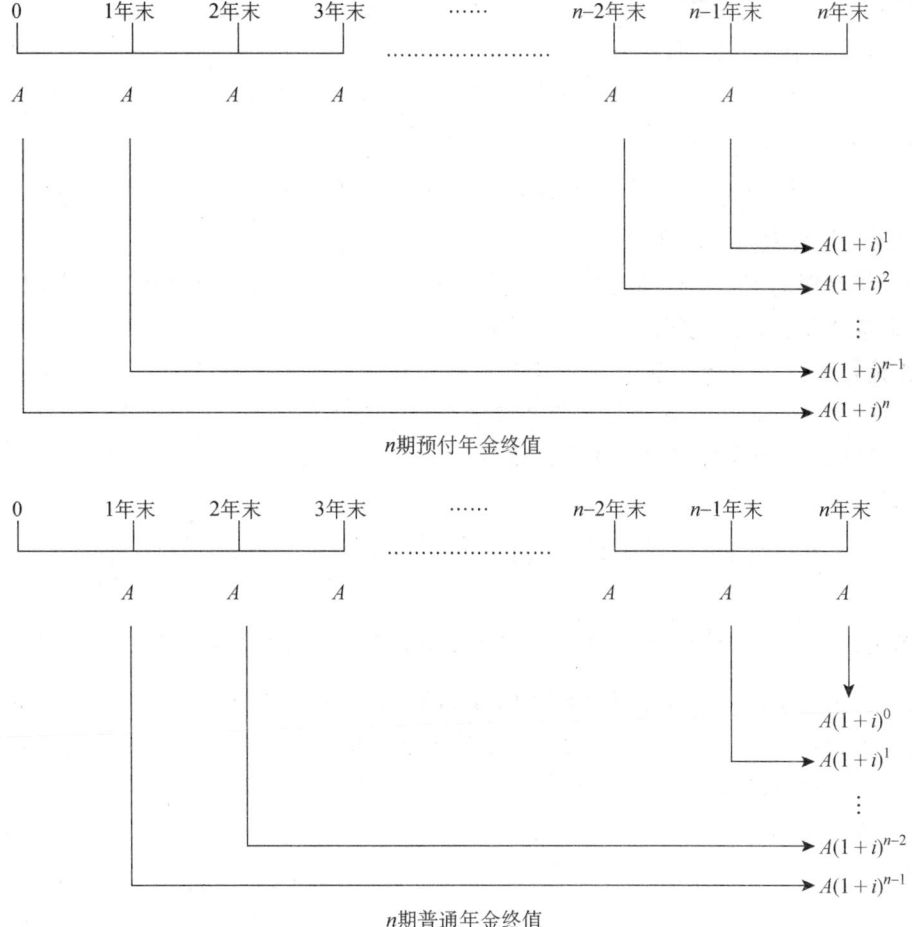

图 1-3　预付年金终值与普通年金终值的关系示意图

【结论】 n 期预付年金终值与 n 期普通年金终值的付款次数相同,但由于其付款时间不同,n 期预付年金终值比 n 期普通年金终值多计一期利息。因此,在 n 期普通年金终值的基础上乘以 $(1+i)$ 就是 n 期预付年金的终值。

上式,

$$F = A \cdot \frac{(1+i)^n - 1}{i} \cdot (1+i) = A \cdot \left[\frac{(1+i)^{n+1} - 1}{i} - 1\right]$$

【结论】 $\left[\frac{(1+i)^{n+1} - 1}{i} - 1\right]$ 称为"预付年金终值系数",它是在普通年金终值系数的基础上,期数加 1,系数减 1,可以记为 $[(F/A, i, n+1) - 1]$。查阅 1 元年金终值系数表得 $(n+1)$ 期的值,然后减去 1,便可得到相对应的预付年金终值系数的值,也可以直接查 1 元普通年金终值系数然后乘以 $(1+i)$ 计算。

用公式表示如下:

$$F = A \cdot [(F/A, i, n+1) - 1] = A \cdot (F/A, i, n) \cdot (1+i)$$

【例 1-11】 某人打算每年年初存入银行 10 000 元,银行存款利率为 10%,那么在第 5 年年末他可以一共取回多少钱?

解答:$F = A \cdot [(F/A, i, n+1) - 1]$
$\qquad = 10\ 000 \times [(F/A, 10\%, 6) - 1] = 10\ 000 \times (7.715\ 6 - 1) = 67\ 156(元)$

或, $\quad F = A \cdot (F/A, i, n) \cdot (1 + 10\%)$
$\qquad = 10\ 000 \times (F/A, 10\%, 5) \times 1.1 = 10\ 000 \times 6.105\ 1 \times 1.1 = 67\ 156(元)$

2)预付年金现值的计算

预付年金现值是一定时期内每期期初等额收付款项的复利现值之和。n 期预付年金现值与 n 期普通年金现值之间的关系可以用图 1-4 所示。

【结论】 n 期预付年金现值与 n 期普通年金现值的付款次数相同,但由于其付款时间不同,n 期预付年金现值比 n 期普通年金现值少计一期利息。因此,在 n 期普通年金现值的基础上乘以 $(1+i)$ 就是 n 期预付年金的现值。

上式,

$$P = A \cdot \frac{1 - (1+i)^{-n}}{i} \cdot (1+i) = A \cdot \left[\frac{1 - (1+i)^{-(n-1)}}{i} + 1\right]$$

【结论】 $\left[\frac{1 - (1+i)^{-(n-1)}}{i} + 1\right]$ 称为"预付年金现值系数",它是在普通年金现值系数的基础上,期数减 1,系数加 1,可以记为 $[(P/A, i, n-1) + 1]$。查阅 1 元年金现值系数表得 $(n-1)$ 期的值,然后加上 1,便可得到相对应的预付年金现值系数的值。也可以通过直接查普通年金现值系数然后乘以 $(1+i)$ 计算。

用公式表示如下:

$$P = A \cdot [(P/A, i, n-1) + 1] = A \cdot (P/A, i, n) \cdot (1+i)$$

【例 1-12】 如果袁女士希望在今后的 5 年内每年年初都能有一笔 5 000 元的教育资金,在年利率为 10% 的情况下,这些教育资金的现值是多少?

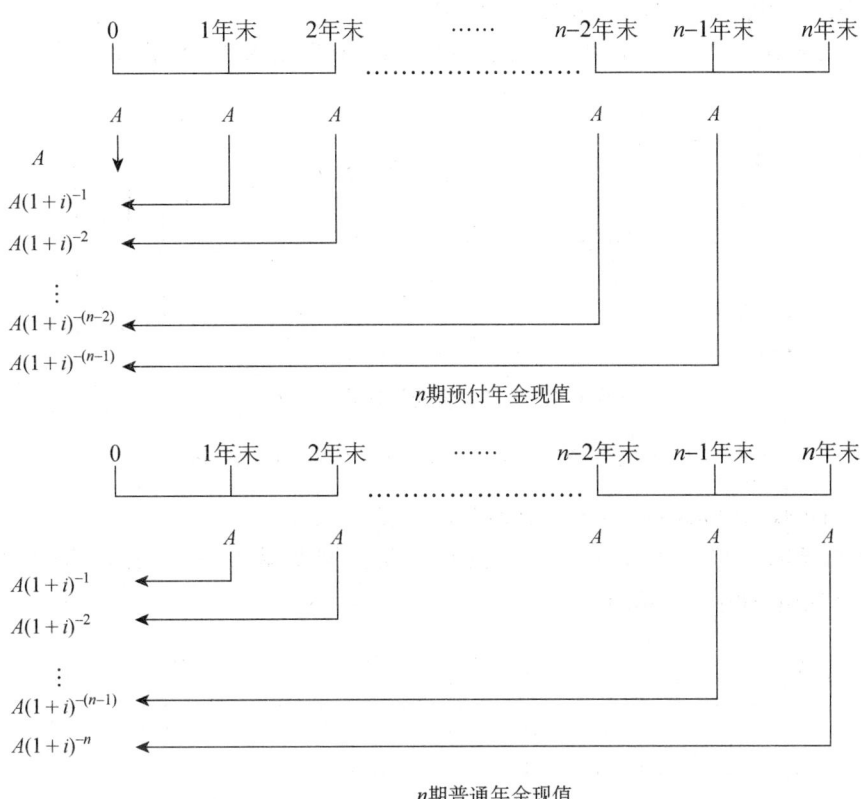

图 1-4 预付年金现值与普通年金现值关系示意图

解答：
$$P = A \cdot [(P/A, i, n-1) + 1]$$
$$= 5\ 000 \times [(P/A, 10\%, 4) + 1]$$
$$= 5\ 000 \times (3.169\ 9 + 1) = 20\ 849.5(元)$$

或，
$$P = A \cdot (P/A, i, n) \cdot (1 + i)$$
$$= 5\ 000 \times (P/A, 10\%, 5) \times (1 + 10\%)$$
$$= 5\ 000 \times 3.790\ 8 \times 1.1 = 20\ 849.4(元)$$

不同计算方法结果的差异是系数取位造成的，下同。

3. 递延年金终值和现值的计算

递延年金是指在最初若干期没有收付款项的情况下，后面若干期有等额的系列收付款项。它是普通年金的特殊形式，凡不是从第一期开始的普通年金都是递延年金。

1）递延年金终值的计算

递延年金终值是指前 m 期以后每期期末等额收付款项的复利终值之和。计算方法与普通年金相同，且其终值与递延期 m 的长短无关。

2）递延年金现值的计算

递延年金现值是指从 m 期后开始发生的每期期末等额收付款项的现值之和。

递延年金现值的计算可以采用四种方法，假定全部计息期为 $m+n$ 期，最初 m 期没有等额收付款项,后面 n 期有等额的系列收付款项。

方法一:根据定义,计算每期末等额收付款的现值,然后求和。如图 1-5 所示:

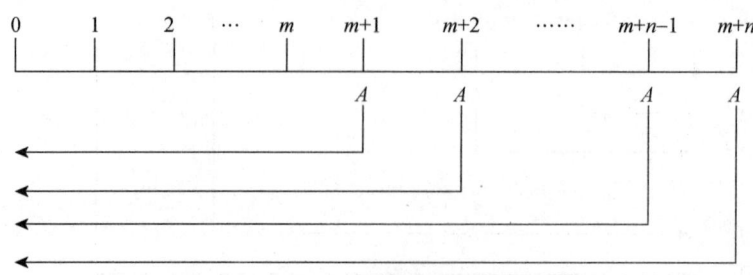

图 1-5 递延年金现值计算示意图一

$$P = A \times [(P/F, i, m+1) + \cdots + (P/F, i, m+n)]$$

当 m 和 n 较大时,这种方法计算比较烦琐。

方法二:先计算出全部 $m+n$ 期的普通年金现值,然后减去前 m 期的普通年金现值,即得递延年金现值,如图 1-6 所示。

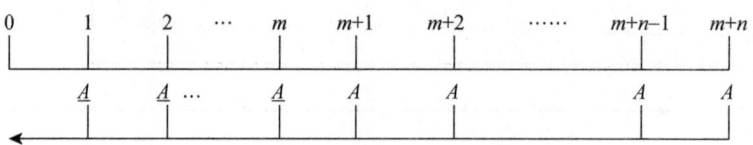

图 1-6 递延年金现值计算示意图二

$$P = A \times [(P/A, i, m+n) - (P/A, i, m)]$$

方法三:先将递延年金视同 n 期的普通年金,按普通年金现值法求出 m 期期末时的现值,然后再按复利现值法折算到第一期期初,即为递延年金的现值,如图 1-7 所示。

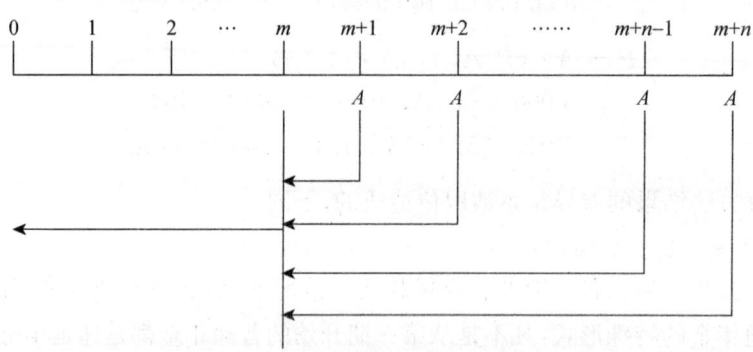

图 1-7 递延年金现值计算示意图三

$$P = A \times (P/A, i, n) \times (P/F, i, m)$$

方法四:先求出递延年金的终值,再将其折算为现值。

$$P = A \times (F/A, i, n) \times (P/F, i, m+n)$$

【例 1-13】 通达公司目前开始一项新建设项目,施工期为 3 年,从第 4 年开始投产,第 4

年至第 8 年每年年末的收益为 80 000 元,年复利率为 10%,试计算该项目未来收益的现值。

解答：
$$P = A \cdot [(P/A, i, m+n) - (P/A, i, m)]$$
$$= 80\ 000 \times [(P/A, 10\%, 8) - (P/A, 10\%, 3)]$$
$$= 80\ 000 \times [5.334\ 9 - 2.486\ 9] = 227\ 840(\text{元})$$

或，
$$P = A \cdot (P/A, i, n) \times (P/F, i, m)$$
$$= 80\ 000 \times (P/A, 10\%, 5) \times (P/F, 10\%, 3)$$
$$= 80\ 000 \times 3.790\ 8 \times 0.751\ 3 = 227\ 842(\text{元})$$

或，
$$P = A \times (F/A, i, n) \times (P/F, i, m+n)$$
$$= 80\ 000 \times (F/A, 10\%, 5) \times (P/F, 10\%, 8)$$
$$= 80\ 000 \times 6.105\ 1 \times 0.466\ 5 = 227\ 842(\text{元})$$

4. 永续年金现值的计算

永续年金是指无限期连续等额收付的年金。西方有些债券为无期债券,这些债券的利息可以视为永续年金。优先股因为有固定的股利而又无到期日,因而,优先股股利可以看作永续年金。由于永续年金没有终止的时间,因而没有终值。永续年金的现值可以通过普通年金现值推导出。

普通年金现值计算公式为：
$$P = A \cdot \frac{1-(1+i)^{-n}}{i}$$

当 n 趋向于无穷大时,$(1+i)^{-n}$ 趋向于 0。

所以，
$$P = A \cdot \frac{1}{i}$$

【例 1-14】　某大学决定建立科研奖金,现准备存入一笔现金,预计以后无限期地在每年年末支取利息 20 000 元用来发放奖金。在存款年利率为 10% 的条件下,现在应存入多少元?

解答：
$$P = \frac{A}{i} = \frac{20\ 000}{10\%} = 200\ 000(\text{元})$$

另外,期限长、利率高的年金现值,可以按永续年金现值的计算公式,计算其近似值。

（四）不规则资金时间价值的计算

1. 不等额现金流量的混合计算

前面讲的年金是指每次收入或付出的款项都是相等的,但在实际工作中,更多的情况是每次收入或付出的款项并不相等。财务管理中,也经常需要计算这些不等额现金收支款项的现值之和。

假设：A_0——第 0 年末即第一年初的收付款额；

　　　A_1——第 1 年末的收付款额；

　　　A_2——第二年末的收付款额；

　　　⋮

　　　A_n——第 n 年末的收付款额。

其现值的计算公式为：

$$P = A_0(1+i)^0 + A_1(1+i)^{-1} + A_2(1+i)^{-2} + \cdots + A_n(1+i)^{-n}$$

【例1-15】 有一笔现金流量如表1-1,贴现率为5%,求这笔不等额现金流量的现值。

表1-1　现金流量分布

单位:元

年份(t)	0	1	2	3	4
现金流量	1 000	2 000	1 500	3 000	4 000

按照上述的不等额现金流量现值的公式,查表计算为:

解答:$P = A_0(1+i)^0 + A_1(1+i)^{-1} + A_2(1+i)^{-2} + \cdots A_n(1+i)^{-n}$

$\quad = 1\,000 + 2\,000 \times (1+5\%)^{-1} + 1\,500 \times (1+5\%)^{-2} + 3\,000 \times$

$\qquad (1+5\%)^{-3} + 4\,000 \times (1+5\%)^{-4}$

$\quad = 1\,000 + 2\,000 \times 0.952\,4 + 1\,500 \times 0.907 + 3\,000 \times 0.863\,8 + 4\,000 \times 0.822\,7$

$\quad = 10\,147.5(元)$

2. 不等额现金流量的分段计算

在年金和不等额现金流量混合的情况下,能用年金公式计算现值就用年金公式计算,不能用年金计算的部分就用复利公式计算,然后把它们加总,便得出年金和不等额现金流量混合情况下的现值。

【例1-16】 某系列现金流量如图表1-2,贴现率为9%。求这一系列现金流量的现值。

表1-2　某系列现金流量

单位:元

年份	1	2	3	4	5	6	7	8	9	10
现金流量	1 000	1 000	1 000	1 000	2 000	2 000	2 000	2 000	2 000	3 000

解答:在这种情况下,可以将上述现金流量按照流量的不同划分为三组,第一组是第1至第4年的现金流量,它的现值可套用普通年金现值的计算公式;第二组是第5至第9年的现金流量,根据它的特点可看出是递延年金,它的现值可以套用递延年金现值计算公式;第三组是第10年的现金流量,可以直接求其现值。求出这三大块的现值,将它们相加得出的和,就是这一系列不等额现金流量的现值。

用 P_1 表示第一组的现金流量的现值;

用 P_2 表示第二组的现金流量的现值;

用 P_3 表示第三组的现金流量的现值。

$$P_1 = 1\,000 \times (P/A, 9\%, 4)$$
$$\quad = 1\,000 \times 3.239\,7$$
$$\quad = 3\,239.7(元)$$
$$P_2 = 2\,000 \times (P/A, 9\%, 9 - P/A, 9\%, 4)$$
$$\quad = 2\,000 \times (5.995\,2 - 3.239\,7)$$
$$\quad = 5\,511(元)$$

或者：
$$P_2 = 2\ 000 \times (P/A, 9\%, 5) \times (P/F, 9\%, 4)$$
$$= 2\ 000 \times 3.889\ 7 \times 0.708\ 4$$
$$= 2\ 000 \times 2.755\ 5$$
$$\approx 5\ 511(元)$$

$$P_3 = 3\ 000 \times (P/F, 9\%, 10)$$
$$= 3\ 000 \times 0.422\ 4$$
$$= 1\ 267.2(元)$$

该系列现金流量的现值为：
$$P = P_1 + P_2 + P_3$$
$$= 3\ 239.7 + 5\ 511 + 1\ 267.2$$
$$= 10\ 017.9(元)$$

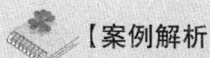【案例解析】

　　佳洁公司在第一套方案下，甲在第 1 年应纳增值税额为 $1\ 200 \times 17\% - 170 = 34$(万元)，乙在第 2 年应纳增值税额为 $1\ 500 \times 17\% - 1\ 200 \times 17\% = 51$(万元)，丙在第 3 年应纳增值税额为 $2\ 000 \times 17\% - 1\ 500 \times 17\% = 85$(万元)，由此，三年总计应纳增值税为 170 万元。在第二套方案下，佳洁公司设立一综合性公司，设甲、乙、丙三个部门，第 3 年年底企业销售机器设备时应纳增值税额为 $2\ 000 \times 17\% - 170 = 170$(万元)，其数额和第一套方案一样。但其实不然，在第一套方案中，分 3 年支付 170 万元税款，而采取第二套方案，则是第 3 年年底一次性缴纳 170 万元，因为资金存在时间价值，当然是最后一次性缴纳好。所以，佳洁公司应选择第二套方案。

　　我们可以清楚地看到，资金时间价值是一个重要的经济概念，不管是涉及个人投资决策，还是涉及企业的投资决策，都将会产生重要的影响。我们要时刻谨记，在进行投资决策时，一定要考虑到资金时间价值的影响，重视资金时间价值，做科学的投资决策。

知识检测

一、单项选择题

1. 现将 10 000 元存入银行，假设年利率为 4%，一年后将获得 10 400 元，其资金时间价值为(　　)元。

任务拓展

　　A. 10 000　　　　　B. 10 400　　　　　C. 400　　　　　D. 0

2. 在复利法下，计算出的各期利息表现为(　　)。

　　A. 相等　　　　　B. 递增　　　　　C. 递减　　　　　D. 上下波动

3. 终值是指(　　)。

　　A. 本金　　　　　B. 本利和　　　　　C. 利息　　　　　D. 本金减利息

4. 下列年金中无终值的是(　　)。

    A. 普通年金   B. 预付年金

    C. 递延年金   D. 永续年金

5. 与年偿债基金互为逆运算的是（   ）。

    A. 年金现值   B. 年金终值

    C. 复利现值   D. 复利终值

6. 预付年金与普通年金相比，在计算终值时是（   ）。

    A. 多计一期利息   B. 少计一期利息

    C. 计息期相等   D. 无可比因素

7. 现值是指（   ）。

    A. 本金   B. 利息   C. 本金减利息   D. 本利和

8. 年偿债基金的计算是已知年金终值求（   ）。

    A. 本利和   B. 利息   C. 利率   D. 年金

9. $\frac{1}{(1+i)^n}$ 是（   ）。

    A. 复利现值系数   B. 复利终值系数

    C. 年金现值系数   D. 年金终值系数

10. 递延年金是（   ）的特殊形式。

    A. 普通年金   B. 预付年金   C. 永续年金   D. 即付年金

11. 下列各项中，关于资金时间价值的说法不正确的是（   ）。

    A. 资金时间价值，是指一定量货币资金在不同时点上的价值量差额

    B. 资金时间价值是指没有风险没有通货膨胀情况下的社会平均利润率

    C. 资金的时间价值来源于货币进入社会再生产过程后的价值增值

    D. 资金时间价值是指不存在风险但含有通货膨胀情况下的社会平均利润率

二、多项选择题

1. 年金应该同时具备的条件有（   ）。

    A. 等额性   B. 均匀性   C. 连续性   D. 递增性

2. 利用查表的方式获取复利终值或现值系数，需要掌握的因素有（   ）。

    A. 利率   B. 期数   C. 本金   D. 利息

3. 无论单利还是复利计息，都要考虑的因素有（   ）。

    A. 本金   B. 利率

    C. 计息期   D. 前期的利息计入下期本金

4. 下列对资金时间价值的理解正确的有（   ）。

    A. 资金的时间价值是在企业的生产经营和流通过程中产生的

    B. 是对投资者推迟消费的耐心给以的报酬

    C. 资金时间价值的真正来源是劳动者创造的剩余价值

    D. 资金时间价值的确定是以社会平均资金利润率或平均报酬率为基础的

5. 下列可以表示资金时间价值的利息率有（   ）。

    A. 没有风险的公司债券利率

B. 在通货膨胀率很低的情况下,国债的利率

C. 没有风险和没有通货膨胀条件下的社会平均利润率

D. 加权平均资金成本

6. 已知$(P/F,10\%,6)=0.564\ 5$,$(F/P,10\%,6)=1.771\ 6$,$(P/A,10\%,6)=4.355\ 3$,$(F/A,10\%,6)=7.715\ 6$,则$i=10\%$,$n=6$时的偿债基金系数和资本回收系数分别为(   )。

A. 0.129 6
B. 0.680 3
C. 0.229 6
D. 0.107 5

7. 如果按照短于一年的计息期计算复利,下列关于此时的名义利率与实际利率的关系说法中,正确的有(   )。

A. 名义利率大于实际利率
B. 名义利率小于实际利率

C. 名义利率不等于实际利率
D. 不确定

三、判断题

1. 国库券是一种几乎没有风险的有价证券,其利率可以代表资金时间价值。 (   )

2. 某期预付年金现值系数除以$(1+i)$等于同期普通年金现值系数。 (   )

3. 实际利率是指剔除通货膨胀率后储户或投资者得到利息回报的真实利率。 (   )

 任务实训

1. 一笔贷款本金为100万元,年利率为4%,期限为5年,要求分别用单利法和复利法计算利息及本利和。

表1-3 单利法与复利法

年份	单利法			复利法		
	年初本金	年末利息	年末本利和	年初本金	年末利息	年末本利和
1						
2						
3						
4						
5						

2. 某人存入银行15万元,若银行存款利率为5%,5年后的本利和是多少?

3. 某人存入一笔钱,想要5年后得到20万元,若银行存款利率为5%,问现在应存入多少?

4. 某人准备第1年末存1万元,第2年末存3万元,第3年至第4年末各存4万元,年利率为10%。求第5年末的本利和。

5. 一项500万元的借款,借款期5年,年利率为8%,若每季度复利一次,年实际利率会高出名义利率多少?

6. 某企业有一笔3年后到期的贷款,到期额为500万元,贷款的年利率为6%。

(1)为偿还这笔贷款应建立的偿债基金是多少?

(2)如果每年年初等额偿还是多少?

7. 某公司租入一套设备,6 年内每年需支付租金 6 万元,年利率为 8%。

(1) 如果每年年末支付,公司应支付的租金额的现值是多少?

(2) 如果每年年初支付,公司应支付的租金额的现值是多少?

8. 若使一笔资金 3 年后的终值变为本金的 1.340 1 倍,每半年复利一次,要求计算:名义利率和实际利率。

9. 某企业向银行借入一笔款项,银行贷款的年利率为 8%,银行规定前 10 年不用还本付息,但从第 11 年至第 20 年每年年末偿还本息 1 000 元,问这笔款项的现值应为多少?

10. 某项永久性奖学金,每年计划颁发 50 000 元奖金。若年复利率为 8%,该奖学金的本金应为多少元?

11. 某公司拟购置一处房产,房主提出三种付款方案:

(1) 从现在起,每年年初支付 20 万,连续支付 10 次,共 200 万元。

(2) 从第 5 年开始,每年末支付 25 万元,连续支付 10 次,共 250 万元。

(3) 从第 5 年开始,每年初支付 24 万元,连续支付 10 次,共 240 万元。

假设该公司的资金利率(即最低报酬率)为 10%,你认为该公司应选择哪个方案?

12. 一个花园公寓的开发项目将在连续的 4 年中分 4 个阶段建成。每个阶段包括 50 个单元,每个单元需要 1 台自动洗碗机。在第 1 个阶段计划完成后的时候,每台洗碗机将花费 220 元。在以后的每年中,由于通货膨胀估计它们的单位成本都要提高 70 元。如果开发商的资金利率为 20%,求开发所需要的 200 台洗碗机的现值。

任务七   分析投资风险价值

【任务描述】 财务活动无法回避风险,研究风险是为了减少损失。要根据风险收益均衡原则衡量投资的风险报酬,最终决定值不值得投资。

 【案例导入】

某公司实施伊朗大坝项目风险分析的成功案例

我国某公司在承包伊朗某大坝项目时,风险管理比较到位,成功地完成了项目并取得较好的经济和社会效益。下面从几个主要方面对该项目进行简单分析:

合同管理:该公司深知合同的签订与管理的重要性,专门成立了合同管理部,负责合同的签订和管理。在合同签订前,该公司认真研究并吃透了合同,针对原合同中的不合理条款据理力争,进行了有利的修改。在履行合同过程中,坚决按照合同办事,因此,项目进行得非常顺利,为后来的成功索赔提供了条件。

融资方案:为了避免利率波动带来的风险,该公司委托国内的专业银行做保值处理,避免由于利率波动带来风险。因为是出口信贷工程承包项目,该公司要求业主出资部分和还款均以美元支付,这既为我国创造了外汇收入,又有效地避免了汇率风险。

工程保险:在工程实施过程中,对一些不可预见的风险,该公司通过在保险公司投保工程一切险,有效避免了工程实施过程中的不可预见风险,并且在投标报价中考虑了合同额的 6% 作为不可预见费。

进度管理:在项目实施的过程中,影响工程进度的主要是人、财、物三方面因素。对于物的管理,首先是选择最合理的配置,从而提高设备的使用效率;其次是对设备进行强制性的保养、维修,从而使整个项目的设备完好率超过了 90%,保证了工程进度。由于项目承包单位是成建制的单位,不存在内耗,因此对于人的管理难度相对小;同时项目部建立了完善的管理制度,对员工特别是当地员工都进行了严格的培训,这也大大保证了工程的进度。

设备投入:项目部为了保证项目的进度,向项目投入了近两亿元人民币的各类大型施工机械设备,其中包括挖掘机 14 台、推土机 12 台、45t 自卸汽车 35 台、25t 自卸汽车 10 台、装卸机 7 台、钻机 5 台和振动碾 6 台等。现场进驻各类技术干部、工长和熟练工人约 200 人,雇佣伊朗当地劳务 550 人。

成本管理:在成本管理上,项目部也牢牢抓住人、财、物这三个方面。在人的管理方面,中方牢牢控制施工主线和关键项目,充分利用当地资源和施工力量,尽量减少中方人员。通过与当地分包商合作,中方投入减少约 1 200 万~1 500 万美元。在资金管理方面,项目部每天清算一次收入支出,以便对成本以及现金流进行有效掌控。在物的管理方面,如前所述,选择最合理的设备配置,加强有效保养、维修和操作人员培训,提高设备的利用效率,从而降低了设备成本。项目部还特别重视物流工作,并聘用专门的物流人员,做到设备材料一到港就可以得到清关,并能很快应用在工程中,从而降低了设备材料仓储费用。

质量管理:该项目合同采用 FIDIC 的 EPC 范本合同,项目的质量管理和控制主要依照该合同,并严格按照合同框架下的施工程序操作和施工。项目部从一开始就建立了完整的质量管理体制,将施工质量与效益直接挂钩,奖罚分明,有效地保证了施工质量。

健康、安全与环境(HSE)管理:安全和文明施工代表着中国公司的形象,因此该项目部对此格外重视,并自始至终加强安全教育,定期清理施工现场。同时为了保证中方人员的安全,项目部还为中方人员购买了人身保险。

沟通管理:为了加强对项目的统一领导和监管,协调好合作单位之间的利益关系,该公司成立了项目领导小组,由总公司、海外部、分包商和设计单位的领导组成,这也大大增强了该公司内部的沟通与交流。而对于当地雇员,则是先对其进行培训,使其能很快融入项目中,同时也尊重对方的风俗习惯,以促进中伊双方人员之间的和谐交流。

人员管理:项目上中方人员主要为中、高层管理人员,以及各作业队主要工长和特殊技工。项目经理部实行聘任制,按项目的施工需要随进随出,实行动态管理。进入项目的国内人员必须经项目主要领导签字认可,实行一人多岗,一专多能,充分发挥每一个人的潜力,实行低基本工资加效益工资的分配制度。项目上,机械设备操作手、电工、焊工、修理工、杂工等普通工种则在当地聘用,由当地代理成批提供劳务,或项目部直接聘用管理。项目经理部对旗下的四个施工队实行目标考核,独立核算,各队分配和各队产值、安全、质量、进度、效益挂钩,奖勤罚懒,拉开差距,鼓励职工多劳多得,总部及后勤人员的效益工资和各队的工作目标及完成情况挂钩。

分包商管理:该项目以该公司下属全资公司某工程局为主进行施工。该工程局从投标阶段开始,即随同并配合总公司的编标,考察现场,参与同业主的合同谈判和施工控制网布置,编制详细的施工组织设计等工作,对于项目了解比较深入。该工程局从事国际工程承包业务的技术和管理实力比较雄厚,认真负责地完成了受委托的主体工程施工任务。同时该公司还从系统内抽调在土石坝施工方面具有丰富经验的专家现场督导,并从总部派出从事海外工程多年的人员负责项目的商务工作。其合作设计院是国家甲级勘测设计研究单位,具有很强的设计技术能力和丰富的设计经验。分包商也是由该项目领导小组进行协调管理。

(资料来源:http://wenku.baidu.com/view/14e0b249c850ad02de804141.html)

思考:

从风险的对策上分析该项目为什么能取得成功?这给我们什么启示?

知识点一 风险的特征

企业的财务活动都是在有风险的条件下进行的,风险对企业的财务目标有着重要的影响,财务活动中无法回避或忽视它。不考虑风险因素,就无法正确评价企业报酬的高低。

风险是指在一定环境下和一定限期内由于客观因素导致的企业收益的不确定性。企业在实现其目标的经营活动中,会遇到各种不确定性事件,这些事件发生的概率及其影响程度是无法事先预知的,这些事件将对经营活动产生影响,从而影响企业目标实现的程度。如果企业的一项活动有多种可能的结果,其将来的财务结果是不确定的,这就叫风险。

(一)风险具有客观性

风险是一种不以人的意志为转移,独立于人的意识之外的客观存在。因为无论是自然界的物质运动,还是社会发展的规律都是由事物的内部因素所决定,由超过人们主观意识的客观规律所决定。人们只能在一定的时间和空间内改变风险存在和发生的条件,降低风险发生的频率和减轻损失程度,但是,从总体上说,风险是不可能彻底消除的。风险的客观存在是保险活动或保险制度存在的必要条件。

(二)风险具有变动性

风险的大小随时间的延续而变化。人类社会自身进步和发展的同时,也创造和发展了风险。尤其是当代高新科学技术的发展和应用,使风险的发展性更为突出。风险会因时间、空间因素不断变化而变化。对于一个投资项目来说,事先的预计可能不很准确,越接近完工预计越准确,随时间的延续,时间带来的不确定性在缩小,事件完成了则结果肯定,风险便由大变小。

(三)风险总是与损失相关联

风险可能给投资者带来超出预期的收益,也可能带来超出预期的损失。一般说来,投资人对意外损失的关切比对意外收益要强烈得多。所以人们研究风险时侧重减少损失,主要从不利的方面来考察风险,经常把风险看成是不利事件发生的可能性。从财务角度看,风险主要是指无法达到预期报酬的可能性。

(四) 风险和不确定性有区别

风险是指事前知道所有可能的后果,以及每种后果的概率;不确定性是无法计量的,是指事前不知道所有可能的后果,或者虽然知道可能的后果,但不知道他们出现的概率。但面对实际问题时,两者很难区分。往往不能准确知道风险的概率。概率的测定有两种,一种是客观概率,是根据大量的历史实际数据推算出来的;另一种是主观概率,是在没有大量实际资料的情况下,人们根据有限资料和经验合理估计的。不确定性问题也可以估计一个概率,以便进行定量分析,这与风险就十分相近。因此,在实务中对风险和不确定性不作区分,都视为风险问题,把风险理解为可测定概率的不确定性。

企业的财务决策,几乎都是在风险和不确定性的情况下作出的。离开了风险,就无法正确评价企业报酬的高低。企业财务决策分为三种类型,即确定性决策、风险性决策和不确定性决策。

知识点二　风险的类别

(一) 按风险形成的原因分为经营风险和财务风险

1. 经营风险

经营风险是指生产经营的不确定性给企业带来的风险。

企业的供应、生产、销售等各种生产经营活动都存在着很大的不确定性,它们都会给企业带来影响,因而经营风险是普遍存在的。比如,原材料价格的波动、产品需求及产品售价变动、新的竞争对手的出现、消费者爱好的变化、销售决策的失误、通货膨胀等,这些不确定性,有些是企业自己不能控制的,会给企业带来风险。

另外,如果企业成本中固定成本的比重较大,单位产品分摊的固定成本额就较大。从成本习性来分析,业务量或产量越大,单位产品分摊的固定成本就会越小,反之则越大。产品产量发生变动,单位产品分摊的固定成本将随之变动,最后导致利润出现更大幅度的变动,经营风险就大;反之经营风险就小。

2. 财务风险

财务风险又称筹资风险,是指由于负债融资而给企业带来的不能按期还本付息的风险。

企业在经营过程中通常会借入资金,当负债经营时,不论企业盈利还是亏损,都必须按规定向债权人定期支付利息和偿还本金。当企业总资产报酬率(息税前利润率)高于借入资金利息率时,使用借入资金而获得的利润除了补偿利息外还有剩余,因而可以提高权益资金利润率(净资产收益率)。借款越多,盈利越多,这是负债经营的好处。但是,当企业总资产报酬率低于借入资金利息率时,使用借入资金获得的利润不足以支付利息,需要动用权益资金利润来支付利息,从而使权益资金利润率降低。这时借款越多损失越大,这是负债经营的风险。

财务风险也就是指企业全部资金中债务资金比率的变化带来的风险。当债务资金比例较高时,投资者将负担较多的债务成本,并经受较多的负债作用所引起的收益变动的冲击,财务风险从而加大;反之,当债务资金比例较低时,财务风险就小。影响财务风险的因素主要有:①资金供求的变化;②利率水平的变动;③获利能力的变化;④资金结构的变化。

如果企业不借钱,全部使用投资者投入的资金,那么企业就没有财务风险,只有经营风险。如果企业的经营是肯定的,那么只要负债利息率低于利润率,企业的负债多些也不要紧,财务风险只是增大了经营风险。

(二) 从投资主体的角度可分为市场风险和公司特有风险

1. 市场风险

市场风险又称系统风险或不可分散风险,是指所有对企业产生影响的因素引起的风险。如宏观经济状况的变化、国家税法的变化、国家财政的变化和货币政策的变化、世界能源状况的改变等。这类风险涉及所有的投资对象,不能通过多元化投资来分散。

2. 公司特有风险

公司特有风险又称非系统风险或可分散风险,是指发生于个别公司的特有事件给企业带来的风险,如诉讼的失败、新产品开发的失败、失去销售市场等。这种风险不是每个企业都面临的,只发生于个别企业,企业可以通过多元化投资来分散风险,即将资金投资于多种资产。例如,买股票,可以同时购买几只股票,一家公司出现了不利因素,可以被其他公司的有利因素抵消,这比只买某只股票风险要小。

【结论】 风险不可避免。

风险产生的因素有很多,有些是可以进行控制的,有些是不可进行控制的,有些是企业内部的,有的是企业外部的。从财务决策的角度来看,风险产生的原因主要是决策者对信息的掌握程度不深和不能控制事物未来的发展进程。

知识点三 风险的衡量

风险客观存在且影响着企业的财务和经营活动。为了有效地做好财务管理工作,必须掌握和正视风险并将风险程度予以量化。企业财务管理通常采用定性与定量相结合的方法,即将对情况的分析判断和对数据的整理计算结合起来。由于风险和概率有着直接的联系,所以常用概率和统计方法衡量风险的程度。步骤如下:根据预测数据先分析出现各种可能情况的概率和可能获得的利润额或资金利润率,计算期望值(即加权平均利润额或加权平均资金利润率);再计算标准离差和标准离差率;最后根据标准离差(率)判断风险程度。

(一) 概率分布

在经济活动中,某一事件在相同的条件下可能发生也可能不发生,这类事件被称为随机事件。概率就是用来表示随机事件发生可能性大小的数值。通常把必然发生的事件的概率确定为1,把不可能发生的事件的概率确定为0,一般随机事件的概率是介于0与1之间的一个数。概率越大,表示该事件发生的可能性越大;概率越小,表示该事件发生的可能性越小。

把事件的所有可能结果都列示出来,并且每一种结果都对应一种概率,把它们列示在一起,便构成了概率分布。概率分布可以是离散的,也可以是连续的。如果随机变量只取有限个值，并且这些值对应有确定的概率，则称随机变量是离散型分布。如果出现的情况有无数种可能，对每种情况都赋予一个概率，并分别测定其报酬率，则可用连续型分布。离散型的概率分布，可能出现的概率结果有限，比较容易计算。绝大多数经济决策分析采用离散型的概率分布。

所有的概率分布都必须符合以下规则：

(1) 所有的概率为 P_i 在 0 和 1 之间，即：$0 \leqslant P_i \leqslant 1$。

(2) 所有的概率之和必须等于 1，即 $\sum_{i=1}^{n} P_i = 1$。

【例 1-17】　通达公司在保持原有老产品甲的同时，拟试制一种新产品乙明年投放市场，根据对市场的预测，估计可能出现"好""中""差"三种情况。各种可能出现情况的概率和可能获得的投资报酬率如表 1-4 所示，请对通达公司的新产品投放市场作风险衡量。

表 1-4　产品市场预测表

市场预测可能出现的情况(i)	发生概率(p_i)	甲产品投资报酬率(x_i)	乙产品投资报酬率(y_i)
好	0.3	20%	80%
中	0.4	15%	15%
差	0.3	10%	−50%
合计	1	—	—

(二) 期望值

随机变量的各个取值，以相应的概率为权数的加权平均数，叫作随机变量的期望值，它反映随机变量取值的平均化。

$$期望值 E = \sum X_i P_i$$

式中，X_i——各种可能结果；

P_i——各种可能结果出现的概率。

本例中，期望值表现为期望投资报酬率。

期望投资报酬率 $E_{(甲)} = 0.3 \times 20\% + 0.4 \times 15\% + 0.3 \times 10\% = 15\%$

期望投资报酬率 $E_{(乙)} = 0.3 \times 80\% + 0.4 \times 15\% + 0.3 \times (-50\%) = 15\%$

甲、乙产品的期望投资报酬率相同，但其概率分布是不同的。甲项目的概率分布较集中，变动范围在 10% 至 20% 之间；乙项目的概率分布分散程度较大，变动范围在 −50% 至 80% 之间。两个项目风险的大小，要使用统计学中的关于概率分布离散程度的指标来作进一步衡量和确定。

(三) 标准离差

标准离差也称标准差，是反映概率分布中各种可能结果对期望值的偏离程度，通常用 σ 来表示，其计算公式为：

$$\sigma = \sqrt{\sum_{i=1}^{n} (X_i - E)^2 \times P_i}$$

解答:甲项目的标准离差是:

$$\sigma = \sqrt{\sum_{i=1}^{n} (X_i - E)^2 P_i}$$

$$= \sqrt{(0.2 - 0.15)^2 \times 0.3 + (0.15 - 0.15)^2 \times 0.4 + (0.1 - 0.15)^2 \times 0.3}$$

$$= 3.87\%$$

乙项目的标准离差是:

$$\sigma = \sqrt{\sum_{i=1}^{n} (X_i - E)^2 P_i}$$

$$= \sqrt{(0.8 - 0.15)^2 \times 0.3 + (0.15 - 0.15)^2 \times 0.4 + (-0.5 - 0.15)^2 \times 0.3}$$

$$= 50.35\%$$

甲项目的标准差是 3.87%,乙项目的标准差是 50.35%。

【结论】 标准离差越大,说明离散程度越大,说明风险越大;标准离差越小,说明风险越小。

此题中甲、乙两个项目的期望投资报酬率相同,甲项目的风险要小于乙项目,所以甲方案优于乙方案。

标准离差具有局限性,它是一个绝对值,而不是一个相对值,只能用于反映某一决策方案的风险程度,或比较期望值相同的决策项目的风险程度;对于期望值不同的方案的风险程度的比较,需要采用标准离差率这一相对值指标。

(四) 标准离差率

标准离差率又称为变异系数,它是标准差和期望值的比值。它的作用是用相对数表示风险程度的大小。

用 v 表示标准离差率,计算公式是:

$$v = \frac{\sigma}{E}$$

如果上述甲、乙方案的期望报酬率分别是 15% 和 50%,两个方案的标准离差率为:

甲方案的标准离差率:

$$V = \frac{\sigma}{E}$$

$$= \frac{3.87\%}{15\%}$$

$$= 25.8\%$$

乙方案的标准离差率:

$$V = \frac{\sigma}{E}$$

$$= \frac{50.35\%}{50\%}$$

$$= 100.7\%$$

【结论】　在期望值不同的情况下,标准离差率越大,风险越大;反之,标准离差率越小,风险越小。

可以看出甲方案的标准离差率小于乙方案,乙方案的风险大。

比较出方案风险的大小,选择方案时并非一定选择风险小的方案。一般地,对于单一方案,决策者可以根据标准离差(率)与设定的此项指标最高限值来决策,若前者小于后者,则该方案风险小。对于多种方案决策,决策的原则是选择高收益低风险的方案。如果两个方案的期望值基本相同,应选择标准离差小的方案。如果方案的标准离差(率)基本相同,应选择期望值大的方案。如果一方案的期望值大于另一方案,标准差小于该方案,选择这一方案。如果一方案的期望值与标准离差均大于另一方案,应将超出的程度进行比较,前例中的甲、乙两个方案就属于这一种情况。

知识点四　投资的风险价值

一般而言,投资者都讨厌风险,并力求回避风险。那么,为什么还有人进行风险投资呢?因为投资人希望获得风险报酬。所谓风险报酬又称风险价值,是指投资者因冒风险进行投资而获得的超过时间价值的那部分报酬。

风险和报酬的基本关系是风险越大,要求的报酬率越高。如前所述,各投资项目的风险大小是不同的。在投资报酬率相同的情况下,人们会选择风险小的投资,结果竞争使其风险增加、报酬率下降。最终,高风险的项目必须有高报酬,否则就没有人投资;低报酬的项目必须是很低的风险,否则也没人投资。风险和报酬的这种关系,是市场竞争的结果。

风险报酬有两种表示方法:风险报酬额和风险报酬率。风险报酬额是指投资者因为冒风险进行投资而获得的超过时间价值的那部分额外的报酬。风险报酬率是指投资者因为冒风险进行投资而获得的超过时间价值率的那部分额外报酬率,即风险报酬与原投资额的比率。在财务管理中,风险报酬通常用相对数风险报酬率加以计量。谈到风险报酬,通常指风险报酬率。

(一)风险报酬率

一般而言,企业投资或经营所冒的风险越大,得到的风险报酬也就越高。标准离差率虽然能正确评价投资风险程度的大小,但还不是风险报酬率。要计算风险报酬率,还必须借助一个系数——风险价值系数(b)。风险价值系数是将标准离差率转化为风险报酬率的一种系数。如果大家都愿意冒险,风险价值系数就小,风险溢价不大;如果大家都不愿意冒险,风险价值系数就大,风险溢价大。

风险报酬率与反映风险程度的标准离差率成正比关系。

$$风险报酬率 = 风险价值系数 \times 标准离差率 = bv$$

决定风险价值系数的大小有如下几种方法。

1. 根据以往同类项目的有关经验数据确定

根据以往同类项目的投资报酬率、无风险报酬率和标准离差率等历史资料,可以计算风险价值系数。计算公式为:

$$投资报酬率 = 无风险报酬率 + 风险价值系数 \times 标准离差率$$
$$风险价值系数 = (投资报酬率 - 无风险报酬率) / 标准离差率$$

【例 1-18】 某公司拟进行一投资项目,其同类项目的投资报酬率为 12%,无风险报酬率为 7%,收益标准离差率为 40%,试计算其风险价值系数。

解答:
$$风险价值系数 = \frac{12\% - 7\%}{40\%} = 12.5\%$$

2. 由企业决策者或有关专家决定

如果无以往同类项目的经验,可根据主观的经验来确定。这时,风险价值系数的确定在很大程度上取决于企业对待风险的态度。敢于冒风险的企业,可以把风险价值系数定得低一些,把风险缩小;比较保守的企业,可以把风险价值系数定得高一些,把风险夸大。

3. 参照国家有关部门提供的资料决定

国家财政、银行、证券等部门可组织有关方面的专家,根据各行业的条件和有关因素,计算各行业的风险价值系数。这种风险价值系数的国家参数由有关部门定期发布,供投资者参考。

【结论】 风险报酬率高低取决于风险价值系数和风险程度的大小。

(二) 风险报酬额

$$风险报酬额 = 投资额 \times 风险报酬率$$

值得注意的是,风险价值的计算不可能做到十分精确。研究投资风险价值原理的关键是在进行投资决策时,树立风险价值观念,认真权衡风险与报酬的关系,选择可能避免风险、分散风险并获得较多收益的投资方案。

知识点五　投资报酬

投资报酬可以以金额表示,即投资在一定期限内的增值量,也可以以百分数表示,即投资收益率或投资报酬率,实务中以百分数表示。

(一) 投资报酬率的类型

1. 实际报酬率

实际报酬率表示已经实现或者确定可以实现的投资报酬率。

2. 预期报酬率

预期报酬率也称期望报酬率,是指在不确定的条件下,预测投资在未来可实现的报酬率。

3. 必要报酬率

必要报酬率也称最低报酬率,表示投资者对投资合理要求的最低收益率。

(二) 投资报酬率的构成

一项投资获得的报酬通常由两部分组成:一是无风险报酬,这部分收益不承担风险,是无风险的报酬;二是风险报酬,即由于冒风险而取得的超过资金时间价值的收益。

1. 无风险报酬率

无风险报酬率由纯粹利率(资金的时间价值)和通货膨胀补偿率两部分组成,是最低的社会平均利润率。

$$无风险报酬率 = 纯粹利率(资金的时间价值) + 通货膨胀补偿率$$

由于国债的风险很小，尤其是短期国债的风险更小，一般把投资于国库券的报酬率视为无风险报酬率。

2. 风险报酬率

风险报酬率的大小取决于风险的大小和投资者对风险的偏好。

综上所述，风险和投资报酬率的关系可以表示为：

$$投资报酬率(y) = 无风险报酬率 + 风险报酬率 = a + bv$$

式中：a 表示无风险报酬率，投资报酬率可以用图 1-8 表示。

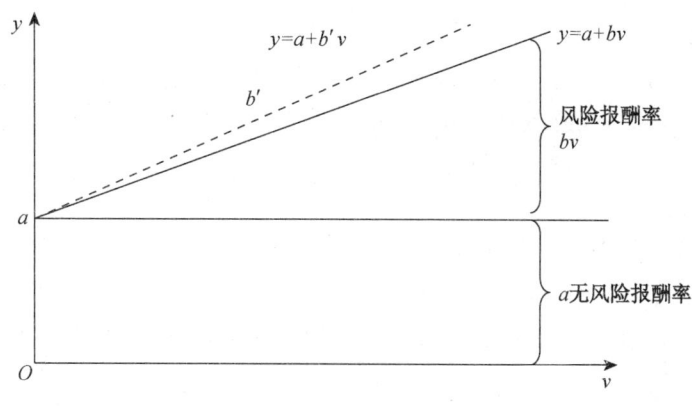

图 1-8　投资报酬率

图 1-8 中，一定时期内，所有项目的无风险报酬率均相同，项目之间投资报酬率的差异是由各项目风险程度的不同造成的，随着风险程度 v 上升，投资报酬率会上升，即冒风险越大，要求的回报越高；随着风险价值系数的上升，投资报酬率会上升，图中，b' 时的项目投资报酬率大于风险价值系数 b 时的项目投资报酬率。

风险报酬额也可以表示为：

$$风险报酬额 = 预期报酬 \times \frac{投资报酬率 - 无风险报酬率}{投资报酬率}$$

【结论】　一定条件下，所有方案的无风险报酬率都是一样的，投资报酬率的高低主要取决于风险报酬率的高低。

在西方金融学和财务管理学中，有许多模型论述风险和报酬率的关系，其中最重要的模型为资本资产定价模型(Capital Asset Pricing Model，缩写为 CAPM)。这一模型在证券投资界被广泛地利用。公式为：

$$R = R_f + \beta(R_m - R_f)$$

其中：R_m 设为股票市场的预期报酬率，R_f 为无风险报酬率，那么，市场风险报酬就是 $R_m - R_f$，这是投资者由于承担了与股票市场相关的不可分散风险而预期得到的回报。设其

预期回报率为 R，资本资产定价模型描述了该资产的风险溢价与市场的风险溢价之间的关系：$R-R_f=\beta(R_m-R_f)$。式中，β 系数是常数，表示了资产的回报率对市场变动的敏感程度（sensitivity），可以衡量该资产的不可分散风险。如果给定 β，我们就能确定某资产现值（present value）的正确贴现率（discount rate）了，这一贴现率是该资产的预期报酬率，贴现率 $R=R_f+\beta(R_m-R_f)$。

【结论】 风险没有好坏之分，只有大小之分。选择什么样的项目投资，不仅要看风险与预期报酬的大小，还取决于决策者的态度。敢于冒风险者更看重高风险背后的高收益，而对风险极度反感者更注重降低风险而轻视风险报酬。

知识点六 风险的对策

（一）规避风险

规避风险是所有企业应首先考虑的风险对策。当风险所造成的损失不能由该项目可能获得的利润予以抵偿时，规避风险是最可行的简单方法。比如，拒绝与不守信用的厂商业务往来，放弃可能导致损失的投资项目等。

（二）降低风险

降低风险主要包括两方面的含义：一方面是控制风险因素，减少风险发生；另一方面是控制风险发生的频率，降低风险损害的程度。降低风险的常用方法有：进行准确的预测，提高风险意识；对决策进行多方案的优选、准备替代方案；采取降低风险的保护措施，预先防范风险。

（三）转移风险

转移风险是指企业以一定的代价，采取某种方式、措施将发生的风险损失转移出去的风险防范方式。转移风险可分为保险转移和非保险转移两种。保险转移是指通过向保险公司投保的方式，将项目部分风险损失转移给保险公司承担。非保险转移是指将项目的一部分风险损失转移给项目承包方，如在联合开发、租赁承包、合资合营、安装施工等过程中通过签订合同的方式将部分风险损失转移给合同方承担。

（四）接受风险

对于损失较小的风险，如果企业有足够的财力和能力承受损失，可以采取风险自担和风险自保，自行消化风险损失。风险自担是指风险损失发生时，直接将损失摊入成本费用或冲减利润；风险自保是指企业预留一笔风险基金或有计划地计提风险基金，如坏账准备金、跌价准备金。

 【案例解析】

工程项目建设的一次性特点使其不确定性要比其他一些经济活动大许多，因而项目风险的可预测性也差得多。项目多种多样，每一个项目都有自身的具体问题。重复性的生产和业务活动若出了大问题，常常可以在以后找到机会补偿，而项目一旦出了问题，则很难补救。

　　项目不同阶段会有不同的风险。风险大多数随着项目的进展而变化,不确定性会随之逐渐减少。最大的不确定性存在于项目的早期。早期阶段作出的决策对以后阶段和项目目标的实现影响最大。项目各种风险中,进度拖延往往是费用超支、现金流出以及其他损失的主要原因。为减少损失而在早期阶段主动付出必要的代价要比拖到后期阶段才迫不得已采取措施好得多。

　　分析风险就是对风险存在的影响、意义,及应采取何种对策处理风险问题进行评析。本项目实施过程中充分考虑风险产生的各种因素,并及时处理风险。

　　1. 风险规避

　　风险规避的方法主要有回避、减轻、分散、转移、自留和后备措施。其中后备措施主要包括费用、进度和技术三种。该项目在实施前包括合同的慎重签订、委托国内的银行做保值处理、为工程和中方人员购买保险等措施都是考虑了风险产生的原因,规避风险。后备措施诸如设备投入、成本管理及管理层任用中方人员等也均规避了风险。

　　2. 风险控制

　　风险控制就是在风险事件发生时实施风险管理计划中预定的规避措施。同时,当项目的情况发生变化时,要重新进行风险分析,并制定新的规避措施。本项目中工程进度、质量管理、安全管理、沟通管理、分包商管理无一不是控制风险的措施。

　　3. 风险监视

　　风险监视实际是项目的进展和项目环境,即项目变数的变化。其目的是:核对这些策略和措施的实际效果是否与预见的相同;寻找机会改善和细化风险规避计划;获取反馈信息,以便将来的决策更符合实际。要对那些新出现的,以及预先制定的策略或措施不见效的,或性质随着时间推延而发生变化的风险进行控制。对项目进展的评价要反复不断地进行,因此,风险监视是项目实施过程中的一项重要工作。不管预先计划好的策略和措施是否付诸实施,风险监视都一日不可或缺。风险监视之所以非常必要,是因为时间的影响是很难预计的。一般说来,风险的不确定性随着时间的推移而减小。随着项目的进展,有关项目风险本来性质的信息、资料会越来越多。风险存在的基本原因,是由于这些信息资料随时间推移。所有这些都会变得越来越清楚,如果原来的风险识别、估计和评价做得正确,则原来的风险将量化得越来越准确。

 知识检测

一、单项选择题

1. 某企业投资一个新项目,经测算其标准离差率为 48%,如果该企业以前投资相似项目的投资报酬率为 16%,标准离差率为 50%,无风险报酬率为 6% 并一直保持不变,则该企业投资这一新项目的预计投资报酬率为(　　)。

　　A. 15.6%　　　　　B. 15.9%　　　　　C. 16.5%　　　　　D. 22.0%

2. 甲乙两投资方案的预计投资报酬率均为 25%,甲方案的标准离差率小于乙方案的标准离差率,则下列表述正确的是(　　)。

    A. 甲方案风险小于乙方案风险

    B. 甲乙两方案风险相同

    C. 甲方案风险大于乙方案风险

    D. 甲乙两方案风险大小依各自的风险价值系数大小而定

3. 已知甲、乙两个方案投资收益率的期望值分别为10%和12%,两个方案都存在投资风险,在比较甲、乙两方案风险大小时应使用的指标是( )。

    A. 标准离差率   B. 标准离差   C. 协方差   D. 方差

4. 在证券投资中,通过随机选择足够数量的证券进行组合可以分散掉的风险是( )。

    A. 所有风险   B. 市场风险   C. 系统性风险   D. 非系统性风险

5. 直接将损失摊入成本或费用,或冲减利润属于风险对策中的( )。

    A. 规避风险   B. 减少风险   C. 转移风险   D. 接受风险

6. 已知某公司股票的 β 系数为0.8,短期国债收益率为5%,市场组合风险报酬率为10%,则该公司股票的必要报酬率为( )。

    A. 8%   B. 9%   C. 11%   D. 13%

7. 已知某公司股票风险报酬率为9%,短期国债收益率为5%,市场组合收益率为10%,则该公司股票的 β 系数为( )。

    A. 1.8   B. 0.8   C. 1   D. 2

二、多项选择题

1. 应对风险的策略有( )。

    A. 规避风险   B. 降低风险   C. 转移风险   D. 接受风险

2. 关于风险报酬,下列表述中正确的有( )。

    A. 风险报酬有风险报酬额和风险报酬率两种表示方法

    B. 风险越大,获得的风险报酬越多

    C. 风险报酬额是指投资者因冒风险进行投资而获得的超过时间价值的那部分额外报酬

    D. 在财务管理中,风险报酬通常用相对数即风险报酬率来表示

3. 下列关于系统风险的说法中,不正确的有( )。

    A. 它是影响所有资产的,不能通过资产组合来消除的风险

    B. 它是特定企业或特定行业所特有的

    C. 可通过增加组合中资产的数目而最终消除

    D. 不能随着组合中资产数目的增加而消失,它是始终存在的

4. 按照资本资产定价模型,影响特定股票必要报酬率的因素有( )。

    A. 无风险报酬率   B. 市场所有股票的平均报酬率

    C. 特定股票的贝塔系数   D. 特定股票的价格

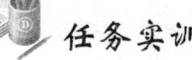 **任务实训**

1. 东方公司拟投资一个项目,该项目的风险报酬系数为0.5,标准差为1.2%,期望报酬

率为 15％,无风险报酬率为 8％。

要求:

(1)该项目的风险报酬率。

(2)若投资额为 200 万元,该项目的风险报酬额。

(3)若投资报酬总额为 150 万元,该项目的风险报酬额。

2. 东方公司的财务经理,准备进行对外投资,现有三家公司可供选择,分别是凯茜公司、大卫公司和爱德华公司。三家公司的投资报酬率以及其概率的资料见表 1-5。

表 1-5　三家公司年报酬率及其概率

市场状况	发生概率	投资报酬率（％）		
		凯茜公司	大卫公司	爱德华公司
繁荣	0.3	40	50	60
一般	0.5	20	20	20
衰退	0.2	0	—15	—30

假设凯茜公司的风险报酬系数为 8％,大卫公司为 9％,爱德华公司为 10％。作为一名稳健的投资者,财务经理欲投资于期望报酬率较高而风险报酬率较低的公司。

要求:通过计算作出选择。

项 目 小 结

财务管理是一种价值管理,是组织企业财务活动和财务关系的一项经济管理工作,主要内容包括资金筹集管理、投资管理、营运资金管理、利润及其分配管理。企业目标可以概括为生存、发展和获利,财务管理目标应与企业总体目标相一致。财务管理的目标有利润最大化、资本利润率(每股利润)最大化和企业价值(股东财富)最大化几种选择。协调不同利益主体之间的矛盾,是财务管理必须解决好的问题。财务管理的环节包括财务预测、财务决策、财务预算、财务控制、财务分析。财务管理环境是指对企业财务活动产生影响作用的内外部条件,具有构成复杂和经常变化的特点,会对财务管理工作产生重大的影响。资金时间价值和风险价值是财务管理中研究的两根主线,是财务管理的基础。

项目二　筹资管理实务

 学习目标

1. 了解筹资的意义、种类,各种筹资渠道和方式;
2. 掌握资金需要量的预测方法(销售百分比法);
3. 理解各种筹资方式的特征、优缺点;
4. 掌握个别资金成本的比较,计算企业综合资金成本;
5. 理解杠杆效应原理和运用;
6. 掌握资金结构优化方法。

 技能要求

1. 能够正确预测企业筹资规模,确定最佳筹资方式;
2. 能够根据企业情况正确地选择最佳资金结构,衡量企业的风险。

 【案例导入】

佳洁公司适用的所得税税率为 25%,2017 年资产负债表有关资料见表 2-1。

表 2-1　资产负债表

2017 年 12 月 31 日　　　　　　　　　　　　　　单位:万元

资产	金额	负债及所有者权益	金额
货币资金	200	应付费用	500
应收账款	1 000	应付账款	1 300
存货	1 800	短期借款	1 400
固定资产	3 000	应付债券	1 500
其他长期资产	4 200	股本(每股面值2元)	1 000
		资本公积	2 000
		留存收益	2 500
合计	10 200	合计	10 200

表 2-1 中,货币资金、应收账款、存货和固定资产与销售存在相关关系,属于相关性资产;应付费用和应付账款与销售存在相关关系,属于相关性负债;2017 年企业销售收入为 10 000 万元,变动成本率(即变动成本总额占销售收入的比率)为 70%,销售净利率为 10%,股利支付额为 860 万元,利息费用为 180 万元。

2018 年,为了提高销售收入 20%,需要增加无形资产投资 100 万元。销售净利率和股利支付额保持不变。2018 年若从外部追加资金,有两个方案可供选择:

A:以每股市价 5.5 元发行面值为 5 元的普通股股票,发行费用为每股 0.5 元,每股预计分配股利为 0.25 元,由于公司处于成长期,以后逐年增长 5%;

B:按照 120.1 元的价格发行票面利率为 12% 的债券,每年付息一次,到期一次还本,每张面值 100 元,每张债券的发行费用为 0.1 元。

思考:

(1) 按销售百分比法,预测 2018 年需从外部追加的资金。

(2) 佳洁公司不能发行优先股,普通股和优先股有什么区别?

(3) 计算 A 方案中发行的普通股股数和资金成本;计算 B 方案的债券筹资总额、每年支付的利息以及资金成本。

(4) 计算 2017 年佳洁公司的经营杠杆系数和财务杠杆系数,预测 2018 年的 EBIT 和 EPS 变动情况。

(5) 预测 2018 年公司 A、B 两个方案的每股收益无差别点。

(6) 若 2018 年公司可以实现的息税前利润为第四问中的预测数值,确定公司应选用的筹资方案。

任务一　熟悉筹资管理的内容

【任务描述】　筹资前,应该熟悉筹资的原则,采用一定的方式确定筹资的数量,并且了解各种筹资渠道和筹资方式。

知识点一　筹资的动机

企业筹资是指企业为了满足其经营活动、投资活动、资金结构管理和其他需要,运用一定的筹资渠道、筹资方式,筹措和获取所需资金的一种行为。企业筹资是企业的一项基本财务活动。

资金是企业的血液,是企业设立、生存和发展的物质基础,是企业开展生产经营业务活动的基本前提。筹集资金是企业理财活动的起点,是决定企业经营规模和发展速度的主要环节。筹集资金在财务管理中处于极其重要的地位,任何一个企业,为了保证生产经营的正常进行,必须具有一定数量的资金。筹资的具体原因多种多样,归纳起来有五种:创立性筹资动机、支付性筹资动机、扩张性筹资动机、调整性筹资动机和混合性筹资动机。

(一) 创立性筹资动机

创立性筹资动机是指企业设立时，为取得资本金并形成开展经营活动的基本条件而产生的筹资动机。资金是设立企业的第一道门槛。根据我国《公司法》《合伙企业法》《个人独资企业法》等相关法律的规定，任何一个企业或公司在设立时都要求有符合企业章程或公司章程规定的全体股东认缴的出资额。企业创建时，要按照企业经管理规模核定长期资本需要量和流动资金需要量，购建厂房设备等，安排铺底流动资金，形成企业的经营能力。这样，就需要筹措注册资本和资本公积等股权资金。股权资金不足部分需要筹集银行借款等债务资金。

(二) 支付性筹资动机

支付性筹资动机是指为了满足经营业务活动的正常波动所形成的支付需要而产生的筹资动机。企业在开展经营活动过程中，经常会出现超出维持正常经营活动资金需求的季节性、临时性的交易支付需要，如原材料购买的大额支付、员工工资的集中发放、银行借款的提前偿还、股东股利的发放等。这些情况要求除了正常经营活动的资金投入以外，还需要通过经常的临时性筹资来满足经营活动的正常被动需求，维持企业的支付能力。

(三) 扩张性筹资动机

扩张性筹资动机是指企业因扩大经营规模或对外投资需要而产生的筹资动机。企业维持简单再生产所需要的资金是稳定的，通常不需要或很少追加筹资。一旦企业扩大再生产，经营规模扩张，开展对外投资，就需要大量追加资金。具有良好发展前景、处于成长期的企业，往往会产生扩张性的筹资动机。扩张性的筹资活动，在筹资的时间和数量上都要服从于投资决策和投资计划的安排，避免资金的闲置和投资时机的贻误。扩张性筹资的直接结果，往往是企业资产总规模的增加和资本结构的明显变化。

(四) 调整性筹资动机

调整性筹资动机是指企业因调整资金结构而产生的筹资动机。资金结构调整的目的在于降低资金成本，控制财务风险，提升企业价值。企业产生调整性筹资动机的具体原因大致有以下两点：一是优化资金结构，合理利用财务杠杆效应。企业现有资金结构不尽合理的原因有：债务资金比例过高，有较大的财务风险；股权资金比例较大，企业的资金成本负担较重。这样可以通过筹资增加股权或债务资金，达到调整优化资金结构的目的。二是偿还到期债务，债务结构内部调整。例如，流动负债比例过大，使得企业近期偿还债务的压力较大，可以举借长期债务来偿还部分短期债务。又如，一些债务即将到期，企业虽然有足够的偿债能力，但为了保持现有的资金结构，可以举借新债以偿还旧债。调整性筹资的目的，是调整资金结构，而不是为企业经营活动追加资金，这类筹资通常不会增加企业的资金总额。

(五) 混合性筹资动机

在实务中，企业筹资的目的可能不是单纯和唯一的，通过追加筹资，既满足了经营活动、投资活动的资金需要，又达到了调整资金结构的目的。这类情况很多，可以归纳为混合性的筹资动机，如企业对外投资需要大量资金，其资金来源通过增加长期贷款或发行公司债券解决，这种情况既扩张了企业规模，又使企业的资金结构有较大的变化。混合性筹资动机一般是基于企业规模扩张和调整资金结构两种目的，兼具扩张性筹资动机和调整性筹资动机的特性。它同时增加了企业的资产总额和资金总额，也导致企业的资产结构和资金结构同时变化。

知识点二　筹资的原则

企业筹资是一项重要而复杂的工作,为了有效地筹集资金,实现筹资管理的目标,必须遵循一些基本原则,在严格遵守国家法律法规的基础上,分析影响筹资的各种因素,权衡资金的性质、数量、成本和风险,合理选择筹资方式,提高筹资效果。

（一）合法性原则

企业的筹资活动不仅为自身的生产经营提供资金来源,而且也会影响投资者的经济利益,影响社会经济秩序。为了维护投资者利益和规范市场,国家制定了相关的法律法规。企业在筹资时必须遵守相关法律法规,维护有关各方的合法利益,避免非法筹资行为对社会、相关利益主体及企业自身造成损害。

（二）合理性原则

企业筹集资金,不论出于何种目的,首先要合理预测资金的需要量。筹资规模与资金需要量应当匹配一致,资金短缺会影响企业的生产经营,资金过剩又会造成资金闲置。因为企业筹资都是有成本的,所以企业财务人员要认真分析生产、经营和市场状况,采用一定的方法,合理预测资金的需求量。

（三）及时性原则

企业财务人员在筹集资金时,还需要合理预测资金需要的时间。要根据资金需求的具体情况,合理安排资金的筹集时间,适时获取所需资金,使筹资与用资在时间上相衔接,既避免过早筹集资金形成的资金投放前闲置,又防止取得资金的时间滞后,错过绝佳的资金投放期。

（四）效益性原则

企业使用所筹集的资金都要付出代价。由于不同筹资渠道、不同筹资方式有着不同的筹资成本,企业应当在考虑筹资难易程度的基础上,针对不同来源资金的成本进行分析,尽可能选择经济、可行的筹资渠道与方式,力求降低筹资成本,提高经济效益。

（五）科学性原则

企业筹资要综合考虑股权资金与债务资金的关系、长期资金与短期资金的关系、内部筹资与外部筹资的关系,合理安排资金结构,保持适当偿债能力,以降低成本,减少风险,防范企业财务危机。

知识点三　筹资的分类

（一）按取得资金的权益特性分类为权益筹资、债务筹资与衍生工具筹资

权益筹资形成权益资金,也称股权资金、自有资金、主权资金,是指企业依法长期拥有、能够自主调配运用的资金。其财务风险小,但付出的资金成本相对较高。

债务筹资形成债务资金,是企业按合同取得的在规定期限内需要清偿的债务,具有较大的财务风险,但付出的资金成本相对较低。

衍生工具筹资,包括兼具权益和债务筹资性质的混合筹资和其他衍生工具筹资。我国上市公司目前最常见的混合筹资方式是可转换债券筹资和优先股筹资,最常见的其他衍生工具筹资方式是认股权证筹资。

(二) 按是否借助于中介金融机构分类为直接筹资与间接筹资

直接筹资是指企业直接与资金供应者协商筹集资金。直接筹资方式主要有发行股票、发行债券、吸收直接投资等。

间接筹资是指企业通过银行和非银行金融机构筹集资金。间接筹资方式主要有银行借款、融资租赁等。

直接筹资的筹资手续比较复杂,筹资费用较高,但筹资领域广阔,能够直接利用社会资金,有助于提高企业的知名度和资信度。按法律规定,公司股票、公司债券等有价证券的发行需要通过证券公司等中介机构进行,但证券公司起到的只是承销的作用,资金拥有者并未向证券公司让渡资金使用权,因此发行股票、债券属于直接向社会筹资。

(三) 按资金的来源范围分类为内部筹资与外部筹资

内部筹资是指企业通过利润留存而形成筹资来源,一般无筹资费用,数额的大小主要取决于企业可分配利润的多少和利润分配政策(股利政策)。

外部筹资是指从企业外部筹措资金而形成的筹资来源。企业筹资时首先应利用内部筹资,然后再考虑外部筹资。

(四) 按所筹集资金的使用期限分类为长期筹资与短期筹资

长期筹资是指企业筹集使用期限在 1 年以上的资金。其目的主要在于形成和更新企业的生产和经营能力,或为对外投资筹集资金。

短期筹资是指企业筹集使用期限在 1 年以内的资金。短期筹集的资金主要用于企业的流动资产和日常资金周转。

知识点四　筹资的渠道

筹资渠道是指筹措资金的来源方向,是企业所选择筹资的对象。针对我国国内的货币和资本市场现状,需要对每个投资主体的特征有清晰的了解。认识和了解各筹资渠道及其特点,有助于企业充分拓宽和正确利用筹资渠道。目前我国企业筹资渠道主要有以下几种。

(一) 国家财政资金

国家财政资金是指代表国家投资的政府部门或机构投入企业的国有资金。国家财政资金一直是国有企业主要的资金来源。随着国有资金布局的战略性调整,能够通过这一渠道融资的国有企业范围日益缩小,除国家重点支持的国有企业、特殊行业的企业可以获得国家财政的资金支持外,一般情况下,企业会寻求其他的途径获取资金的支持。但对于许多国有企业而言,国家财政资金仍然是一个非常重要的资金筹措渠道。

(二) 银行信贷资金

银行信贷资金是指企业从银行贷款取得的借入资金。银行信贷资金是各类企业非常重要的筹资渠道。尽管随着资本市场的发展,直接筹资在企业中发展很快,但银行信贷资金因其资金的雄厚及筹资的简便仍然占据主要的地位。随着我国金融体制改革的不断深入,各类银行的经营方式日益丰富,经营范围、服务对象也在不断扩大,这也给企业筹资提供了更为广泛的渠道。

（三）非银行金融机构资金

非银行金融机构资金是指企业从证券公司、保险公司、租赁公司、信托投资公司、财务公司等非银行金融机构吸收的资金，包括吸收的投资和借款。非银行金融机构是金融市场中非常重要的金融中介，它们既是企业的筹资渠道，又是企业许多筹资方式的中介。非银行金融机构的发展水平在某种程度上反映了金融市场的发展程度。与银行相比，尽管其财力有限，目前只是起辅助作用，但由于其提供资金的方式灵活多样，且可提供其他方面的服务，非银行金融机构逐渐成为众多企业筹资的重要渠道，今后会有更广阔的发展前途。

由于我国目前金融机构之间实行分业经营，各金融机构的业务活动范围存在一定的差异。随着金融领域的不断发展和变革，将会有越来越多的金融机构出现。因此，企业在融通资金时必须熟悉各金融机构的业务范围，根据自身的特点，正确选择恰当的金融机构作为筹资的对象。

（四）其他法人资金

虽然企业与企业之间不能直接拆借资金，但可以通过直接投资或认购股份、债券等形式进行资金融通。企业与企业之间最常见的融资形式是商业信用。企业在正常交易的过程中，经常会出现赊销或赊购，这种现象实质上是相互之间进行融通资金的一种表现。赊销方向赊购方提供了短期的无息贷款。在交易结束前，双方形成了暂时的债权债务关系。当交易全部结束后，双方的债权债务关系解除。企业之间可以通过资金融通，互相调剂资金余缺，以充分利用资金。

（五）社会闲散资金

在金融机构和企业之外，游离着大量的居民个人社会闲散资金。这部分资金是形成民间资金的主要来源渠道。企业可以通过发行债券、内部职工集资、私下募集等方式筹集这部分资金。但随着金融市场的不断完善，社会闲散资金将会逐步被金融市场或相关的中介机构吸收，企业直接吸纳社会闲散资金的可行性将逐渐降低。

（六）企业内部资金

企业内部资金是指企业通过内部生产活动形成的资金，它主要包括固定资产折旧、提取的法定盈余公积和任意盈余公积，以及未分配利润等。它们无需企业通过一定的方式去筹集，而是作为一种内源性的筹资渠道由企业内部自动生成转移。企业内部资金是企业筹资的首要选择，但这种资金来源的前提条件是，企业必须具备良好的经营能力。其筹资数量一般是相当有限的。

（七）国外资金市场资金

随着国际经济的国际化趋势的发展，外国投资者以及我国香港、澳门和台湾地区投资者成为重要的融资渠道。在国际金融市场上，企业可以向外国政府、国际银行或国际金融机构贷款，也可向国际投资者发行股票、债券，甚至利用出口信贷、吸引直接投资取得资金。随着金融市场的不断完善和发展，国际化趋势日渐显著，吸引外资不仅能够满足我国经济建设资金的需要，而且能够引进先进的技术和管理经验，为经济的发展提供必要的支持。

不同筹资渠道提供资金的数量和筹资的方便程度不尽相同，有些筹资渠道还只适用于特定企业。因此，企业需结合自身情况，在适用的渠道中合理组合，为企业生产经营和发展需要筹集所需的资金。

知识点五　筹资的方式

筹资渠道是指企业取得资金的途径,即企业可以从哪里获得资金。筹资方式是指企业筹措资金的具体形式,即企业如何取得资金。不同来源的资金,其使用时间的长短,附加条款的限制,财务风险的大小,资金成本的高低都不一样。这就要求企业在筹集资金时,不仅需要从数量上满足市场经营的需要,而且要考虑各种筹资方式给企业带来的资金成本的高低和风险的大小,以便选择最佳筹资方式,实现财务管理的总体目标。企业的资金,可以从多种渠道,用多种方式来筹集。因此,筹资方式也称为筹资(金融)工具。随着我国金融市场的发展和金融工具的创新,企业可以选择的筹资工具日益增多,这为其筹资提供了良好的条件。但不同筹资方式有其特点和适用范围,企业需要结合自身情况作出合理选择。

根据筹资后企业与投资主体形成的利益关系的差异,筹资方式分为权益筹资方式和债务筹资方式两类。

(一) 权益筹资方式

权益筹资所形成的资金是自有资金,可以长期持有,自主支配。筹资企业与投资主体形成的是受资者与投资者(所有者)的关系。

从出资者的角度上看,权益资金出资者是企业法人财产责任的最后承担者,所冒的风险大,出资者应获得较高的报酬,该投资是高风险高报酬的投资形式;从受资者的角度上看,权益融资高成本、低风险,出资者期望得到的高回报是受资者筹资的资金成本,低风险是因为权益资金无需还本,没有偿债压力,并且可以作为债务资金支付的保障。

权益筹资的方式主要有吸收直接投资、发行股票(包括发行普通股、优先股)和留存收益。

(二) 债务筹资方式

债务筹资所形成的资金称债务资金,是指企业依法筹措并依约使用、按期偿还的资金。筹资企业与投资主体形成的是债权债务关系。

债务资金以还本付息为条件,作为资金的出借方,出借资金的风险较小,相应的回报也较低,该投资是一项低风险低收益的投资形式;作为资金的借入方,资金成本较低,但应按期还本付息,还本付息的压力较大,所冒的筹资风险较大。

债务筹资的方式主要有商业信用、借款、发行债券和融资租赁四种。

企业在何种情况下以权益方式筹资,何种情况下以债务方式筹资,主要取决于以下几个因素:

(1) 各种筹资渠道和筹资方式的金融法规的限制。

(2) 筹资工具的成本和对企业综合资金成本的影响。

(3) 筹资前后对资金结构的影响。

(4) 筹资渠道和筹资方式的可选择性。

(5) 以往和将来需要建立的融资关系。

（6）对企业管理层和投资主体控制权的影响。

筹资渠道与筹资方式两者既有区别又有联系。企业筹资活动需要通过一定的渠道并采用一定的方式来完成。为此,需要了解资金的来源渠道以及相应的筹资方式,并通过对两者的合理组合来筹集企业生产经营所需的资金。一定的筹资方式可能只适用于某一特定的资金来源渠道,但同一渠道的资金大多可以采用不同的方式取得。它们间的对应关系如表 2-2 所示。

表 2-2　筹资渠道和筹资方式的关系

筹资渠道 ＼ 筹资方式	吸收直接投资	发行股票	银行借款	发行债券	商业信用	融资租赁
国家财政资金	√	√				
银行信贷资金	√	√	√	√		
非银行金融机构资金	√	√	√	√		√
其他法人资金	√	√		√	√	√
国际资金市场资金	√	√				√
社会闲散资金	√	√		√		
企业内部资金	√					

知识点六　筹资规模的预测

预测是以过去的历史资料和现在所能取得的信息为基础,运用人们所掌握的科学知识或多年的实践经验,推测事物未来发展的可能趋势或结果的一个过程。作为财务管理的重要内容,企业应做好资金需用量的预测工作,它是企业筹集资金时进行科学决策的重要依据。根据预测所掌握资料的不同,资金需用量预测可以从定性和定量两方面入手。

（一）定性预测

定性预测是指利用对现有资料的直观判断,依靠个人或专家的丰富经验和主观识别能力,对未来资金的需用量作出的预测。定性预测特别适用于缺乏统计数据和原始资料,或对某些关键因素难以量化或难以作出准确判断的情况,它是依据主观的观察和认识得到的主观结论。当然,主观结论仍然建立在对大量客观现象的观察基础上,它不是简单的主观臆想。

定性预测方式和方法很多,归纳起来,共同特点是:参与预测的人员都是与预测现象接触最紧密、对现象观察最持久、对该领域有深入认识的人员。资金需用量预测时,企业的总经理、财务经理、总会计师、资金管理人员、相关项目的负责人和评估人员、外聘的财务或项目评估专家等,都应是定性预测的参与人员。每个人对资金需用项目进行观察、评价,结合个人的专业知识或丰富的实践经验,独立地作出个人的结论。然后通过开座谈会、填意向表等调查手段进行整理、综合,最终取得预测结论。

定性预测虽然常适用于各种特殊条件下的资金需用量预测,且是一种经济实用的预测方法,但从财务角度来看,能否量化地预测资金需用量,反映出财务管理工作的技术水平和规范化程度。因此,严谨、科学的财务管理工作,应该是以量化为主开展资金需用量预测。定量的预测的过程和结果,将更加有益于制定严格的资金需用量计划。

(二)定量预测

定量预测的方法非常多。哪种方法最适合资金需用量预测,应当根据具体的情况作出选择。有时,最为简单的移动平均法可能是最经济、最合理的方法;有时,极为复杂的回归分析法是一种最好的方法。如何从众多的定量分析方法中选择适用的方法,要视需用资金项目的特点、掌握财务资料的完整性、财务人员的理论水平和习惯、预测方法的准备性、预测误差的控制要求、预测工作的成本水平等而定。只有综合这些因素,成本低、准确性高、易操作的预测方法才是最好的方法。这里重点介绍因素分析法、销售百分比法是如何与财务资料结合在一起开展资金需用量预测的。

1. 因素分析法

因素分析法又称分析调整法,是指以有关项目基期年度的平均资金需要量为基础,根据预测年度的生产经营任务和资金周转加速的要求,进行分析调整,来预测资金需要量的一种方法。这种方法计算简便,容易掌握,但预测结果不太精确。它通常用于品种繁多、规格复杂、资金用量较小的项目。因素分析法的计算公式如下:

$$资金需要量=(基期资金平均占用额-不合理资金占用额)\times(1+预测期销售增长率)$$
$$\times(1-预测期资金周转速度增长率)$$

【例 2-1】 通达公司上年度资金平均占用额为 2 300 万元,经分析,其中不合理部分为 300 万元,预计本年度销售增长 6%,资金周转加速 2%。则:

$$预测本年度资金需要量=(2\ 300-300)\times(1+6\%)\times(1-2\%)=2\ 077.6(万元)$$

2. 销售百分比(销售比率)法

销售百分比法的基本原理是假定销售额与受其影响的因素保持稳定的比率关系,在此基础上,利用预期的销售额水平推断各因素的变化水平,进而利用各因素之间的平衡关系推导出预期需要追加资金的总量。尽管影响资金需用量的因素很多,但较之于其他因素,销售额对资金需用量的影响是非常关键的。因此,销售百分比法应用的前提条件是能够准确预测预期的销售额发生水平。

企业的销售规模扩大时要相应增加流动资产,如果销售规模增加很多,还必须增加长期资产。为取得扩大销售所需的资产,企业需要筹措资金,这些资金一部分来自随销售收入同比率增加的流动负债,还有一部分来自预测期的收益留存,不足部分则需通过外部筹资取得。一般使用以下两种方法:一种是预计销售总额预计资产、负债和所有者权益的总额,然后确定融资需求;另一种是预测销售的增加额预计资产、负债和所有者权益的增加额,然后确定融资需求。

方法一:根据预计销售总额确定融资需求

【例 2-2】 假定通达公司 2017 年的资产负债表如表 2-3 所示。

表 2-3 通达公司资产负债表(2017 年)

单位:万元

资 产		权 益	
货币资金	2 000	应付账款	4 500
应收账款	8 000	应交税费	3 500
存货	12 000	长期负债	10 000
固定资产(净额)	18 000	实收资本	20 000
		未分配利润	2 000
合 计	40 000	合 计	40 000

通达公司 2017 年销售额为 80 000 万元,占用资金总额为 40 000 万元。税后净利润占销售额的 5%。向投资者分配利润额为税后利润的 50%。预计 2018 年度销售额为 100 000 万元,企业税后利润向投资者分配仍为 50%。请用销售百分比法对通达公司 2018 年对外筹资额进行预测。

第一步:确定销售百分比。根据销售百分比法的基本原理,首先要分析资产负债中的各项目与销售额的关系。如果指标与销售额存在相关关系,我们就假定该指标与销售额始终保持一种稳定的比率关系。这就意味着当销售额增长时,相关指标数值会以相等比例增长。如表 2-3 中的货币资金与销售额之间是相关的,比率为 2.5%。这说明当年度销售额为 100 元时,现金余额必须保持 2.50 元的水平。要注意区分直接随销售额变动的资产、负债项目与不随销售额变动的资产、负债项目。不同企业销售额变动引起资产、负债变化的项目及比率是不同的,需要根据历史数据研究确定。

解答:本例中固定资产与销售额是无关的,说明即使销售额有所增长,固定资产净额的占用水平保持不变。如表 2-4 所示。

表 2-4 通达公司销售百分比表

资 产	相关性	比率	权 益	相关性	
货币资金	相关	2.50%	应付账款	相关	5.625%
应收账款	相关	10.00%	应交税费	相关	4.375%
存货	相关	15.00%	长期负债	无关	
固定资产(净额)	无关		实收资本	无关	
			未分配利润	无关	
合 计		27.50%	合 计		10.00%

第二步:分析在销售额变动的情况下,相关指标对资金需要量的影响。当销售额增加时,资产项目中的相关指标数额随之增加。换言之,追加资产的占用水平是扩大销售的先决条件。同时,权益项目中的相关指标数额也等比例增长。这种增长是未来年度经营活动过程中来源于内部的资金增长数额,它可以缓解因未来销售额扩大所产生的资金压力。

预计资产 = 预计销售额×资产销售百分比＋资产无关项目基期数

预计负债 = 预计销售额×负债销售百分比＋负债无关项目基期数

预计所有者权益 = 基期所有者权益＋预计留存收益增加

其中,预计留存收益增加＝预计销售额×销售净利率×(1－股利支付率)

解答:本例中预计销售额下的资产和权益为:

预计资产 = 100 000×27.5%＋18 000 = 45 500(万元)

预计负债 = 100 000×10%＋10 000 = 20 000(万元)

预计留存收益增加 = 100 000×5%×(1－50%) = 2 500(万元)

预计所有者权益 = 2 500＋20 000＋2 000 = 24 500(万元)

第三步:按照预期的销售额发生水平,根据资产＝负债＋所有者权益恒等公式,预测实际需要对外筹集资金的数量。

对外筹资数额 = 预计资产－预计负债－预计所有者权益

解答：ㅤ对外筹资数额＝45 500－20 000－24 500＝1 000(万元)

在实际运用销售百分比法时,一般是借助预计利润表和预计资产负债表进行的。通过预计利润表预测企业留存收益的增加额,通过预计资产负债表预测企业资金需要总额和外部融资数额,见表2-5。

表 2-5　通达公司预计资产负债表(2018 年)

单位:万元

资　产		权　益	
货币资金	2 500	应付账款	5 625
应收账款	10 000	应交税费	4 375
存货	15 000	长期负债	10 000
固定资产(净额)	18 000	实收资本	20 000
		未分配利润	4 500
		对外筹资	1 000
合　计	45 500	合　计	45 500

方法二:根据预计销售增加量确定融资需求

对外筹资数额＝资产增加－负债增加－留存收益增加,即:

$$对外筹资数额 = \frac{A}{S_1}(\Delta S) - \frac{B}{S_1}(\Delta S) - EP(S_2)$$

式中,A——随销售额变化的资产;

B——随销售额变化的负债;

S_1——基期销售额;

S_2——预测期销售额;

ΔS——销售额的变动率；

P——销售净利率；

E——收益留存比率。

解答：根据[例2-2]所提供的资料，通达公司为保障下年度的100 000万元销售额的实现，需要向外筹集资金：

$27.5\% \times (100\,000 - 80\,000) - 10\% \times (100\,000 - 80\,000) - 50\% \times 5\% \times 100\,000$
$= 1\,000(万元)$

按照预期销售额100 000万元的发生水平，预测需要追加资金1 000万元。

如果通达公司2018年还要进行产品的更新改造和技术更新，需筹集1 000万资金，那么该企业对外筹资额将达2 000万元。

3. 其他预测法

资金需求量还可以根据资金习性即资金变动与产销量变动之间的依存关系来预测，也可利用回归分析法或高低点法建立数学模型来预测。除此之外，还可以研究其他因素与资金需要之间存在的高度或完全相关性，运用统计的分析方法进行预测。

 【案例解析】

(1) 佳洁公司2017年资产销售百分比 = $(200 + 2\,800 + 3\,000)/10\,000 = 60\%$

负债销售百分比 = $(500 + 1\,300)/10\,000 = 18\%$

新增留存收益 = $10\,000 \times (1 + 20\%) \times 10\% - 860 = 340(万元)$

2018年从外部追加的资金 = （资产销售百分比 - 负债销售百分比）× 新增销售额
+ 增加的非流动资产投资 - 新增留存收益
= $(60\% - 18\%) \times 2\,000 + 100 - 340$
= $600(万元)$

 **知识检测**

一、单项选择题

1. A企业刚刚创建，它需要按照企业经营规模核定长期资本需要量和流动资金需要量，并构建两个厂房，购置设备若干，安排铺底流动资金，由此可推断，当前企业的主要筹资动机为（　　）。

   A. 支付性筹资动机　　　　　　　　B. 创立性筹资动机

   C. 扩张性筹资动机　　　　　　　　D. 调整性筹资动机

2. 采用销售百分比法预测对外筹资需要量时，下列各项变动中，会使对外筹资需要量减少的是（　　）。

   A. 股利支付率提高　　　　　　　　B. 固定资产增加

   C. 应付账款增加　　　　　　　　　D. 销售净利率降低

3. 某企业2017年资产平均占用额为1 687.5万元，经分析，其中不合理部分为62.5万元,因为市场行情变差,预计2018年销售将下降10%,但资金周转将加速4%。根据因素分析法预测2018年资金需要量为( )万元。

    A. 1 579.5   B. 1 314.14   C. 1 404   D. 1 458

4. 下列各项筹资中,既属于债务筹资又属于直接筹资的是( )。

    A. 发行普通股票   B. 发行债券   C. 银行借款   D. 融资租赁

二、多项选择题

1. 目前我国企业筹资渠道主要有( )。

    A. 国家财政资金   B. 银行信贷资金

    C. 其他金融机构资金   D. 居民个人资金

2. 下列属于短期融通资金的方式有( )。

    A. 商业信用   B. 短期借款   C. 发行股票   D. 融资租赁

3. 权益资金的筹集方式主要有( )。

    A. 吸收直接投资   B. 发行普通股   C. 发行优先股   D. 进行融资租赁

4. 筹集债务资金的方式主要有( )。

    A. 银行借款   B. 发行债券   C. 商业信用   D. 预付购料款

5. 下列属于筹资原则的有( )。

    A. 合理性原则   B. 及时性原则   C. 科学性原则   D. 效益性原则

6. 下列各项中,会引起资金需要量增加的有( )。

    A. 不合理资金占用额减少   B. 预测期销售收入增长

    C. 预测期资金周转速度下降   D. 预测期资金周转速度增长

 任务实训

东方公司2017年12月31日资产负债数据如表2-6所示。

表2-6 东方公司资产负债表简表(2017年)

单位:万元

资产	金额	相关性	负债与所有者权益	金额	相关性
货币资金	50 000	相关	应付账款	100 000	相关
应收账款	150 000	相关	应付利息	50 000	相关
存货	300 000	相关	短期借款	250 000	无关
固定资产	300 000	无关	公司债券	100 000	无关
			实收资本	200 000	无关
			留存收益	100 000	无关
合 计	800 000			800 000	

2017年销售收入为100万元,销售净利率为10%,利润分配率为60%。

要求:如果2018年销售收入提高到120万元,在企业销售净利率和利润分配政策不变的情况下,需要对外筹集多少资金?

任务二　确定筹资方式

【任务描述】 认真研究比较各种筹资方式的特征和优缺点,认识不同筹资方式有不同的成本。

知识点一　权益资金筹资方式

企业所能采用的筹资方式,一方面受法律环境和融资市场的制约;另一方面也受企业性质的制约。中小企业和非公司制企业的筹资方式受限较多;股份有限公司和有限责任公司的筹资方式相对多样。

权益资金筹资方式是企业最基本的筹集自有资金的方式,权益资金的筹集方式主要有吸收直接投资、发行股票和利用留存收益。

(一) 吸收直接投资

吸收直接投资简称吸收投资,是指企业通过协议等形式按照"共同投资、共同经营、共担风险、共享利润"的原则直接吸收国家、法人、个人投入资金的一种筹资方式。它是非股份制企业筹集自有资金的基本方式。采用吸收直接投资方式的企业,资本不分为等额股份,无需公开发行股票。吸收直接投资实际出资额,注册资本部分形成实收资本;超过注册资本的部分属于资本溢价,形成资本公积。

1. 吸收直接投资的种类

按照投资主体的不同,吸收投资的种类分为吸收国家投资、吸收法人投资、吸收社会公众投资和吸收外商投资四种。

(1) 国家投资是指有权代表国家投资的政府部门或机构,以国有资产投入公司,形成国家资本金。吸收国家投资一般具有以下特点:①产权归属国家;②资金的运用和处置受国家约束较大;③在国有公司中采用比较广泛。

(2) 法人投资是指法人单位以其依法可支配的资产投入公司,形成法人资本金。吸收法人资本一般具有以下特点:①发生在法人单位之间;②以参与公司利润分配或控制为目的;③出资方式灵活多样。

(3) 社会公众投资是指社会个人或本公司职工以个人合法财产投入公司,形成个人资本金。吸收社会公众投资一般具有以下特点:①参加投资的人员较多;②每人投资的数额相对较少;③以参与公司利润分配为基本目的。

(4) 外商投资是指企业通过合资经营或合作经营的方式吸收外商资金形成外商资本金。企业与其他国家的投资者共同投资,创办中外合资经营企业,共同经营,共负盈亏。中外合资经营一般具有如下特点:①合资经营企业在中国境内按中国法律规定取得法人资格,为中国法人;②合资经营企业为有限责任公司;③注册资本中,外方合营者的出资比例一般不低于25%;④合资经营期限遵循《中华人民共和国中外合资经营企业法》等相关法律规定;⑤合资经营企业的注册资本与投资总额之间应依法保持适当比例关系,投资总额是指按照合营企业合同和章程规定的生产规模需要投入的基本建设资金和生产流动资金的总和。

2. 吸收直接投资的出资方式

1) 以货币资产出资

以货币资产出资是吸收直接投资中最重要的出资方式,也是筹资企业最乐于接受的投资方式。企业有了货币资产,便可以获取其他物质资源,支付各种费用,满足企业创建时的开支和随后的日常周转需要,因此企业应尽量动员投资者采用货币资产方式出资。我国《公司法》规定,公司全体股东或者发起人的货币出资金额不得低于公司注册资本的30%。

2) 以实物资产出资

实物出资是指投资者以房屋、建筑物、设备等固定资产和材料、燃料、商品产品等流动资产所进行的投资。实物投资应符合以下条件:①适合企业生产、经营、研发等活动的需要;②技术性能良好;③作价公平合理。

实物出资中实物的作价,可以由出资各方协商确定,也可以聘请专业资产评估机构评估确定。国有及国有控股企业接受其他企业的非货币资产出资,需要委托有资格的资产评估机构进行资产评估。

3) 以土地使用权出资

土地使用权是指土地经营者对依法取得的土地在一定期限内有进行建筑、生产经营或其他活动的权利。土地使用权具有相对的独立性,在土地使用权存续期间,包括土地所有者在内的其他任何人和单位,不能任意收回土地和非法干预使用权人的经营活动。企业吸收土地使用权投资应符合以下条件:①适合企业科研、生产、经营、研发等活动的需要;②地理、交通条件适宜;③作价公平合理。

4) 以工业产权出资

工业产权通常是指专有技术、商标权、专利权、非专利技术等无形资产。投资者以工业产权出资应符合以下条件:①有助企业研究、开发和生产出新的高科技产品;②有助于企业提高生产效率,改进产品质量;③有助于企业降低生产消耗、能源消耗等各种消耗;④作价公平合理。

吸收工业产权等无形资产出资的风险较大。因为以工业产权投资,实际上是把技术转化为资本,使技术的价值固定化。而技术具有强烈的时效性,会因其不断老化落后而导致实际价值不断减少甚至完全丧失。

此外,《公司法》对无形资产出资方式的限制规定,股东或发起人不得以劳务、信用、自然人姓名、商誉、特许经营权或者设定担保的财产等作价出资。

5) 以特定债权出资

特定债权,是指企业依法发行的可转换债券以及按照国家有关规定可以转作股权的债权。在实践中,企业可以将特定债权转为股权的情形主要有:①上市公司依法发行的可转换债券;②金融资产管理公司持有的国有及国有控股企业债权;③企业实行公司制改建时,经银行以外的其他债权人协商同意,可以按照有关协议和企业章程的规定,将其债权转为股权;④根据《利用外资改组国有企业暂行规定》,国有企业的境内债权人将持有的债权转给外国投资者,企业通过债转股改组为外商投资企业;⑤按照《企业公司制改建有关国有资本管理与财务处理的暂行规定》,国有企业改制时,账面原有应付工资余额中欠发职工工资部分,在符合国家政策、职工自愿的条件下,依法扣除个人所得税后可转为个人投资,未退还职工的集资款也可转为个人投资。

3. 吸收直接投资的程序

企业吸收其他单位的投资,一般要遵循如下程序:①确定筹资数量;②寻找投资单位;③协商投资事宜;④签署投资协议;⑤共享投资利润。

4. 吸收直接投资的特点

(1)有利于增强企业资金实力,有利于降低财务风险。

(2)能够尽快形成生产能力。吸收直接投资不仅可以取得一部分货币资金,而且能够直接获得所需的先进设备和技术,尽快形成生产经营能力。

(3)容易进行信息沟通。吸收直接投资的投资者比较单一,股权没有社会化、分散化,甚至有的投资者直接担任公司管理层职务,公司与投资者易于沟通。

(4)吸收投资的手续相对比较简便,筹资费用较低。

(5)资金成本较高。相对于股票筹资来说,吸收直接投资的资金成本较高。企业向投资者支付的报酬是按其出资数额和企业实现利润的比率来计算的。因此,当企业经营较好,盈利较多时,投资者往往要求将大部分盈余作为红利分配,

(6)容易分散企业的控制权。采用吸收直接投资方式筹资,投资者一般都要求获得与投资数额相适应的经营管理权。如果某个投资者的投资额比例较大,则该投资者对企业的经营管理就会有相当大的控制权,容易损害其他投资者的利益。

(7)不利于产权交易。吸收投入资金由于没有证券为媒介,不利于产权交易,难以进行产权转让。

(二)发行股票

股票是一种有价证券,是股份有限公司在筹集股权资金时向出资人公开发行的,用以证明出资人的股东身份,并根据股票持有人所持有的股份数享有权益和承担义务的可转让的书面凭证。股票代表股东对股份公司的所有权,每一股股票所代表的公司所有权是相等的,即我们通常所说的"同股同权"。股东以其所持有的股份为股份公司承担责任,股票筹资是股份有限公司筹集自有资金的主要方式。股票具有法定性、无期性、收益性、风险性、流通性、参与性、价格波动性等特点。

股票与股本、股份既有联系又有区别。股本是股份制企业的实收资本,将股本进行等额划分则形成股份。股份有两个含义:

一是指构成股本的成分,是股本最小的计量单位。股份公司的特点之一就是将股本划分为若干均等的单位,一个单位就是一个股份,因此股份有限公司的股本就是全部股份金额的总额。

二是指股东的权利和义务的来源和计量单位,是股东地位的象征。各股东可以依据出资额的大小来确定其在公司中的权利和义务,即权利和义务的大小取决于该股东所拥有的股份在公司全部股份中所占有的比例。公司的股份一般采用股票的形式,股票是股份的一种表现形式,股票的特征与股份是分不开的。

1. 股票的种类

1)按有无记名分类为记名股票与无记名股票

记名股票在发行时,票面上记载有股东的姓名,并记载于公司的股东名册上。记名股票

的特点就是除持有者和其正式的委托代理人或合法继承人、受赠人外,任何人都不能行使其股权。另外,记名股票不能任意转让,转让时,既要将受让人的姓名、住址分别记载于股票票面,还要在公司的股东名册上办理过户手续,否则转让不能生效。显然这种股票有安全、不怕遗失的优点,但转让手续繁琐。这种股票如需要私自转让,例如发生继承和赠予等行为,必须在转让行为发生后立即办理过户等手续。

无记名股票在票面上不记载股东的姓名,公司也不设置股东名册,只记载股票的数量、编号和发行日期。任何人一旦持有便享有股东的权利,无须再通过其他方式或途径证明自己的股东资格。持有者可自行转让股票,无需办理过户手续。转让手续简便,买卖双方办理交割手续,就可完成股权的转移。

2) 按有无面值分类为面值股票和无面值股票

有票面金额股票,简称金额股票或面值股票,是指在股票票面上记载一定的金额,如每股人民币 100 元、200 元等。金额股票给股票定了一个票面价值,这样就可以很容易地确定每一股份在该股份公司中所占的比例。

无面值股也称比例股票或无面额股票。股票发行时无票面价值记载,仅表明每股占资本总额的比例。其价值随公司财产的增减而增减。因此,这种股票的内在价值总是处于变动状态。这种股票最大的优点就是避免了公司实际资产与票面资产的背离,因为股票的面值往往是徒有虚名,人们关心的不是股票面值,而是股票价格。这种股票对公司管理、财务核算、法律责任等方面要求极高,因此只有在美国比较流行,而在不少国家根本不允许发行。

目前我国《公司法》不承认无面值股票,规定股票应记载票面的面额,并且其发行价不得低于票面金额。

3) 按股票投资主体分类为国有股、法人股和社会公众股

国有股指有权代表国家投资的部门或机构以国有资产向公司投资形成的股份,包括以公司现有国有资产折算成的股份。由于我国大部分股份制企业都是由原国有大中型企业改制而来的,因此,国有股在公司股权中占有较大的比重。

法人股指企业法人或具有法人资格的事业单位和社会团体以其依法可经营的资产向公司非上市流通股权部分投资所形成的股份。目前,在我国上市公司的股权结构中,法人股平均占 20% 左右。根据法人股认购的对象,可将法人股进一步分为境内发起法人股、外资法人股和募集法人股三种。

社会公众股是指我国境内个人和机构,以其合法财产向公司可上市流通股权部分投资所形成的股份。我国国有股和法人股目前还不能上市交易。除少量公司职工股、内部职工股及转配股上市流通受一定限制外,绝大部分的社会公众股都可以上市流通交易。

4) 按是否上市分类为非上市股票和上市股票

非上市股票是指不在证券交易所注册挂牌的股票。这些股票因为并非在交易所买卖,故流动性较差。上市股票是指已经发行,经证券交易所批准后,在交易所公开挂牌交易的股票。股票上市是连接股票发行和股票交易的“桥梁”。上市股票按发行对象和上市地区又可分为 A 股、B 股、H 股、N 股、S 股等。

A 股,即人民币普通股。它是由我国境内公司发行,供境内机构、组织或个人(不含台、港、澳投资者)以人民币认购和交易的普通股股票。

B股,即人民币特种股票。它是以人民币标明面值,以外币认购和买卖,在上海和深圳两个证券交易所上市交易的股票。

H股,即在中国内地注册、在中国香港上市的外资股(香港的英文是 HongKong,取其字首,即为 H 股)。依此类推,在纽约上市的股票为 N 股,在新加坡上市的股票为 S 股。

5) 按发行时间的先后分类为始发股和新股

始发股是设立时发行的股票。新股是公司增资时发行的股票。

始发股和新股发行的条件和价格不尽相同,但同类股东的权利、义务是相同的。

6) 按公司业绩分类为绩优股和垃圾股

绩优股就是业绩优良公司的股票,但国内外对于绩优股的定义却有所不同。在我国,投资者衡量绩优股的主要指标是每股税后利润和净资产收益率。一般而言,每股税后利润在全体上市公司中处于中上地位,公司上市后净资产收益率连续 3 年显著超过 10％的股票当属绩优股。在国外,绩优股主要指的是业绩优良且比较稳定的大公司股票。这些大公司经过长时间的努力,在行业内达到了较高的市场占有率,形成了经营规模优势,利润稳步增长,市场知名度很高。绩优股具有较高的投资回报和投资价值。其公司拥有资金、市场、信誉等方面的优势,对各种市场变化具有较强的适应能力,绩优股的股价一般相对稳定且呈长期上升趋势。因此,绩优股总是受到投资者,尤其是从事长期投资的稳健型投资者的青睐。

垃圾股与绩优股相对应,指的是业绩较差公司的股票。这类上市公司或者由于行业前景不好,或者由于经营不善,有的甚至进入亏损行列,其股票在市场上的表现萎靡不振,股价走低,交易不活跃,年终分红也差。投资者在考虑选择这些股票时,要有比较高的风险意识,切忌盲目跟风投机。

7) 按股东享受权利和承担义务的大小分类为普通股和优先股

普通股是股份有限公司发行的无特别权利的股份,是最基本、标准的股票,其有效期限是与股份有限公司相始终的,此类股票的持有者是股份有限公司的基本股东。持有这种股票的股东都享有同等的权利,他们都能参与公司的经营决策,所分取的股息红利随着股份公司经营利润的多寡和股利政策的变化而变化,其经济利益是不稳定的,且其收益顺序比较靠后,股份公司必须在偿付完公司的债务和所发行的债券利息以及优先股股东的股息以后才能给普通股股东分红,普通股投资风险最大。股份有限公司一般只发行普通股。

普通股股东的权利有:①经营管理权。普通股股东有权出席或委托代理人出席股东大会、选举董事会直接或间接地参与企业的经营管理。这是普通股股东参与公司经营管理的基本方式。②收益分配权。普通股股东有权凭借持有的股份参与企业盈利分配。其收益与企业经营状况直接相关,具有不确定性。但是,普通股股东的盈利分配顺序后于优先股。③股份转让权。股东有权根据自己的选择对自己持有的股份自由转让,但必须符合《公司法》及其他法规和公司章程规定的条件和程序。④剩余资产分配权。企业破产清盘时,按照清偿顺序,普通股股东应在清偿完债务和优先股股本之后,才能对剩余财产按所持股份比例进行分配。⑤检查账册权。股东有对公司账目和股东大会决议的审查权和对公司事务的质询权,可以通过委托不受任何影响的会计查账员查证公司各种账册。公司在被检查账册的过程中一定要注意保守商业机密,防止竞争者通过购买少量的股票获取检查账册的机会。

⑥优先购股权。股份公司为增资发行新股时,现有股东有按原持有公司总股份的比例优先认购新股的权利。这一权利可以使现有普通股股东保持对公司的控制权,又可以防止在价值上冲淡股东对公司盈利和资产的额外要求权。⑦公司章程规定的其他权利。

普通股股东的义务:我国公司法中规定了股东具有以下义务:①遵守公司章程;②缴纳股款;③对公司负有有限责任;④不得退股。

优先股是普通股的对称。它是股份有限公司发行的在分配股利和剩余财产时比普通股具有优先权的股份。优先股也是一种没有期限的股权凭证,优先股股东一般不能在中途向公司要求退股(少数可赎回的优先股例外)。

2. 发行股票

1) 股份有限公司的设立

设立股份有限公司,发起人人数应当为 2 人以上 200 人以下,其中须有半数以上的发起人在中国境内有住所。股份有限公司的设立,可以采取发起设立或者募集设立的方式。发起设立是指发起人认购公司应发行的全部股份而设立公司。发起人可以用货币出资,也可以非货币资产作价出资。募集设立是指由发起人认购公司应发行股份的一部分,其余股份向社会公开募集或者向特定对象募集而设立公司。以募集设立方式设立股份有限公司的,发起人认购的股份不少于公司股份总数的 35%,法律、行政法规另有规定的,从其规定。股份有限公司的发起人应当承担下列责任:①公司不能成立时对设立行为所产生的债务和费用负连带责任;②公司不能成立时,对认股人已缴纳的股款付返还股款并加算银行同期存款利息的连带责任;③在公司设立过程中,由于发起人的过失,致使公司利益受到损害的应当对公司承担赔偿责任。

2) 股票发行目的

股票发行的目的最主要是筹集资金,其次是分散经营风险、兼并与反兼并、提高知名度等。

3) 股票发行方式

(1) 公开间接发行。公开间接发行是指股份有限公司通过中介机构,公开向社会公众发行股票。我国采用募集式设立方式成立的股份有限公司,向社会公众发行股票需由证券机构承销。承销是指公司将股票销售业务委托给证券经营机构代理。我国《公司法》规定,向社会公众发行的股票,必须与依法设立的证券机构签订承销协议,由证券经营机构承销。股票承销又分为包销和代销两种办法。包销是根据承销协议商定的价格,证券经营机构一次性全部购进发行公司公开募集的全部股份,然后以较高的价格出售给社会上的认购者。对发行公司来说,这样可以及时筹足资金,免于承担发行风险;但股票以较低的价格售给承销商会损失部分溢价。代销是证券经营机构仅替发行公司代售股票,并由此获得一定的佣金,但不承担股款未募足的风险。《证券法》规定,向社会公开发行的证券票面总值超过人民币 5 000 万元的,应当由承销团承销。承销团是由两家或两家以上证券公司一起组成的证券承销的临时组织。公开间接发行方式发行范围广,发行对象多,易于足额募集资金,股票变现性强,有助于提高公司的知名度和扩大其影响力,但手续烦琐,发行成本高。

(2) 不公开直接发行。不公开直接发行是指不公开对外发行股票,只向少数特定对象发行股票,一般不需要中介机构的参与。用发起设立方式成立和向特定对象募集方式发行新股的股份有限公司,向发起人和特定对象发行股票,采用直接将股票销售给认购者的自销方式。自销是指发行公司自己将股票销售给认购者。这种销售方式可由发行公司直接控制发行过程,实现发行意图,并可以节省费用,但往往时间长,风险大,需要公司有较好的知名度、信誉和实力。不公开直接发行方式弹性较大,发行成本低,但发行范围小,发行后股票变现性差。

4)股票发行价格

股票的发行价格通常由发行公司根据股票面额、股市行情、发行数量和公司知名度等因素决定。主要包括以下几种:

(1)平价发行。平价发行也称等价发行,是指以股票面额为发行价格发行股票。即股票的发行价与股票的面值票面金额相等。

(2)时价发行。时价发行也称为市价发行,是指以本公司股票在流通市场上买卖的价格为基准确定的股票发行价格。

(3)中间价发行。中间价发行是指取时价与平价的平均价格作为股票的发行价格。

由于时价可能高于平价,也可能低于平价,因此出现了溢价发行和折价发行。溢价发行是指按超过股票面额的价格发行股票,折价发行是指按低于股票面额的价格发行股票。

我国《公司法》规定,股票发行价格可以等于票面金额或超过票面金额,但不得低于票面金额。也就是说,公司可以平价或溢价发行股票,但不可以折价发行股票。

3.股票上市

1)股票上市的目的

股票上市的目的是多方面的,也是股票上市的优点,主要包括:

(1)便于筹措新资金。证券市场是资金商品的买卖市场,证券市场上有众多的资金供应者。同时,股票上市经过了政府机构的审查批准并接受严格的管理,执行股票上市和信息披露的规定,容易吸引社会资金投资者。公司上市后,还可以通过增发、配股、发行可转换债券等方式进行再融资。

(2)促进股权流通和转让。股票上市后便于投资者购买,提高了股权的流动性和股票的变现力,便于投资者认购和交易。

(3)促进股权分散化。上市公司拥有众多的股东,加之上市股票的流通性强,能够避免公司的股权集中,分散公司的控制权,有利于公司治理结构的完善。

(4)便于确定公司价值。股票上市后,公司股价有市价可循,便于确定公司的价值。对于上市公司来说,即时的股票交易行情,就是对公司价值的市场评价。同时,市场行情也能够为公司收购兼并等资金运作提供询价基础。

2)股票上市的缺点

股票上市也有对公司不利的一面,主要有:①上市成本较高,手续复杂严格;②公司将负担较高的信息披露成本;③信息公开的要求可能会暴露公司的商业机密;④股价有时会歪曲公司的实际情况,影响公司声誉;⑤可能会分散公司的控制权,造成管理上的困难。

3)股票上市的条件

公司公开发行的股票进入证券交易所交易,必须受严格的条件限制。《中华人民共和国证券法》规定,股份有限公司申请股票上市,应当符合下列条件:

（1）股票经国务院证券监督管理机构核准已公开发行。

（2）公司股本总额不少于人民币3 000万元。

（3）公开发行的股份达到公司股份总数的25%以上；公司股本总额超过人民币4亿元的，公开发行股份的比例为10%以上。

（4）公司最近3年无重大违法行为，财务会计报告无虚假记载。

4）股票上市的暂停、终止与特别处理。

当上市公司出现经营情况恶化、存在重大违法违规行为或其他原因导致不符合上市条件时，就可能被暂停或终止上市。

4. 普通股筹资的特点

（1）所有权与经营权相分离，有利于公司自主管理、自主经营。普通股筹资的股东众多，公司的日常经营管理事务主要由公司的董事会和经理层负责。

（2）没有固定的股息负担。公司有盈利，并认为适于分配时才分派股利；公司盈利较少，或者虽有盈利但现金短缺或有更好的投资机会，也可以少支付或不支付股利。

（3）增强公司的社会声誉。普通股筹资使股东大众化，由此给公司带来了广泛的社会影响。特别是上市公司，其股票的流通性强，有利于市场确认公司的价值。

（4）促进股权流通和转让。普通股筹资以股票作为媒介，便于股权的流通和转让，便于吸收新的投资者。

（5）资金成本高。由于股票投资风险大，收益具有不确定性，投资者会要求较高的风险补偿；又由于发行普通股筹资，手续复杂，筹资费用高。因此，股票筹资的资金成本高。

（6）不易尽快形成生产能力。普通股筹资吸收的一般都是货币资金，还需要通过购置和建造形成生产经营能力。相对吸收直接投资方式来说，这种方式不易及时形成生产能力。

（7）公司控制权分散，容易被经理人控制。同时，流通性强的股票交易，也容易被恶意收购。

（三）留存收益

1. 留存收益的性质

从性质上看，企业通过合法有效地经营所实现的税后净利润，都属于企业的所有者。企业将本年度的利润部分甚至全部留存下来的原因很多，主要包括：第一，收益的确认和计量是建立在权责发生制基础上的，企业有利润，但企业不一定有相应的现金净流量增加，因而企业不一定有足够的现金将利润全部或部分派给所有者。第二，法律法规从保护债权人利益和要求企业可持续发展等角度出发，限制企业将利润全部分配出去。《公司法》规定，企业每年的税后利润，必须提取10%的法定盈余公积金。第三，企业基于自身扩大再生产和筹资的需求，也会将一部分利润留存下来。留存收益是企业取得内部自有资金来源的重要方式。

2. 留存收益的筹资途径

（1）提取盈余公积金。盈余公积金是指有指定用途的留存净利润。盈余公积金是当期企业净利润抵减年初累计亏损后按比例提取的积累资金。盈余公积金主要用于企业未来的经营发展，经投资者审议后也可以用于转增股本（实收资本）和弥补以前年度经营亏损，但不得用于以后年度的对外利润分配。

（2）未分配利润。未分配利润是指未限定用途的留存净利润。未分配利润有两层含义：第一，这部分净利润本年没有分配给公司的股东投资者；第二，这部分净利润未指定用途，可以用于企业未来的经营发展、转增股本（实收资本）、以后年度的利润分配和弥补以前年度的经营亏损。

3. 留存收益的筹资特点

1）没有筹资费用。与普通股筹资相比较，留存收益筹资不需要发生筹资费用，资金成本较低。

2）维持公司的控制权分布。利用留存收益筹资，不用对外发行新股或吸收新投资者，由此增加的权益资金不会改变公司的股权结构，不会稀释原有股东的控制权。

3）筹资数额有限。留存收益的最大数额是企业当期的净利润和以前年度未分配利润之和，不像外部筹资那样一次性可以筹集大量资金。如果企业发生亏损，那么当年就没有利润留存。另外，股东和投资者从自身利益出发，往往希望企业每年发放一定的利润，保持一定的利润分配比例。

【结论】 权益筹资的优缺点

1. 权益筹资的优点

1）权益筹资是企业稳定的资本基础

权益资金没有固定的到期日，无需偿还，是企业的永久性资金，企业清算时才有可能予以偿还。这对于保障企业对资本的最低需求，促进企业长期持续稳定经营具有重要意义。

2）权益筹资是企业良好的信誉基础

权益资金作为企业最基本的资金，代表了公司的资金实力，是企业与其他单位组织开展经营业务，进行业务活动的信誉基础。同时，权益资金也是其他方式筹资的基础，可为债务筹资，包括银行借款、发行公司债券等提供信用保障。

3）权益筹资财务风险较小

权益资金不用在企业正常运营期内偿还，不存在还本付息的财务风险。相对于债务资金而言，权益资金筹资限制少，资金使用上也无特别限制。另外，企业可以根据其经营状况和业绩的好坏，决定向投资者支付多少报酬，资金成本负担比较灵活。

2. 权益筹资的缺点

1）资金成本负担较重

尽管权益资金的资金成本负担比较灵活，但一般而言，股权筹资的资金成本要高于债务筹资。这主要是由于投资者投资于股权特别是投资于股票的风险较高，投资者或股东相应要求得到较高的报酬率。企业长期不派发利润和股利，将会影响企业的市场价值。从企业成本开支的角度来看，股利、红利从税后利润中支付，而使用债务资金的资金成本允许税前扣除。此外，普通股的发行、上市的费用也十分庞大。

2）容易分散企业的控制权

利用股权筹资，由于引进了新的投资者或出售了新的股票，必然会导致企业控制权结构的改变，分散了企业的控制权。控制权的频繁迭变，势必要影响企业管理层的人事变动和决策效率，影响企业的正常经营。

3）信息沟通与披露成本较大

投资者或股东作为企业的所有者，有了解企业经营业务、财务状况、经营成果等的权利。企业需要通过各种渠道和方式加强与投资者的关系管理，保障投资者的权益。特别是上市公司，其股东众多而分散，只能通过公司的公开信息披露了解公司状况，这就需要公司花更多的精力，有些还需要设置专门的部门，进行公司的信息披露和投资者关系管理。

知识点二　债务资金筹资方式

债务筹资主要是指企业通过向银行借款、向社会发行公司债券、融资租赁以及赊购商品或劳务等方式筹集和取得资金。向银行借款、发行债券、融资租赁和商业信用，是债务筹资的基本形式。其中不足1年的短期借款经常发生，与企业资金营运有密切关系，另外，商业信用与企业间的商品或劳务交易密切相关，属于营运资金管理的范畴，短期筹资方式将在营运资金管理中介绍。本知识点主要介绍长期债务资金的筹资方式。

（一）长期借款

长期借款是指企业根据借款合同向银行或其他非银行金融机构借入的、需要还本付息且偿还期限超过1年的各种款项。它主要用于满足企业购建固定资产和其他长期资产的需要。

1. 长期借款的种类

（1）按提供借款的机构，分为政策性银行借款、商业银行借款和其他金融机构借款。

政策性银行借款是指执行国家政策性借款业务的银行向企业发放的借款，通常为长期借款。如国家开发银行借款，主要满足企业承建国家重点建设项目的资金需要；中国进出口银行借款，主要为大型设备的进出口提供买方信贷或卖方信贷；中国农业发展银行借款，主要用于确保国家对粮、棉、油等政策性收购资金的供应。

商业性银行借款是指由各商业银行，如中国工商银行、中国建设银行、中国农业银行、中国银行等，向工商企业提供的借款。它用以满足企业生产经营的资金需要，包括短期借款和长期借款。

其他金融机构借款，还有从信托投资公司取得的实物或货币形式的信托投资借款，从财务公司取得的各种中长期借款，从保险公司取得的借款等。其他金融机构的借款一般较商业银行借款的期限更长，要求的利率更高，对借款企业的信用要求和担保的选择更加严格。

（2）按借款有无担保分信用借款和担保借款。

信用借款是银行无需企业提供抵押品作担保，仅凭借款企业信用和担保人信誉而发放的借款。贷款人发放信用贷款时，必须对借款人进行严格审查、评估，确认其资信具备还款能力。

担保借款是指银行要求企业以一定的财产作抵押或以保证人作担保为条件而发放的借款，包括保证借款、抵押借款和质押借款。

保证借款是指按《担保法》规定的保证方式，以第三人作为保证人承诺在借款人不能偿还借款时，按约定承担一定保证责任或连带责任而取得的借款。

抵押借款是指按《担保法》规定的抵押方式，以借款人或第三人的财产作为抵押物而取得的借款。抵押是指债务人或第三人不转移财产的占有,将该财产作为债权的担保,债务人不履行债务时,债权人有权将该财产折价或者以拍卖、变卖的价款优先受偿。作为借款担保的抵押品,可以是不动产、机器设备、交通运输工具等实物资产,可以是依法有权处分的土地使用权,也可以是股票、债券等有价证券等。它们必须是能够变现的资产。如果借款到期借款企业不能或不愿偿还借款,银行可取消企业对抵押品的赎回权。抵押借款有利于降低银行借款的风险,提高借款的安全性。

质押借款是指按《担保法》规定的质押方式,以借款人或第三人的动产或财产权利作为质押物而取得的借款。质押是指债务人或第三人将其动产或财产权利移交给债权人占有,将该动产或财务权利作为债权的担保,债务人不履行债务时,债权人有权以该动产或财产权利折价或者以拍卖、变卖的价款优先受偿。作为借款担保的质押品,可以是汇票、支票、债券、存款单、提单等信用凭证,可以是依法可以转让的股份、股票等有价证券,也可以是依法可以转让的商标专用权、专利权、著作权中的财产权等。

(3)按企业取得借款的用途,长期借款可分为固定资产投资借款、更新改造借款、科技开发和新产品试制借款。

2. 长期借款的程序

(1)提出申请。企业根据筹资需求向银行书面申请,按银行要求的条件和内容填报借款申请书。

(2)银行审批。银行按照有关政策和借款条件,对借款企业进行信用审查,依据审批权限,核准公司申请的借款金额和用款计划。银行审查的主要内容是:公司的财务状况;信用情况;盈利的稳定性;发展前景;借款投资项目的可行性;抵押品和担保情况。

(3)签订合同。借款申请获批准后,银行与企业进一步协商借款的具体条件,签订正式的借款合同,规定借款的数额、利率、期限和一些约束性条款。

(4)取得借款。借款合同签订后,企业在核定的借款指标范围内,根据用款计划和实际需要,一次或分次将借款转入公司的存款结算户,以便使用。

3. 长期借款的保护性条款

作为债权人的银行金融机构为了保护其自身权益,保证到期能收回借款并获得收益,要求借款企业保持良好的财务状况,特别是作出相应的承诺,这就是借款协议中保护条款。如果借款企业财务状况恶化,银行的利益就可能受到损害,借款协议使得银行拥有干预借款人行为的法律权力。当借款企业由于经营不善,出现亏损并违约时,银行可据此采取必要的行为。它分为三类,即一般保护性条款、例行性保护条款、特殊性保护条款。

(1)例行性保护条款。这类条款作为例行常规,在大多数借款合同中都会出现。它主要包括:①要求定期向提供借款的金融机构提交财务报表,以便债权人随时掌握公司的财务状况和经营成果。②不准在正常情况下出售较多的非产成品存货,以保持企业正常生产经营能力。③如期清偿应缴纳税金和其他到期债务,以防被罚款而造成不必要的现金流失。④不准以资产作其他承诺的担保或抵押。⑤不准贴现应收票据或出售应收账款,以避免或有负债。

(2)一般性保护条款。一般性保护条款是对企业资产的流动性及偿债能力等方面的要求条款。这类条款应用于大多数借款合同,主要包括:①保持企业的资产流动性:要求企业持有一定最低限度的货币资金及其他流动资产,以保持企业资产的流动性和偿债能力,一般规定了企业必须保持的最低营运资金数额和最低流动比率数值。②限制企业非经营性支出,如限制支付现金股利、购入股票和职工加薪的数额规模,以减少企业资金的过度外流。③限制企业资本支出的规模:控制企业资产结构中的长期性资产的比例,以减少公司日后不得不变卖固定资产以偿还借款的可能性。④限制公司再举债规模:其目的是防止其他债权人取得对公司资产的优先索偿权。⑤限制公司的长期投资:如规定公司不准投资于短期内不能收回资金的项目,不能未经银行等债权人同意而与其他公司合并。

(3)特殊性保护条款。这类条款是针对某些特殊情况而出现在部分借款合同中的条款,只有在特殊情况下才能生效。它主要包括:要求公司的主要领导人购买人身保险;借款的用途不得改变;违约惩罚条款等。

4. 长期借款筹资的特点

(1)筹资速度快。与发行债券、融资租赁等债权筹资方式相比,银行借款的程序相对简单,所花时间较短,公司可以迅速获得所需资金。

(2)资金成本低。利用银行借款筹资,比发行债券和融资租赁的利息负担要低。而且,无需支付证券发行费用、租赁手续费用等筹资费用。

(3)筹资弹性较大。在借款之前,公司根据当时的资金需求与银行等借款机构直接商定借款的时间、数量和条件。在借款期间,若公司的财务状况发生某些变化,也可与债权人再协商,变更借款数量、时间和条件,或提前偿还本息。因此,借款筹资对公司来说具有较大的灵活性,短期借款更是如此。

(4)限制条款多。与债券筹资相比较,银行借款合同对借款用途有明确规定,通过借款的保护性条款,对公司资金支出额度、再筹资、股利支付等行为有严格的约束,以后公司的生产经营活动和财务政策必将受到一定程度的影响。

(5)筹资数额有限。银行借款的数额往往受到借款机构资金实力的制约,不可能像发行债券、股票那样一次筹集到大笔资金,无法满足公司大规模筹资的需要。

(6)财务风险高。企业向银行举债,必须定期还本付息。当经营不利时,这可能产生不能偿付的风险,使企业陷入财务困境。

(二)发行公司债券

债券按照发行主体分类分为政府债券、金融债券和公司债券。

政府债券由各国中央政府或地方政府发行。政府债券风险小,流动性强,是最受投资者欢迎的债券之一。金融债券由符合条件的政策性银行、商业银行、企业集团财务公司及其他金融机构发行。金融债券风险不大,流动性较好,报酬也比较高。公司债券即企业债券,是《公司法》规定的符合一定条件的股份有限公司、国有独资公司和两个以上的国有企业或者其他两个以上的国有投资主体投资设立的有限责任公司,为筹集负债资金而向投资人出具的承诺按一定利率定期支付利息,并到期偿还本金的债权债务凭证。与政府债券相比,公司债券的风险较大,因而利率也比较高。公司债券是企业筹集资金的一种重要方式。我国将1年以下的称为短期融资券(将在项目三中介绍),1~5年偿还期限的称为中期债券,5年以上的称为长期债券。对于发行企业而言,发行债券的期限越长,承担的利率变动、通货紧缩等风险越大。因此,发行中长期性债券,要做好影响债券的各因素变动的预测。

1. **公司债券发行的条件**

在我国,根据《公司法》的规定,股份有限公司和有限责任公司具有发行债券的资格。

《公司法》对发行债券的基本要求是:股份有限公司的资产额不低于 3 000 万元;有限责任公司的净资产额不低于 6 000 万元;累计债券总额不超过公司净资产的 40%;最近 3 年可分配利润足以支付公司债券 1 年的利息;所筹资金符合国家产业政策;债券的利率不得超过国务院限定的利率水平;国务院规定的其他条件等。

公开发行公司债券筹集的资金,必须用于核准的用途,不得用于弥补亏损和非生产性支出。

2. **公司债券的种类**

1) 按债券是否记名分类分为记名债券和无记名债券

记名债券是指在票面上注明债权人的姓名或名称,并在发行公司的债权人名册上登记的债券。这种债券在转让时,由债券持有人以背书等方式进行,并在公司名册上更改债权人的姓名或名称。该债券的优点是比较安全,缺点是手续复杂。

无记名债券是指无需在债券票面上注明债权人的姓名或名称,也不用在发行公司债权人名册上进行登记的债券。其还本付息以债券为凭。无记名债券在转让时,其权利随即生效,无需背书。

2) 按债券有无特定财产担保分类分为信用债券和担保债券

信用债券是无担保债券,是仅凭公司自身的信用发行的,没有抵押品作抵押担保的债券。在公司清算时,信用债券的持有人因无特定的资产做担保品,只能作为一般债权人参与剩余财产的分配。发行信用债券限制条件多,只有信誉良好的公司才可发行这种债券。

担保债券是指以抵押方式担保发行人按期还本付息的债券,主要是指抵押债券。抵押债券按其抵押品的不同,又分为不动产抵押债券、动产抵押债券和证券信托抵押债券。当企业无足够资金偿还债券时,债权人可将抵押品拍卖以获取资金。

3) 按债券票面利率是否变动分类分为固定利率债券和浮动利率债券

固定利率债券是指在发行债券时,债券利率已确定并载于债券券面的债券。

浮动利率债券是指利率随基本利率变动而变动的债券,发行浮动利率债券的主要目的是为了对付通货膨胀。

4) 按是否可转换成公司股票分类分为可转换债券和不可转换债券

可转换债券是指在一定时期内,可以按规定的价格或一定比例,由持有人自由地选择转换为该公司普通股的债券。由于可转换债券具有可转换成股票的有利条件,因而其发行利率较普通债券更低。我国《公司法》规定,发行可转换债券的主体只限于股份有限公司中的上市公司,只有上市公司经股东大会决议后方可发行可转换债券。

不可转换债券是指不能转换为发债公司股票的债券,大多数公司债券属于这种类型。

5) 按是否上市流通分类分为上市债券和非上市债券

可以在证券交易所挂牌交易的债券称为上市债券;反之为非上市债券。上市债券的信用度高,变现速度快,所以较吸引投资者,但其上市的条件严格,要承担一定的上市费用。

6）按偿还方式分类分为定期还本债券和分期还本债券

定期还本债券是指规定在将来某到期日一次偿还本息的债券。

分期还本债券是指在约定期限内分次偿还本息的债券。

7）按持有人是否参加公司利润分配可分为参加公司债券和非参加公司债券

参加公司债券是指除了可按预先约定获得利息收入外，还可在一定程度上参加公司利润分配的公司债券。

非参加公司债券是指持有人只能按照事先约定的利率获得利息的公司债券。

8）按是否可提前赎回分为可提前赎回公司债券和不可提前赎回公司债券

可提前赎回公司债券是指发行公司可在债券到期前购回其全部或部分的债券。

不可提前赎回公司债券是指只能一次到期还本付息的公司债券。

3. 公司债券发行的程序

第一步，作出决议。公司发行债券要由董事会制定方案，股东大会作出决议。

第二步，提出申请和审批。我国规定，公司申请发行债券由国务院证券管理部门批准。证券管理部门按照国务院确定的公司债券发行规模，审批公司债券的发行。公司申请应提交公司登记证明、公司章程、公司债券募集办法、资产评估报告和验资报告。

第三步，公告募集办法。企业发行债券的申请被批准后，企业向社会公告债券募集办法。公司债券分私募发行和公募发行，私募发行是以特定的少数投资者为对象发行债券，而公募发行则是在证券市场上以非特定的广大投资者为对象公开发行债券。

第四步，募集借款。募集公告发布后，应在公告所定的期间内募集借款。一般公司债券发行方式有公司直接向社会发行（私募发行）和由证券经营机构承销发行（公募发行）两种。我国只有后者，委托证券经营机构发售。公募间接发行是各国通行的公司债券发行方式，在这种发行方式下，发行公司与承销团签订承销协议。承销团由数家证券公司或投资银行组成，承销方式有代销和包销两种。

第五步，交付债券，收缴债券款，登记债券存根簿。发行债券通常不需经过填写认购证过程，由债券购买人直接向承销机构付款购买，承销机构付给企业债券，然后发行公司向承销机构收缴债券款并结算代理费及预付款项。

4. 债券的发行价格

债券的发行价格是指债券原始投资者购入债券时应支付的市场价格，它与债券的面值可能一致也可能不一致。理论上，债券发行价格是债券的面值和要支付的年利息按发行当时的市场利率折现所得到的现值。影响债券发行价格的因素有债券的基本要素和市场利率。

债券的基本要素是指发行的债券上必须载明的基本内容，是明确债权人和债务人权利和义务的主要约定，主要有面值、票面利率、付息期及债券的期限。

1）债券的面值

债券的面值是指债券的票面价值，是企业对债券持有人在债券到期后应偿还的本金数额，也是企业向债券持有人按期支付利息的计算依据。债券面值和债券发行价格同方向变动。

2）债券的票面利率

票面利率是指债券利息与债券面值的比率，也是债券发行企业承诺以后一定时期内支付给债券持有者资金使用报酬的计算标准。票面利率可分为固定利率和浮动利率两种。一般地，企业应根据自身资信情况、公司承受能力、利率变化趋势、债券期限的长短等因素决定选择何种利率形式与利率的高低。债券票面利率和债券发行价格同方向变动。

3）债券的付息期

债券的付息期是指企业发行债券的利息多长时间支付一次，常见的有按年、半年支付。

4）债券的期限

债券的期限是指企业债券上载明的偿还债券本金的期限。期限越长，债权人的风险越大，其所要求的利息报酬就越高，其发行价格就可能较低。债券期限与发行价格反向变动。

5）市场利率

市场利率是衡量债券票面利率高低的参照系，也是决定债券价格按面值发行还是溢价或折价发行的决定因素。

债券的发行价格有三种：等价发行、折价发行和溢价发行。等价发行又称面值发行、平价发行，是指按债券的面值出售；折价发行是指以低于债券面值的价格出售；溢价发行是指以高于债券面值的价格出售。

债券之所以会存在折价发行和溢价发行，是因为资金市场上的利率是经常变动的，而债券票面利率一般是不动的。因此，债券的发行价格归根结底是由市场利率决定的，是根据市场利率的变动，为协调买卖双方利益关系，确保债券投资者获得的收益率等于发售债券时的市场利率而确定。按市场实际利率折现方法计算的现金收入可以等于、小于或大于债券面值，这取决于债券票面利率与市场利率的关系。当债券票面利率恰好等于发售时的市场利率时，折现价值将等于债券面值，这时的债券被称为按面值销售。这种情况很少见，因为从债券筹备发行到实际销售这段时间市场利率或多或少会有波动。如果债券票面利率低于市场利率，购买者未来将少拿利息，为使债券能够卖出，必须给予购买者一定的补偿，使购买者的收益达到当时市场利率的收益。发行债券的现金收入低于债券的票面价值，成为折扣销售。当票面利率高于当时的市场利率时，投资者可以获得高于市场利率的利息。事先给予发行方的补偿，使债券成为溢价销售。

情形一：分期付息一次还本债券：

债券发行价格 = 年债券利息 × 1 元年金现值系数 + 债券面值 × 1 元复利现值系数

其中，年债券利息 = 债券面值 × 票面利率

【例 2-3】 通达公司发行面值为 1 000 元、票面利率为 10%、期限为 3 年的企业债券。公司在决定发行债券时，认为 10% 的利率是合理的。如果到债券正式发行时，市场利率发生变化，那么就要调整债券的发行价格。根据市场利率为 10%、12% 和 8% 三种情况分别计算债券的发行价格。

解答：（1）当市场利率为 10% 时：

$$债券发行价格 = 1\,000 \times 10\% \times (P/A, 10\%, 3) + 1\,000 \times (P/F, 10\%, 3)$$
$$= 100 \times 2.486\,9 + 1\,000 \times 0.751\,3 = 1\,000（元）$$

（2）当市场利率为 12% 时：

$$债券发行价格 = 1\,000 \times 10\% \times (P/A, 12\%, 3) + 1\,000 \times (P/F, 12\%, 3)$$
$$= 100 \times 2.410\,8 + 1\,000 \times 0.711\,8 = 952.88(元)$$

（3）当市场利率为8%时：

$$债券发行价格 = 1\,000 \times 10\% \times (P/A, 8\%, 3) + 1\,000 \times (P/F, 8\%, 3)$$
$$= 100 \times 2.577\,1 + 1\,000 \times 0.793\,8 = 1\,051.51(元)$$

【结论】 分期付息一次还本的债券，市场利率等于票面利率时，发行价等于面值，等价发行；市场利率大于票面利率时，发行价小于面值，折价发行；市场利率小于票面利率时，发行价大于面值，溢价发行。

情形二：一次性还本付息债券：

$$债券发行价格 = 债券面值(1 + 票面利率 \times 期限) \times 1元复利现值系数$$

上例中，如果债券改为一次性还本付息。

（1）当市场利率为10%时：

$$债券发行价格 = 1\,000 \times (1 + 1\% \times 3) \times (P/F, 10\%, 3)$$
$$= 1\,300 \times 0.751\,3 = 976.69(元)$$

（2）当市场利率为12%时：

$$债券发行价格 = 1\,000 \times (1 + 10\% \times 3) \times (P/F, 12\%, 3)$$
$$= 1\,300 \times 0.711\,8 = 925.34(元)$$

（3）当市场利率为8%时：

$$债券发行价格 = 1\,000 \times (1 + 10\% \times 3) \times (P/F, 8\%, 3)$$
$$= 1\,300 \times 0.793\,8 = 1\,031.94(元)$$

【结论】 同等条件下，分期付息一次还本债券的发行价格高于一次性还本付息债券的发行价格。

在实务中，根据公式计算的发行价格一般是确定发行价格的基础，实际发行价格还要结合发行公司自身的信誉情况调整。

5. 债券的信用评级

债券信用评级是以企业或经济主体发行的有价债券为对象进行的信用评级。国家财政发行的国库券和国家银行发行的金融债券，由于有政府的保证，不参加债券信用评级。地方政府或非国家银行金融机构发行的某些有价证券，则有必要进行评级。债券信用评级大多是企业债券信用评级，对具有独立法人资格的企业所发行的某一特定债券按期还本付息的可靠程度进行评估，并标示其信用程度的等级。这种信用评级，是为投资者购买债券和证券市场债券的流通转让活动提供信息服务而开展的。所以，事先了解债券的信用等级是非常重要的。

目前国际上公认的最具权威性的信用评级机构，主要有美国标准·普尔公司和穆迪投资服务公司。标准·普尔公司和穆迪投资服务公司都是独立的私人企业，不受政府的控制，也独立于证券交易所和证券公司。它们所作出的信用评级不具有向投资者推荐这些债券的含义，只是供投资者决策时参考，因此，它们对投资者负有道义上的义务，但并不承担任何法律上的责任。上述两家公司负责评级的债券很广泛,包括地方政府债券、公司债券、外国债券等,由于它们占有详尽的资料,采用先进科学的分析技术,又有丰富的实践经验和大量专门人才,因此它们所作出的信用评级具有很高的权威性。标准·普尔公司信用等级标准从高到低可划分为:AAA 级、AA 级、A 级、BBB 级、BB 级、B 级、CCC 级、CC 级 C 级和 D 级。穆迪投资服务公司信用等级标准从高到低可划分为:Aaa 级,Aa 级、A 级、Baa 级、Ba 级 B 级 Caa 级、Ca 级、C 级。两家机构信用等级划分大同小异。前四个级别债券信誉高,风险小,是"投资级债券";第五级开始的债券信誉低,是"投机级债券"。

A 级债券,是最高级别的债券,其特点是:①本金和收益的安全性最大;②它们受经济形势影响的程度较小;③它们的收益水平较低,筹资成本也低。对于 A 级债券来说,利率的变化比经济状况的变化更为重要。因此,一般人们把 A 级债券称为信誉良好的"金边债券",对特别注重利息收入的投资者或保值者来说是较好的选择。

B 级债券,对那些熟练的证券投资者来说特别有吸引力,因为这些投资者不情愿只购买收益较低的 A 级债券,而甘愿冒一定风险购买收益较高的 B 级债券。B 级债券的特点是:①债券的安全性、稳定性以及利息收益会受到经济中不稳定因素的影响;②经济形势的变化对这类债券的价值影响很大;③投资者冒一定风险,但收益水平较高,筹资成本与费用也较高。因此,要投资 B 级债券,投资者必须具有选择与管理证券的良好能力。对愿意承担一定风险,又想取得较高收益的投资者,投资 B 级债券是较好的选择。

C 级和 D 级,是投机性或赌博性的债券。从正常投资角度来看,没有多大的经济意义但对于敢于承担风险,试图从差价变动中取得巨大收益的投资者来说,C 级和 D 级债券也是一种可选择的投资对象。

中国的债券市场起步比股票市场要早,但是由于种种原因,债券市场的发展严重滞后。由于政策上的原因,我国目前是"重股市,轻债市"。作为证券市场的一个组成部分,中国的债券市场亟待发展,企业债券发行需要一些权威的评级机构作出评级,以推动债券市场健康发展。目前主要评级机构有:中诚信资信评估有限公司、大公国际资信评估有限公司、联合资信评估公司、鹏元资信评估有限公司、上海新世纪资信评估公司、上海远东资信评估公司。公司债券评级主要取决于公司经营实力,我国目前已发行的公司债券以高等级债券为主,债项评级均在 AA 以上。对于投资者来讲,债券评级可帮助他们选择投资对象,以降低信息成本;对于企业来讲,债券评级则可以提高其知名度。

6. 公司债券筹资的特点

(1) 一次筹资数额大。利用发行公司债券筹资,能够筹集大额的资金,满足公司大规模筹资的需要。这是排除银行借款、融资租赁等债务筹资方式,企业选择发行公司债券筹资的主要原因。债券筹资数额大,但也毕竟有限,当公司的负债比率超过了一定程度后,债券筹资的成本会迅速上升,甚至导致债券难以发行。

(2) 提高公司的社会声誉。公司债券的发行主体,有严格的资格限制。发行公司债券,往往是股份有限公司和有实力的有限责任公司所为。发行公司债券,一方面筹集了大量资金,另一方面也扩大了公司的社会影响。

(3) 筹集资金的使用限制条件少。与银行借款相比,债券筹资筹集资金的使用具有相对的灵活性和自主性。特别是发行债券所筹集的资金数额大、期限较长,主要用于公司扩展、增加大型固定资产和基本建设投资等流动性较差的公司长期资产需求上。从资金使用的性质来看,银行借款一般期限短、额度小,主要用途为增加适量存货、增加小型设备等。

(4) 资金成本较低。由于债券利息通常低于优先股和普通股的股利又在税前支付,因此成本较低。在预计市场利率持续上升的金融市场环境下,债券筹资还能够锁定资金成本。

(5) 发行资格要求高,手续复杂。发行公司债券,实际上是公司面向社会负债,债权人是社会公众,因此国家为了保护投资者利益,维护社会经济秩序,对发债公司的资格有严格的限制。从申报、审批、承销到取得资金,需要经过众多环节和较长时间。

(6) 筹资风险高、财务压力大。企业需按期还本付息,这是企业利用债券筹资必须要承担的义务。相对于银行借款筹资,发行债券的利息负担和筹资费用都比较高。而且债券不能像银行借款一样进行债务展期,筹资风险高。大额的本金和较高的利息,在固定的到期日,将会对公司现金流量产生巨大的财务压力。

(7) 具有财务杠杆作用。由于债券利息是固定的,如果企业能将债务资金运用得当,使企业的投资报酬率高于债券资金成本,多发行债券就能为股东带来更大的利益。当债券资金成本高于企业投资报酬率时,就会产生财务杠杆负作用,此时,债券发行得越多,股东的收益也就越少。

(8) 保证股东对企业的控制权。债券持有人只有到期收回本金和利息的权利,而无权参与企业的经营管理,因而发行债券有利于维护股东对企业的控制权。

(三) 融资租赁筹资

租赁是在契约或合同规定的期限内,出租人以收取租金为条件,将资产租给承租人使用,承租人在契约或合同规定的期限内使用该设备,并按约支付租金的一种经济行为。它涉及四个基本要素:出租人、承租人、租金和租赁资产。在这项交易中,承租人通过租入资产得到所需资产的使用权,完成了筹集资金的行为。其因限制较少而成为各类企业,特别是中小型企业筹资的重要方式。

1. 租赁的特点

1) 所有权和使用权相分离

租赁资产的所有权与使用权分离是租赁的主要特征之一。银行信用虽然也是所有权与使用权相分离,但载体是货币资金,租赁则是资金与实物相结合基础上的分离。

2) 融资与融物相结合

租赁是商品形态与货币形态相结合的信用活动,出租人在向企业出租资产的同时解决了企业的资金需求,具有信用和贸易双重性质。它不同于一般的借钱还钱,借物还物的信用形式,而是借物还钱,并以分期支付租金的方式来体现。租赁的这一特点,使银行信贷和财产信贷融合在一起,成为企业融资的一种特定形式。

3) 租金的分期支付

在租金的偿还方式上,租金与银行信用到期还本不一样,采取了分期支付方式。出租方的资金一次投入,分期收回。对于承租方而言,通过租赁可以提前获得资产的使用价值,分期支付租金,便于分期规划未来的现金流出量。

2. 租赁的种类

租赁按租赁的性质和目的分为经营租赁和融资租赁。

经营租赁又称服务租赁,是指出租人向承租人提供租赁设备,并提供设备维修、保养和人员培训等服务性业务,并在租赁期满时由承租人把资产归还给出租人的租赁形式。从租赁期限看,它大多属于短期租赁;从承租人的目的看,其目的不在于通过租赁而融资,而在于通过租赁获得短期内资产使用权和出租人提供的专门技术服务,所以它又叫服务租赁,但它不属于借贷关系的范畴。经营租赁这种方式能给承租人带来一定的便利:一是承租人不必承担资产所有权上的风险;二是承租人可获得周到的服务,不需要跟多家单位打交道;三是承租人对设备不了解时,可以通过经营租赁在短期内试用一项设备,以便决策。

融资租赁又称财务租赁、资本租赁,是指出租人应承租人的要求融资购入设备,并在合同中规定的较长期限内将设备提供给承租人使用的一种信用性租赁业务。承租人通过获取资产的使用价值来达到融资的目的。融资租赁已经成为现代租赁的主要方式。但我国的融资租赁占全部固定资产投资的比重还是非常低的,在资本市场中只是简单地充当银行信贷的补充力量。

融资租赁与经营租赁的区别归纳如表 2-7 所示。

表 2-7　融资租赁和经营租赁的区别

项目	经营租赁	融资租赁
业务原理	无融资特征,只是一种融物方式	融资融物于一体
租赁目的	暂时性使用,获取周到的服务,预防无形损耗风险	融通资金,添置设备
租赁期	较短,经济寿命期内轮流租给多个承租人	较长,相当于设备经济寿命的大部分
租赁标的	承租人租赁前出租人预先已购置的资产,通用设备居多	承租人必须向出租人提出正式申请,由出租人融资购进设备或租入设备给承租人使用。一般为专用设备,也可为通用设备
租金	设备价款、利息、手续费和维修保养费等	设备价款、利息、手续费等
合同法律效力	经双方同意可中途撤销合同	不可撤销合同
维修与保养	全部由出租人负责	专用设备多由承租人负责,通用设备多由出租人负责
期满资产归属	归出租人	退还、续租或留购。一般由承租人象征性支付少量价款,即留购资产取得其所有权。

3. 融资租赁的形式

1) 直接租赁

直接租赁是指出租人筹措到资金,根据承租人提出的要求,向制造厂商支付货款直接购买企业所需的租赁物品,然后再租给企业(承租人)使用,并收取租金的过程。这种形式一般由两个合同构成:一是出租人与企业(承租人)签订一项租赁合同;二是出租人按承租人订货要求,与厂商签订一项买卖合同。

2) 售后回租

售后回租又称"回租租赁"或"返租赁",是指企业先依据协议将自己在用的某项资产出售给出租人,然后再租回使用的融资租赁方式。承租企业通过这一方式,不仅可以获得现金,而且还获得了在租赁期间继续使用资产的权利。售后回租是当企业缺乏现金时,为改善其财务状况而采用的对企业非常有利的一种做法。通过回租,承租人能把固定资产变为现金,再投资于其他业务方面,满足企业对资金的需要,但同时在租期内仍可继续使用这项资产。

3)杠杆租赁

杠杆租赁是国际上流行的、特殊形式的融资租赁方式。出租人一般出资相当于租赁资产价款的 $20\%\sim40\%$,其余资金由出租人将欲购置的租赁物作为抵押品,并以转让收取部分租金的权利作为附加担保,向银行或长期借款提供者申请借款,取得借款后,出租人购入租赁物并出租给承租人。资产出租后,承租人向借款人支付租金,出租人取得租金去偿还债务。杠杆租赁将商业信贷者纳入其活动范围,出租人又是借款人,同时拥有对资产的所有权,既收取租金又要偿付债务。这种租赁形式,由于租赁收益一般大于借款成本支出,出租人借款购物出租可获得财务杠杆收益,故被称为杠杆租赁。因而它特别适用于金额很大、租赁公司难以独立承受、租赁期长的资本密集型设备等租赁物品的租赁,如输油管道、飞机、卫星系统等。其程序见图2-1。

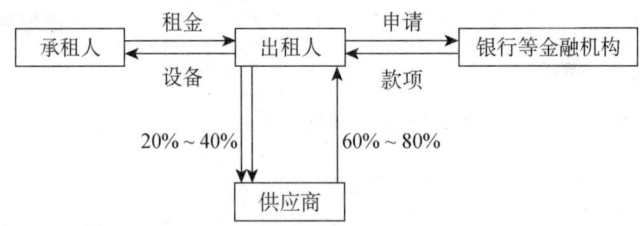

图 2-1 杠杆租赁的程序

4. 融资租赁租金的计算

融资租赁租金是承租人支付的出租人让渡其租赁设备的使用权而获得的收益。租金的数额大小、支付方式对承租企业的财务状况有直接影响,也是租赁决策中要考虑的重要因素。

1)影响租金计算的因素

(1)租赁设备的购置成本。包括设备的买价、运杂费及途中保险费等。

(2)利息。租赁公司所垫资金的应计利息。

(3)租赁手续费。租赁公司承办租赁业务所发生的营业费用和预计的利润,如办公费、差旅费、工资、税金和盈利。租赁设备的手续费的高低一般无固定标准,一般由承租人和出租人双方进行协商确定,以租赁资产价款的某一百分比收取。

(4)预计租赁设备的残值。预计残值是融资租赁租金支付的一个减项。

(5)租赁期限。

(6)租金支付方式。按租金支付时期长短可分为年付、半年付、季付、月付;按每期支付租金的时间分为先付租金和后付租金;按每期支付金额分为等额支付和不等额支付。

2)租金的支付方式

租金的支付方式有以下几种分类方式:①按支付间隔期长短,分为年付、半年付、季付和月付等方式。②按在期初和期末支付,分为先付和后付。③按每次支付额,分为等额支付和不等额支付。

3) 租金计算的方法

融资租赁计算的方法较多,常用的方法有平均分摊法和等额年金法。

(1) 平均分摊法。

平均分摊法是指先以商定的利息率和手续费率计算出租赁期间的利息和手续费,然后连同租赁设备的购置成本按租金支付次数计算出每次应支付租金的数额的方法。

$$每次支付租金 = \frac{(设备成本 - 预计净残值) + 租赁期内利息 + 租赁手续费}{租赁期}$$

【例 2-4】 通达公司租入设备一套,价值 100 万元,租赁期为 5 年,预计净残值为 5 万元,租赁期年利率为 10%,租赁手续费率为 2%。租金每年年末支付一次。该设备每年支付的租金是多少?

解答:

$$租赁期内利息 = 100 \times (1 + 10\%)^5 - 100$$
$$= 61.05(万元)$$

$$租赁手续费 = 100 \times 2\% = 2(万元)$$

$$每年支付租金 = \frac{100 - 5 + 61.05 + 2}{5}$$
$$= 31.61(万元)$$

这种方法虽然容易理解,但并未考虑时间价值,实务中,承租企业与租赁公司商定租金支付方式,大多用等额年金法。

(2) 等额年金法。

等额年金法是运用年金现值的计算原理计算每次应该支付租金的方法。这种方法首先要确定一个合适的贴现率,贴现率一般以租费率来替代。等额年金法根据支付租金发生在期末还是期初分为后付租金和先付租金。

承租企业与租赁公司商定的租金支付方式,大多数为后付等额年金,即普通年金,根据利率和租赁手续费率确定一个租费率,作为折现率,每年年末等额支付租金的计算公式如下:

$$每年末支付租金 = \frac{设备价款 - 残值 \times 复利现值系数}{普通年金现值系数}$$

【例 2-5】 通达公司采用融资租赁方式从租赁公司租赁设备一套,设备价款为 500 000 元,租赁期为 5 年,预计残值为 50 000 元,融资期满设备归承租企业所有,根据租赁公司的融资成本和相关的租赁手续费,双方商定 16% 的折现率。求每年年末支付等额租金的值。

解答:

$$每年末支付租金 = \frac{500\,000 - 50\,000 \times (P/F, 16\%, 5)}{(P/A, 16\%, 5)}$$
$$= \frac{500\,000 - 50\,000 \times 0.476\,2}{3.274\,3}$$
$$= 145\,432.61(元)$$

承租企业有时可能会与租赁公司商定,采用先付等额租金的方式。根据预付年金现值额计算公式,可得出先付租金的计算公式如下:

$$每年初支付租金 = \frac{设备价款 - 残值 \times 复利现值系数}{预付年金现值系数}$$

【例2-6】 根据[例2-5]资料,通达公司如果每年年初支付租金,则每年应支付租金多少?

解答:
$$\begin{aligned}每年初支付租金 &= \frac{500\,000 - 50\,000 \times (P/F, 16\%, 5)}{(P/A, 16\%, 4) + 1} \\ &= \frac{500\,000 - 50\,000 \times 0.476\,2}{3.798\,2} \\ &= 125\,372.55(元)\end{aligned}$$

5. 融资租赁筹资的特点

(1)能迅速获得所需资产。融资租赁集"融资"与"融物"于一身,融资租赁使企业在资金短缺的情况下引进设备成为可能。特别是针对中小企业、新创企业而言,融资租赁是一条重要的融资途径。有时,大型企业对于大型设备、工具等固定资产,也需要融资租赁解决巨额资金的需要,如商业航空公司的飞机,大多是通过融资租赁取得的。

(2)财务风险小,财务优势明显。融资租赁与购买的一次性支出相比,能够避免一次性支付的负担,而且租金支出是未来的、分期的,企业无需一次筹集大量资金偿还。还款时,租金可以通过项目本身产生的收益来支付。这是一种基于未来的"借鸡生蛋、卖蛋还钱"的筹资方式。

(3)融资租赁筹资的限制条件较少。企业运用股票、债券、长期借款等筹资方式,都受到相当多的资格条件的限制,如足够的抵押品、银行借款的信用标准、发行债券的政府管制等。相比之下,租赁筹资的限制条件很少。

(4)免遭设备陈旧过时的风险。随着科学技术的不断进步,设备陈旧过时的风险很高,而多数租赁协议规定此种风险由出租人承担,承租企业可免受这种风险。

(5)资金成本高。其租金通常比举借银行借款或发行债券所负担的利息高得多,租金总额通常要高于设备价值的30%。尽管与借款方式比,融资租赁能够避免到期一次性集中偿还的财务压力,但在财务困难时,各期支付固定的租金也会构成一项沉重的负担。

(6)不能享有设备残值。租赁期满后租赁物退还给出租人,承租人不能享受设备残值;如果续租,租赁物的最后归属未确定;如果留购,承租人则要花费一定的代价才能够获得设备的残值。不管哪一种方式承租人都不能享受设备的残值,而且在相当长的租赁期内不能对设备进行改良也会对承租企业的经营产生不利影响。

【结论】 债务筹资的优缺点

1. 债务筹资的优点

(1)筹资速度较快。与股权筹资比,债务筹资不需要经过复杂的审批手续和证券发行程序,可以迅速地获得资金。

（2）筹资弹性大。发行股票等股权筹资，一方面需要经过严格的政府审批；另一方面从企业的角度出发，由于股权不能退还，股权资金在未来永久性地给企业带来了资金成本的负担。利用债务筹资，可以根据企业的经营情况和财务状况，灵活商定债务条件，控制筹资数量，安排取得资金的时间。

（3）资金成本负担较轻。一般来说，债务筹资的资金成本要低于股权筹资。其一是取得资金的手续费用等筹资费用较低；其二是利息、租金等用资费用比股权资金要低；其三是利息等资金成本可以在税前支付。

（4）可以利用财务杠杆。债权人从企业那里只能获得固定的利息或租金，不能参加公司剩余收益的分配。企业的资金报酬率若高于债务利率，会增加普通股股东的每股收益，提高净资产报酬率，提升企业价值。

（5）稳定公司的控制权。债务筹资不改变公司的控制权，债权人无权参加企业的经营管理，利用债务筹资不会改变和分散股东对公司的控制权，因而股东不会出于控制权稀释原因反对负债。

2. 债务筹资的缺点

（1）不能形成企业稳定的资本基础。债务资金有固定的到期日，到期需要偿还，只能作为企业的补充性资金来源。再加上债务往往需要进行信用评级，没有信用基础的企业和新创企业，往往难以取得足够的债务资金。现有债务资金在企业的资金结构中达到一定比例后，企业往往由于财务风险升高而不容易再取得新的债务资金。

（2）财务风险较大。债务资金有固定的到期日，有固定的利息负担，抵押、质押等担保方式取得的债务，资金使用上可能会有特别的限制，财务风险大。这些都要求企业必须有一定的偿债能力，要保持资产流动性及资产报酬水平，作为债务清偿的保障，在财务上合理安排资金。

（3）筹资数额有限。债务筹资的数额往往受到企业资金规模和借款机构资金实力的制约，不可能像发行股票那样一次筹集到大笔资金，无法满足公司大规模筹资的需要。

知识点三　衍生工具筹资方式

衍生工具筹资，包括兼具权益和债务筹资性质的混合筹资和其他衍生工具筹资。我国上市公司目前最常见的混合筹资方式是可转换债券筹资和优先股筹资，最常见的其他衍生工具筹资方式是认股权证筹资。

（一）可转换债券

可转换债券是一种混合型证券，是公司普通债券与证券期权的组合体。可转换债券的持有人在一定期限内，可以按照事先规定的价格或者转换比例，自由地选择是否转换成公司普通股。

一般来说，可转换债券可以分为两类：一类是不可分离的可转换债券，其转股权与债券不可分离，债券持有者直接按照债券面额和约定的转股价格，在规定的期限内将债券转换成股票；另一类是可分离交易的可转换债券，这类债券在发行时附有认股权证，是认股权证与公司债券的组合，发行上市后，公司债券和认股权证各自独立流通、交易。认股权证的持有者认购股票时，需要按照认购价格（行权价）出资购买股票。

1. 可转换债券的基本性质

1) 证券期权性

可转换债券给予了债券持有者未来的选择权,在事先约定的期限内,投资者可以选择将债券转换成普通股票,也可以放弃转换权利,持有至债券到期还本付息。由于可转换债券持有人具有在未来按一定的价格购买股票的权利,因此可转换债券实质上是一种未来的买入期权。

2) 资本转换性

可转换债券在正常持有期属于债权性质,转换成股票后属于股权性质。如果在债券的转换期内,持有人没有将其转换成股票,发行企业到期必须无条件支付本金和利息。转换成股票后债券持有人成为企业的股权投资者,可参与企业的经营决策和红利分配,这也在一定程度上会影响公司的股本结构。资本双重性的转换,取决于投资者是否行权。

可转换债券兼有债券和股票双重特点,对企业和投资者都具有吸引力。1996 年我国政府决定选择有条件的公司进行可转换债券的试点,1997 年我国颁布了《可转换公司债券管理暂行办法》,2001 年 4 月中国证监会发布了《上市公司发行可转换公司债券实施办法》,极大地规范、促进了可转换债券的发展。

3) 可转换性

可转换性是可转换债券的重要标志,债券持有人可以按约定的条件将债券转换成股票。转股权是投资者享有的一般债券所没有的选择权。可转换债券在发行时就明确约定,债券持有人可按照发行时约定的价格将债券转换成公司的普通股票。如果债券持有人不想转换,则可以继续持有债券,直到偿还期满时收取本金和利息,或者在流通市场出售变现。如果持有人看好发债公司股票增值潜力,在宽限期之后可以行使转换权,按照预定转换价格将债券转换成为股票,发债公司不得拒绝。

4) 赎回与回售

可转换债券一般都会有赎回条款,发债公司在可转换债券到期前,可以按一定条件赎回债券。通常,公司股票价格在一段时期内连续高于转股价格达到某一幅度时,公司会按事先约定的价格买回未转股的可转换公司债券。同样,可转换债券一般也会有回售条款,公司股票价格在一段时间内连续低于转股价格达到某一幅度时,债券持有人可按事先约定的价格将所持债券回售给发行公司。

双重选择权是可转换公司债券最主要的金融特征,它的存在使投资者和发行人的风险、收益被限定在一定的范围以内,利用这一特点可以对股票进行套期保值,获得更加确定的收益。

2. 可转换债券的基本要素

可转换债券的基本要素是指构成可转换债券基本特征的必要因素,它们代表了可转换债券与一般债券的区别。

1) 标的股票

可转换债券转换期权的标的物是可转换成的公司股票。标的股票一般是发行公司自己的普通股票,不过也可以是其他公司的股票,如该公司的上市子公司的股票。

2) 票面利率

可转换债券的票面利率一般会低于普通债券的票面利率,有时甚至低于同期银行存款利率。因为可转换债券的投资收益中，除了债券的利息收益外，还附加了股票买入期权的收益部分。一个设计合理的可转换债券，在大多数情况下其股票买入期权的收益足以弥补债券利息收益的差额。

3）转换价格

转换价格是指可转换债券在转换期内据以转换成普通股的折算价格，即将可转换债券转换成普通股的每股普通股的价格，如每股 20 元，即是指可转换债券转股时，将债券金额按每股 20 元转换成相应股数的股票。由于可转换债券在未来可以行权转换成股票，在债券发售时，所确定的转换价格一般比发售日股票市场价格高出一定比例，如高出 10% 到 30%。

4）转换比率

转换比率是指每一张可转换债券在既定的转换价格下能转换成普通股股票的数量。在债券面值和转换价格确定的前提下，转换比率为债券面值与转换价格之商。

$$转换比率 = \frac{债券面值}{转换价格}$$

5）转换期

转换期是指可转换债券持有人能够行使转换权的有效期限。可转换债券的转换期可以与债券的期限相同，也可以短于债券的期限。转换期间的设定通常有四种情形：债券发行日至到期日；发行日至到期前；发行后某日至到期日；发行后某日至到期前。至于选择哪种，要看公司的资金使用状况、项目情况、投资者要求等。由于转换价格高于公司发债时股价，投资者一般不会在发行后立即行使转换权。

6）赎回条款

赎回条款是指发行公司按事先约定的价格买回未转股债券的条件规定。赎回一般发生在公司股票价格一段期限内连续高于转股价格达到某一幅度时。赎回条款通常包括：不可赎回期间与赎回期间；赎回价格（一般高于可转换债券的面值）；赎回条件（分为无条件赎回和有条件赎回）等。发债公司在赎回债券之前要向债券持有人发出赎回通知，要求他们在将债券转股与卖回给发债公司之间作出选择。一般情况下，投资者大多会将债券转换成普通股。可见，设置赎回条款最主要的功能是强制债券持有者积极行使转股权，因此它又被称为加速条款。同时它也能避免发债公司在市场利率下降后，继续向债券持有人按照较高的票面利率支付利息而蒙受损失。

7）回售条款

回售条款是指债券持有人有权按照事先约定的价格将债券卖回给发债公司的条件规定。回售一般发生在公司股票价格在一段时期内连续低于转股价格达到某一幅度时。回售对于投资者而言，实际上是一种卖权，有利于降低投资者的持券风险。与赎回一样，回售条款也有回售时间、回售价格和回售条件等规定。

8）强制性转换条款

强制性转换条款是指在某些条件具备之后，债券持有人必须将可转换债券转换为股票，无权要求偿还债券本金的条件规定。可转换债券发行之后，其股票价格可能出现巨大波动如果股价长期低于转股价格，又未设计赎回条款，投资者不会转股。这种情况下，公司可设置强制性转换条款，保证可转换债券顺利地转换成股票，预防投资者到期集中挤兑引发公司破产的悲剧。

3. 可转换债券的发行条件

根据《上市公司证券发行管理办法》的规定，上市公司发行可转换债券，除了应当符合增发股票的一般条件之外，还应当符合以下条件：

（1）最近 3 个会计年度加权平均净资产收益率平均不低于 6%。扣除非经常性损益后的净利润与扣除前的净利润相比，以低者作为加权平均净资产收益率的计算依据。

（2）本次发行后累计公司债券余额不超过最近一期期末净资产额的 40%。

（3）最近 3 个会计年度实现的年均可分配利润不少于公司债券 1 年的利息。

根据《上市公司证券发行管理办法》的规定，发行分离交易的可转换债券，除符合公开增发股票的一般条件外，还应当符合的规定包括：公司最近一期末经审计的净资产不低于人民币 15 亿元；最近 3 个会计年度实现的年均可分配利润不少于公司债券 1 年的利息；最近 3 个会计年度经营活动产生的现金流量净额平均不少于公司债券 1 年的利息；本次发行后累计公司债券余额不超过最近一期末净资产额的 40%，预计所附认股权全部行权后募集的资金总量不超过拟发行公司债券金额等。分离交易的可转换公司债券募集说明书应当约定，上市公司改变公告的募集资金用途的，赋予债券持有人一次回售的权利。

所附认股权证的行权价格应不低于公告募集说明书前 20 个交易日公司股票均价和前 1 个交易日的均价；认股权证的存续期限不超过公司债券的期限，自发行结束之日起不少于 6 个月；募集说明书公告的权证存续期限不得调整；认股权证自发行结束至少已满 6 个月起方可行权，行权期间为存续期限届满前的一段期间，或者是存续期限内的特定交易日。

4. 可转换债券的筹资特点

1）筹资灵活性

可转换债券是将传统的债务筹资功能和股票筹资功能结合起来，筹资性质和时间上具有灵活性。债券发行企业先以债务方式取得资金，到了债券转换期，如果股票市价较高，债券持有人将会按约定的价格转换成股票，避免了企业还本付息的负担。如果公司股票长期低迷，投资者不愿意将债券转换成股票，企业及时还本付息清偿债务，也能避免未来长期的股东资金成本负担。

2）资金成本较低

可转换债券的利率低于同一条件下普通债券的利率，降低了公司的筹资成本；此外，在可转换债券转换成股票时，公司无需另外支付筹资费用，又节约了股票的筹资成本。

3）筹资效率高

可转换债券在发行时，规定的转换价格往往高于当时本公司的股票价格，如果这些债券将来都转换成了股权，相当于债券发行之际，就以高于当时股票市价的价格新发行了股票，以较少的股份代价筹集了更多的股份资金。因此在公司发行新股时机不佳时，可以先发行可转换债券，以便其将来变相发行普通股。

4）存在一定的财务压力

可转换债券存在不转换的财务压力。如果在转换期内公司股价处于恶化性的低位，持券者到期不会转股,会因集中兑换债券本金而给公司带来财务压力。可转换债券还存在回售的财务压力。若可转换债券发行后,公司股价长期低迷,在设计有回售条款的情况下,投资者集中在一段时期内将债券回售给发行公司,加大了公司的财务支付压力。

(二) 优先股

优先股是指股份有限公司发行的具有优先权利、相对优先于一般普通种类股份的股份种类。在利润分配及剩余财产清偿分配的权利方面,优先股持有人优先于普通股股东,但在参与公司决策管理等方面,其优先权受到限制。

1. 优先股的基本性质

1) 约定股息

相对于普通股而言,优先股的股利收益是事先约定的,也是相对固定的。优先股的股息一般不会根据公司经营情况而增减,而且一般也不能参与公司的分红。但优先股的固定股息率各年可以不同,另外优先股也可以采用浮动股息率分配利润。公司章程中规定优先股采用固定股息率的,可以在优先股存续期间内采用相同的固定股息率,或明确每年的固定股息率。各年度的股息率可以不同;公司章程中规定优先股采用浮动股息率的,应当明确优先股存续期内票面股息率的计算方法。

2) 权利优先

优先股在年度利润分配和剩余财产清偿分配方面,具有比普通股股东优先的权利。优先股可以先于普通股获得股息,公司将可分配利润先分给优先股,剩余部分再分给普通股。在剩余财产方面,优先股的清偿顺序排在债权人之后、普通股股东之前。一旦公司进入破产清算,剩余财产先分给债权人,再分给优先股股东,最后分给普通股股东。

优先股的优先权是相对于普通股而言的,与公司债权人不同,优先股股东不可以要求经营成果不佳、无法分配股利的公司支付固定股息;优先股股东也不可以要求无法支付股息的公司进入破产程序,不能向人民法院提出企业重整、和解或破产清算申请。

3) 权利范围小

优先股股东一般没有选举权和被选举权,对股份公司的重大经营无表决权。仅在股东大会表决与优先股股东自身利益直接相关的特定事项时,具有有限表决权。例如,修改公司章程中与优先股有关的事项条款时,优先股股东有表决权。

2. 优先股的种类

在西方国家,为了适应一些专门想获取某些优先好处的投资者的需要,优先股有各种各样的种类,主要有以下几种:

1) 按股利能否累积,分为累积优先股和非累积优先股

累积优先股的特点是指公司在某一时期所获盈利不足,导致当年可分配利润不足以支付优先股股息时,则将应付股息累计到次年或者以后某一年盈利时,在普通股的股息发放之前连同本年优先股股息一并发放;非累积优先股的特点则是指公司不足以支付优先股的全部股息时,对所欠股息部分优先股股东不能要求公司在以后年度补发。

2) 按能否转换为普通股,分为可转换优先股和不可转换优先股

可转换优先股的特点是指在规定的时间内,优先股股东或发行人可以按照一定的转换比率把优先股换成该公司普通股,否则是不可转换优先股。

3）按能否参加普通股剩余利润的分配，分为非参与优先股和参与优先股

非参与优先股是指持有人只能获取一定股息，但不能参加公司额外分红的优先股；参与优先股是指持有人既可按规定的股息率优先获得股息，又可与普通股股东分享公司的剩余收益的优先股。对于有权同普通股股东一起参加剩余利润分配的参与优先股，公司章程应明确优先股股东参与剩余利润分配的比例、条件等事项。

4）按是否可回购，分为可回购优先股和不可回购优先股

可回购优先股是指允许发行公司按发行价加上一定比例的补偿收益回购的优先股。公司通常在认为可以用较低股息率发行新的优先股时，用此方法回购已发行的优先股股票。不附有回购条款的优先股，则被称为不可回购优先股。回购优先股包括发行人要求赎回优先股和投资者要求回售优先股两种情况，应在公司章程和招股说明文件中规定其具体条件。发行人要求收回优先股的，必须完全支付所欠股息。

5）按优先股股息率是否固定，分为固定股息率优先股和浮动股息率优先股。

优先股股息率在股权存续期内不作调整的，称为固定股息率优先股；优先股股息率根据约定的计算方法进行调整的，称为浮动股息率优先股。优先股采用浮动股息率的，在优先股存续期内票面股息率的计算方法，在公司章程中要事先明确。

根据我国2014年起实行的《优先股试点管理办法》，优先股每股票面金额为100元；上市公司不得发行可转换为普通股的优先股；发行优先股时，上市公司应当在公司章程中规定以下事项：①采取固定股息率；②在有可分配税后利润的情况下，必须向优先股股东分配股息；③未向优先股股东足额派发股息的差额部分，应当累积到下一会计年度；④优先股股东按照约定的股息率分配股息后，不再同普通股股东一起参加剩余利润分配。

3. 优先股筹资的特点

优先股既像公司债券，又像公司股票，因此，优先股筹资属于混合筹资，其筹资特点兼有债务筹资和股权筹资性质。

1）有利于丰富资金市场的投资结构

优先股有利于为投资者提供多元化投资渠道，增加固定收益型产品。看重现金红利的投资者可投资优先股，而希望分享公司经营成果成长的投资者则可以选择普通股。

2）有利于股份公司股权资金结构的调整

发行优先股是股份公司进行股权资金结构调整的重要方式。公司资金结构调整中既包括债务资金和股权资金的结构调整，也包括股权资金的内部结构调整。

3）有利于保障普通股收益和控制权

优先股的每股收益是固定的，只要净利润增加并且高于优先股股息，普通股的每股收益就会增加。另外，优先股股东无表决权，因此不影响普通股股东对企业的控制权，也基本上不会稀释原有普通股的权益。

4）有利于降低公司财务风险

优先股股利不是公司必须偿付的一项法定债务，如果公司财务状况恶化，经营成果不佳，这种股利可以不支付，从而相对避免了企业的财务负担。由于优先股没有规定最终到期日，它实质上是一种永续性借款。优先股的收回由企业决定，企业可在有利条件下收回优先股，具有较大的灵活性。发行优先股增加了权益资本，从而改善了公司的财务状况。对于高

成长企业来说承诺给优先股的股息,与其成长性相比而言是比较低的。同时,由于发行优先股相当于发行无限期的债券,可以获得长期的低成本资金,但优先股又不是负债,而是权益资金,因此它能够提高公司的资产质量。总之,从财务角度上看,优先股属于股债连接产品,既可以降低企业整体负债率,又可以增加长期资金来源,有利于公司的长久发展。

5)可能给股份公司带来一定的财务压力

首先是资金成本相对于债务较高。这主要是由于优先股股息不能抵减所得税,而债务利息可以抵减所得税,这是利用优先股筹资的最大不利因素。其次是股利支付相对固定。针对固定股息率优先股、强制分红优先股、可累积优先股而言,股利支付的固定性可能成为企业的一项财务负担。

（三）认股权证

认股权证是一种由上市公司发行的证明文件,它赋予持有者在一定期限内以事先约定的价格购买该公司发行的一定股份的权利。对于发行公司而言,发行认股权证是一种特殊的筹资手段。认股权证本身含有期权条款,其持有者在认购股份之前,对发行公司既不拥有债权也不拥有股权,而只是拥有股票认购权。尽管如此,发行公司可以通过发行认股权证筹得现金,还可将其用作公司成立时对承销商的一种补偿。

1. 认股权证的基本性质

1)认股权证的期权性

认股权证本质上是一种股票期权,属于衍生金融工具,具有实现融资和股票期权激励的双重功能。但认股权证本身是一种认购普通股的期权,它没有普通股的红利收入,也没有普通股相应投票权。

2)认股权证是一种投资工具

投资者可以通过购买认股权证获得市场价与认购价之间的股票差价收益,因此它是一种具有内在价值的投资工具。

2. 认股权证的筹资特点

1)认股权证是一种融资促进工具

认股权证的发行人是发行标的股票的上市公司,认股权证通过以约定的价格认购公司股票的契约方式,能保证公司在规定的期限内完成股票发行计划,顺利实现融资。

2)有助于改善上市公司的治理结构

采用认股权证进行融资,融资的实现是缓期分批实现的。上市公司及其大股东的利益和投资者是否在到期之前执行认股权证密切相关。因此,在认股权证有效期间,上市公司管理层及其大股东任何有损公司价值的行为,都可能降低上市公司的股价,从而降低投资者执行认股权证的可能性,亦损害上市公司管理层及其大股东的利益。因此,认股权证将有效约束上市公司的败德行为,并激励他们更加努力地提升上市公司的市场价值。

3)有利于推进上市公司的股权激励机制

认股权证是常用的员工激励工具,通过给予管理者和重要员工一定的认股权证,可以把管理者和员工的利益与企业价值成长紧密联系在一起,建立一个管理者与员工通过提升企业价值来实现自身财富增值的利益驱动机制。

【案例解析】

（2）佳洁公司筹集资金 A 方案中是发行普通股。优先股是相对于普通股而言的，优先股和普通股的区别主要体现在股东享有权利和承担义务上，具体表现为优先股在利润分红及剩余财产分配的方面，优先于普通股。

① 股东权利范围不同：优先股股东一般没有选举权和被选举权，对股份公司的重大经营无投票权，但在某些情况下可以享有投票权。

② 收益不同：优先股通常预先设定固定的股息收益率，一般不能参与公司的分红，但优先股可以先于普通股获得股息。

③ 索偿权不同：优先股的索偿权先于普通股，次于债权人。

④ 风险不同：由于优先股比普通股在收益和资产上具有优先权，所以普通股是企业风险的最后承担者，优先股的风险小于普通股。

知识检测

任务拓展

一、单项选择题

1. 下列不属于非银行金融机构的是（　　）。
   A. 信托投资公司　　　　　　　　　　B. 租赁公司
   C. 保险公司　　　　　　　　　　　　D. 国家发改委

2. 下列权利中不属于普通股股东权利的是（　　）。
   A. 优先认股权　　　　　　　　　　　B. 优先分配剩余财产权
   C. 盈余分享权　　　　　　　　　　　D. 经营管理权

3. 在我国不允许采用的债券发行价格是（　　）。
   A. 面值发行　　　B. 平价发行　　　C. 折价发行　　　D. 溢价发行

4. 经营租赁中费用由承租人负担的是（　　）。
   A. 设备维护费　　B. 设备租金　　　C. 设备保险费　　D. 人员培训费

5. 股票的发行目的不包括（　　）。
   A. 筹集资金　　　B. 提高社会知名度　C. 合理避税　　　D. 分散经营风险

6. 在下列各项中，不能增加企业融资弹性的是（　　）。
   A. 短期借款　　　　　　　　　　　　B. 发行可转换债券
   C. 发行可提前收回债券　　　　　　　D. 发行可转换优先股

7. 只适用于股份有限公司，而且必须以股票作为载体的筹资方式是（　　）。
   A. 吸收直接投资　B. 发行债券　　　C. 发行股票　　　D. 融资租赁

8. 按照《公司法》规定，股东或者发起人可以用（　　）等无形资产作价出资。
   A. 商誉　　　　　B. 劳务　　　　　C. 非专利技术　　D. 特许经营权

9. 相比采用银行借款购买资产而言，融资租赁筹资的特点是（　　）。
   A. 限制条件多　　　　　　　　　　　B. 资金成本负担较高
   C. 存在融资额度的限制　　　　　　　D. 财务风险大

10. 下列属于可转换债券赎回条款情形的是(　　)。

　　A. 公司股票价格在一段时期内连续高于转股价格达到某一幅度

　　B. 公司股票价格在一段时期内连续低于转股价格达到某一幅度

　　C. 可转换债券的票面利率大于市场利率

　　D. 可转换债券的票面利率小于市场利率

11. 可转换债券设置赎回条款,有利的一方是(　　)。

　　A. 债券发行人　　　B. 政府　　　　　　C. 债券投资人　　　D. 承销商

12. 认股权证是一种认购普通股的权利,它没有普通股的红利收入,也没有普通股的投票权,这个权利说明认股权证是(　　)。

　　A. 投资工具　　　B. 具有期权性　　　C. 资本转换性　　D. 赎回与回售

13. 根据我国《优先股试点管理办法》,下列对优先股的表述不正确的是(　　)。

　　A. 每股票面金额为100元

　　B. 固定股息率优先股采用固定股息率,浮动股息率优先股采用浮动股息率

　　C. 未向优先股股东足额派发股息的差额部分应当累积到下一个会计年度

　　D. 在有可分配税后利润的情况下必须向优先股股东分配股息

二、多项选择题

1. 债券的基本要素包括(　　)。

　　A. 债券的面值　　　B. 债券的付息期　　C. 债券的利率　　　D. 债券的期限

2. 下列各项中,"吸收直接投资"与"发行普通股"筹资方式所共有的缺点有(　　)。

　　A. 限制条件多　　　B. 财务风险大　　　C. 控制权分散　　　D. 资金成本高

3. 普通股筹资的主要缺点有(　　)。

　　A. 资金成本高　　　　　　　　　　B. 筹资数量有限

　　C. 容易分散控制权　　　　　　　　D. 被收购风险增大

4. 融资租赁的租金主要包括(　　)。

　　A. 设备价款　　　B. 设备维护费　　　C. 融资成本　　　D. 融资手续费

5. 债券按有无抵押担保可分为(　　)。

　　A. 信用债券　　　B. 无担保债券　　　C. 动产抵押债券　　D. 担保债券

6. 与股权筹资相比,债务筹资的优点有(　　)。

　　A. 筹资弹性大　　　　　　　　　　B. 资金成本负担较轻

　　C. 可以利用财务杠杆　　　　　　　D. 稳定公司的控制权

7. 相对于到期一次偿还债券来说,到期分批偿还债券的特点有(　　)。

　　A. 发行费较高　　　　　　　　　　B. 发行费较低

　　C. 便于发行　　　　　　　　　　　D. 是最为常见的债券偿还方式

8. 下列有关杠杆租赁的表述中,不正确的有(　　)。

　　A. 出租人只出购买资产所需的部分资金作为自己的投资,另外以租赁资产作为担保向资金出借者借入其余资金

　　B. 承租人既是债权人也是债务人

　　C. 它是融资租赁的主要形式

D. 涉及承租人、出租人和资金出借人三方

9. 相较于普通股股东,下列选项中属于优先股股东的权利有( )。

A. 利润分配优先权　　　　　　　　B. 选举权

C. 被选举权　　　　　　　　　　　D. 剩余财产清偿分配优先权

10. 下列选项中属于可转换债券的基本要素的有( )。

A. 转换价格　　　B. 转换比率　　　C. 转换期　　　D. 回售条款

三、判断题

1. 由于可转换债券持有人具有在未来按一定的价格购买股票的权利,因此可转换债券实质上是一种未来的买入期权。　　　　　　　　　　　　　　　　　　　　　( )

2. 可转换债券设置回售条款是为了强制债券持有者积极行使转股权,因此它们又被称为加速条款。　　　　　　　　　　　　　　　　　　　　　　　　　　　　　( )

3. 认股权证是常用的员工激励工具,给予管理者和重要员工一定的认股权证,可以把管理者和员工的利益与企业价值成长紧密联系在一起。　　　　　　　　　　　( )

4. 认股权证本身是一种认购普通股的期权,它没有普通股的红利收入,也没有普通股相应的投票权。　　　　　　　　　　　　　　　　　　　　　　　　　　　( )

5. 优先股既像公司债券,又像公司股票,因此优先股筹资属于混合筹资。　( )

任务三　　计算资金成市

【任务描述】　了解资金成本的内容、性质、意义,掌握不同筹资方式的个别资金成本的计量,进而计算出综合资金成本和追加资金时的边际资金成本。

资金是企业从事生产经营的必备要素。资本通常特指由债权人和股东提供的长期资金,包括长期债务资金与股权资金。财务管理中,资金成本和资金结构的研究,重点针对的是长期资金,本任务所讲的资金即为资本。

在市场经济条件下,企业筹集和使用资金是要付出代价的,资金成本是指为筹集和使用长期资金而付出的代价,也称资本成本,包括资金筹资费用和资金占用费用两部分。资金筹资费用是指在资金筹集过程中支付的各项费用,如向银行借款支付的手续费,发行股票、债券支付的手续费、印刷费、各种法律及中介服务费、广告费等等。由于筹资费用通常在筹集资金时一次发生,可作为筹资金额的扣除项,计算得到筹资净额(即:筹资净额＝筹资总额－筹资费用),筹资净额是企业实际可以动用的资金。资金占用费是指占用资金支付的费用,如向股东支付的股利、向银行或债券持有人支付的利息等等。资金占用费与筹资金额大小、占用期间长短有直接联系。

知识点一　　资金成本的性质

(一) 资金成本的产生条件

资金成本是商品经济条件下资金所有权和资金使用权分离的产物。

（二）资金成本是预测成本

资金成本具有一般产品成本的基本属性，即同为资金耗费。但又不同于账面成本，它属于预测成本，资金成本主要是为企业筹资、投资决策服务的，是建立在假设基础上的不很精确的估算值，其着眼点在于将来资金筹措和使用的代价。其一部分计入成本费用，相当一部分则作为利润分配处理。

（三）资金成本的基础是资金时间价值

资金成本的基础是资金时间价值，但还包括投资风险价值、物价变动因素和筹资费用。

（四）资金成本是一种税后成本

资金成本着眼于税后资金成本，即考虑筹资方式的节税效应后的成本，是较满意的财务结构前提下的产物。

知识点二　资金成本的作用

资金成本是财务管理中的重要概念，是企业的投资者（包括股东和债权人）对投入企业的资金所要求的收益率，也是企业投资项目的机会成本。资金成本的概念广泛运用于企业财务管理的诸多方面。

（一）资金成本是企业筹资决策的重要依据

1. 资金成本是选择筹资渠道和方式的基本依据

企业的资金可以从各种渠道，如银行信贷资金、民间资金、企业资金等来源取得，其筹资的方式也多种多样，如吸收直接投资、发行股票、银行借款等。但不管选择何种渠道，采用哪种方式，主要考虑的因素还是资金成本。

2. 资金成本是确定最优资金结构的主要参数

通过不同渠道和方式所筹措的资金，将会形成不同的资金结构，由此产生不同的财务风险和资金成本。所以，资金成本也就成了确定最佳资金结构、筹资方案的主要因素之一。

3. 资金成本是影响企业筹资总额的重要因素

随着筹资数量的增加，资金成本将随之变化。当筹资数量增加到增资的成本大于增资的收入时，企业便不能再追加资金。因此，资金成本是限制企业筹资数额的一个重要因素。

（二）资金成本是评价和选择投资项目的重要标准

资金成本实际上是投资者应当取得的最低报酬水平，是投资项目的取舍率。只有当投资项目的收益高于资金成本的情况下，才值得为之筹措资金去投资；反之，就应该放弃该投资机会。在投资决策时常以资金成本作为折现率计算净现值，在利用内部收益率指标进行决策时，一般以资金成本作为基准收益率来对比，决定项目的取舍。

（三）资金成本是衡量企业资金效益的重要尺度

从衡量企业经营成果来看，只有企业经营利润率高于资金成本，企业才有盈余。如果一定时期的综合资金成本率高于总资产报酬率，就说明企业资金的运用效益差，经营业绩不佳，需要改善经营管理，提高经营利润率和降低资金成本率。

【结论】 资金成本是一个综合性指标,贯穿于整个财务管理的筹资、投资和分配的每一个环节。

知识点三　资金成本的表达形式

债权人按照契约规定在税前取得利息,投资者按照法定程序在税后取得利润或红利。从成本的角度来看,资金的使用权变成了一种资源,而利息或分配利润(或红利)成为取得这种权利的一种代价。对于取得资金的企业而言,这是为在有效期内占用可动用的资金所支付的占用费用。

对资金成本大小进行衡量的形式有两种:一种是绝对数;一种是相对数。

(一) 绝对数形式

绝对数是以企业在取得资金时支付的筹集费用数额和占用资金期间支付的利息、分配利润(或红利)表示的,它在绝对数上反映了资金使用代价的水平。绝对数的大小受企业筹资规模的影响,有时难以依据它比较和衡量企业在资金使用方面的实际代价。绝对数表现形式为:

$$资金成本 = 筹集费用总额 + 各期支付的利息(或分配的利润、红利等)$$

(二) 相对数形式

采用相对数表示资金成本大小,可以消除筹资规模差异所导致的不可比性,客观地反映企业筹集和使用资金的年实际成本。相对数表现形式为:

$$资金成本率 = \frac{年占用费用}{筹资总额 - 筹资费用}$$

该公式表示使用分母中实际可动用的资金1年所发生的代价。

知识点四　资金成本的计算

资金成本一般用相对数表示,即资金成本率,根据计算资金范围不同有多种计量形式。在比较各种筹资方式的资金成本时,可使用个别资金成本;在进行资金结构决策时,可使用综合资金成本;在进行追加筹资决策时,则使用边际资金成本。

(一) 个别资金成本

个别资金成本是指按照各种长期资金的具体筹集方式来确定的成本,包括长期借款成本、债券成本、优先股成本、普通股成本、留存收益成本等。资金成本注重节税效应后的成本,所以负债资金成本的年占用费用应该换算为税后的利息负担,这样各种筹资方式的成本大小才可比。

1. 长期借款成本

长期借款成本包括借款利息和筹资费用。由于借款利息计入税前成本费用,具有抵税作用,企业实际负担的利息为:利息×(1-所得税率)。

一次还本、分期付息的长期借款成本为:

$$借款成本 = \frac{年利息 \times (1 - 所得税率)}{筹资总额(1 - 筹资费用率)}$$

$$= \frac{筹资总额 \times 年利率 \times (1 - 所得税率)}{筹资总额(1 - 筹资费用率)}$$

$$= \frac{年利率 \times (1 - 所得税率)}{1 - 筹资费用率}$$

当长期借款的筹资费(主要指借款手续费)很小时,在计算其资金成本时,也可以不予考虑。

$$借款成本 = 年利率 \times (1 - 所得税率)$$

【例 2-7】 通达公司从银行取得 5 年期长期借款 400 万元,年利率为 8%,每年付息一次,到期还本。假定筹资费率为 0.1%,企业所得税率为 25%。计算该项长期借款的资金成本。

解答:$借款成本 = \dfrac{年利率 \times (1 - 所得税率)}{1 - 筹资费用率} = \dfrac{8\% \times (1 - 25\%)}{1 - 0.1\%} = 6.01\%$

如果不考虑筹资费用率,或者筹资费用率较小而忽略不计,则该项长期借款的资金成本可直接计算为:

$$借款成本 = 8\% \times (1 - 25\%) = 6\%$$

2. 债券成本

企业发行债券的成本主要有债券利息和筹资费用。债券利息亦在所得税前列支,与长期借款利息的处理方法相同。但债券的筹资费用一般比较高,在计算资金成本时不可省略。债券的筹资费用即发行费用,包括申请费、注册费、印刷费、手续费、上市费和推销费用等。此外,债券的发行价格有平价、溢价、折价等情况,与面值并不一定一致。债券利息按面值(即本金)和票面利率确定,但债券的筹资额应按具体发行价格计算。按照一次还本、分期付息的方式,债券资金成本的计算公式为:

$$债券成本 = \frac{年利息 \times (1 - 所得税率)}{筹资总额(1 - 筹资费率)}$$

$$= \frac{债券面值 \times 年利率 \times (1 - 所得税率)}{债券发行价格 \times (1 - 筹资费用率)}$$

【例 2-8】 通达公司发行总面额为 500 万元的 5 年期债券,票面利率为 10%,每年付息一次,发行费用率为发行价格的 5%,公司所得税率为 25%。假定按面值平价发行。计算该债券的资金成本。

解答: $债券成本 = \dfrac{500 \times 10\% \times (1 - 25\%)}{500 \times (1 - 5\%)} = 7.89\%$

上述债券如果按溢价发行,发行总价款为 600 万元,则其资金成本为:

$$债券成本 = \frac{500 \times 10\% \times (1 - 25\%)}{600 \times (1 - 5\%)} = 6.58\%$$

如果按折价发行,发行总价款为 400 万元,则其资金成本为:

$$债券成本 = \frac{500 \times 10\% \times (1-25\%)}{600 \times (1-5\%)} = 6.58\%$$

3. 优先股成本

优先股是介于普通股和债券两者之间的融资工具。虽然其具备普通股无返还本金的特点，但在本质上更贴近债券。通常，优先股的股息是按照固定的股息率计算的，且发行时有筹集费用小、流动性较差的特点。在计算优先股资金成本率时，仍要考虑与债券的差异：第一，优先股的股息是在缴纳所得税款之后支付的，没有抵税的作用。第二，当企业破产清算时，优先股持有人的求偿权排在债券持有人之后。因此其风险要大于债券，资金成本一般要高于债务成本。

$$优先股成本 = \frac{每期的优先股股息}{优先股筹资总额 - 筹资费用}$$
$$= \frac{优先股股本 \times 固定的股息率}{优先股筹资总额(1 - 筹资费用率)}$$

【例2-9】 通达公司发行优先股10万股，每股面额为5元。合约规定，优先股股票的收益率为11%。预计股票的发行价格为每股6元，筹集费用率为5%。计算该优先股的资金成本。

解答：
$$优先股成本 = \frac{100\,000 \times 5 \times 11\%}{100\,000 \times 6 \times (1-5\%)}$$
$$= 9.65\%$$

优先股资金成本的计算相对容易，原因在于优先股的股息率通常是固定不变的，计算方法和债务成本相似。但优先股的类型也很多，资金成本率的计算必须结合实际情况，综合考虑融资的特点和条件。

4. 普通股成本

发行普通股是股份公司筹资的主要形式。企业发行股票和债券一样，也要支付筹资费用，但其股利是从税后利润中列支的，因此股利不具有抵税作用。其股利发放取决于企业生产经营情况，不能事先确定。普通股股东对公司的股利分配依公司的经营效益而定，其分配股利的不确定性和波动性较大。因此计算的普通股资金成本是一个期望的估计数，假设前提应是企业未来是一个比较稳定的、且逐年增长的股利分配状况。事实上，许多企业的经营规模随着时间的推移是不断扩大的。股东的红利也会逐年增长。计算普通股资金成本的前提是红利按固定的增长率 g 增长，离开这一前提，计算普通股资金成本是没有意义的。

普通股资金成本的计算公式：

$$普通股成本 = \frac{第一年普通股股利}{股票市值 \times (1 - 筹资费用率)} + g$$

【例2-10】 通达公司发行面额为1元的普通股400万股。目前每股市价为20元，预计第1年末每股发放红利2元，今后每年按6%增长，筹资费用率为5%。则该普通股的资金成本为多少？

解答：
$$普通股成本 = \frac{4\,000\,000 \times 2}{4\,000\,000 \times 20 \times (1-5\%)} + 6\%$$
$$= 16.53\%$$

因此,普通股成本很难预先准确地加以计算。从理论上分析,普通股成本是普通股股东在一定风险条件下所要求的最低报酬率,在计算时常常以此作为依据进行测算。

5. 留存收益成本

除普通股以外,留存收益也是形成权益资金的重要来源。企业经营活动形成的利润,按照利润分配程序可在企业内部留存一定比例的资金,以满足自身对资金的需求。留存收益实质上是未分配到普通股股东手中的资金,留存收益的所有权仍归属普通股股东所有。它既可以用作企业内部和外部投资项目,又可用作未来股利分配的资金来源。从表面上看,这部分资金的使用无需发生筹集费用,也不需要向股东支付任何代价,故而不存在资金成本的说法。但事实上,在股东确认投资期间有盈余留存而未分配时,投资者对企业占用留存收益可额外要求企业支付相应的成本。因此,留存收益作为内部融资的手段,同样存在资金成本。由于留存收益仍归属企业的投资者,因此其资金成本的计算参考普通股标准。唯一区别是,留存收益是内部融资,没有筹集费用。

留存收益资金成本率计算公式:

$$留存收益成本 = \frac{第一年普通股股利}{普通股股票市值} + g$$

【例 2-11】　通达公司普通股目前市价为 36 元,本年每股刚发放股利 2 元,估计股利年增长率为 5%。则该留存收益的成本为多少?

解答:　　　　$留存收益成本 = \dfrac{2 \times (1 + 5\%)}{36} + 5\% = 10.83\%$

以上介绍了各种筹资方式资金成本的计算。在这里还要做一简要说明:

第一,对于筹资的企业而言,支付的代价是资金成本;对于投资者而言,企业支付的代价是投资报酬。因此,在理解资金成本概念时,可以把资金成本和投资报酬看作是硬币的正反两面。

第二,权益性筹资工具的成本要大于债务性筹资工具,这是由于债务性筹资工具的最主要特点是具有抵税作用。

第三,借款成本小于债券成本,这是由于借款利息小于债券利息;债券筹资费用大于借款筹资费用。

第四,优先股股利固定,一般低于普通股股利,所以优先股成本低于普通股成本;留存收益没有筹资费用,所以留存收益成本低于普通股成本。

【结论】　一般来讲,同一企业的借款成本＜债券成本＜优先股成本＜留存收益成本＜普通股成本。

(二) 综合资金成本

在市场经济条件下,企业可以从多种渠道采用多种方式来筹集资金,相应筹资成本各不相同。为了保证企业有一个合理的资金来源结构,使各种资金保持合理的比例,尽可能降低筹资总成本,企业往往还需计算确定其全部长期资金的综合成本。综合资金成本是指企业全部长期资金的总成本,通常以各种资金占全部资金的比重为权数,对个别资金成本进行加权计算确定,又称加权平均资金成本。其计算公式为:

$$K_W = \sum (K_i \times W_i)$$

式中，K_w——综合资金成本；

   K_i——第 i 种个别资金成本；

   W_i——第 i 种个别资金占全部资金的比重（权重）。

   $\sum W_i = 1$

【结论】 影响企业综合资金成本的因素有两个：一是个别资金成本，二是资金结构即比重。

【例 2-12】 通达公司计划筹资 10 000 万元。其中，发行 5 年期利率为 10％的债券为 1 000 万元，发行费用率为 3％，所得税税率为 25％；发行普通股 400 万股，每股市价为 20 元，预计筹资费用率为 5％，第一年每股发放股利 2 元，股利增长率为 6％；发行优先股 100 万股，每股市价为 10 元，年股利率为 12％，预计筹资费用率为 6％。要求：计算该公司综合资金成本。

解答：第一步，计算个别资金成本：

债券： $K_1 = \dfrac{1\ 000 \times 10\% \times (1 - 25\%)}{1\ 000 \times (1 - 3\%)} = 7.73\%$

普通股： $K_2 = \dfrac{4\ 000\ 000 \times 2}{4\ 000\ 000 \times 20 \times (1 - 5\%)} + 6\% = 16.53\%$

优先股： $K_3 = \dfrac{1\ 000\ 000 \times 10 \times 12\%}{1\ 000\ 000 \times 10 \times (1 - 6\%)} = 12.77\%$

第二步，计算各种资金占全部资金的比重：

债券： $w_1 = \dfrac{1\ 000}{10\ 000} = 10\%$

普通股： $w_2 = \dfrac{4\ 000 \times 2}{10\ 000} = 80\%$

优先股： $w_3 = \dfrac{100 \times 10}{10\ 000} = 10\%$

第三步，计算综合资金成本：

$$\begin{aligned} K_w &= K_1 w_1 + K_2 w_2 + K_3 w_3 \\ &= 7.73\% \times 10\% + 16.53\% \times 80\% + 12.77\% \times 10\% \\ &= 15.27\% \end{aligned}$$

计算结果说明，该公司每使用 100 元，需支付 15.27 元的资金成本，它综合反映了企业全部资金的平均使用代价。

在计算各种资金的权重时，可采用账面价值确定，其资料容易取得。但当债券和股票的市场价值与账面价值差别较大时，为反映企业目前的实际情况，应采用市场价值来确定个别资金占全部资金的权重。同时，为弥补证券市场价格变动频繁的不便，也可选用市场平均价格。当企业筹措新资金来源时，还可以采用目标价值权数，即以债券、股票未来预计的目标市场价值确定权数。这种权数能体现企业期望的资金结构，而不像账面价值权数和市场价值权数仅反映过去和现在的资金结构。因此，按目标价值权数计算的综合资金成本更适用于企业筹措新资金。然而,由于企业很难客观合理地确定证券的目标价值,这种计算方法又不易推广。

(三) 边际资金成本

根据经济学中的边际概念,边际资金成本(Marginal cost of capital,MCC)是指资金每增加一个单位而增加的成本。当现有资金总量不足,企业往往要及时采取措施增加资金来源。进一步筹集的资金所花费的成本,即按加权平均法计算的追加筹资的资金成本就是新增资金的边际资金成本。在实务中,企业新增资金会导致资金结构、个别资金成本、筹资规模等因素的变化,这些因素反过来又会引起现有资金和新增资金的成本的变化。这些因素的变化,使边际资金成本的计算变得复杂起来。

1. 当个别资金成本保持不变

(1) 结构不变,计算出的边际资金成本与原来综合资金成本相等,与增资后的综合资成本也相同。

(2) 结构变动,边际资金成本要重新计算,它不同于原来的综合资金成本。

2. 当个别资金成本随筹资规模的增加而上升

这也是最常见的一种形态,企业无法以某一固定的资金成本来筹措无限的资金,当其筹集的资金超过一定限度时,原来的资金成本就会增加。边际资金成本的计算步骤如下:

(1) 确定最优(目标)资金结构。

(2) 确定各类资金的成本分界点。

在企业追加筹资时,需要知道筹资额在什么数额上便会引起资金成本怎样的变化。成本分界点即令资金成本发生变化前的最大筹资数。

(3) 根据分类资金的成本分界点以及目标资金结构求出筹资总额分界点,列出筹资范围。

因为花费一定的资金成本只能筹集到一定限度的资金,超过这一限度多筹集资金就要多花费成本,引起原资金成本的变化,于是就把在保持某资金成本的条件下可以筹集到的资金总限度称为现有资金结构下的筹资总额分界点。在筹资总额分界点范围内筹资,原来的资金成本不会改变;一旦筹资额超过筹资总额分界点,即使维持现有的资金结构,其资金成本也会增加。筹资总额分界点的计算公式为:

$$筹资总额分界点 = \frac{某资金成本分界点}{该资金的比重}$$

(4) 根据不同筹资范围计算边际资金成本。

【例 2-13】 假定通达公司有关资金结构与资金成本资料见表 2-8。

表 2-8 公司资金成本资料

资金来源	金额(万元)	资金结构	当前资金成本	备注
长期负债	400	40%	10%	
优先股	100	10%	12%	
普通股	500	50%	14%	
合计	1 000	100%	12.2%	

情况 1:在当前资金结构不变的情况下,只要该公司的各资金项目的个别资金成本率不变,其新增资金成本也不会变化。新增资金后的综合资金成本率仍为 12.2%。

情况 2:假设该公司财务人员经过认真分析,认为目前的资金结构即为最优资金结构,因此,在今后筹资时,继续保持长期债务占 40%,优先股占 10%,普通股占 50% 的资金结构。公司财务人员根据对资本市场分析认为,随着公司筹资规模的不断增加,各种筹资成本也会增加,见表 2-9。

表 2-9　公司筹资资料

资金来源	目标资金结构	新筹资的数量范围(万元)	预期资金成本
长期负债	40%	0~200 200~500 500 以上	10% 12% 14%
优先股	10%	0~300 300 以上	12% 15%
普通股	50%	0~500 500~1 000 1 000 以上	14% 17% 18%
合计	100%	—	—

根据目标资金成本结构和各种筹资方式的资金成本变化的分界点,计算筹资总额的分界点,其具体计算公式为:

$$筹资总额分界点 = \frac{第\,i\,种筹资方式的成本分界点}{第\,i\,种筹资方式在目标资本结构中所占的比重}$$

解答:在表 2-9 中,花费 10% 资金成本时,取得长期负债筹资限额为 200 万元,其筹资总额分界点便为 200÷0.4=500(万元);而在花费 12% 资金成本时,取得的长期负债筹资限额为 500 万元,其筹资总额分界点为 500÷0.4=1 250(万元)。

如此列表计算各筹资总额分界点,见表 2-10。

表 2-10　筹资总额分界点计算表

资金来源	资金成本	资金结构	新筹资的数量范围 (万元)	筹资总额分界点 (万元)	筹资总额的范围 (万元)
长期负债	10% 12% 14%	40%	0~200 200~500 500 以上	200÷0.4=500 500÷0.4=1 250 —	0~500 500~1 250 1 250 以上
优先股	12% 15%	10%	0~300 300 以上	300÷0.1=3 000 	0~3 000 3 000 以上
普通股	14% 17% 18%	50%	0~500 500~1 000 1 000 以上	500÷0.5=1 000 1 000÷0.5=2 000 —	0~1 000 1 000~2 000 2 000 以上

根据表 2-10,可得出以下六组筹资范围:①0~500 万元;②500 万元~1 000 万元;

③1 000万元～1 250万元;④1 250万元～2 000万元;⑤2 000万元～3 000万元;⑥3 000万元以上。

根据以上得出的六个筹资范围计算综合资金成本,便可得到各种筹资范围的边际资金成本,如表2-11所示。

表2-11　边际资金成本率计算表

序号	筹资总额的范围(万元)	筹资方式	资金结构	个别资金成本	边际资金成本
①	0～500	长期债务 优先股 普通股	40% 10% 50%	10% 12% 14%	4% 1.2% <u>7%</u> <u>12.2%</u>
②	500～1 000	长期债务 优先股 普通股	40% 10% 50%	12% 12% 14%	4.8% 1.2% <u>7%</u> <u>13%</u>
③	1 000～1 250	长期债务 优先股 普通股	40% 10% 50%	12% 12% 17%	4.8% 1.2% <u>8.5%</u> <u>14.5%</u>
④	1 250～2 000	长期债务 优先股 普通股	40% 10% 50%	14% 12% 17%	5.6% 1.2% <u>8.5%</u> <u>15.3%</u>
⑤	2 000～3 000	长期债务 优先股 普通股	40% 10% 50%	14% 12% 18%	5.6% 1.2% <u>9%</u> <u>15.8%</u>
⑥	3 000以上	长期债务 优先股 普通股	40% 10% 50%	14% 15% 18%	5.6% 1.5% <u>9%</u> <u>16.1%</u>

从表2-11可以看出,在该公司资金结构不变的情况下,公司融资的成本有六个区间。每个区间反映了融资的边际成本。假定公司在现有资金保有量的基础上,决定再增资800万元,意味着每100元的资金成本为13元。边际资金成本为企业的筹资提供了决策依据。

如果把资金成本和项目投资报酬率放在同一直角坐标系中,可以直观地看出项目的可行性(见图 2-2)。接表 2-11,假定该公司有 A 至 F 个投资项目,各项目预期报酬率如表 2-12 所示。

表 2-12　公司投资项目表

投资项目	A	B	C	D	E	F
投资总额(万元)	300	800	1 100	1 700	2 500	3 200
投资报酬率	22%	18%	14%	11%	9%	8%

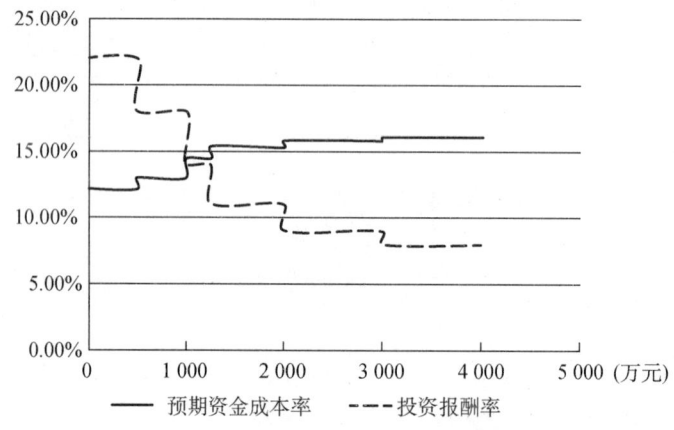

图 2-2　资金成本和项目投资报酬率

同样,资金成本作为评估投资项目可行性的一种最低要求,也是进一步评价项目效益的重要指标。企业以资金成本作为投资收益的最低要求,超过资金成本的部分就是剩余收益,它的多寡在一定程度上反映了项目的收益质量。

【案例解析】

(3) 佳洁公司 2018 年如果采用 A 方案:

$$发行的普通股股数 = 600/5 = 120(万股)$$
$$筹资总额 = 120 \times 5.5 = 660(万元)$$
$$股票成本 = 0.25/(5.5 - 0.5) + 5\% = 10\%$$

如果采用 B 方案:

$$发行的债券数量 = 600/(120.1 - 0.1) = 5(万张)$$
$$债券筹资总额 = 5 \times 120.1 = 600.5(万元)$$
$$每年支付的利息 = 5 \times 100 \times 12\% = 60(万元)$$
$$债券资金成本 = 60 \times (1 - 25\%)/(600.5 - 5 \times 0.1) = 7.5\%$$

从成本上看,方案 B 优于方案 A,在公司资产负债率不高的情况下,可以选择 B 方案。

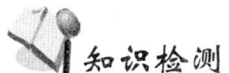 知识检测

一、单项选择题

1. 下列筹资方式中,资金成本最低的是( )。
   A. 发行股票　　　B. 发行债券　　　C. 长期借款　　　D. 使用留存收益

2. 资金成本包括( )。
   A. 筹资费用和利息费用　　　　　　　B. 占用费用和筹资费用
   C. 借款利息、债券利息和手续费　　　D. 利息费用和向所有者分配的利润

3. 根据风险收益对等观念,在一般情况下,各筹资方式资金成本由小到大依次为( )。
   A. 银行借款、企业债券、普通股　　　B. 普通股、银行借款、企业债券
   C. 企业债券、银行借款、普通股　　　D. 普通股、企业债券、银行借款

4. 在个别资金成本计算时,无需考虑筹资费用影响因素的是( )。
   A. 长期借款成本　　　　　　　　　　B. 长期债券成本
   C. 普通股成本　　　　　　　　　　　D. 留存收益成本

5. 从资金成本的计算与应用价值看,资金成本属于( )。
   A. 实际成本　　　B. 计划成本　　　C. 机会成本　　　D. 预测成本

6. 某企业权益和负债资金的比例为6∶4,债务平均利率为10%,股东权益资金成本是15%,所得税率为25%,则综合资金成本为( )。
   A. 12%　　　　　B. 13%　　　　　C. 11%　　　　　D. 11.8%

7. 某公司普通股目前的股价为10元/股,筹资费率为4%,股利固定增长率为3%,所得税税率为25%,预计下次支付的每股股利为2元,则该企业利用留存收益的资金成本为( )。
   A. 23%　　　　　B. 18%　　　　　C. 24.46%　　　　D. 23.6%

8. 已知某企业目标资金结构中长期债务的比重为20%,债务资金的增加额在0~10 000元范围内,其利率维持5%不变。该企业与此相关的筹资总额分界点为( )元。
   A. 5 000　　　　B. 20 000　　　　C. 50 000　　　　D. 200 000

二、多项选择题

1. 资金成本中的资金占用费包括( )。
   A. 发行费用　　　B. 股票股利　　　C. 债务利息　　　D. 资产评估费

2. 发行债券筹集资金的原因主要有( )。
   A. 债券成本较低　　　　　　　　　　B. 可以利用财务杠杆
   C. 保障股东控制权　　　　　　　　　D. 调整资金结构

3. 下列项目中,属于资金成本中筹资费用内容的有( )。
   A. 借款手续费　　　B. 债券发行费　　　C. 债券利息　　　D. 普通股股利

4. 在个别资金成本计算时,须考虑所得税因素的有( )。
   A. 债券成本　　　B. 银行借款成本　　　C. 普通股成本　　　D. 留存收益成本

5. 在计算综合资金成本时,企业个别资金成本占全部资金的比重可按资金的( )计算。

    A. 账面价值   B. 市场价值   C. 市场平均价格   D. 目标价值

6. 企业的综合资金成本取决于(   )。

    A. 个别资金成本   B. 各种资金在资金总额中占的比例

    C. 企业固定成本的大小   D. 企业的经营杠杆

7. 与计算债券资金成本有关的因素有(   )。

    A. 票面利率   B. 票面金额   C. 发行价格   D. 所得税率

8. 决定资金成本高低的因素有(   )。

    A. 资金供求关系变化   B. 预期通货膨胀高低

    C. 企业风险的大小   D. 企业对资金的需求量

9. 证券筹资费用一般包括的内容有(   )。

    A. 债券利息   B. 发行印刷费

    C. 发行注册费   D. 上市费以及推销费用

10. 下列关于资金成本的说法中,正确的有(   )。

    A. 资金成本的本质是企业为筹集和使用资金而实际付出的代价

    B. 企业的综合资金成本由资本市场和企业经营者共同决定

    C. 资金成本的计算主要以年度的相对比率为计量单位

    D. 资金成本可以视为项目投资或使用资金的机会成本

11. 关于留存收益的资金成本,正确的说法有(   )。

    A. 它不存在成本问题

    B. 其成本是一种机会成本

    C. 它的成本计算不考虑筹资费用

    D. 它相当于股东投资于某种股票所要求的必要收益率

12. 资金成本是企业为筹集和使用资金而付出的代价,它的作用有(   )。

    A. 它是比较筹资方式、选择筹资方案的依据

    B. 它是衡量资金结构是否合理的重要依据

    C. 它是评价投资项目可行性的主要标准

    D. 它是评价企业整体业绩的重要依据

三、判断题

1. 留存收益的资金成本实质上是一种机会成本,它完全可以按普通股成本的计算要求来计算。   (   )

2. 资金成本是投资人对投入资金所要求的最低收益率,也是判断投资项目是否可行的取舍率。   (   )

3. 在其他因素一定的条件下,债券发行价格与其资金成本成正比。   (   )

4. 资金成本包括资金筹集费和资金占用费两部分。所以用相对数表示资金成本时,它是用资金筹集费和资金占用费之和除以筹资总额得出的商。   (   )

任务实训

1. 东方公司计划筹集资金 1 200 万元,所得税税率为 25%,有关资料如下:

（1）向银行申请借款 200 万元，年利息率为 10%，手续费率为 0.5%。

（2）经批准溢价发行企业债券，债券面值为 280 万元，票面利率为 12%，溢价发行价格总额为 300 万元，每年支付利息，筹资费用率为 4%。

（3）发行优先股 200 万元，年股息率为 13%，筹资费用率为 5%。

（4）发行普通股票 40 万股，每股 10 元，按面值发行筹资费用率为 6%，预计第一年每股股利为 2.5 元，以后每年递增 5%。

（5）其余所需资金由公司留存收益解决。

要求：根据以上资料计算：

（1）各种筹资方式的资金成本。

（2）该公司的综合资金成本。

2. 假设东方公司目前的资金结构较为理想，即长期借款占 20%，债券占 20%，普通股占 60%。公司经营需要，计划追加筹资，并以原有资金结构为目标资金结构。根据对金融市场的研究和分析，得出的不同筹资数额的有关资金成本数据如表 2-13 所示。

表 2-13 不同筹资数额的有关资金成本数据表

筹资方式	目标结构%	筹资数额	筹资成本
长期借款	20	10 万元以内 10 万元～20 万元 20 万元以上	6% 7% 9%
长期债券	20	25 万元以内 25 万元以上	8% 10%
普通股	60	15 万元以内 15 万元～90 万元 90 万元以上	12% 14% 16%

要求：（1）计算各个筹资总额分界点。

（2）计算各种筹资范围的成本。

（3）如果某项目需投资 80 万元时，预计该项目实施后的报酬率为 14%，判断该项目能不能接受。

任务四 分析杠杆效应

【任务描述】 充分利用固定性营业成本和固定性债务成本的特性，通过提高销量从而更大幅度提高企业的利润和每股收益，进而利用这一杠杆原理去预测下期利润和每股收益的变动。

企业各项财务活动往往是在有风险的情况下进行的。企业理财时，必须研究风险，计量风险，并设法控制风险，以求最大限度地扩大企业财富。从企业本身风险形成的原因来看，风险分为经营风险和财务风险两大类。经营风险指企业因经营上的原因而导致利润变动的风险;财务风险是指企业负债筹资带来的不能按时还本付息的风险。

分析杠杆效应就是对某一个因素较小幅度的变动能引起的另一个因素较大幅度的变动的程度所作的分析,同时衡量该变动程度所冒风险的大小,设法控制风险。财务管理中,企业通常利用固定性营业成本和固定性债务成本的特性,通过产销量的变动来影响利润和每股收益的变动。杠杆效应包括经营杠杆、财务杠杆和总杠杆三种效应形式。

知识点一　成本习性分析

成本习性又称成本性态是指成本的变动与业务量之间的依存关系。成本习性分析是对成本与业务量之间的依存关系进行分析,从而在数量上具体掌握成本与业务量之间关系的规律性,以便为企业正确地进行最优管理决策和改善经营管理提供有价值的资料。成本习性分析对短期经营决策、长期决策投资、预算编制、业绩考评、成本控制等具有重要意义。按照成本性态即成本与其产量之间的依存关系不同,通常可以把成本区分为固定成本、变动成本和混合成本三类。

(一) 固定成本

1. 固定成本的基本特征

固定成本是指在特定的业务量范围内不受业务量变动影响,一定期间的总额仍保持相对稳定的成本。例如,平均年限法下的固定资产折旧费用、房屋租金、行政管理人员工资、财产保险费、广告费、职工培训费、科研开发费等。

固定成本的稳定性是有条件的,即在一定期间一定业务量范围内是稳定不变的。例如,照明用电一般不受业务量变动的影响,属于固定成本,但如果业务量增加达到一定程度,需要增开生产班次或者业务量低到停产的程度,照明用电的成本也会发生变动。能够使固定成本保持稳定的特定的业务量范围,称为相关范围。

固定成本的基本特征是:固定成本总额不因业务量的变动而变动,但单位固定成本(单位业务量负担的固定成本)会与业务量的增减呈反向变动。固定成本习性模型如图 2-3 所示。

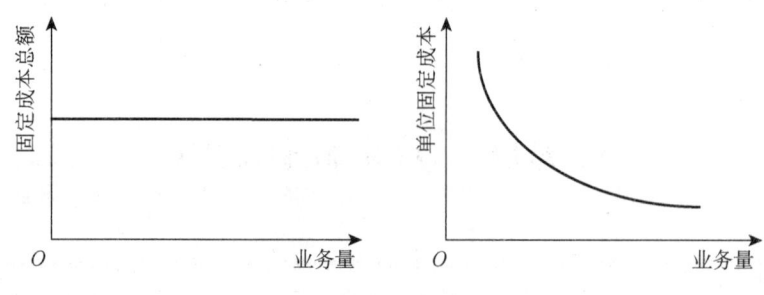

图 2-3　固定成本习性模型

2. 固定成本的分类

固定成本按其支出额是否可以在一定期间内改变而分为约束性固定成本和酌量性固定成本。

约束性固定成本是指管理当局的短期经营决策行动不能改变其具体数额的固定成本。例如,保险费、房屋租金、固定的设备折旧、管理人员的基本工资等。这些固定成本是企业生产能力一经形成就必须要发生的最低支出,即使生产中断也仍然要发生。约束性固定成本一般是由既定的生产能力所决定的,是维护正常生产经营必不可少的成本,所以也称为经营能力成本。它最能反映固定成本的特性。降低约束性固定成本的基本途径,只能是合理利用企业现有的生产能力,提高生产效率,以取得更大的经济效益。

酌量性固定成本是指管理当局的短期经营决策行动能改变其数额的固定成本。例如,广告费、职工培训费、新产品研究开发费用等。这些费用发生额的大小取决于管理当局的决策行动,一般是由管理当局在会计年度开始前,斟酌计划期间企业的具体情况和财务负担能力,对这类固定成本项目的开支情况分别作出决策。酌量性固定成本并非可有可无,它关系到企业的竞争能力。因此要想降低酌量性固定成本,只有厉行节约、精打细算,编制积极可行的费用预算并严格执行,防止浪费和过度投资。

(二) 变动成本

1. 变动成本的基本特征

变动成本是指在特定的业务量范围内其总额会随业务量的变动而呈正比例变动的成本。例如,直接材料、直接人工、按销售量支付的推销员佣金、装运费、包装费,以及按业务量计提的固定设备折旧等都是和单位产品的生产直接联系的,其总额会随业务量的增减呈正比例增减。

变动成本基本特征是:变动成本总额因业务量的变动而呈正比例变动,但单位变动成本(单位业务量负担的变动成本)稳定不变。变动成本习性模型如图 2-4 所示。

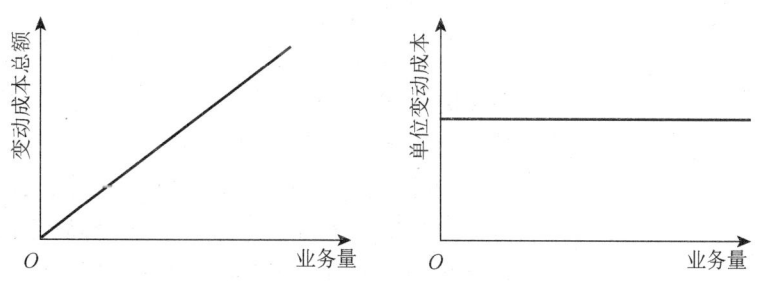

图 2-4　变动成本习性模型

单位变动成本的稳定是有条件的,即业务量变动的范围是有限的。例如,原材料消耗通常会与业务量成正比,属于变动成本。但如果业务量很低,不能发挥成套下料等节约潜力,或者业务过高,使废品率上升,单位产品的材料成本也会上升。这就是说,变动成本和业务量之间的线性关系通常只在一定的相关范围内存在,在相关范围之外,就可能表现为非线性关系。

2. 变动成本的分类

根据经理人员是否能决定发生额,变动成本分为两类:技术性变动成本和酌量性变动成本。

技术性变动成本也称约束性变动成本,是指由于技术或设计关系所决定的变动成本。

例如,生产一台汽车需要耗用一台引擎、一个底盘和若干轮胎等,这种成本只要生产就必然会发生,如果不生产则不会发生,经理人员不能决定技术性变动成本的发生额。

酌量性变动成本是指通过管理当局的决策行为可以改变的变动成本。例如按销售收入的一定百分比支付的销售佣金、新产品研制费、技术转让费等。这类成本的特点是其单位变动成本的发生额可以由企业最高管理层决定。酌量性变动成本的效用主要是提高竞争能力或改善企业形象,其最佳的合理支出难以计算,通常要依靠经理人员的综合判断来决定。经理人员的决策一经作出,其支出额将随业务量呈正比例变动,具有与技术性变动成本相同的特征。

【结论】 如果把成本分为固定成本和变动成本两大类,在相关范围内业务量增加时固定成本不变,只有变动成本随业务量增加而增加,那么总成本的增加额是由变动成本增加引起的。

(三) 混合成本

1. 混合成本的基本特征

从成本习性看,固定成本和变动成本只是两个极端的类型。在现实生活中,大多数成本与业务量之间的关系处于两者之间,即混合成本。顾名思义,混合成本混合了固定成本和变动成本两种不同性质的成本,一方面成本随业务量的变化而变化,另一方面,成本的变化又不能与业务量的变化保持着纯粹的正比例关系。

2. 混合成本的分类

混合成本兼有固定和变动两种特性,进一步可将其细分为半变动成本、半固定成本、延期变动成本和曲线变动成本。

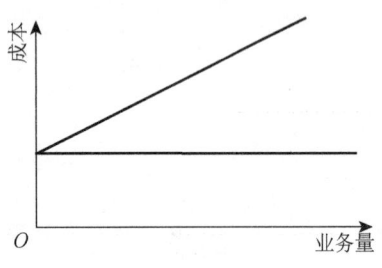

图 2-5 半变动成本习性模型

1) 半变动成本

半变动成本是指在有一定初始量的基础上,随着业务量的变化而呈正比例变动的成本。这些成本通常有一个初始的固定基数,在此基数内与业务量的变化无关,这部分的成本类似于固定成本,在此基数上的其余部分,则随着业务量的增加呈正比例增加。例如,固定电话费,假设月租费为 18 元,只能拨打省内电话,每分钟 0.1 元,如果某月的通话时间为 1 分钟,总的话费为 18.10 元;如果某月的通话时间为 100 分钟,总的话费为 28 元。半变动成本的成本习性模型如图 2-5 所示。

2) 半固定成本

半固定成本也称阶梯式变动成本,这类成本在一定业务量范围内的发生额是固定的,但当业务量增长到一定程度,其发生额就突然跳跃到一个新的水平,然后在业务量增长在一定限度内发生额又保持不变,直到另一个新的跳跃。例如,企业的管理员、运货员、检验员的工资等成本项目就属于这一类。以检验员的工资为例,假设一名检验员的工资为 5 000 元,如果产量在 10 万件以内,只需一名检验员;产量在 10 万到 20 万件之内,需要两名检验员;产量在 20 万到 30 万件之内,需要三名检验员。那么产量在 10 万件以内,检验员的工资总额为 5 000 元;产量在 10 万到 20 万件之间,检验员的工资总额为 10 000 元;产量在 20 万到 30

万之间,检验员的工资总额为 15 000 元。半固定成本习性模型如图 2-6 所示。

3)延期变动成本

延期变动成本在一定的业务量范围内有一个固定不变的基数,当业务量增长超过了这个范围,成本的增长与业务量的增长呈正比例变动。例如,职工的基本工资,在正常工作时间情况下是不变的,但当工作时间超过正常标准,则需按加班时间的长短成比例的支付加班薪酬。在生活中,手机流量费是最常见的延期变动成本。假设手机每月的流量套餐费是五十元,流量限额为 2G,每月的流量超过 2G 之后按照 1 元/兆收费,那么如果某月的总流量在 2G 之内,流量费为 50 元,如果超过 1 兆,流量费为 51 元,如果超过 10 兆,则流量费为 60 元。延期变动成本习性模型如图 2-7 所示。

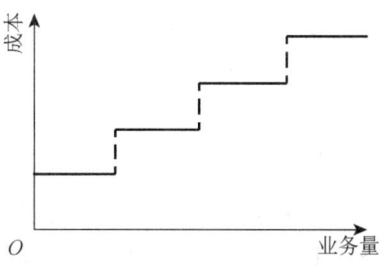

图 2-6 半固定成本习性模型

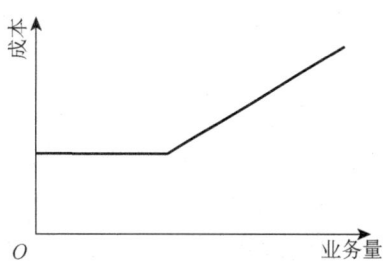

图 2-7 延期变动成本习性模型

4)曲线变动成本

曲线变动成本通常有一个不变的初始量,相当于固定成本,在这个初始量的基础上,随着业务量的增加,成本也逐步变化,但它与业务量的关系是非线性的。这种曲线成本又可以分为两种类型:一是递增曲线成本,如累进计件工资、违约金等,随着业务量的增加成本逐步增加,而且增加幅度是递增的;二是递减曲线成本,如有价格折扣或优惠条件下的水电消费成本、费用封顶的通信服务费等,用量越大则总成本越高,但增长越来越慢,变化率是递减的。递减曲线成本和递增曲线成本的成本习性模型如图 2-8 所示。

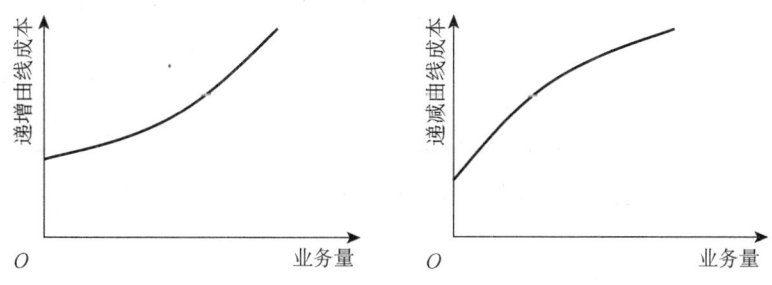

图 2-8 曲线变动成本习性模型

3. 混合成本的分解

混合成本的分解是决定特定成本的性态的过程。如果特定的成本是一项混合成本,就需要运用一定的方法估计成本与业务量之间的关系,并建立相应的成本函数模型。最简单的方法是把所有的混合成本,都近似地看成是半变动成本,则混合成本的数学描述问题可以大大简化。由于一定期间的固定成本的发生额是稳定的,它可以用 $y = a$ 来表示,变动成本的发生额因业务量而变,它可以用 $y = bx$ 来表示,如果只有这两类成本,则总成本可以用 $y = a + bx$ 来表示。只要确定了固定成本 a 和单位变动成本 b,便可以方便地计算出在相关

范围内任何业务量 x 下的总成本 y，从而进行预测决策。

混合成本的分解主要有高低点法、回归分析法、账户分析法、技术测定法和合同确认法等。

1）高低点法

高低点法是以过去某一会计期间的总成本和业务量资料为依据，从中选取业务量最高点和业务量最低点，将总成本进行分解，得出成本性态的模型。其计算公式为：

$$单位变动成本 = \frac{最高点业务量成本 - 最低点业务量成本}{最高点业务量 - 最低点业务量}$$

$$固定成本总额 = 最高点业务量成本 - 单位变动成本 \times 最高点业务量$$

或：

$$固定成本总额 = 最低点业务量成本 - 单位变动成本 \times 最低点业务量$$

前一个公式中，分子是业务量变动时总成本的增加量，分母是业务量的增加量，两者相除是增加单位产品时总成本的增加量。根据前面对变动成本特点的分析可知，业务量增加时总成本的增加是变动成本增加引起的，所以单位产品的增量成本就是单位产品的变动成本。

后一个公式是根据已经计算出来的单位变动成本，计算业务量最高或最低时的变动成本总额，然后用总成本减去变动成本，求得固定成本。使用高低点法分解混合成本时，需要注意分子不是（最高成本 - 最低成本），而是（最高点业务量成本 - 最低点业务量成本）。

【例 2-14】 通达公司的业务量以直接人工小时为单位，2017 年 12 个月份的业务量在 5 万到 7.5 万小时之间变化，维修成本和业务量之间的关系如表 2-14 所示。

表 2-14 通达公司 2017 年维修成本与业务量之间的关系

月份	1	2	3	4	5	6	7	8	9	10	11	12
业务量（万小时）	5.2	5.5	5.6	6.0	6.1	7.5	7.4	7.3	7.2	7.0	6.8	5.0
维修成本（万元）	101	104	105	108	109	120	121	119	116	115	112	100

本例中最高点业务量是 7.5 万小时，对应的维修成本是 120 元，最低点业务量为 5.0 万小时，对应的维修成本为 100 万元，所以：

$$单位变动成本 = \frac{120 - 100}{7.5 - 5.0} = 8(元／小时)$$

$$固定成本总额 = 120 - 8 \times 7.5 = 60(万元)$$

或： $$固定成本总额 = 100 - 8 \times 5 = 60(万元)$$

得出维修成本的方程式 $y = 60 + 8x$，这个方程式适合于 5 万到 7.5 万直接人工小时的业务量范围。如果预计 2018 年 1 月直接人工小时为 5.4 万小时，则 2018 年 1 月维修成本 = $60 + 8 \times 5.4 = 103.2(万元)$。通过方程式预测出来的维修成本与实际维修成本可能不同，这并不难理解，用方程式预计的维修成本代表历史平均水平，而实际发生额具有一定的偶然性。

采用高低点法计算较简单，但它只采用了历史成本资料中的高点和低点两组数据，故代表性较差。

2）回归分析法

回归分析法是一种较为精确的方法，它根据过去一定期间的业务量和混合成本的历史资料，用最小二乘法原理，算出最能代表业务量与混合成本关系的回归直线，借以确定混合成本中的固定成本和变动成本。

3）账户分析法

账户分析法又称会计分析法，是根据有关成本账户及其明细账户的内容，结合其与业务量的依存关系，判断其比较接近哪一类成本，就视其为哪一类成本。这种方法简便易行，但比较粗糙且带有主观判断。

4）技术测定法

技术测定法又称工业工程法，它是根据生产过程中各种材料和人工成本消耗量的技术测定来划分固定成本和变动成本的方法。该方法通常只适用于投入成本和产出数量之间有规律性联系的成本分解。

5）合同确认法

合同确认法是根据企业订立的经济合同或协议中关于支付费用的规定，来确认并估计哪些项目属于变动成本，哪些项目属于固定成本的方法。合同确认法要配合账户分析法使用。

上述各种混合成本分解的方法，并不是完全独立的。不能指望使用一种方法就能解决全部混合成本的分解，往往需要相互补充和印证。技术测定法，可能是最完备的方法，可以用于研究各种成本性态，但它也不是完全独立的，在进入细节之后要使用其他技术方法作为工具。账户分析法是一种比较粗糙的分析方法，在判定某项成本的性态时还要借助技术测定法或回归分析法等。高低点法和回归分析法都属于历史成本分析的方法，它们仅限于有历史成本资料数据的情况，而新产品并不具有足够的历史数据。

总之，应当把这些方法看成一个总体，根据不同对象选择适用的方法，并尽可能用其他方法进行印证。如果用不同方法得出的结果有较大差距，则需要判断哪种方法更适合该对象。混合成本的分解，实际上是一个对成本性态进行"研究"的过程，而不仅仅是一个计算过程。

【结论】　将混合成本按照一定的方法，区分为固定成本和变动成本之后，根据成本性态，企业的总成本公式就可以表示为：

$$总成本 = 固定成本总额 + 变动成本总额$$
$$= 固定成本总额 + 单位变动成本 \times 业务量$$

这个公式在变动成本计算、本量利分析、正确制定经营决策和评价各部门工作业绩等方面具有不可或缺的重要作用。

知识点二　经营杠杆效应

经营杠杆，亦称营业杠杆或营运杠杆，是指企业在经营活动中利用营业成本中的固定成本的特性,使资产报酬变动率大于业务量变动率。

　　企业的各项营业成本(包括销售成本、价内销售税金、销售费用、管理费用等)按其与业务量之间的依存关系,可分为变动成本和固定成本两部分。资产报酬用息税前利润表示,从字面意思可知息税前利润(Earnings Before Interest and Tax)是不扣除利息、所得税之前的利润,指销售收入扣除营业成本之后的余额,则:

$$EBIT = S - VC - F = Q(P - V) - F$$

式中,$EBIT$——息税前利润;

　　　　S——销售收入;

　　　　VC——变动成本总额;

　　　　Q——销售量;

　　　　F——固定成本总额;

　　　　P——单价;

　　　　V——单位变动成本。

　　EBIT 通过剔除所得税和利息,可以使投资者评价项目时不用考虑项目适用的所得税税率和筹资成本,方便投资者将项目放在不同的资金结构中进行考察。EBIT 与净利润的主要区别就在于剔除了资金结构和所得税政策的影响。这样,同一行业中的不同企业之间,无论所在地的所得税税率有多大差异,或是资金结构有多大的差异,都能够以 EBIT 这一指标来更为准确地比较盈利能力。而同一企业在分析不同时期盈利能力变化时,使用 EBIT 也比净利润更具可比性。

(一) 经营杠杆的原理

　　一定条件下,企业固定成本不变,而且单价、单位变动成本不变,随着产销量的增加,单位销量所负担的固定成本会相应减少,从而单位产品利润提高,息税前利润的增长率大于产销量的增长率。反之,产销量的减少会提高单位固定成本,降低单位利润,使息税前利润下降率大于产销量下降率。如果不存在固定成本,所有成本都是变动的,则息税前利润变动率与产销量变动率一致。在影响企业经营风险的诸多因素中,固定成本比重的影响最为重要。固定成本不变,提高产销量会快速提高企业利润;反之,产销量下降,会带来利润的快速降低。这种由于营业成本中存在固定成本而造成的息税前利润变动率大于产销量变动率的现象,就是经营杠杆效应。可以借助以下公式来理解。

$$EBIT = Q \times \left(P - V - \frac{F}{Q} \right)$$

(二) 经营杠杆系数(Degree of Operating Leverage,缩写为 DOL)

　　营业成本中固定成本的存在是产生该效应的根本原因。销量变动会引起息税前利润多大程度的变动,用经营杠杆系数表示,体现为企业息税前利润 EBIT 变动与销售变动之间的倍数关系。经营杠杆系数反映了资产报酬的波动性,用以评价企业的经营风险。因此,经营杠杆系数高低被用来衡量经营风险的大小。其计算公式为:

$$DOL = \frac{息税前利润变动率}{产销业务量变动率}$$

$$= \frac{\dfrac{\Delta EBIT}{EBIT}}{\dfrac{\Delta Q}{Q}} = \frac{\dfrac{EBIT_1 - EBIT}{EBIT}}{\dfrac{\Delta Q}{Q}}$$

$$= \frac{\dfrac{[Q_1(P-V)-F] - [Q(P-V)-F]}{Q(P-V)-F}}{\dfrac{\Delta Q}{Q}}$$

$$= \frac{Q(P-V)}{Q(P-V)-F}$$

$$= \frac{S-VC}{S-VC-F}$$

$$= \frac{EBIT+F}{EBIT}$$

式中,足标为 1 的表示变动后指标,无足标的表示变动前指标。

DOL——经营杠杆系数;

$\Delta EBIT$——息税前利润变动额;

ΔQ——销售变动量;

Q——变动前销售量,Q_1——变动后销售量;

S——变动前销售额,S_1——变动后销售额;

P——产品单位销售价格;

V——产品单位变动成本;

F——固定成本总额;

V_C——变动成本总额;

$S-VC$——边际贡献;

$P-V$——单位边际贡献。

在实际工作中,销售量 Q 表示的公式可用于计算单一产品的经营杠杆系数;销售额表示的公式除了用于计算单一产品的经营杠杆系数外,还可用于计算多种产品的经营杠杆系数。

【例 2-15】　通达公司生产甲产品,假定固定成本为 40 万元,单价为 10 元,单位变动成本为 6 元。当企业的销售量为 40 万件、20 万件和 10 万件时,经营杠杆系数分别是多少?

解答:
$$DOL_1 = \frac{40 \times (10-6)}{40 \times (10-6) - 40} = 1.33$$

$$DOL_2 = \frac{20 \times (10-6)}{20 \times (10-6) - 40} = 2$$

$$DOL_3 = \frac{10 \times (10-6)}{10 \times (10-6) - 40} \to \infty$$

以上计算结果表明:

(1) 在固定成本不变时,经营杠杆系数说明了销售变动所引起息税前利润变动的幅度。当销售量为 40 万件即销售额为 400 万元时,销售的增减会引起息税前利润 1.33 倍的增减;而销售量为 20 万件即销售额为 200 万元时,销售的增减则引起息税前利润 2 倍的增减变动。

（2）在固定成本不变时，销售量越大，经营杠杆系数越小，经营风险就越小；反之，销售量越小，经营杠杆系数越大，经营风险也就越大。当销售量在 20 万件时，其经营风险明显大于销售量在 40 万件时的经营风险。

（3）当销售量处于盈亏临界点（即保本点）时，经营杠杆系数趋于无穷大。当销售量为 10 万件即销售额为 100 万元时企业经营只能保本；若销售量稍有增加便可出现盈利；而如果销售量稍有减少，便会发生亏损。

（4）只要企业存在固定成本 F，经营杠杆系数必定大于 1。

企业一般可以通过增加销售、降低产品单位变动成本、降低固定成本比重等措施使经营杠杆系数下降，降低经营风险，当然，这往往要受到各种条件的制约。

（三）经营杠杆的运用

1. 反映企业的经营状况

影响经营高杠杆的因素包括营业成本中的固定成本和息税前利润水平。规模大的企业的固定成本很高，这就决定了其息税前利润变动率远远大于销售变动率，固定成本总额越大，经营杠杆越大。企业要想提高息税前利润，就必须不断增加销售，降低成本，这样才可以成倍获取利润。单位变动成本较高，销售单价较低，经营杠杆同样会偏大，利润变动幅度仍然大于销售变动幅度。

2. 反映企业的经营风险

在较高经营杠杆率的情况下，当业务量减少时，利润将以经营杠杆的倍数成比例减少。销售增加时，利润将以经营杠杆的倍数成倍增长。这表明经营杠杆越高，利润变动越剧烈，企业的经营风险越大。反之，经营杠杆越低，利润变动越平稳，企业的经营风险越小。通常情况下，经营杠杆高低只反映企业的经营风险大小，不能直接代表其经营成果的好坏。在业务量同样幅度增长的前提下，企业的获利水平不同；但在业务量同样幅度减少的情况下，企业利润的下降水平也不同。无论经营杠杆高低，增加业务量都是企业获利的关键因素。

3. 预测企业未来的业绩

通过计算企业的经营杠杆可以对企业未来的利润以及销售变动率等指标进行合理的预测。通过计算企业计划期的销售变动率来预测企业的销售，有利于进行较快的预测。与此同时，针对不同的产品来预测不同的销售变动率，有利于企业进行横向和纵向的比较。

预测保证目标利润实现的预期销售变动率，通过如下公式进行计算：

$$保证目标利润实现的预期销售变动率 = \frac{计划期目标利润 - 基期利润}{基期利润 \times 经营杠杆系数} = \frac{EBIT_1 - EBIT}{EBIT \times DOL}$$

由于基期利润与经营杠杆系数属于已知资料，所以只要确定了计划期目标利润，就可以计算出保证目标利润实现的预算销售变动率。

由于经营杠杆系数的高低代表企业经营风险的大小，所以企业在进行经营决策时，通常都通过计算经营杠杆的大小来进行风险分析。可直接用经营杠杆系数及销售变动率相乘来计算利润变动率，然后在基期利润基础上计算备选方案的利润变动额和预期利润，最后从备选方案中确定一个最优的方案。这样便可获得一个最佳的经营决策方案，有助于企业参与市场竞争。

企业息税前利润的变动情况表现为息税前利润变动率、息税前利润变动额和预计息税前利润：

$$\frac{\Delta EBIT}{EBIT} = DOL \times \frac{\Delta Q}{Q}$$

$$\Delta EBIT = DOL \times \frac{\Delta Q}{Q} \times EBIT$$

$$EBIT_1 = EBIT \times \left(1 + DOL \times \frac{\Delta Q}{Q}\right) = EBIT + \Delta EBIT$$

【例 2-16】 三家公司 2017 年主要财务数据如表 2-15 所示。

表 2-15　三家公司 2017 年度财务数据表

财务指标	甲公司	乙公司	通达公司
产品单价（元/件）	40.00	800.00	100.00
单位变动成本（元/件）	18.00	360.00	80.00
销售量（件）	20 000.00	2 800.00	12 500.00
固定成本总额（万元）	12.4	85	9

问：（1）在所给定的销售量下，各家公司的 EBIT 是多少？

（2）每家公司的经营杠杆系数是多少？

（3）如果 2018 年销售收入上升 15%，对哪家公司的 EBIT 影响最大？

解答：根据上述资料，以图表的形式来回答需要解决的三个问题，见表 2-16。

表 2-16　三家公司 2018 年度 EBIT 预测分析表

财务指标	甲公司	乙公司	通达公司
销售收入（QP）（万元）	80	224	125
变动成本（QV）（万元）	36	100.8	96
边际贡献（$S-VC$）（万元）	44	123.2	29
固定成本（F）（万元）	12.4	85	9
息税前利润（$EBIT$）（万元）	31.6	38.2	20
产销量变动率（$\Delta Q/Q$）	15%	15%	15%
经营杠杆系数（DOL）	1.39	3.23	1.45
$EBIT$ 变动率（$\Delta EBIT/EBIT$）	21%	48%	22%
$EBIT$ 变动额（$\Delta EBIT$）（万元）	6.6	18.3	4.4
2018 年度的税息前利润（$EBIT_1$）（万元）	38.2	56.5	24.4

三家公司的 EBIT 变动率说明，如果三家公司的产销量在基期的产销能力基础上增长或减少 15%，则三家公司的 EBIT 将在基期税前利润水平上增加或减少 21%、48% 和 22%。

从三家公司的经营杠杆系数的大小可以看出，乙公司的 DOL 达到 3.23，是其他两家公司 DOL 的二倍以上，说明乙公司的 EBIT 对产销量的变动最敏感，公司的经营风险也最大。如果乙公司产品的市场潜力大、竞争力强，且经济形势朝有利的方向发展，那么具有较大 DOL 的乙公司较甲、丙两家公司有更大的获利潜力。反之，乙公司的利润将以更快的速度下滑。

【结论】 经营杠杆系数越大，销售变动对息税前利润的影响就越大。只有在经营状况良好的情况下,EBIT 才能不断增长。相反,在经营状况下滑的情况下,EBIT 会大幅度下降。

知识点三　财务杠杆效应

财务杠杆,亦称筹资杠杆,是指企业在筹资活动中对资金成本中固定的债务成本的利用。企业的全部长期资金由权益资金和长期债务资金构成,权益资金成本是变动的,以企业税后利润支付;而债务资金成本通常是固定的,并在税前支付。不管企业的息税前利润为多少,都要首先扣除利息等债务资金成本,然后才归属于权益资金。优先股虽然是企业的权益资金,也是税后利润支付的,但是由于它的股利大多是固定的,在普通股股东获得股利之前支付,所以优先股也和债务资金一样具有调节普通股权益资金收益的作用。所以,这里的债务成本就包括利息和优先股股利两部分。权益资金收益在股份制企业可以用每股收益来表示,即:

$$EPS = \frac{(EBIT - I)(1 - T) - PD}{N}$$

式中,EPS——每股收益;

　　　I——债务年利息额;

　　　T——公司所得税率;

　　　N——发行在外普通股股份数;

　　　$EBIT$——息税前利润;

　　　PD——优先股股利。

每股收益(Earnings Per Share)即 EPS,又称每股利润、每股盈余,指净利润与发行在外普通股股份数的比率。它是测定股票投资价值的重要指标之一,是分析每股价值的基础性指标,能综合反映公司的获利能力。若公司只有普通股,净利润是税后净利;如果公司还有优先股,应从税后净利中扣除分派给优先股东的利息,股份数是指流通在外的普通股股数。非股份制企业对应的指标则是权益资金收益率或资本利润率。

(一)财务杠杆的原理

在长期资金总额和债务资金总额不变的前提下,由于债务筹资的利息支付在既定的负债比例和利率水平下是固定的,优先股股利是固定的,企业需要从息税前利润中支付这些固定的债务成本。企业所得税税率不变,当息税前利润增大时,单位利润所负担的固定债务成本就会相对减少,给普通股股东带来更多的收益;反之,当息税前利润减少时,单位利润所负担的固定债务成本就会相对增加,这将会大幅度减少普通股的收益。这种由于固定债务成本的存在,使普通股每股收益的变动幅度大于息税前利润的变动幅度的现象,就是财务杠杆效应。其中,如果在筹资中适当举债,调整资金结构给企业带来额外收益,使得企业每股收益上升,便称为正财务杠杆或财务杠杆正作用;如果举债使得企业每股收益下降,便称为负财务杠杆或财务杠杆负作用。显而易见,财务杠杆强调的是通过负债经营而引起的结果。

财务杠杆效应可以结合下面的公式来理解:

$$EPS = \frac{EBIT\left(1 - \dfrac{I + \dfrac{PD}{1 - T}}{EBIT}\right)(1 - T)}{N}$$

其中 $\left[I+\dfrac{PD}{1-T}\right]$ 即是上述债务成本,将优先股股利折算为税前的数额,与债务利息相同口径才可以相加。

(二) 财务杠杆系数(Degree of Financial Leverage,缩写为 DFL)

只要在企业的筹资方式中有债务和优先股固定财务支出,就产生了财务杠杆作用。息税前利润变动会引起每股收益多大程度的变动,用财务杠杆系数表示,体现为普通股每股税后利润变动率相对于息税前利润变动率的倍数。财务杠杆系数,又称财务杠杆程度,用来反映财务杠杆的作用程度,评价财务风险的高低。其计算公式为:

$$DFL = \frac{\text{每股收益变动率}}{\text{息税前利润变动率}}$$

$$= \frac{\dfrac{\Delta EPS}{EPS}}{\dfrac{\Delta EBIT}{EBIT}} = \frac{\dfrac{EPS_1 - EPS}{EPS}}{\dfrac{\Delta EBIT}{EBIT}}$$

$$= \frac{\dfrac{(EBIT_1 - I)(1-T) - (EBIT - I)(1-T)}{(EBIT - I)(1-T)}}{\dfrac{\Delta EBIT}{EBIT}}$$

$$= \frac{EBIT}{EBIT - I}$$

如果考虑优先股存在的固定股息,则财务杠杆系数的计算公式为:

$$DFL = \frac{EBIT}{EBIT - \left(I + \dfrac{PD}{1-T}\right)}$$

式中,足标为 1 的表示变动后指标,无足标的表示变动前指标。

DFL——财务杠杆系数。

【例 2-17】 假定甲、乙、通达公司为三家经营业务相同的公司,2017 年度有关资料见表 2-17,分别计算三家公司 2017 年的财务杠杆系数和每股收益。

表 2-17 财务杠杆系数计算与比较表

项目	甲公司	乙公司	通达公司
普通股本(万元)	200	150	100
普通股股数(万股)	2	1.5	1
债务(利率8%)	0	50	100
资本总额(万元)	200	200	200
息税前利润(万元)	20	20	20

解答:

$$DFL_{\text{甲}} = \frac{20}{20 - 0} = 1$$

$$DFL_{\text{乙}} = \frac{20}{20 - 50 \times 8\%} = \frac{20}{16} = 1.25$$

$$DFL_{\text{通达}} = \frac{20}{20 - 100 \times 8\%} = \frac{20}{12} = 1.67$$

$$EPS_{甲} = \frac{(20-0)(1-25\%)}{2} = 7.5(元/股)$$

$$EPS_{乙} = \frac{(20-50\times8\%)(1-25\%)}{1.5} = 8(元/股)$$

$$EPS_{通达} = \frac{(20-100\times8\%)(1-25\%)}{1} = 9(元/股)$$

计算结果表明：

（1）财务杠杆系数表明的是息税前利润增长所引起的每股收益的增长幅度。

甲公司的息税前利润增长1倍时，其每股收益也增长1倍；乙公司的息税前利润增长1倍时，其每股收益增长1.25倍；通达公司的息税前利润增长1倍时，其每股收益增长1.67倍。

（2）在资本总额、息税前利润相同的情况下，负债比率越高，财务杠杆系数越大，财务风险越大，但预期每股收益也越高。

如乙公司与甲公司相比，负债比率高（乙公司资本负债率为50÷200＝25%，甲公司资本负债率为0），财务杠杆系数高（乙公司为1.25，甲公司为1），财务风险大，但每股收益也高（乙公司为8元，甲公司为7.5元）；通达公司与乙公司相比，负债比率更高（通达公司资本负债率为100÷200＝50%），财务杠杆系数更高（通达公司为1.67），财务风险更大，但每股收益更高（通达公司为9元）。

（3）负债一定时，随着息税前利润增加，财务杠杆系数越小，说明企业经营风险越小。

（4）只要企业存在债务成本，财务杠杆系数必定大于1。

（三）财务杠杆的运用

财务杠杆是指企业利用负债、优先股来调节普通股权益资金收益的手段。合理运用财务杠杆给普通股权益资金带来的额外收益，即财务杠杆利益。由于财务杠杆受多种因素的影响，在获得财务杠杆利益的同时，也伴随着不可估量的财务风险。因此，认真研究财务杠杆并分析影响财务杠杆的各种因素，搞清其作用、性质以及对企业权益资金收益的影响，是合理运用财务杠杆为企业服务的基本前提。

1. 反映企业的财务状况

财务杠杆的大小可以从一个侧面反映企业财务是否安全。在息税前利润超过利息支出后，随着息税前利润的增加，财务杠杆系数越来越小，逐渐趋近于1，即说明每股收益对息税前利润变动的敏感性越来越低，固定债务成本的存在对每股收益的放大作用趋于1比1的关系。由此可见，企业即使有很大的固定债务成本，只要息税前利润远远超过利息支出和优先股股利，财务杠杆也会很低，即负债经营也是很安全的，财务状况也处于安全状态。但企业即使有很低的固定债务成本，若其息税前利润很接近于利息支出，那么负债经营风险也会很大，财务安全值得担忧。在息税前利润等于利息时，财务杠杆系数达到无穷大。在息税前利润小于利息时，财务杠杆系数为负。所以，在负债成本一定的情况下，企业应该通过不断改善经营状况提高EBIT，带动普通股股票以更大的幅度增长，从而给股东带来更多的利益。

2. 反映企业的财务风险

财务杠杆系数表示财务杠杆作用的大小。财务杠杆系数越大，表明财务杠杆作用越大，息税前利润变动会导致每股收益更大幅度的变动，财务风险也就越大；财务杠杆系数越小，表明财务杠杆作用越小,息税前利润的变动对每股收益的影响不大,财务风险也就越小。当债务资金比率较高时,筹资者将负担较多的债务成本,并经受较多的财务杠杆作用引起的收益变动的冲击,从而财务风险较大;反之,当债务资金比率较低时,财务风险也较小。

3. 预测企业未来的业绩

通过计算企业的财务杠杆,可以对企业未来的息税前利润变动等指标进行合理估计来预测企业权益资金的收益状况。

每股收益的变动情况可以表述为每股收益变动率、每股收益变动额和预计每股收益,其公式依次表示如下:

$$\frac{\Delta EPS}{EPS} = DFL \times \frac{\Delta EBIT}{EBIT}$$

$$\Delta EPS = DFL \times \frac{\Delta EBIT}{EBIT} \times EPS$$

$$EPS_1 = EPS \times \left(1 + DFL \times \frac{\Delta EBIT}{EBIT}\right) = EPS + \Delta EPS$$

【例 2-18】 假定[例 2-17]中甲、乙、通达三公司市场销售状况良好,预计 2018 年度息税前利润上升 10%,则三家公司下年度的每股收益的变动情况如何?

解答:三家公司每股收益变动率、每股收益变动额和 2018 年预计每股收益计算结果如表 2-18 所示。

表 2-18　2018 年度每股收益预测比较表

项　目	甲公司	乙公司	通达公司
2017 年度每股收益(EPS)(万元)	7.5	8	9
息税前利润变动率($\Delta EBIT/EBIT$)	10%	10%	10%
息税前利润变动额($\Delta EBIT$)(万元)	2	2	2
财务杠杆系数(DFL)	1	1.25	1.67
EPS 变动率($\Delta EPS/EPS$)	10%	12.5%	16.7%
EPS 变动额(ΔEPS)(万元)	0.75	1	1.5
2018 年度每股收益(EPS_1)(元)	8.25	9	10.5

表 2-18 表明:

三家公司同样是息税前利润增长 10%,甲公司每股收益增加 0.75 元,乙公司增加 1 元,通达公司每股收益变动最大,增加 1.5 元。如果 2018 年市场销售状况下滑 10%,则甲公司下降为 6.75 元/股,乙公司下降为 7 元/股,通达公司为 7.5 元/股,因此通达公司承担的风险是最大的。

【结论】 企业负债比例越高,每年固定支付的利息越多,财务杠杆系数就越大,企业还本付息压力越大,对普通股股票每股收益的影响就越大。只有在经营状况不断改善的情况下,EBIT 不断增长,才能给股东带来更多利益。相反,在经营状况下滑的情况下,EBIT 减少,将导致普通股股票以更快的速度下降,从而损害普通股股东的预期收益。但负债比率是可以控制的,企业可以通过合理安排资金结构,适度负债,使财务杠杆利益抵消风险增大所带来的不利影响。

知识点四　总杠杆效应

一般说来,企业中固定成本是存在的,如果同时采用债务方式筹集资金,那么企业对固定成本和债务成本的利用,就是总杠杆。

(一) 总杠杆的作用原理

在企业固定成本固定不变、资金总量和债务结构不变的前提下,经营杠杆通过扩大销售影响息税前利润,而财务杠杆通过扩大息税前利润影响每股收益。如果两种杠杆共同起作用,那么销售额稍有变动就会使每股收益产生更大的变动。通常把这两种杠杆共同作用产生的联合效应称为总杠杆效应。所以总杠杆又叫联合杠杆、综合杠杆或者复合杠杆。

(二) 总杠杆系数(Degree of Total Leverage,缩写为 DTL)

销售变动会引起每股收益多大程度的变动可以用总杠杆系数来反映,总杠杆系数体现普通股每股收益变动率相对于销售量(销售额)变动率的倍数,它是经营杠杆系数与财务杠杆系数的乘积。用公式表示如下:

$$DTL = \frac{\frac{\Delta EPS}{EPS}}{\frac{\Delta Q}{Q}} = \frac{\frac{\Delta EBIT}{EBIT}}{\frac{\Delta Q}{Q}} \times \frac{\frac{\Delta EPS}{EPS}}{\frac{\Delta EBIT}{EBIT}} = DOL \times DFL = \frac{EBIT + F}{EBIT - \left(I + \frac{PD}{1-T}\right)}$$

$$= \frac{Q(P-V)}{Q(P-V) - F - I} = \frac{S - VC}{S - VC - F - I}$$

式中,DTL——总杠杆系数。

【例 2-19】 在[例 2-16]和[例 2-17]中通达公司 2017 年度的经营杠杆系数为 1.45,财务杠杆系数为 1.67。则通达公司的总杠杆系数为多少?

解答:　　　　　　$DTL = DOL \times DFL = 1.45 \times 1.67 = 2.4$

总杠杆系数说明了:

(1) 销售变动 1 倍,每股收益变动的倍数。

上例中,总杠杆系数为 2.4 表示,销售额变动 2.4%。

(2) 经营杠杆系数和财务杠杆系数是相乘的关系。

【结论】 通过研究经营杠杆系数与财务杠杆系数之间的关系可知:企业为了达到某一总杠杆系数,经营杠杆和财务杠杆可以有很多不同的组合。经营杠杆程度较高的公司可以在较低程度上使用财务杠杆;而经营杠杆程度较低的公司可以在较高程度上使用财务杠杆等。当然,这需要公司考虑各相关具体因素以后作出选择。

(三) 总杠杆系数的运用

1. 可以衡量企业的总体风险

各种杠杆系数的计算原理和结果可以帮助财务管理人员了解企业承受的全部风险的适当水平。如果较高的经营风险对特定的企业来说是固定的,则降低财务风险将会削减由于销售收入变化而带来的额外收益的波动。反之,如果企业固定成本较低,则可以使用较高的财务杠杆来增加普通股每股收益和股权投资的收益率。

企业的经营杠杆往往取决于其所在的行业及规模,一般不能轻易变动;而财务杠杆却始终是一个可以选择的项目。因此,企业往往是在确定的经营杠杆下,通过调节财务杠杆来调节企业的总风险水平,而不是在确定的财务杠杆下,通过调节经营杠杆来调节企业的总风险。一般来说,固定资产比重较大的资本密集型企业,经营杠杆系数高,经营风险大,企业筹资主要依靠权益资金,以保持较小的财务杠杆系数和财务风险。变动成本比重较大的劳动密集型企业,经营杠杆系数低,经营风险小,企业筹资可以主要依靠债务资金,保持较大的财务杠杆系数和财务风险。在企业初创阶段,产品市场占有率低,产销业务量小,经营杠杆系数大,此时企业筹资主要依靠权益资金,在较低程度上使用财务杠杆;在企业扩张成熟期,产品市场占有率高,产销业务量大,经营杠杆系数小,此时企业资金结构中可扩大债务资金比重,在较高程度上使用财务杠杆。

2. 可以通过估计的销售变动预测企业每股收益或权益资金收益率的变动

每股收益的变动情况可以表述为每股收益变动率、每股收益变动额和预计每股收益其公式依次表示如下:

$$\frac{\Delta EPS}{EPS} = DTL \times \frac{\Delta Q}{Q}$$

$$\Delta EPS = DTL \times \frac{\Delta Q}{Q} \times EPS$$

$$EPS_1 = EPS \times \left(1 + DTL \times \frac{\Delta Q}{Q}\right) = EPS + \Delta EPS$$

【例 2-20】　在[例 2-19]中,通达公司的总杠杆系数为 2.4。如果 2018 年预计销售仍然上升 10%,则通达公司每股收益的变动情况如何?

解答:　　　$\frac{\Delta EPS}{EPS} = 2.4 \times 10\% = 24\%$

$\Delta EPS = 24\% \times 9 = 2.16(元 / 股)$

$EPS_1 = 9 \times (1 + 24\%) = 11.16(元 / 股)$

【案例解析】

(4) 佳洁公司 2017 年 $EBIT$ = 税前利润 + 利息

= 销售收入 × 销售净利率 ÷ (1 - 所得税率) + 利息

= $10\,000 \times 10\% \div (1 - 25\%) + 180 = 1\,513(万元)$

固定成本 = $10\,000 \times (1 - 70\%) - 1\,513 = 1\,487(万元)$

$DOL = (1\,513 + 1\,487) \div 1\,513 = 1.98$

$DFL = 1\,513 \div (1\,513 - 180) = 1.14$

$DTL = 1.98 \times 1.14 = 2.26$

2018 年比 2017 年销售上升 20%,则 EBIT 上升 39.6%(即:1.98 × 20%),上升到 2 112 万元(即:1 513 × 139.6%)。EPS 上升 45.2%(即:2.26 × 20% 或 39.6% × 1.14)。

 知识检测

任务拓展

一、单项选择题

1. 下列关于酌量性固定成本的说法中,正确的是( )。
   A. 厉行节约、精打细算,可以降低酌量性固定成本
   B. 合理利用企业现有的生产能力,降低酌量性固定成本
   C. 对企业来说,酌量性固定成本可有可无
   D. 房屋租金属于酌量性固定成本

2. 乙保险公司的推销员若销售 100 件商品,每月固定工资 1 800 元,在此基础上,若推销员的业绩超出规定业务量,推销员还可按照超出的数额按比例获得奖金,那么推销员的工资费用是( )。
   A. 半变动成本　　B. 半固定成本　　C. 延期变动成本　　D. 曲线变动成本

3. 混合成本分解的下列方法中,较为精确的方法是( )。
   A. 账户分析法　　B. 合同确认法　　C. 回归分析法　　D. 高低点法

4. 甲公司的推销人员若销售 100 件商品,每月固定工资 2 000 元,在此基础上,若推销员的业绩超出规定业务量,推销员每超过 10 件,工资就增加 500 元。那么推销员的工资费用是( )。
   A. 半固定成本　　B. 半变动成本　　C. 延期变动成本　　D. 曲线变动成本

5. 在混合成本分解的方法中,( )简便易行,但比较粗糙且带有主观判断。
   A. 合同确认法　　B. 技术测定法　　C. 账户分析法　　D. 高低点法

6. 约束性固定成本不受管理当局短期经营决策行动的影响。下列各项中,不属于企业约束性固定成本的是( )。
   A. 管理人员的基本工资　　　　　　B. 房屋租金支出
   C. 职工培训费　　　　　　　　　　D. 不动产财产保险费

7. 企业为维持一定经营能力所必须负担的最低成本是( )。
   A. 约束性固定成本　　　　　　　　B. 酌量性变动成本
   C. 混合成本　　　　　　　　　　　D. 酌量性固定成本

8. 如果企业只生产一种产品,且销售额正好处在盈亏临界点上,则此时企业的经营杠杆系数( )。
   A. 等于 1　　　B. 等于 0　　　C. 小于 1 且大于 0　　D. 趋近于无穷大

9. 只要企业存在固定成本,那么经营杠杆系数必( )。
   A. 恒大于 1　　　　　　　　　　　B. 与销售量成反比
   C. 与固定成本成反比　　　　　　　D. 与风险成反比

10. 企业全部资本中,权益资本与债务资本各占 50%,则企业( )。
    A. 只存在经营风险　　　　　　　　B. 只存在财务风险
    C. 存在经营风险和财务风险　　　　D. 经营风险和财务风险可以相互抵销

11. 如果某一企业的经营处于盈亏临界状态,错误的说法是( )。

A. 此时销售额正处于销售收入线与总成本线的交点

B. 此时的经营杠杆系数趋于无穷小

C. 此时的营业销售利润等于零

D. 此时的边际贡献等于固定成本

12. 既具有抵税效应,又能带来杠杆利益的筹资方式是( )。

    A. 发行债券   B. 发行优先股

    C. 发行普通股   D. 使用内部留存收益

13. 财务杠杆效益是指( )。

A. 提高债务比例导致的所得税降低

B. 利用现金折扣获取的利益

C. 利用债务筹资给企业带来的额外收益

D. 降低债务比例所节约的利息费用

14. 某企业本期息税前利润为 3 000 万元,本期实际利息为 1 000 万元,则该企业的财务杠杆系数为( )。

    A. 3   B. 2   C. 0.33   D. 1.5

15. 下列关于经营杠杆系数的说法,正确的是( )。

A. 在产销量的相关范围内,提高固定成本总额,能够降低企业的经营风险

B. 在相关范围内,产销量上升,经营风险加大

C. 在相关范围内,经营杠杆系数与产销量呈反方向变动

D. 对于某一特定企业而言,经营杠杆系数是固定的,不随产销量的变动而变动

16. 某企业 2008 年的销售额为 1 000 万元,变动成本为 700 万元,固定经营成本为 200 万元,则经营杠杆系数为( )。

    A. 2   B. 3   C. 4   D. 无法计算

17. 某企业 2018 年息税前利润为 800 万元,固定成本(不含利息)为 200 万元,预计企业 2019 年销售量增长 10%,则 2019 年企业的息税前利润会增长( )。

    A. 8%   B. 10%   C. 12.5%   D. 15%

18. 某公司的经营杠杆系数为 1.5,财务杠杆系数为 1.2,则该公司销售额每增长 1 倍,每股收益增加( )倍。

    A. 1.2   B. 1.8   C. 0.3   D. 2.7

19. 预计某公司 2018 年的财务杠杆系数为 1.45,2017 年息税前利润为 120 万元,则 2017 年该公司的利息费用为( )万元。

    A. 82.76   B. 37   C. 54   D. 37.24

二、多项选择题

1. 下列各项中,属于约束性固定成本的有( )。

    A. 保险费   B. 房屋租金   C. 折旧   D. 财产保险费

2. 下列各项中,属于变动成本项目的有( )。

    A. 采用工作量法计提的折旧   B. 不动产财产保险费

    C. 直接人工费   D. 写字楼租金

3. 下列选项中,属于酌量性变动成本的有(　　)。

    A. 按销售百分比支付的销量佣金

    B. 按销售百分比支付的技术转让费

    C. 直接材料

    D. 广告费

4. 下列各项属于混合成本分解方法的有(　　)。

    A. 高低点法　　　　　　　　　　B. 账户分析法

    C. 工业工程法　　　　　　　　　D. 目标利润法

5. 按照成本性态,通常把成本区分为(　　)。

    A. 固定成本　　　　　　　　　　B. 变动成本

    C. 混合成本　　　　　　　　　　D. 半变动成本

6. 混合成本兼有固定与变动两种性质,可进一步对其进行分类,下列选项中,属于混合成本的有(　　)。

    A. 变动成本　　　　　　　　　　B. 固定成本

    C. 半变动成本　　　　　　　　　D. 半固定成本

7. 下列各项中,属于酌量性固定成本的有(　　)。

    A. 广告费　　　　　　　　　　　B. 职工培训费

    C. 新产品研究开发费用　　　　　D. 直线法下的折旧费用

8. 总杠杆作用是财务杠杆与经营杠杆的连动作用,了解总杠杆构成的意义在于(　　)。

    A. 估计销售额(量)变动对息税前利润的影响

    B. 估计销售额(量)变动对每股收益的影响

    C. 估计息税前利润对每股收益的影响

    D. 掌握经营杠杆与财务杠杆之间的相互关系,有效地利用它们的组合

9. 关于财务杠杆系数,以下说法中正确的有(　　)。

    A. 在资本总额、息税前利润不变情况下,负债资金比率越高,财务杠杆系数越高

    B. 财务杠杆系数表示的是息税前利润增长引起每股收益增长的幅度

    C. 若企业负债资金为零,则财务杠杆系数为零

    D. 任何企业的财务杠杆系数都必然大于 1

10. 企业降低经营风险,可采取的措施有(　　)。

    A. 提高产品售价　　　　　　　　B. 增加销售量

    C. 降低单位变动成本　　　　　　D. 增大固定成本比重

11. 下列有关杠杆的表述正确的是(　　)。

    A. 经营杠杆系数、财务杠杆系数以及复合杠杆系数恒大于 1

    B. 财务杠杆表明息税前利润变动对每股收益的影响

    C. 复合杠杆表明销量变动对每股收益的影响

    D. 经营杠杆表明销量的变动对息税前利润变动的影响

12. 下列关于经营杠杆系数的叙述,正确的是(　　)。

    A. 经营杠杆系数指的是息税前利润变动率相当于产销量变动率的倍数

B. 固定成本不变,销售额越大,经营杠杆系数就越大,经营风险就越小

C. 经营杠杆系数表明经营杠杆是利润不稳定的根源

D. 降低经营杠杆系数的措施有增加销售额、降低单位变动成本和固定成本

13. 公司债券筹资与普通股筹资相比较,(　　　　)。

A. 普通股筹资的风险相对较低

B. 公司债券筹资的资金成本相对较高

C. 普通股筹资可以利用财务杠杆的作用

D. 公司债券利息可以税前列支,普通股股利必须是税后支付

三、判断题

1. 固定成本分为技术性固定成本和酌量性固定成本。　　　　　　　　　　(　　)

2. 在分解混合成本时,采用合同确认法要配合账户分析法使用。　　　　　(　　)

3. 回归分析法在变动成本计算、本量利分析、正确制定经营决策和评价各部门工作业绩等方面具有不可或缺的重要作用。　　　　　　　　　　　　　　　　　(　　)

4. 在分解混合成本时,技术测定法只适用于投入成本与产出数量之间有规律性联系的成本分解。　　　　　　　　　　　　　　　　　　　　　　　　　　　(　　)

5. 回归分析法又称为工业工程法,是根据生产过程中各种材料和人工成本消耗量的技术测定来划分固定成本和变动成本的方法。　　　　　　　　　　　　　　(　　)

6. 在一定时期及一定业务量范围内,固定成本总额和单位固定成本不因业务量的变动而变动。　　　　　　　　　　　　　　　　　　　　　　　　　　　(　　)

7. 企业全部资金中,权益资金与债务资金的比是1∶1,则该企业经营风险和财务风险可以相互抵消。　　　　　　　　　　　　　　　　　　　　　　　　　(　　)

8. 当销售额达到盈亏临界点销售额时,经营杠杆系数趋近于无穷大。　　　(　　)

9. 若财务杠杆系数为1,表明企业无负债。　　　　　　　　　　　　　　(　　)

10. 在企业的销售水平较高时,通过权益筹资的每股收益高。　　　　　　(　　)

11. 若固定成本为零,在其他因素不变时,销售增长比与利润增长比相等。　(　　)

12. 假设其他因素不变,销售量超过盈亏临界点以后,销售量越大,则经营杠杆系数越小。　　　　　　　　　　　　　　　　　　　　　　　　　　　　　(　　)

任务实训

1. 南方公司根据历史资料统计的业务量与总成本的有关情况如表2-19所示。

表 2-19　业务量与总成本有关情况表

年　度	2014	2015	2016	2017	2018
业务量(万件)	80	95	86	75	92
总成本(万元)	165	180	173	150	190

已知该公司2019年预计的业务量为90万件。

要求:采用高低点法预测南方公司2019年的总成本。

2. 东方公司 2017 年度股份数为 100 万股,损益表有关资料如表 2-20 所示。

表 2-20　东方公司 2017 年度简明损益表

单位:万元

指标	金额
销售收入	1 000
减:变动成本	460
固定成本	240
息税前利润	300
减:利息	120
税前利润	180
减:所得税	45
税后利润	135

要求:(1) 计算经营杠杆系数、财务杠杆系数和复合杠杆系数。

(2) 若 2018 年度销售收入增长 12%,息税前利润、每股净收益将会增长多少?

3. 某公司 2018 年计划生产单位售价为 15 元的 A 产品。该公司目前有两个生产方案可供选择:方案一:单位变动成本为 7 元,固定成本为 60 万元;方案二:单位变动成本为 8.25 元,固定成本为 45 万元。该公司资金总额为 200 万元,资产负债率为 45%,负债的平均年利率为 10%。预计年销售量为 20 万件,该企业目前正处于免税期且没有发行优先股。

要求(计算结果保留小数点后四位):

(1) 计算方案一的经营杠杆系数、财务杠杆系数及总杠杆系数。

(2) 计算方案二的经营杠杆系数、财务杠杆系数及总杠杆系数。

(3) 预计销售量下降 25%,两个方案的息税前利润各下降多少?

(4) 对比两个方案的总风险。

(5) 假定其他因素不变,只调整方案一的资产负债率,方案一的资产负债率为多少时,才能使得方案一的总风险与方案二的总风险相等?

任务五　确定资金结构

【任务描述】　了解资金结构的作用,运用适当的方法进行最佳资金结构的选择判断。

资金结构是指企业各种资金筹集来源的构成和比例关系。由于短期资金(流动负债)多产生于经营活动过程,存在流动性强、停留时间短、代价小、安全性强、盈利性差等特点,且在整个资金总量中所占比重不稳定,因此不列入资金结构管理范围,而作为营运资金管理的内容。所以,本任务中的资金指的是长期资金,即资本,由长期债务资金和权益资金构成。资金结构是狭义的资金结构,即资本结构,指的就是长期债务资金和权益资金各占资本多大比例。

表 2-21 简化的资产负债表

资产	流动负债 长期负债 优先股 普通股	资金(本)结构 财务结构

表 2-21 清晰地反映了筹资所形成的财务结构与资金结构的关系。资产负债表的权益部分揭示了企业总资产的资金来源方式。

研究资金结构的目的在于,调整企业长期资金来源的构成,寻求企业综合资金成本最低的融资组合,以实现企业财富的最大化。一般而言,综合资金成本率最低的资金组合结构被称为最优资金结构。由于企业长期债务和优先股的融资成本是相对固定的,资金结构研究的主要问题就是如何根据投资的实际情况,确定长期债务、优先股和普通股资本的组合最佳比例,使得在其他因素不变的条件下,企业的普通股股票价值最大化。这样债务资本的比例就成为资金结构的研究重点。

知识点一 债务资本的作用

企业的资金结构决策问题,主要是资金的属性结构的决策问题,即债务资本的比例安排问题。在企业资金结构决策中,合理地利用债务筹资,科学安排债务资本的比例,是企业筹资管理的一个核心问题,对企业具有重要影响。

（一）适度负债有利于降低企业的综合资金成本

由于债务利率通常低于普通股股利率,而且债务利息在税前支付,企业可减少所得税,从而,债务资本成本明显低于权益资本成本。因此,在一定限度内合理提高债务资本的比率,就可降低企业的综合资金成本。

（二）利用债务筹资可以获取财务杠杆利益

不论企业利润多少,债务利息通常都是固定不变的,当息税前利润增大时,每1元利润所负担的固定利息就会相对减少,从而给每一股普通股带来更多的收益。因此,在公司息税前利润较多、增长幅度较大时,适当利用债务资本,发挥财务杠杆的正作用,可以增加每股收益,从而使企业的股票价格上涨。

（三）负债筹资会加大企业的财务风险

正是由于财务杠杆的作用,当息税前利润下降时,普通股每股收益会下降得更快,而定期还本付息的压力还可能使企业破产的风险增大。

知识点二 最佳资金结构决策

企业资金结构决策就是要确定最佳资金结构。所谓最佳资金结构是指企业在适度财务风险的条件下,使其预期的综合资金成本最低,同时使企业价值最大的资金结构。从理论上讲,最佳资金结构是存在的,但由于企业内部条件和外部环境经常发生变化,寻找最佳资金结构十分困难。资金结构决策通常采用以下三种方法：一是比较资金成本法；二是比较每股收益法；三是每股收益无差别点分析法。

（一）比较资金成本法

比较资金成本法，是指企业在作出筹资决策之前，先拟定若干个备选方案，分别计算各方案的综合资金成本，并以此为标准，选择其中综合资金成本最低的资金结构的方法。

【例2-21】 通达公司拟上马一新项目，筹资规模确定为500万元，有三个备选方案，其资金结构和相应的个别资金成本如表2-22所示。

表2-22 通达公司备选方案

筹资方式	方案 A		方案 B		方案 C	
	筹资额（万元）	资金成本	筹资额（万元）	资金成本	筹资额（万元）	资金成本
长期借款	150	6%	70	6.5%	100	7%
债 券	150	8%	180	7.5%	120	8%
普通股本	200	15%	250	15%	280	14%
合 计	500		500		500	

解答：各方案的综合资金成本计算如下：

$$K_W(A) = 6\% \times \frac{150}{500} + 8\% \times \frac{150}{500} + 15\% \times \frac{200}{500} = 10.2\%$$

$$K_W(B) = 6.5\% \times \frac{70}{500} + 7.5\% \times \frac{180}{500} + 15\% \times \frac{250}{500} = 11.11\%$$

$$K_W(C) = 7\% \times \frac{100}{500} + 8\% \times \frac{120}{500} + 14\% \times \frac{280}{500} = 11.16\%$$

通过以上计算与比较，方案A的综合资金成本最低。在其他有关因素大体相同的条件下，方案A是最好的筹资方案，其形成的资金结构（即长期借款150万元、债券150万元、普通股本200万元）可确定为该公司的最佳资金结构。

比较资金成本法以综合资金成本高低作为确定最佳资金结构的唯一标准，在理论上与企业价值最大化的财务管理目标相一致。这种方法测算原理容易理解，测算过程简单，在实际工作中简单实用。但由于它是有限方案中选择的最佳方案，其确定的资金结构并不是所有方案中的最佳方案。

【结论】 比较资金成本法一般适用于资金规模较小、资金结构较为简单、备选方案较少的企业。

（二）比较每股收益法

分析和确定资金结构是否合理，重要的衡量标准之一是股东的财富最大化。每股收益是影响企业股票市场价值的关键因素。在EBIT固定时，融资活动可能会影响到每股收益。但预计销售水平已知时，每股收益是否最大，可以成为理论上评价融资方案可行性的重要依据。

【例2-22】 通达公司计划投产一个新项目，需要投资400万元。现有两种融资方案可供选择：①发行普通股 200 万元，优先股 200 万元（股息率 10%）；②发行普通股 300 万元，债券 100 万元（年利率 8%）。预计新的项目投产后，将获得 60 万元的息税前利润，所得税税率为 25%。假设普通股每股 10 元，问何种融资方案最优？

解答：

$$EPS_1 = \frac{(EBIT - I_1)(1 - T) - PD_1}{N_1} = \frac{(60 - 0) \times (1 - 25\%) - 200 \times 10\%}{20}$$
$$= 1.25(元/股)$$

$$EPS_2 = \frac{(EBIT - I_2)(1 - T) - PD_2}{N_2} = \frac{(60 - 100 \times 8\%)(1 - 25\%) - 0}{30}$$
$$= 1.3(元/股)$$

计算结果表明，方案②的每股收益大，是最为可取的方案。

【结论】 使用比较每股收益法分析方案的前提为预计的 EBIT 已知。

(三) 每股收益无差别点分析法

每股收益无差别点分析法是利用每股收益无差别点来进行资金结构决策的方法。根据每股收益最大时方案最优的原理，可以进一步推广到在未知 EBIT 时选择最佳融资方案。在未知企业 EBIT 时，可以先假定方案①与方案②在某一 EBIT 水平时，每股收益相等，这一点就是每股收益无差别点，即使两种筹资方式下的每股收益相等时的销售水平（EBIT、S、Q）。

根据此前的分析，每股收益的高低不仅受资金结构（由长期负债资金和权益资金构成）的影响，还受到销售水平的影响。每股收益无差别点，可以用于分析判断在什么样的销售水平下适于采用何种资金结构。

接着前例，用公式表示如下：

$$EPS_1 = \frac{(EBIT - I_1)(1 - T) - PD_1}{N_1}$$

$$EPS_2 = \frac{(EBIT - I_2)(1 - T) - PD_2}{N_2}$$

令 $EPS_1 = EPS_2$

$$\frac{(EBIT - 0)(1 - 25\%) - 20}{20} = \frac{(EBIT - 8)(1 - 25\%) - 0}{30}$$

求解得：EBIT = 64（万元）

EPS = 1.4（元/股）

当企业预期的 EBIT 为 64 万元时，方案①、②的每股收益是相等的。这时的 EBIT 水平称为"每股收益的无差别点"。由于分析的是 EBIT 和 EPS 之间的关系，所以该方法又叫 EBIT-EPS 分析，如图 2-9 所示。

EBIT-EPS 分析图表明：

① 当企业的 EBIT 在无差别点的水平时，两种方案的 EPS 是相等的、无差别。

② 当 EBIT 小于 64 万元时，方案②的 EPS 大于方案①的 EPS，采用方案②，相反，当 EBIT 大于 64 万元时，采用方案①融资。

③ 从两根直线的斜率（财务杠杆系数）可以看出，方案①的风险大于方案②的风险。当预期 EBIT 发生变动时，方案①对 EPS 的影响程度大于方案②。即可以通过比较无差别点

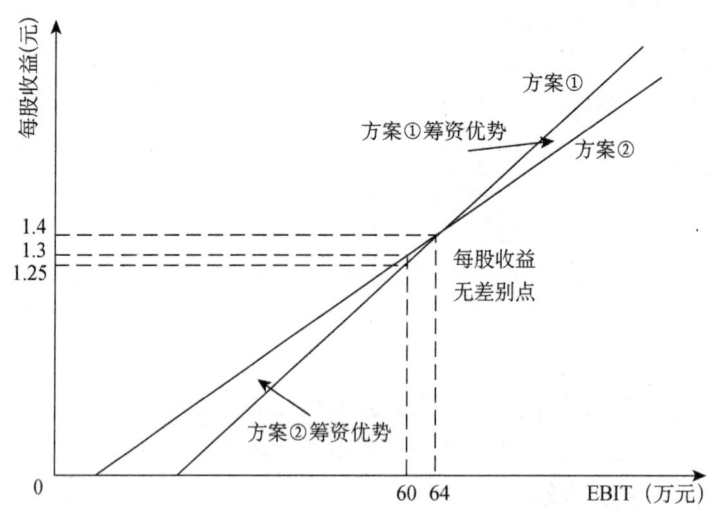

图 2-9 通达公司 EBIT-EPS 分析示意图

时方案的债务成本来判断直线的分布状况,其中债务成本高的项目的直线在右上方。

该例题中预计将获得 60 万元的息税前利润,方案①的债务成本为 $\frac{20}{1-25\%}=26.67$（万元）,方案②的债务成本为 8 万元,所以方案①直线在右上方,使用方案②筹资有利,即发行普通股 300 万元、债券 100 万元来筹资。

EBIT-EPS 分析图直观地反映出不同 EBIT 水平状态下,融资方案的可取性。

采用每股收益无差别点分析法确定最佳资金结构,以普通股税后每股收益最大为分析起点,直接将资金结构与企业财务目标、企业市场价值等相关因素结合起来,是企业在追加筹资时经常采用的一种决策方法。

【结论】 采用每股收益无差别点分析法时,预测期的 EBIT 已知和未知都可以用,它的运用范围更广泛。

(四) 公司价值分析法

以上三种方法都是从账面价值的角度进行资金结构优化分析,没有考虑市场反应,即没有考虑风险因素,公司价值分析法是在考虑市场风险的基础上,以公司市场价值为标准,进行资金结构优化。即能够提升公司价值的资金结构,就是合理的资金结构。这种方法主要用于对现有资金结构进行调整,适用于资金规模较大的上市公司的资金结构优化分析。同时,在公司价值最大的资金结构下,公司的平均资金成本率也是最低的。

设:V 表示公司价值,B 表示债务资金价值,S 表是权益资金价值,公司价值应该等于资本的市场价值,即:

$$V = S + B$$

为简化分析,假设公司各期的 EBIT 保持不变,债务资金的市场价值等于其面值,权益资金的市场价值可以通过下式计算:

$$S = \frac{(EBIT - I) \cdot (1 - T)}{K_s}$$

且：$K_s = R_f + \beta(R_m - R_f)$，为普通股权益资金成本

此时：$K_w = K_b \cdot \dfrac{B}{V} + K_s \cdot \dfrac{S}{V}$

【例2-23】　通达公司息税前利润为400万元,资金总额账面价值为2 000万元,假设无风险报酬率为6%,证券市场平均报酬率为10%,所得税税率为25%,债务市场价值等于面值,经测算不同债务水平下的息税前债务利息率(假设税前债务利息率等于税前债务成本)和权益资金成本率如表2-23所示。

表2-23　息税前债务利息率和权益资金成本率

债务市场价值 B （万元）	税前债务利息率	股票 β 系数	权益资金成本率 K_s
0	—	1.50	12.0%
200	8.0%	1.55	12.2%
400	8.4%	1.60	12.4%
600	9.0%	1.80	13.2%
800	10.0%	2.025	14.1%
1 000	12.0%	2.30	15.2%
1 200	15.0%	2.70	16.8%

要求:分析通达公司的最优资金结构。

解答:根据表2-23资料,可计算出不同资金结构下的企业总价值和平均资金成本率,如表2-24所示。

表2-24　通达公司价值和平均资金成本率

债务市场价值 B(万元)	股票市场价值 S(万元)	公司总价值 V(万元)	税后债务 资金成本 K_b	普通股资金 成本 K_s	平均资金 成本 K_w
0	2 000	2 000	—	12.0%	12.00%
200	2 361	2 561	6.0%	12.2%	11.72%
400	2 225	2 625	6.3%	12.4%	11.47%
600	2 000	2 600	6.75%	13.2%	11.71%
800	1 787	2 587	7.5%	14.1%	12.06%
1 000	1 579	2 579	9.0%	15.2%	12.80%
1 200	1 357	2 557	11.25%	16.8%	14.20%

可以看出,在没有债务资金的情况下,公司总价值等于股票的账面价值。当公司增加一部分债务时,财务杠杆开始发挥作用,股票市场价值大于其账面价值,公司总体价值上升,平均资金成本率下降。在债务资金达到400万元时,公司总价值最高,平均资金成本率最低,债务资金超过400万元后,随着利息率的不断上升,财务杠杆作用逐步减弱,甚至呈现负作用,公司总价值下降,平均资金成本率上升。因此债务资金为400万元时的资金结构,是该

公司的最优资金结构。

【案例解析】

（5）佳洁公司2017年末的股份数＝1 000÷2＝500（万股）

可以通过列式解方程计算，即：

$$\frac{(EBIT-180)\times(1-25\%)}{500+120}=\frac{(EBIT-180-60)\times(1-25\%)}{500}$$

解得：$EBIT=490$（万元）

（6）因为预计EBIT（2 112万元）大于每股收益无差别点的EBIT（490万元），所以公司应选用的筹资方案为B方案，即发行债券筹资。

知识检测

任务拓展

一、单项选择题

1. 最佳资金结构是指企业在一定时期最适宜其有关条件下（　　）。

　　A. 企业价值最大的资金结构

　　B. 企业各种个别本成本最低的资金结构

　　C. 综合资金成本最低的目标资金结构

　　D. 综合资金成本最低、企业价值最大的资金结构

2. 调整企业资金结构并不能（　　）。

　　A. 降低资金成本　　　　　　　　　B. 降低财务风险

　　C. 降低经营风险　　　　　　　　　D. 增加融资弹性

3. 通过企业资金结构的调整，可以（　　）。

　　A. 降低经营风险　　　　　　　　　B. 影响财务风险

　　C. 提高经营风险　　　　　　　　　D. 不影响财务风险

二、多项选择题

1. 利用每股收益无差点进行企业资金结构分析时，（　　）。

　　A. 当预计销售额高于每股收益无差别点时，负债筹资方式比权益筹资方式有利

　　B. 当预计销售额高于每股收益无差别点时，权益筹资方式比负债筹资方式有利

　　C. 当预计销售额低于每股收益无差别点时，权益筹资方式比负债筹资方式有利

　　D. 当预计销售额低于每股收益无差别点时，负债筹资方式比权益筹资方式有利

2. 如果企业调整资金结构，则企业的资产和权益总额（　　）。

　　A. 可能同时增加　　　　　　　　　B. 可能同时减少

　　C. 可能保持不变　　　　　　　　　D. 一定会发生变动

3. 企业资金结构达到最佳时，应满足（　　）。

　　A. 每股收益最大　　　　　　　　　B. 财务风险最小

　　C. 资金成本最低　　　　　　　　　D. 企业价值最大

4. 下列中影响每股收益的因素有（　　　）。

    A. 销售水平   B. 资金结构   C. 变动成本率   D. 债务利率

5. 企业债务成本过高时，可采用的调整其资金结构的方式有（　　　）。

    A. 利用税后留存偿还债务，以降低债务比重

    B. 将可转换债券转换为普通股

    C. 以公积金转增资本

    D. 提前偿还长期债务，筹集相应的权益资金

三、判断题

1. 企业的最佳资金结构应是使公司总价值最大，同时使普通股每股收益最大的资金结构。　　　　　　　　　　　　　　　　　　　　　　　　　　　　　　　（　　　）

2. 每股收益无差别点考虑了资金结构对每股收益的影响，但没有考虑资金结构对风险的影响。　　　　　　　　　　　　　　　　　　　　　　　　　　　　　（　　　）

3. 资金结构问题实际上也就是债务资本的比例问题，即债务资本在企业全部资本中所占的比重。　　　　　　　　　　　　　　　　　　　　　　　　　　　　　（　　　）

 任务实训

1. 东方公司的某投资项目需要资金 1 000 万元，财务部门拟定了两种方案供公司总经理参考，如表 2-25 所示。

表 2-25　东方公司某投资项目两种筹资方案

方案一			方案二		
组合	金额	个别资金成本	组合	金额	个别资金成本
银行借款	200	5%	发行债券	300	7%
发行债券	500	8%	发行优先股股票	400	9%
发行普通股股票	300	12%	发行普通股股票	300	11%
合计	1 000	—	合计	1 000	—

要求：从财务角度判断哪个方案更有利。

2. 已知东方公司当前资金结构如表 2-26 所示。

表 2-26　东方公司资金结构

筹资方式	金额（万元）
长期债券（年利率 8%）	1 000
普通股（4 500 万股）	4 500
留存收益	2 000
合　计	7 500

因生产发展需要，公司年初准备增加资金 2 500 万元，现有两个筹资方案可供选择：甲

方案为增加发行 1 000 万股普通股,每股市价为 2.5 元;乙方案为按面值发行每年年末付息、票面利率为 10% 的公司债券 2 500 万元。假定股票与债券的发行费用均可忽略不计;适用的企业所得税税率为 25%。

要求:(1)计算两种筹资方案下每股收益无差别点的息税前利润。

(2)计算处于每股收益无差别点时乙方案的财务杠杆系数。

(3)如果公司预计息税前利润为 1 200 万元,指出该公司应采用的筹资方案。

(4)如果公司预计息税前利润为 1 600 万元,指出该公司应采用的筹资方案。

(5)若公司预计息税前利润在每股收益无差别点上增长 10%,计算采用乙方案时该公司每股收益的增长幅度。

项 目 小 结

企业筹资是企业为满足生产经营和对外投资等活动对资金的需要,通过一定的渠道,采取适当的方式,获取所需资金的一种行为。筹集资金是企业理财活动的起点,是决定企业经营规模和发展速度的主要环节。筹资的渠道和方式很多,企业需要充分了解,并通过对两者的合理组合来筹集所需资金。

权益资金的筹集主要方式包括吸收直接投资、发行普通股、发行优先股和利用留存收益。

负债资金筹集的主要方式包括银行借款、发行公司债券、融资租赁、商业信用。

资金成本是指企业为筹集和使用资金而付出的代价。在比较各种筹资方式时,可使用个别资金成本;在进行资金结构决策时,可使用综合资金成本;在进行追加筹资决策时,则使用边际资金成本。

企业通常面临经营风险和财务风险,这两种风险一般用经营杠杆系数和财务杠杆系数来测量。经营杠杆系数和财务杠杆系数的乘积构成了总杠杆系数,可用于测量企业总风险。

资金结构是指企业各种长期资金筹集来源的构成和比例关系。最佳资金结构是指使其预期的综合资金成本最低,同时使企业价值最大的资金结构,通常采用两类指标决策:一是资金成本;二是每股收益。

项目三　营运资金管理实务

 学习目标

1. 了解营运资金的概念、特点及管理要求;
2. 熟悉现金持有的动机和成本,掌握现金的日常收支管理的基本内容和方法;
3. 认识应收账款的作用、成本与风险,掌握应收账款的日常管理的基本内容和方法;
4. 掌握存货日常管理的基本内容和方法;
5. 掌握短期借款、短期融资券和商业信用的特征及管理。

 技能要求

1. 能够利用成本分析模式、存货模式和随机模式确定现金持有量;
2. 能够进行应收账款信用标准、信用条件和收账政策的决策;
3. 能够利用经济批量的基本模型和拓展模型计算存货的经济批量;
4. 能够计算再订货点和安全储备量;
5. 能够运用短期借款的信用条件进行分析;
6. 能够估算出应付账款的成本,进行决策判断。

任务一　熟悉营运资金管理的内容

【任务描述】　了解营运资金的含义、特征,理解营运资金的投资策略和筹资策略,熟悉营运资金的日常控制。

【案例导入】

佳洁公司 2017 年资产负债表有关资料如表 3-1 所示。

表中:货币资金、应收账款和存货、固定资产属于与销售相关性资产,应付费用和应付账款属于与销售相关性负债,2017 年企业销售收入为 10 000 万元,销售净利率 10%,股利支付额 860 万元,利息费用为 180 万元。

表 3-1 资产负债表

2017 年 12 月 31 日   单位：万元

资产	金额	负债及所有者权益	金额
货币资金	200	应付费用	500
应收账款	1 000	应付账款	1 300
存货	1 800	短期借款	1 400
固定资产	3 000	应付债券	1 500
其他长期资产	4 200	股本（每股面值 2 元）	1 000
		资本公积	2 000
		留存收益	2 500
合计	10 200	合计	10 200

2018 年，为了提高销售收入 20%，需要增加非流动资产投资 100 万元。销售净利率和股利支付额保持不变，2018 年留存收益增加 340 万元，其余从外部追加资金。

思考：

（1）2017 年，佳洁公司的营运资金是多少？公司采用的是一种什么样的营运资金投资策略？

（2）采用销售百分比法编制 2018 年的预计资产负债表。

（3）如果采用发行债券或股票方式筹资所需全部资金，佳洁公司采用的是一种什么样的资金投资策略？

（4）如果采用商业信用筹集所增加营运资金的 1/6，其余资金均采用发行股票方式筹资，则公司筹资后的营运资金投资策略如何？

营运资金，有广义和狭义之分，广义的营运资金是指一个企业流动资产的总额，狭义的营运资金是指流动资产与流动负债的净额。这里指的是狭义的营运资金。如果流动资产等于流动负债，则占用在流动资产上的资金由流动负债融资；如果流动资产大于流动负债，则与此相对应的"净流动资产"要以长期负债或所有者权益的一定份额为其资金来源，会计上不强调流动资产与流动负债的关系，而只是用它们的差额来反映一个企业的偿债能力。

营运资金是一个企业维持日常经营活动所需的资金，是流动资产的一个有机组成部分。我们可以用公式来表示它的等量关系：

营运资金总额＝流动资产总额－流动负债总额

知识点一　营运资金的内容

从财务角度看，营运资金应该是流动资产与流动负债关系的总和，在这里"总和"不是数额的加总,而是关系的反映,这有利于让财务人员意识到,营运资金管理是对企业流动资产及流动负债这两个方面的管理。一个企业要维持正常的运转就必须要拥有适量的营运资金,营运资金管理是企业财务管理的重要组成部分。

(一) 流动资产

流动资是指可以在 1 年以内或者超过 1 年的营业周期内可变现或运用的资产,流动资产具有占用时间短、周转快、易变现等特点。企业拥有较多的流动资产,可在一定程度上降低财务风险。

(1) 按占用性态不同,流动资产主要包括货币资金、交易性金融资产、应收票据、应收账款和存货。

(2) 按用途不同,流动资产可以分为临时性流动资产和永久性流动资产。临时性的流动资产指那些受季节性、周期性影响的流动资产,如季节性存货、销售和经营旺季(如零售业春节期间)的应收账款。永久性的流动资产指那些即使企业处于经营低谷也仍然要保留的、用于满足企业长期稳定需要的流动资产。

(二) 流动负债

流动负债是指需要在 1 年或者超过 1 年的一个营业周期内偿还的债务。流动负债又称短期资金,具有成本低、偿还期短的特点,必须认真进行管理,否则企业将承受较大的风险。流动负债主要包括以下项目:短期借款、应付票据、应付账款、应付职工薪酬、应交税费及应付利润。

(1) 以应付金额是否确定为标准,可以分为应付金额确定的流动负债和应付金额不确定的流动负债。应付金额确定的流动负债,是指那些根据合同或法律规定,到期必须偿付并有确定金额的流动负债,如短期借款、应付票据、应付短期融资券等。应付金额不确定的流动负债,是指那些要根据企业生产经营状况,到一定时期或具备一定条件才能确定的流动负债,或应付金额需要估计的流动负债,如应交税费、应付股利、应付产品质量担保债务。

(2) 以是否支付利息为标准分为有息流动负债和无息流动负债。

(3) 以产生的原因为标准分为筹资活动形成的流动负债、经营活动发生的流动负债和分配环节产生的流动负债。筹资活动形成的流动负债,如从银行和其他金融机构借入的短期借款,发行的短期融资券;经营活动发生的流动负债,如应付款项、应付票据、预收账款、应付职工薪酬、应交税费;分配环节产生的流动负债,如应付利润或应付股利。

(4) 以流动负债的形成情况为标准,可以分为自发性流动负债和人为性流动负债。自发性流动负债,是指不需要正式安排,由于结算程序或者有关法律法规的规定等原因而自然形成的流动负债。人为性流动负债,是指由财务人员根据企业对短期资金的需求情况,通过人为安排所形成的流动负债,如短期银行借款等临时性的流动负债,或者为满足临时性流动资金需要而发生的借款,如零售企业在春节之前、食品制造企业为季节性生产而发生的借款。

流动资产和流动负债按用途分类,具体可以用表 3-2 表示。

表 3-2 营运资金的两个要素

分类		含义
流动资产	临时性流动资产	受季节性、周期性影响的流动资产
	永久性流动资产	即使企业处于经营低谷也仍然要保留的、用于满足企业长期稳定需要的流动资产
流动负债	人为性流动负债	满足临时性流动资金所要发生的负债
	自发性流动负债	直接产生于企业持续经营中的负债

营运资金是流动资产的一个有机组成部分,因其具有较强的流动性而成为企业日常生产经营活动的润滑剂和衡量企业短期偿债能力的重要指标。现实中在客观上存在现金流入量与流出量不同步和不确定的情况下,企业持有一定量的营运资金十分重要。据调查,公司财务经理 60% 的时间都用于营运资金管理。要搞好营运资金管理,必须解决好流动资产和流动负债两个方面的问题,换句话说,就是下面两个问题:

第一,企业应该投入多少资金在流动资产上,即资金投资运用的管理。主要包括现金管理、应收账款管理和存货管理。

第二,企业应该如何进行流动资产的资金筹集,即资金筹措的管理。包括银行短期借款的管理、短期融资券的管理和商业信用的管理。

【结论】 营运资金管理的核心内容就是对资金投放和资金筹措的管理。

知识点二 营运资金的特点

为了有效地管理企业的营运资金,必须研究营运资金的特点,以便有针对性地进行管理。营运资金一般具有以下特点:

1. 来源上的多样性

与筹集长期资金的方式相比,企业筹集营运资金的方式较为灵活多样,通常有银行短期借款、短期融资券、商业信用、应交税费、应付利润、应付职工薪酬、应付利润、预收账款、票据贴现等多种内外部筹资方式。

2. 数量上的波动性

流动资产的占用额主要随着各种内外部条件的变化而变化。供产销三个过程的平衡程度和企业生产经营规模影响着流动资产的占用额,该数额时高时低,波动很大,季节性企业如此,非季节性企业也如此。随着流动资产数量的变动,流动负债的数量也会相应发生变动。不管是供产销的平衡程度和其规模,还是企业的流动资产和短期负债规模,都是极不稳定的。

3. 周转上的短期性

营运资金投资一般在 1 年或一个营业周期内收回,影响企业的时间比较短。因此流动资产投资所需要的资金一般可通过商业信用、短期银行借款等加以解决。

4. 实物上的变动性

营运资金在循环周转过程中,经过供产销三个阶段,营运资金的实物形态是经常变化的,一般按照现金→材料→在产品→产成品→应收账款→现金的顺序转化。这种转化循环往复,川流不息。为此,在进行营运资金管理时,必须在各项流动资产上合理配置资金数额,做到结构合理,以促进资金周转顺利进行。流动性使营运资金的变现能力加强,如遇意外情况,现金短缺时,可迅速变卖交易性金融资产、应收账款、存货等流动资产,以获取现金。这对于财务上满足临时性资金需求具有重要意义。

知识点三　营运资金管理策略

营运资金管理策略包括营运资金投资策略和营运资金筹资策略。

(一) 营运资金投资策略

营运资金持有量高低,影响着企业的收益和风险。营运资金持有量较高,意味着在固定资产和流动负债一定的情况下,流动资产额高,即企业拥有较多的现金、有价证券和保险储备量较高的存货。这会使企业有较大把握按时支付到期的债务,及时供应生产用材料和按时向客户提供产品,从而保证经营活动平稳进行,风险较小。但流动资产的收益率一般低于固定资产,所以较高的流动资产比重会降低企业的收益。

通过上述分析看出,营运资金持有量的确定,就是在收益和风险之间进行权衡。投放较高的营运资金称为宽松的营运资金投资策略,其收益风险均低。反之为紧缩的营运资金投资策略,其收益风险均高。介于两者之间的是适中的营运资金投资策略,营运资金的持有量不过高也不过低,在此情况下现金恰好足敷支付之需,存货足够满足生产和销售所用,除非利息高于资金成本(这种情况不大可能发生),一般企业不保留有价证券。适中的营运资金投资策略对于股东财富最大化来讲是理论上最佳的。然而我们却难以量化地描述适中策略中营运资金的持有量。这是因为这一营运资金水平是多种因素共同作用的结果,包括销售水平、存货和应收账款的周转速度等。

所以,各企业应根据自身的具体情况和环境条件,制定恰当的营运资金投资策略,确定适当的营运资金投资数量。这需要考虑以下因素:

(1)权衡资产的收益性和风险性。增加流动资产投资会增加流动资产的持有成本,降低资产的收益性,但会提高资产的流动性。反之,减少流动资产投资会降低流动资产的持有成本,增加资产的收益性,但资产的流动性会降低,短缺成本会增加。因此,从理论上来说,最优的流动资产投资应该是使流动资产的持有成本和短缺成本之和最低。

(2)企业经营的内外部环境。通常银行和其他借款人对企业流动性水平非常重视,因为流动性是这些债权人确定信用额度和信用借款利率的主要依据之一,他们还会考虑应收账款和存货的质量,尤其是当这些资产被用来当作一项贷款的抵押品时。有些企业因为筹资困难通常采用紧缩的流动资产投资策略。

(3)产业因素。在销售边际毛利较高的产业,如果从额外销售中获得的利润超过额外应收账款增加的成本,宽松的信用政策可能为企业带来更为可观的收益。流动资产占用额有明显的行业特点。在机械行业,存货居于流动资产项目中的主要地位,通常占用全部流动资产的50%左右。其他行业流动资产占用,往往与机械行业具有很大不同,比如在商业零售行业,其流动资产占用要超过机械行业。

（4）政策的决策者。保守的决策者更倾向于宽松的流动资产投资策略,而风险承受能力较强的决策者,倾向于紧缩的流动资产投资策略。生产经理通常喜欢高水平的原材料,以便满足生产需要。销售经理喜欢高水平的产成品存货,以便满足客户需求,而且喜欢宽松的信用政策,以便刺激销售。相反,财务管理人员喜欢存货或和应收账款最小化,以便使流动资产筹资的成本最低。

（二）营运资金筹资策略

营运资金筹资策略主要是就研究如何安排临时性流动资产和永久性流动资产的资金来源而言的。营运资金的筹资策略,是营运资金管理策略的研究重点。需要事先对构成营运资金的两要素——流动资产和流动负债按用途进行分类,然后再考虑两者相互间的匹配。

一般来说,永久性流动资产占用资金的数量具有相对稳定性,需要通过长期资金来源解决。而临时性流动资产占用的资金,筹资选择相对灵活,最经济的办法是通过低成本短期资金解决,如采用一年期以内的短期借款和发行短期融资券。所以,占用长期资金的资产有永久性流动资产和非流动资产,合称为永久性资产。自发性流动负债是在经营活动中自发形成的,虽然属于流动负债,但是旧的自发性流动负债消失之后,随着生产经营活动的进行又会产生新的自发性流动负债,性质上属于长期资金的来源。临时性流动负债是短期资金来源,主要是短期银行借款。所以长期资金来源,包括自发性流动负债、长期负债和股东权益资金。

筹资决策主要取决于管理者的风险导向,此外,还受短期、中期、长期负债的利率差异的影响。根据资产的期限结构和资金来源的期限结构的匹配程度差异,营运资金的筹资策略一般可以分为三种,即配合型筹资策略、激进型筹资策略和稳健型筹资策略。

1. 配合型筹资策略

对于临时性流动资产,运用临时性负债筹集资金满足其资金需要;对于永久性流动资产和非流动资产,运用长期负债、自发性负债和权益资本筹集资金满足其资金需要。配合型筹资策略要求企业临时负债筹资计划严密,实现现金流动与预期安排相一致。在季节性低谷时,企业除了自发性的负债外没有其他流动负债;只有在临时性的流动资产的需求高峰期,企业才举借各种临时性债务。这种筹资策略的基本思想是将资产与负债的期间相配合,以降低企业不能偿还到期债务的风险和尽可能降低债务的资金成本。事实上,由于资产使用寿命的不确定性,往往做不到资产与负债的完全配合,另外,一旦企业生产经营高峰期内的销售不理想,未能取得销售现金收入,便会发生偿还临时性负债的困难。因此配合型筹资策略是一种理想的、对企业有着较高资金使用要求的营运资金筹资策略。

可用图 3-1 表示配合型筹资策略中资产占用与资金来源之间的关系。

2. 激进型筹资策略

临时性负债不但满足临时性流动资产的资金需要,还解决部分永久性资产的资金需要。由于临时性负债的资金成本一般低于长期负债和权益资本的资金成本,而激进型筹资策略下临时性负债所占比重较大,所以该策略下企业的资金成本较低。但是另一方面,为了满足永久性资产的长期资金需要,企业必然要在临时性负债到期后重新举债或申请债务展期,这样企业便会更为经常地举债和还债,从而加大筹资的困难和风险,还可能由于短期负债利率的变化而增加企业资金成本的风险。所以激进型筹资策略是一种收益风险均高的营运资金筹资策略。

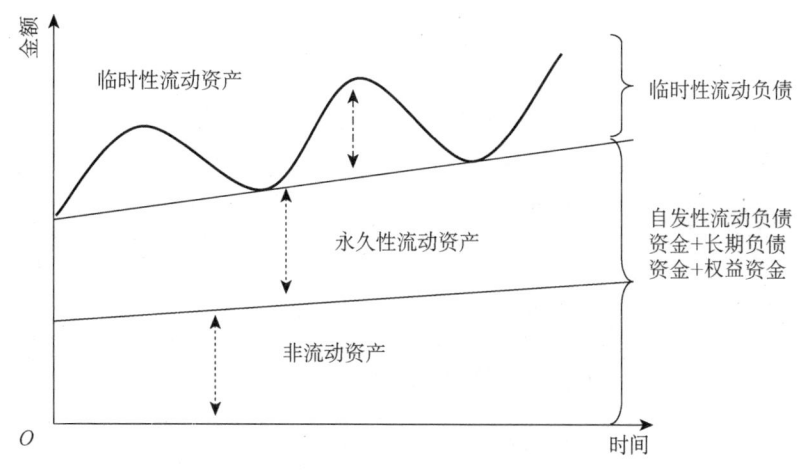

图 3-1 配合型筹资策略

可用图 3-2 表示激进型筹资策略中资产占用与资金来源之间的关系。

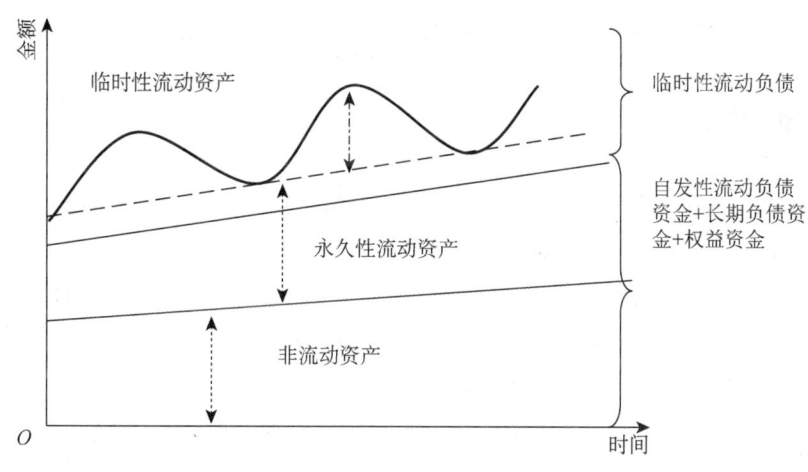

图 3-2 激进型筹资策略

3. 稳健型筹资策略

临时性负债只融通部分临时性流动资产的资金需要，另一部分临时性流动资产和永久性资产，则由长期负债、自发性负债和权益资本作为资金来源。与配合型筹资策略相比，稳健型筹资策略下临时性负债占企业全部资金来源的比例较小。在生产经营的淡季，企业则可将闲置的资金投资于短期有价证券，以赚取若干报酬以备旺季之用。这种做法下，由于临时性负债所占比重较小，所以企业无法偿还到期债务的风险较低，同时蒙受短期利率变动的风险也较低。然而，另一方面，因长期负债成本高于临时性负债的成本，企业在生产经营的淡季仍需负担长期负债的利息，从而降低收益。所以稳健型筹资策略是一种收益风险均较低的营运资金筹资策略。

可用图 3-3 表示稳健型筹资策略中资产占用与资金来源之间的关系。

【结论】 企业如果能驾驭资金的使用，采用收益和风险配合得较为适中的配合型筹资策略是有利的。

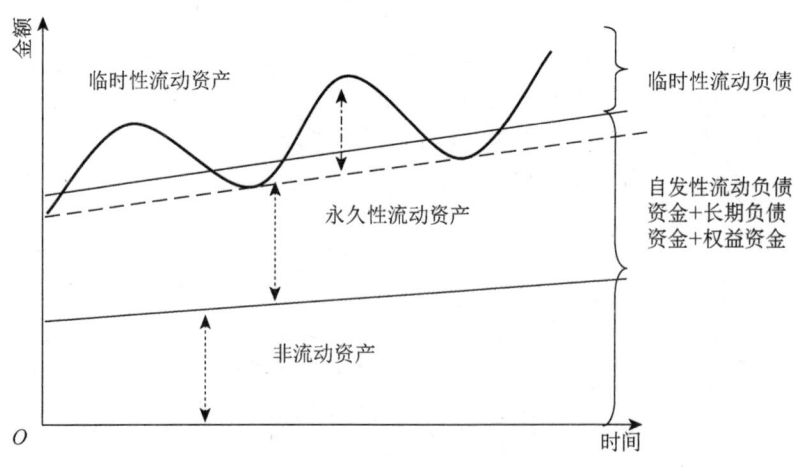

图 3-3　稳健型筹资策略

知识点四　营运资金的日常控制

（一）审批控制点

把收支审批点作为关键点，是为了控制资金的流入流出，审批权限的合理划分是资金营运活动业务顺利开展的前提条件。审批活动关键点包括：制定资金的限制接近措施，如经办人员进行业务活动时应该得到授权审批，任务未经授权的人员不得办理资金收支业务等；使用资金的部门提出用款申请，记载用途、金额、时间等事项；经办人员在原始凭证上签章；经办部门负责人、主管总经理和财务部门负责人审批并签章。

（二）复核控制点

复核控制点是减少错误和舞弊的重要措施。根据企业内部层级的隶属关系可以划分为纵向复核和横向复核这两种类型。前者是指上级主管对下级活动的复核；后者是指平级或无上下级关系人员的相互核对，如财务系统内部的核对。复核关键点包括：资金营运活动会计主管审查原始凭证反映的收支业务是否真实合法，经审核通过并签字盖章后才能填制原始凭证；凭证上的主管、审核、出纳和制单等印章是否齐全。

（三）收付控制点

资金的收付导致资金流入流出，反映着资金的来龙去脉。该控制点包括：出纳人员按照审核后的原始凭证收付款，并对已完成收付的凭证加盖戳记，并登记日记账；主管会计人员及时准确地记录在相关账簿中，定期与出纳人员的日记账核对。

（四）记账控制点

资金的凭证和账簿是反映企业资金流入流出的信息来源，记账环节出现管理漏洞，很容易导致整个会计信息处理结果失真。记账控制点包括：出纳人员根据资金收付凭证登记日记账，会计人员根据相关凭证登记有关明细分类账；主管会计登记总分类账。

（五）对账控制点

对账是账簿记录系统的最后一个环节，也是报表生成前一个环节，对保证会计信息的真实性起到重要作用。对账控制点包括:账证核对、账账核对、账表核对、账实核对等。

(六)银行账户管理控制点

企业应当严格按照《支付结算办法》等国家有关规定,加强银行账户的管理,严格按规定开立账户,办理存款、取款和结算。银行账户管理的关键控制点包括银行账户的开立、使用和撤销是否授权,下属企业或单位是否有账外账。

(七)印章保管控制点

印章是明确责任、表明业务执行及完成情况的标记。印章的保管要贯彻不相容职务分离的原则,严禁将办理资金支付业务的相关印章和票据集中一人保管,印章要与空白票据分管,财务专用章要与企业法人章分管。

 【案例解析】

(1)佳洁公司 2017 年营运资金=(200+1 000+1 800)-(500+1 300+1 400)=-200(万元)

流动资产总额小于流动负债总额,公司采用的是一种紧缩的营运资金投资策略,公司收益风险均高。

(2)随着销售的增加,佳洁公司 2018 年预计资产负债表如表 3-3 所示。

表 3-3 2018 年佳洁公司预计资产负债表

单位:万元

资产	金额	负债及所有者权益	金额
货币资金	200×(1+20%)=240	应付费用	500×(1+20%)=600
应收账款	1 000×(1+20%)=1 200	应付账款	1 300×(1+20%)=1 560
存货	1 800×(1+20%)=2 160	短期借款	1 400
固定资产	3 000×(1+20%)=3 600	应付债券	1 500
其他长期资产	4 200+100=4 300	股本(每股面值2元)	1 000
		资本公积	2 000
		留存收益	2 500+340=2 840
		对外筹资数额	600
合计	11 500	合计	11 500

(3)表中,对外筹资数额为 600 万元,如果采用发行债券或发行股票方式筹集资金,则公式的营运资金=(240+1 200+2 160)-(600+1 560+1 400)=40(万元),此时公司采用的是宽松的营运资金投资策略。

(4)2018 年比 2017 年流动资产增加 600 万元,流动负债增加 360 万元,增加的营运资金为 240 万元,如果采用商业信用筹资 240÷6=40(万元),则负债中的应付账款增加 40 万元,此时营运资金=(240+1 200+2 160)-(600+1 560+1 440)=0,此时,公司策略为适中的营运资金投资策略。

知识巩固

一、单项选择题

1. 与长期负债筹资相比,流动负债筹资的特点不包括(　　)。

   A. 风险大 　　　　B. 弹性小 　　　　C. 速度快 　　　　D. 成本低

2. 下列关于流动资产的说法错误的是(　　)。

   A. 投资回收期短

   B. 投资风险大

   C. 在流动资产的周转过程中,各种不同形态的流动资产可以同时存在

   D. 流动资产占用的资金具有波动性

3. 若企业的营运资金持有量恰好合适,即现金刚好满足支付需要,存货也满足生产、销售所用,且企业持有适量的有价证券,这种营运资金投资策略被称为(　　)。

   A. 较高的营运资金投资策略　　　　B. 较低营运资金投资策略

   C. 适中的营运资金投资策略　　　　D. 宽松的营运资金投资策略

4. 下列流动资产筹资策略中,短期资金占全部资金来源比重最大的是(　　)。

   A. 配合型筹资策略　　　　　　　　B. 保守型筹资策略

   C. 激进型筹资策略　　　　　　　　D. 紧缩型筹资策略

5. 下列各项中,可用于计算营运资金的算式是(　　)。

   A. 资产总额－负债总额　　　　　　B. 流动资产总额－负债总额

   C. 流动资产总额－流动负债总额　　D. 速动资产总额－流动负债总额

6. 把流动负债划分为自发性流动负债和临时性流动负债的标准是(　　)。

   A. 占用形态的不同　　　　　　　　B. 金额是否确定

   C. 形成情况　　　　　　　　　　　D. 利息是否支付

7. 某企业固定资产为 800 万元,永久性流动资产为 200 万元,临时性流动资产为 200 万元。已知长期负债、自发性负债和权益资本可提供的资金为 900 万元,则该企业采取的是(　　)。

   A. 配合型筹资策略　　　　　　　　B. 保守型筹资策略

   C. 激进型筹资策略　　　　　　　　D. 折中型筹资策略

二、多项选择题

1. 经营性投资与固定资产投资相比(　　)

   A. 回收期短　　　　　　　　　　　B. 流动性强

   C. 具有多样性　　　　　　　　　　D. 具有波动性

2. 某企业拥有流动资产 100 万元(其中永久性流动资产为 30 万元),长期筹资 400 万元,短期筹资 50 万元,则下列说法正确的有(　　)。

   A. 该企业采取的是激进型筹资策略　　B. 该企业采取的是保守型筹资策略

   C. 该企业收益和风险均较高　　　　　D. 该企业收益和风险均较低

3. 在稳健型筹资策略下,临时性流动资产的资金来源可以是(　　)。

A. 临时性负债　　　B. 长期负债　　　C. 自发性负债　　　D. 权益资本

4. 企业采取宽松的营运资金投资策略,产生的结果是(　　)。

A. 收益性较高,流动资金性较低　　　　　B. 收益性较低,风险较低

C. 资金流动性较高,风险较低　　　　　　D. 收益性较高,资金流动性较高

三、判断题

1. 持有较高的营运资金,称为宽松的营运资金投资策略,因其收益风险均较适中。(　　)

2. 营运资金持有量的高低,影响着企业的收益和风险。(　　)

3. 在激进性筹资策略下,临时性负债在企业全部资金来源中所占比重小于配合型筹资策略。(　　)

4. 企业营运资金余额越大,说明企业风险越小,收益率越高。(　　)

5. 根据配合型筹资策略,固定资产比重较大的上市公司主要应通过长期负债和发行股票筹集资金。(　　)

6. 企业的营运资金在全部资金中占有相当大的比重,而且周转期短,形态易变,因此,营运资金管理是企业财务管理工作的一项重要内容。(　　)

任务二　流动资产管理

【任务描述】　了解现金、应收账款和存货的持有原因、成本和管理的目的。掌握现金、存货最佳持有量的确定方法,学会制定适当信用政策,尽快收回应收账款。

【案例导入】

佳洁公司的年赊销收入为 720 万元,平均收账期为 60 天,坏账损失为赊销额的10%,年收账费用为 5 万元。该公司认为通过增加收账人员等措施,可以得平均收账期降为 50 天,坏账损失降为赊销额的 7%。假设公司的资金成本率为 6%,变动成本率为 60%。

思考:为使上述变更在经济上合理,计算新增收账费用的上限(每年按 360 天计算)。

知识点一　现金管理

现金有广义和狭义之分,广义的现金是指在生产过程中以货币形态存在的资金,包括库存现金、银行存款、其他货币资金等。狭义的现金仅指库存现金。这里所讲的现金是指广义的现金。

(一) 现金的持有动机

现金是变现能力最强的资产,代表企业的直接的支付能力和应变能力,可以用来满足生产经营开支的需要,也是还本付息和履行纳税义务的保证。企业持有一定数量的现金主要是基于以下几方面的动机:

1. 交易动机

企业为了维持日常周转保证正常生产经营活动,必须保持一定数额的现金,如购买原材料、支付工资、缴纳税款、偿付到期债务、派发现金股利。企业每天都在发生许多支出和收入,这些支出和收入在数额上不相等,在时间上不匹配,需要企业持有一定现金来调节,使生产经营活动能够继续进行。一般说来,企业为满足交易动机所持有的现金数额主要取决于三个方面:一是企业销售水平;二是收入和支出在数额上是否相等;三是收入和支出在时间上是否匹配。

2. 预防动机

企业为应付紧急突发情况而需要保持的一定量的现金。由于市场行情的瞬息万变和其他各种不可测因素的存在,企业通常很难对未来的现金流入和流出量进行准确的估计和预期。因此企业为了应付突发事件,有必要持有比日常正常运转所需金额更多的现金。确定预防性需求的现金数额时,需要考虑以下因素:一是企业愿意承担现金短缺风险的程度;二是企业临时举债能力的强弱;三是企业预测现金收支的可靠程度。

3. 投机动机

企业为了抓住各种瞬息即逝的市场机会,获取较大利益而持有一定数额的现金,如证券价格的突然下跌,企业若没有用于投机的现金,那么就会错过这一机会。投机动机的现金持有量大小往往与企业在金融市场的获利机会及企业对待风险的态度有关。但大部分企业不会因为未来不可预见的市场机会而储备现金。所以在确定现金持有量时很少考虑现金的投资动机。

4. 其他动机

企业基于满足将来某一特定要求或其他原因而持有的现金,如为在激烈的商业竞争中提高灵活性或者在银行维持补偿性余额等。

企业持有的现金总额并不等于各种动机所需要现金数额的简单相加,前者通常小于后者。现金管理可使现金收支不但在数量上,而且在时间上相互衔接,对于保证企业经营活动的需要,降低企业闲置的现金数量,提高资金收益率具有重要意义。

(二) 现金的成本

1. 机会成本

机会成本是指企业因保留一定现金余额,不能用该现金进行有价证券投资而放弃的投资收益,通常用有价证券利率代替机会成本率。机会成本属于变动成本,它与现金持有量呈正比例关系,用公式表示如下:

$$现金的机会成本 = 平均现金持有量 \times 有价证券利率(报酬率)$$

2. 转换成本

转换成本是指企业用现金购买有价证券以及转让有价证券换取现金所付出的交易费用,即现金同有价证券相互转换的成本。那些依据委托成交金额计算的变动性转换成本(如委托买卖佣金、委托手续费、有价证券过户费、实物交割手续费)通常是按照委托成交金额计算的,在证券总额既定的条件下,无论变现次数怎样变动,所需支付的委托佣金总额是相同的,与证券变现次数关系不大,属于决策无关成本。这样,与证券变现次数密切关联的转换成本便只包括其中的固定性交易费用。固定性转换成本与现金持有量成反比例关系。即：

$$固定性转换成本＝证券变现次数×每次固定转换成本$$

固定性转换成本与现金持有量的关系是：在现金需要量既定的前提下，每次现金持有量即有价证券变现额的多少，必然对有价证券的变现的次数产生影响，即现金持有量越少，进行证券变现的次数越多，相应的转换成本就越大；反之，现金持有量越多，证券变现的次数就越少，需要的转换成本也就越少。因此，现金持有量的不同必然通过证券变现次数多少而对转换成本产生影响。

3. 管理成本

管理成本是指企业保留现金并对现金进行管理所发生的费用，如管理人员工资、安全措施费用。管理费用在一定范围内与现金持有量关系不大，具有固定成本的性质，属于决策无关成本。

4. 短缺成本

短缺成本是指企业由于现金持有量不足而又无法及时通过有价证券变现，缺乏必要的现金资产，不能应付必要的业务开支而蒙受的损失。短缺成本与现金持有量呈反方向变动关系。当现金持有量足够多的时候，短缺成本为零。现金的短缺成本一般有如下三种。

（1）丧失购买能力的成本。这主要是指企业由于缺乏现金不能及时购买原材料等生产资料，停工待料使企业不能维持正常生产经营活动而付出的代价。这种代价不容易测量，但如果发生将给企业带来很大损失。

（2）不能得到现金折扣好处的成本。企业由于现金短缺，不能在现金折扣期内向供货方付款，不能得到现金折扣，增加了资金的成本。

（3）丧失信用的成本。企业由于现金短缺不能按期支付供货单位的货款，失信于供货单位，造成供货单位拒绝供货或拒绝提供延期付款条件，因而付出代价。这将削弱企业的筹资能力，降低企业化解财务风险的能力。

【结论】　现金机会成本和现金持有量呈同方向变动，现金转换成本和短缺成本与现金持有量呈反方向变动关系，管理成本基本保持不变。

（三）现金的管理目标

现金的管理目标是由现金的特点决定的。现金具有流动性强，支付能力强和方便的特点，决定了现金承担着采购货物、支付工资、偿还债务、缴纳税款等支付功能，因此企业必须拥有足够的现金，才能保证足额及时支付，规避一定的财务风险。但是，现金属于非盈利资产，即使是银行存款，其利率也很低。如果现金持有量过大，企业的收益水平会降低。因此，企业现金管理的目标是必须确定合理的现金持有量，使现金收支不但在数量上，而且在时间上互相衔接，以便在保证企业经营活动所需要现金的同时，尽量减少企业闲置的现金数量，提高资金收益率。现金管理的过程就是在现金的流动性（风险）与收益性（报酬）之间进行权衡选择的过程。

（四）最佳现金持有量的确定方法

最佳现金持有量就是指使持有现金发生的总成本最低的现金持有量。即使转换成本、机会成本、管理成本、短缺成本保持最低水平的现金持有量。确定最佳现金持有量的模式主要有成本分析模式、存货模式、现金周转期模式和随机模式。

1. 成本分析模式

成本分析模式是根据现金有关成本,分析预测其总成本最低时现金持有量的一种方法。

成本分析模式假设不存在现金和有价证券的转换,不考虑转换成本,由于管理成本一般是固定不变的,所以,只需要考虑因持有一定量的现金而产生的机会成本和短缺成本。在这种模式下,最佳现金持有量,就是持有现金而产生的机会成本与短缺成本之和最小时的现金持有量。其计算公式为:

$$最佳现金持有量下的现金相关成本＝min(机会成本＋短缺成本)$$

运用成本分析模式确定最佳现金持有量的步骤是:①根据不同现金持有量测量并确定有关成本数值;②按照不同现金持有量编制相关成本资料测算表;③在测算表中找出总成本最低时的现金持有量,得出最佳现金持有量。

【例 3-1】 通达公司现有 ABCD 四种现金持有方案,请确定现金最佳持有量。有关成本资料如表 3-4 所示。

表 3-4　现金持有量备选方案

单位:元

项　　目	A	B	C	D
现金持有量	10 000	20 000	30 000	40 000
机会成本率	12%	12%	12%	12%
短缺成本	5 600	2 500	1 000	0

解答:根据表 3-4 编制该企业最佳现金持有量测算表 3-5。

表 3-5　最佳现金持有量测算表

单位:元

方案及现金持有量	机会成本	短缺成本	合计
A (10 000)	1 200	5 600	6 800
B (20 000)	2 400	2 500	4 900
C (30 000)	3 600	1 000	4 600
D (40 000)	4 800	0	4 800

通过分析比较上表各方案的总成本可知,C 方案的总成本最低,因此,企业持有现金 30 000 元时,各方面的总成本最低,即 30 000 元为企业最佳现金持有量。

成本分析模式的优点是简单易懂,容易操作;其缺点在于因所选方案有限,可能将最佳的持有方案遗漏,而且现金持有量总是随企业经营不断处于变动中,不可能时时刻刻处于最佳持有量上。

【结论】 成本分析模式一般适用于资金规模小,现金使用量平稳,备选方案少的中小型企业。

2. 存货模式

企业平时持有较多的现金,会降低现金的短缺成本,也会增加现金占用的机会成本。平时持有较少的现金,则会增加现金短缺成本,却能减少现金占用的机会成本。如果企业平时只持有较少的现金,在有现金需要时,通过出售有价证券换回现金,既能满足现金需要,避免短缺成本,又能减少机会成本。因此适当的现金与证券之间的转换,是企业提高资金使用效率的有效途径。这与企业奉行的营运资金政策有关,采用宽松的营运资金投资政策时,保留的现金较多,转换次数少。如果经常进行大量的有价证券与现金的转换,则会加大转换交易成本,因此如何确定有价证券与现金的每次转换量,是一个需要研究的问题。可以运用现金持有量的存货模式解决。

现金持有量的存货模式又称鲍莫模型,是美国经济学家威廉·鲍莫(William Baumol)提出的。他认为,现金的管理与存货的管理是一致的,是将存货经济订货批量模型原理用于确定目标现金持有量,其着眼点也是使现金相关总成本最低。

运用存货模式确定最佳现金持有量,是以下列假设为前提的:

(1)所需的现金可以通过证券变现取得,证券变现的不确定性很小。

(2)预算期内现金需要总量可以预测。

(3)现金支付过程比较稳定,现金余额降至零时可以通过部分证券变现得以补足。

(4)证券的利率或报酬率以及每次固定性交易费用已知。

这种假设前提下,不存在现金短缺。因此,短缺成本属于无关成本,也不考虑管理成本,只考虑持有现金的机会成本和固定性转换成本。机会成本与现金持有量呈正比例变动,固定性转换成本与现金持有量呈反比,如图 3-4 所示。

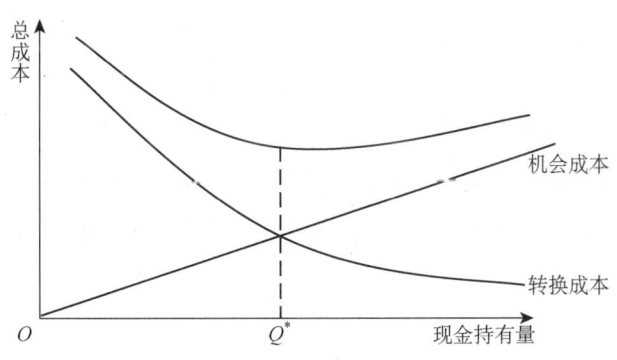

图 3-4　存货模式下现金成本

最佳现金持有量即指使机会成本和固定性转换成本之和保持最低的现金持有量。

$$机会成本＝平均现金持有量 \times 有价证券利息率 ＝ \frac{Q}{2} \times K$$

$$固定性转换成本＝交易次数 \times 每次转换成本 ＝ \frac{T}{Q} \times F$$

式中,T 为一个周期内现金总需求量;

　　　F 为每次转换有价证券的固定成本;

　　　Q 为最佳现金持有量(每次证券变现的数量);

K 为有价证券利息率(机会成本);

TC 为现金的相关总成本。

相关总成本 $TC = \dfrac{Q}{2} \times K + \dfrac{T}{Q} \times F$

当 $\dfrac{Q}{2} \times K = \dfrac{T}{Q} \times F$ 时,现金相关总成本最低,此时:

$$Q = \sqrt{\frac{2TF}{K}}$$

$$TC = \sqrt{2TFK}$$

每年最佳转换次数 $N = T/Q$

最佳交易间隔期 $t = 360/N$

【例 3-2】 通达公司预计全年现金需要量为 200 000 元,假如公司的现金收支比较稳定。有价证券的年利率为 10%,现金和有价证券的转换成本每次为 400 元。试计算现金的最佳持有量、最低的现金管理总成本、有价证券的变现次数和间隔期。

解答:最佳现金持有量 $Q = \sqrt{\dfrac{2TF}{K}} = \sqrt{\dfrac{2 \times 200\,000 \times 400}{10\%}} = 40\,000(元)$

最低现金相关总成本 $TC = \sqrt{2TFK} = \sqrt{2 \times 200\,000 \times 400 \times 10\%} = 4\,000(元)$

其中: 机会成本 $= \dfrac{Q}{2}K = \dfrac{40\,000}{2} \times 10\% = 2\,000(元)$

转换成本 $= \dfrac{T}{Q}F = \dfrac{200\,000}{4\,000} \times 400 = 2\,000(元)$

有价证券的变现次数 $N = \dfrac{200\,000}{4\,000} = 5(次)$

有价证券变现的间隔期 $t = \dfrac{360}{5} = 72(天)$

现金管理的存货模式的缺点是它建立在很多假设基础上,其中现金流出量稳定不变,即每次转换数量一定,不存在淡旺季现金需求量变动的影响。与成本分析模式一样,现金最佳持有量确定在某一个点上。

【结论】 存货模式适合于现金收支状况比较稳定的企业,由于该模式建立在一系列假设前提下,得到的结果仅仅是理论参考值,所以实际工作中的现金持有量应该根据最佳现金持有量进行调整。

3. 现金周转期模式

现金周转期模式是从现金具有周转的特性角度出发,根据现金的周转速度来确定最佳现金持有量。它一般包括三个步骤:

第一步,计算现金周转期。

从购买存货时起,通过存货的销售再收回现金的整个周转过程所需的时间(天数),就是现金的一个周转期。因为这个周转过程是从付现开始,以收现结束,所以它应该包括存货周转期和应收账款周转期。但应付账款的存在使得没有付现之前存货已形成,所以应从其中扣除应付账款周转期,见图 3-5。

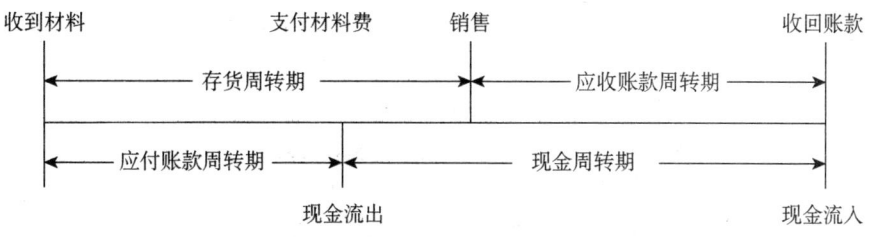

图 3-5 现金周转期

因此，它的计算公式如下：

现金周转期＝应收账款周转期＋存货周转期－应付账款周转期

第二步，计算现金周转率。

现金周转率是指现金在一年内周转的次数。其计算公式为：

$$现金周转率＝\frac{360}{现金周转期（天数）}$$

第三步，计算现金持有量。

现金持有量的计算公式为：

$$现金持有量＝\frac{年现金需要量}{现金周转期}$$

【例 3-3】 假设通达公司购买原材料和销售产品是采用赊购、赊销方式，其应付账款的平均付款天数为 30 天，应收账款的平均收款天数为 70 天，存货平均占用期，即从公司购买原材料开始到产品销售为止的时间为 80 天，该公司每年现金需要额为 360 万元。试求公司现金持有量。

解答： 现金周转期＝70＋80－30＝120（天）

$$现金周转率＝\frac{360}{120}＝3（次）$$

$$现金持有量＝\frac{360}{3}＝120（万元）$$

4. 随机模式

实际工作中，现金持有量往往具有很大的不确定性。假如每日现金流量的分布接近正态分布，每日现金流量可能低于也可能高于期望值，其变化是随机的。随机模式是在现金需求难以预知的情况下进行的确定现金持有量的方法。企业可以根据历史经验和需求，预算出一个现金持有量的控制范围，制定出现金持有量的上限和下限，即现金持有量的最高点与最低点，争取将企业现金持有量控制在这个范围之内，当余额达到上限时将现金转换为有价证券，降至下限时将有价证券换成现金。随机模式如图 3-6 所示。

该模型有两条控制线和一条回归线，H 为上限控制线，L 为下限控制线，Z 为现金的目标持有量即回归线。现金余额升至 H 时，可购进（$H-Z$）的有价证券，使现金余额回落到 Z 线；现金余额降至 L 时，出售（$Z-L$）金额的有价证券，使现金余额回落到 Z 的最佳水平。

第一步，先确定企业现金持有量的最低数额 L。L 的大小取决于模型之外的因素，需综

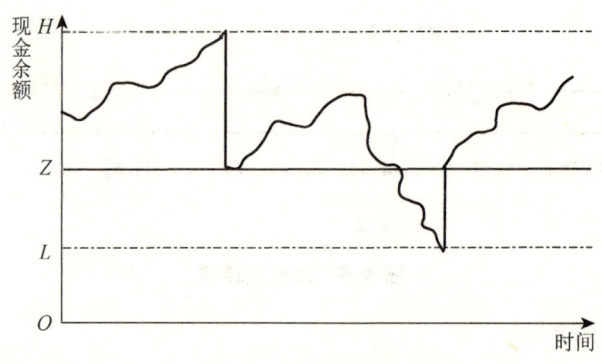

图 3-6　随机模式

合考虑短缺现金的风险程度、公司借款能力、公司日常周转所需资金、银行要求的补偿性余额等因素确定。

第二步,目标现金持有量 Z 线的确定。可按现金总成本最低,即持有现金的机会成本和转换有价证券的固定成本之和最低的原理,并结合现金余额可能波动的幅度考虑。按以下公式计算:

$$Z = \sqrt[3]{\frac{3F\delta^2}{4K}} + L$$

式中,Z——目标现金余额;

　　　L——现金持有量的下限;

　　　F——每次转换有价证券的固定成本;

　　　δ——日现金净流量的标准离差;

　　　K——持有现金的日机会成本(证券日利率)。

第三步,用 H 表示现金持有量上限 $H = 3Z - 2L$。上限公式为 $H = 3Z - 2L$,可以写成 $H - Z = 2 \times (Z - L)$,这意味着上限到最佳返回线的距离是最佳返回线到下限距离的 2 倍。根据这个规律,我们可以根据其中的两个指标很方便地推出第三个指标。如下限为 100,最佳返回线为 200,那么上限一定是 400。

【例 3-4】　通达公司每次转换有价证券的固定成本为 100 元,有价证券的年利率为 9%,日现金净流量的标准离差为 900 元,现金余额下限为 2 000 元。若一年以 360 天计算,求该公司的现金最佳持有量和上限值。

解答:

$$Z = \sqrt[3]{\frac{3 \times 100 \times 900^2}{4 \times 9\% \div 360}} + 2\,000 = 8\,240(元)$$

$$H = 3 \times 8\,240 - 2 \times 2\,000 = 20\,720(元)$$

由[例 3-4]可见,通达公司现金最佳持有量为 8 240 元,当现金余额升到 20 720 元时,则可购进 12 480 元的有价证券(20 720-8 240=12 480);而当现金余额下降到 2 000 元时,则可售出 6 240 元的有价证券(8 240-2 000=6 240)以增加现金持有量。所以,从理论上讲,Z 线为理想持有量。

【结论】　随机模式适用于未来现金流量呈不规则波动且收支无法准确预测的企业。所以,该模型适用于所有企业现金持有量的测算。

(五) 现金的日常管理

企业在确定最佳现金持有量后,加强现金日常管理就可以围绕着控制现金最佳持有量来进行。加强现金日常管理的目的是防止现金闲置与流失,保障其安全、完整性,并有效地发挥其效能,加速资金的运转,增强企业资产的流动性和债务的可清偿性,提高资金的收益率。

控制现金最佳持有量还必须建立一套完整的现金管理信息反馈系统。因为,只有建立了完整的信息反馈系统,才能在企业发生现金运转不灵,或现金的流入流出变化导致实际的现金持有量偏离确定的最佳值时,及时采取有效的补救措施。企业现金持有量偏高只需开支掉就可以了,所以,加强现金日常管理最关键的问题就是如何增加现金的持有量。增加现金持有量的方法主要有以下几种。

1. 现金收入的管理

企业现金收入的主要途径就是企业账款的回收,而企业账款的回收通常需要经过四个时点,即客户开出付款票据、企业收到票据、票据交存银行、企业收到现金,见图3-7所示。

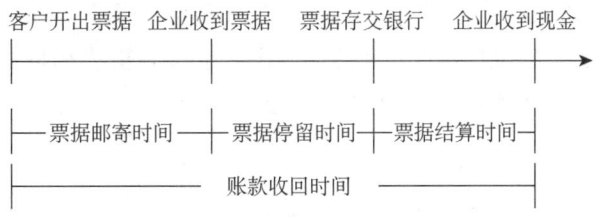

图3-7　账款回收

这样,企业账款的回收时间就由票据的邮寄时间、票据在企业停留时间、票据结算时间三个部分组成。票据在企业停留的时间可以由企业本身通过建立规章制度、奖惩激励机制等方法来控制,但要控制票据邮寄时间和票据结算时间,仅靠企业自身的力量是远远不够的,必须采取有效措施充分调动客户和银行的积极性,才能实现有效控制。对此,可采取以下方法。

1) 折扣、折让激励法

企业与客户共同寻求的都是经济利益,从这点出发,企业在急需现金的情况下,可以通过一定的折扣、折让来激励客户尽快支付账款。方法可以是在双方协商的前提下一次性给予客户一定的折让,也可以是根据不同的付款期限,给出不同的折扣。如:10天内付款,给予客户3%的折扣,20天内给予2%的折扣,30天内给予1%的折扣。使用这种方法的技巧在于企业本身必须根据现金的需求程度和取得该笔现金后所能发挥的经济效益,以及独为因折扣、折让形成的有关成本进行精确的预测和分析,从而确定出一个令企业和客户双方都能满意的折扣或折让比率。

2) 邮政信箱法

邮政信箱法又称锁箱法,它起源于西方国家,是企业为了加速现金流转而惯用的手法。具体做法是:企业在各主要城市租用专门的邮政信箱,并开设分行存款户,授权当地银行定期开箱,在取得客户票据后立即予以结算,并通过电子汇兑等最快捷的汇兑方式将货款及时拨回企业总部所在地银行。这种方法,可以使客户直接将票据邮寄给客户所在地的邮箱,而不是身处异地的企业总部,它不仅缩短了票据的邮寄时间,还免除了公司办理收账、将货款存入银行等手续,从而有效地缩短账款收取时间。但由于被授权开启邮政信箱的当地银行不可能免费提供服务,它不仅要求扣除相应的补偿性余额,而且还要加收办理额外服务的劳务费用。这样,企业的现金成本必然增加很多。因此,是否采用邮政信箱法,必须视企业提前收取这笔资金后所能产生的经济效益与预计为此增加的成本大小而定。

3) 银行业务集中法

这是一种通过建立多个收款中心来加速现金流转的方法。其具体做法是:企业指定一个主要开户行(通常是指定企业总部所在地的基本结算开户行)为集中银行,然后在收款额较为集中的各营业网点所在区域设立收款中心,客户收到账单后直接与当地收款中心联系,办理货款结算,中心收到货款后立即存入当地银行,当地银行在进行票据交换后,立即转给企业总部所在地的集中银行。

这种方法的优点是可以缩短客户邮寄票据所需时间和票据托收所需时间,也缩短了现金从客户到企业的中间周转时间;其缺点是同样由于多处设立收款中心,现金成本相应增加了。这种方法在技巧上除了可以采用与邮政信箱法相同的方式外,还可以将各网点的收款中心业务直接委托给当地银行办理,这样既减少了中间环节,又节省了人力、财力。

分散收账收益净额=(分散收账前应收账款投资额-分散收账后应收账款投资额)
×企业综合资金成本率-因增设收账中心每年增加费用额

【例3-5】 通达公司若采用银行业务集中法增设收款中心,可使企业应收账款平均余额由现在的 500 万元减至 300 万元。企业资金成本为 12%,因增设收款中心,每年将增加相关费用 8 万元,要求:计算企业分散收款收益净额。

解答: 该企业分散收款收益净额=(500-300)×12%-8=16(万元)

4) 大额款项专人处理法

这种方法是通过企业设立专人负责制度,将现金收取的职责明确落实到具体的责任人,在责任人的努力下,提高办事效率,从而加速现金流转速度。这种方法的优点是便于管理,缺点是缩短的时间相对较少,也会增加相应的现金成本。采用这种方法时,必须保持人员的相对稳定,因为处理同样类型的业务,有经验的通常比没有经验的要方便、快捷。

5) 其他方法

除了上述方法外,现金收入的管理方法还有很多,如电子汇兑、企业内部往来多边结算、减少不必要的银行账户,但这些方法相对比较单一,也就没有什么技巧可言。

2. 现金支出管理

现金支出管理的重点是现金支出的时间。从企业角度而言,与现金收入管理相反,尽可能地延缓现金的支出时间是控制企业现金持有量最简便的方法。当然,这种延缓必须是合理合法的,且是不影响企业信誉的,否则,企业延期支付所带来的效益必将远小于为此而遭受的损失。主要方法有：

1）推迟支付应付账款法

一般情况下，供应商在向企业收取账款时，都会给企业预留一定的信用期限，企业可以在不影响信誉的前提下，尽量推迟支付的时间。

2）汇票付款法

这种方法是在支付账款时，可以采用汇票付款的尽量使用汇票，而不采用支票或银行本票，更不是直接支付现钞。因为，在使用汇票时，最长可延迟 6 个月付款，这样就合法地延长了付款时间。而在使用支票或银行本票时，只要受票人将支票存入银行，付款人就必须无条件付款。

3）合理利用"浮游量"

现金的浮游量是指企业现金账户上现金金额与银行账户上所示的存款额之间的差额。有时，企业账户上的现金余额已为零或负数，而银行账上的该企业的现金余额还有很多。这是因为有些企业已开出的付款票据，银行尚未付款出账，而形成的未达账项，对于这部分现金的浮游量，企业可以根据历年的资料，进行合理地分析预测，有效地加以利用。但需注意预测的现金浮游量必须充分接近实际值，否则容易开出空头支票。

4）分期付款法

无论哪家都不能保证每一笔业务都能做到按时足额付款。因此，如果企业与客户是一种长期往来关系，彼此间已经建立了一定的信用，那么在出现现金周转困难时，适当地采取"分期付款"的方法，客户是完全可以理解的。但拒绝支付又不加以说明，或每一笔业务无论金额大小都采用"分期付款法"，企业的信用度就会大打折扣。为此，可采用大额分期付款，小额按时足额支付的方法。采用大额分期付款时，一定要妥善拟订分期付款计划，并将计划告知客户，且必须确保按计划履行付款义务，这样就不会失信于客户。

5）改进工资支付方式

企业每月在发放职工工资时，都需要大笔的现金，而这大笔的现金如果在同一时间提取，则在企业现金周转困难时会陷入危机。为解决此危机，有的企业在银行单独开设一个专供支付职工工资的账户，采用开出现金支票方式支付工资，预先估计出职工拿支票到银行兑现的具体时间与大致金额，就能最大限度地避免这部分现金在同一时间提取。例如：某企业在每月 10 日发放工资，而根据多年经验判断，通常 10 日、11 日、12 日、12 日以后的兑现率分别为 30%、25%、20%、25%，这样，企业就不必在 10 日足额开出支付工资支票的金额，而开出月工资的 30% 即可，这样余下的部分现金则可用于其他支出。

6）外包加工节现法

对于生产型企业，特别是工序繁多的生产型企业，可采取部分工序外包加工的方法，有效地节减企业现金。

3. 闲置现金投资管理

企业在筹集资金和经营业务时会取得大量的现金，这些现金在用于资本投资或其他业务活动中有一定的间歇时间。如果让这些现金其一味地闲置就是一种损失、一种浪费。为此，可将其投入流动性高、风险性低、交易期限短，且变现及时的投资上，以获取更多的利益。如：金融债券投资、可转让大额存单、回购协议，但股票、基金、期货等投资虽然可行，因风险较大而不提倡。

总的来说,现金管理的目的首先是保证日常生产经营业务的需要,其次才是最大限度地加速现金的运转,使这些现金产生最大的收益。

知识点二　应收账款管理

应收账款是指企业因销售商品、提供劳务等原因,应向购货客户或接受劳务的客户收取的款项和代垫的运杂费,它是企业采取信用销售而形成的债权性资产,是企业流动资产的重要组成部分。虽然大多数公司希望现销而不愿赊销,但是面对竞争,为了稳定自己的销售渠道、扩大商品销路、开拓并占领市场、增加收入,除了降低商品的仓储费用和管理费用外,不得不面向客户采用赊销,提供信用业务。公司采用赊销,虽能给公司带来以上好处,但也要付出一定代价,给公司带来风险。如客户拖欠货款,应收账款收回难度越来越大,甚至收不回。

(一) 应收账款的功能

应收账款的作用主要体现在企业生产经营过程中,有积极的一面也有消极的一面。

1. 应收账款对企业生产经营的正面影响

1) 扩大销售

在激烈的商业竞争中,企业为了获得利润,就要销售商品,取得销售收入,收入的多少是检验经营成果的依据,特别是在市场经济条件下,有无经营成果,决定了企业的命运,所以说企业必须有收入才能有利润。而企业为了取得销售收入就会采取多种方式促进销售,而赊销是重要手段之一,企业赊销实际上是向顾客提供了两项交易:向顾客销售产品以及在一个有限的时期内向顾客提供资金。赊销对顾客来说十分有利,所以顾客在一般情况下都选择赊购。赊销产生了应收账款,吸引了大量客户,扩大了销售额,为企业带来了效益,所以说应收账款对企业的经营、开拓新市场有着重大的影响。

2) 减少库存

企业持有产成品等存货,要追加管理费、仓储费和保险费等支出;相反,企业持有应收账款,则无需上述支出。因此,当企业产成品存货较多时,一般都可采用较为优惠的信用条件进行赊销,把存货转化为应收账款,增强企业资金的流动性,减少产成品存货,节约相关的开支。

3) 贷款融资

应收账款可以用作企业流动资金贷款的基本条件,根据其规模大小及债务方企业性质可以向银行申请流动资金贷款,用于企业的扩大生产与经营。

2. 应收账款对企业带来的负面影响

1) 大量占用流动资金

应收账款是企业的一项资金投放,长期占用了企业的资金,造成企业资金周转减慢,降低了企业的资金使用效率,增加了企业的经营成本,而且严重影响企业再生产能力,使企业效益下降。

2) 夸大企业经营成果

企业收入以权责发生制为记账基础,当期赊销全部确认为当期收入。因此,企业的账上利润的增加并不表示能如期实现现金流入。会计制度要求企业按期提取坏账准备,如果实际发生的坏账损失超过提取的坏账准备,企业利润会直接减少。因此,企业应收款的大量存在,虚增了账面上的销售收入,在一定程度上夸大了企业经营成果,增加了企业的风险成本。

3)加速企业的现金流出

赊销虽然能使企业产生较多的利润,但是并未真正使企业现金流入增加,反而使企业不得不运用有限的流动资金来垫付各种税金和费用,加速了企业的现金流出。

4)影响企业营业周期

营业周期即从取得存货到销售存货,并收回现金为止的这段时间,营业周期的长短取决于存货周转天数和应收账款周转天数,营业周期为两者之和。由此看出,不合理的应收账款的存在,使营业周期延长,影响了企业资金循环,使大量的流动资金沉淀在非生产环节上,使企业现金短缺,影响工资的发放和原材料的购买,严重影响了企业正常的生产经营。

(二)应收账款的成本

1. 机会成本

应收账款的机会成本是指因资金投放在应收账款上而丧失的其他收入,比如投资于有价证券便会有利息收入。我们可以用以下公式来表示其机会成本:

$$机会成本 = 应收账款年平均占用资金 \times 机会成本率$$
$$= 应收账款的平均余额 \times 变动成本率 \times 机会成本率$$
$$= \frac{年赊销额}{应收账款周转次数} \times 变动成本率 \times 机会成本率$$
$$= 平均日赊销额 \times 平均收账天数 \times 变动成本率 \times 机会成本率$$

公式当中应收账款年平均占用资金为维持年赊销业务所需要的资金;机会成本率一般可按有价证券利息率或资金成本率计算;平均收账天数又称平均收现期,一般按客户各自赊销额占总赊销额比重为权数的所有客户收账天数的加权平均数计算;变动成本率是变动成本总额占销售收入的比例。可以看出,应收账款的机会成本和应收账款的平均余额呈同方向变化。

【例 3-6】　通达公司预测 2018 年年度销售收入净额为 5 400 万元,现销与赊销比例为 1∶2,应收账款平均收账天数为 60 天,变动成本率为 60%,企业的资金成本率为 10%。一年按 360 天计算。

要求:(1)计算 2018 年度赊销额。

(2)计算 2018 年度应收账款的平均余额。

(3)计算 2018 年度应收账款年平均占用资金额。

(4)计算 2018 年度应收账款的机会成本。

(5)若 2018 年应收账款需要控制在 400 万元,在其他因素不变的条件下,应收账款平均收账天数应调整为多少天?

解答:(1)现销与赊销比例为 1∶2,所以赊销额 $= 5\ 400 \times \dfrac{2}{3} = 3\ 600$(万元)

（2）应收账款的平均余额＝日赊销额×平均收账天数＝$\frac{3\ 600}{360} \times 60 = 600$（万元）

（3）应收账款年平均占用资金额＝应收账款的平均余额×变动成本率
$$= 600 \times 60\% = 360（万元）$$

（4）应收账款的机会成本＝应收账款年平均占用资金×机会成本率
$$= 360 \times 10\% = 36（万元）$$

（5）应收账款的平均余额＝日赊销额×平均收账天数＝$\frac{3\ 600}{360} \times$ 平均收账天数＝400（万元）

计算出平均收账天数＝40（天）。

2. 管理成本

管理成本是对应收账款进行日常管理而耗费的开支，主要包括赊销前对客户的资信调查费用、赊销中应收账款账簿记录费用、赊销后收账费用等。管理成本一般和应收账款的平均余额呈同方向变化。

3. 坏账成本

坏账成本是因应收账款无法收回而给企业带来的损失。这一成本一般与应收账款数量呈同方向变化，即应收账款越多，坏账成本越多。基于此，为规避发生坏账成本给企业生产经营活动的稳定性带来的不利影响，企业应合理提取坏账准备，用公式表示为：

$$坏账成本＝年赊销额×预计坏账损失率$$

以上应收账款的三大成本通常合称为信用成本。

【结论】 其他条件不变时，应收账款的三大成本与应收账款的规模呈同方向变化。

（三）应收账款管理目标

应收账款管理绝不是对应收账款数量规模的管理。对于一个企业来讲，企业一方面想借助于它来促进销售，扩大销售收入，增强竞争能力，希望应收账款越多越好，同时又希望尽量避免由于应收账款的存在而给企业带来的资金周转困难、坏账损失等弊端，希望应收账款越少越好。要处理好这一对立又统一的问题，应在扩大销售、增加应收账款的同时尽快收回应收账款，使得坏账成本降低，这就是企业应收账款管理的目标。

企业应收账款管理的重点，就是根据企业的实际经营情况和客户的信誉情况制定企业合理的信用政策，这是企业财务管理的一个重要组成部分，也是企业为达到应收账款管理目标必须合理制定的方针策略。

（四）信用政策

信用政策和经济环境是影响企业应收账款水平的主要因素；其中经济环境是企业难以控制和预测的，但企业可以通过调整信用政策来控制应收账款的水平和质量。

信用政策（credit policy）又称应收账款政策，是指企业为规划与控制应收账款而确立的基本原则性行为规范，是企业财务政策的一个重要组成部分。信用政策主要包括信用标准、信用条件和收账政策三部分，其中最重要的是信用标准的确定。

信用政策的制定存在以下两难局面：如果对购货企业政策放得太松，最直接的影响是企业资金运作,最坏的结果是应收账款不能收回,形成大量的呆账、死账。如果政策制定得太紧,出现不给钱不发货的紧缩供货现象,将会影响企业的销售,造成部分客户流失。

制定科学合理的信用政策,就要在改变信用政策所增加的销售盈利和采用这种政策预计要担负的成本之间作出权衡。只有当所增加的销售盈利超过运用此政策所增加的成本时,才能实施和推行使用这种信用政策。

1. 信用标准

信用标准是客户获得企业商业信用所应具备的最低条件,通常以预期的坏账损失率表示。企业信用标准的设置,直接影响到客户信用申请的批准与否,是企业制订信用管理政策的重要一环。影响信用标准的因素一般有同行业竞争对手的情况、企业承担违约风险的能力和客户的资信程度。

如果企业把信用标准定得过高,将使许多客户达不到所设的标准而被企业拒之门外,其结果尽管有利于降低违约风险及收账费用,但不利于企业市竞争能力的提高和销售收入的扩大。相反,如果企业制定较低的信用标准,虽然有利于企业扩大销售,提高市场竞争力和市场占有率,但同时也会导致坏账损失风险加大和收账费用增加。为此,企业应在成本与收益比较原则的基础上,确定适当的信用标准。

1)信用标准定性分析——5C 系统评估法

所谓"5C"系统是评估顾客信用品质的五个方面,即:

品质(Character),指顾客的信誉,即履行偿债义务的可能性。企业必须设法了解顾客过去的付款记录,看其是否有按期如数付款的一贯做法,及与其他供货企业的关系是否良好。品质经常被视为评价顾客信用的首要要素。

能力(Cpacity),指顾客的偿债能力,即流动资产的数量与质量以及与流动负债的比例。顾客的流动资产越多,其转换为现金支付款项的能力越强。同时,还应注意顾客流动资产的质量,看存货是否过多、过时或质量下降,影响其变现能力和支付能力。

资本(Capital),指顾客的经济实力和财务状况,它表明顾客偿还债务的背景。管理者通过对方企业的财务比率所反映的资产构成状况进行判断,其中有形资产在总资产中所占的比率是非常重要的指标。资本是客户偿付债务的最终保证。

抵押(Collateral),指顾客拒付款项或无力支付款项时能被用作抵押的资产。这对于不知底细或信用状况有争议的顾客尤其重要,一旦收不到这些顾客的款项,便可以抵押品抵补。如果这些顾客提供足够的抵押,就可以考虑向他们提供相应的信用。

条件(Condition),指可能影响顾客付款能力的经济环境。尤其是指不利经济环境对客户偿付能力的影响及客户是否具有较强的应变能力。比如,万一出现经济不景气,顾客的付款会受到什么影响,顾客会如何应对等,这需要了解顾客在过去困难时期的付款历史。

2)信用标准定量分析——预计坏账损失率

对信用标准进行定量分析,旨在解决两个问题:一是确定客户拒付应付账款的风险,即坏账损失率;二是具体确定客户的信用等级,以作为给予或拒绝信用的依据。它可以通过以下三个步骤来完成:

第一步:设定信用等级的评价标准

根据对客户信用资料的调查分析,确定评价信用优劣的数值标准,以一组具有代表性、能够说明付款能力和财务状况的若干比率(如流动比率、速动比率、应收账款周转率、存货周转率、产权比率或资产负债率、应付账款履约情况等)作为信用风险指标,根据数年内最坏年景的情况,分别找出信用好和信用坏两类顾客的上述比率的平均值,依此作为比较其他客户的信用标准。

【例 3-7】 假设通达公司选择 10 项指标,对客户资料信用调查计算的信用评价标准值如表 3-6 所示,请对客户进行信用评价。

表 3-6 信用标准一览表

指标	信用评价标准值	
	信用好	信用差
流动比率	2.5	1.5
速动比率	1.1	0.8
现金比率	0.4	0.2
产权比率	1.8	4
已获利息倍数	3.2	1.6
有形净值负债率	1.5	2.9
应收账款平均收账天数	20	40
存货周转率(次)	6	4
总资产报酬率(%)	35	20
赊购付款履约情况	及时	拖欠

第二步:首先,根据客户的财务报表,计算出各个指标值。其次,将指标值同标准值进行比较,来确定各种指标的拒付风险系数。如果该客户的指标值好于信用好的标准值,拒付系数为 0;如果指标值坏于信用差的标准值,拒付系数为最高值;如果指标值介于信用好标准值和信用差标准值之间,拒付系数为中间值,即最高值除 2。最后,把各个拒付系数累加起来,这个累加数就是该客户可能发生的坏账损失率。

解答:根据客户的财务报表计算的各个指标值以及拒付风险系数如表 3-7 所示。

表 3-7 客户信用评价表

指 标	客户实际指标值	拒付风险系数(%)
流动比率	2.6	0
速动比率	1.4	0
现金比率	0.3	5
产权比率	1.7	0
已获利息倍数	3.4	0
有形净值负债率	2.3	5
应收账款平均收账天数	72	10

（续表）

存货周转率（次）	7	0
总资产报酬率（%）	35	0
应付账款履约情况	及时	0
累计拒付风险系数		20

因为选取了通达公司 10 项指标，所以每个指标拒付风险系数的最高值为 $100\% \div 10 = 10\%$，中间值为 $10\% \div 2 = 5\%$。从表 3-7 中可以看出甲客户可能发生的坏账损失率为 20%。

第三步：按照各客户可能发生的坏账损失率大小进行排队，结合企业承受拒付风险的能力和市场竞争程度，确定每个客户的信用等级。

【结论】　给予不同客户不同的信用标准，信用等级高的客户给予低标准，信用等级低的客户给予高标准、附加限制条款甚至拒绝订单，以降低风险。

2. 信用条件

信用条件是企业赊销商品时，给予客户延期付款的若干条件，包括信用期限、折扣期限和现金折扣率等。

1）信用期限

信用期限是企业为客户规定的最长付款期限，一般用符号表示，如"n/30"即表示最长付款时间为 30 天。

适当地延长信用期限可以扩大销售量，但信用期限过长会造成应收账款机会成本增加，同时管理成本和坏账成本上升。信用期缩短，虽然会使得应收账款的信用成本下降，但由于期限短不足以吸引顾客，在竞争中会使销售额下降。因此，企业必须慎重研究，规定出恰当的信用期。信用期的确定，主要是分析改变现行信用期对收入和成本的影响。延长信用期，会使销售额增加，产生有利影响；与此同时应收账款的机会成本、管理成本和坏账损失增加，产生不利影响。可采用成本效益的原则，当前者大于后者时，可以延长信用期，否则不宜延长。如果缩短信用期，成本的下降超过收入的下降，可以缩短信用期，否则不能缩短。

【例 3-8】　通达公司预测 2018 年赊销额为 3 600 万元，其信用条件是：n/30，变动成本率为 60%，资金成本率（或有价证券利息率）为 10%。假设企业收账政策不变，固定成本总额不变。该公司有两个备选方案：A 方案是维持 n/30 的信用条件；B 方案是将信用条件放宽到 n/60。其余资料见表 3-8，问公司应采用哪个方案。

表 3-8　信用期限备选方案表

项目	A 方案 n/30	B 方案 n/60
年赊销额（万元）	3 600	3 960
应收账款平均收账天数	30	60
坏账损失/年赊销额	2%	3%
坏账损失（万元）	$3\ 600 \times 2\% = 72$	$3\ 960 \times 3\% = 118.8$
收账费用（万元）	40	60

解答:信用期限的确定主要是用于企业预测决策,应收账款平均收账天数的计算建立在所有客户都充分利用信用条件,都是最后一天付款的假设上,这样信用期限就是平均收账天数。

采用差量分析法来计算一个方案比另一个方案增减的收益、成本,所有增减额均用希腊字母"Δ"表示。

B 方案比 A 方案:

Δ(信用成本前)利润=3 960×(1-60%)-3 600×(1-60%)=144(万元)

Δ信用成本:

$$\Delta 机会成本=(\frac{3\,960}{360}\times 60-\frac{3\,600}{360}\times 30)\times 60\%\times 10\%=21.6(万元)$$

$$\Delta 管理成本=60-40=20(万元)$$

$$\Delta 坏账成本=3\,960\times 3\%-3\,600\times 2\%=46.8(万元)$$

$$\Delta(信用成本后)净收益=\Delta(信用成本前)利润-\Delta 成本$$
$$=144-(21.6+20+46.8)=55.6(万元)$$

因为 Δ 净收益>0,说明 B 方案比 A 方案多 55.6 万元的收益,故选择 B 方案。

分析:通达公司延长信用期限,销售上升带来的好处超过了应收账款信用成本上升带来的坏处,所以可以延长信用期限。

2)现金折扣

设置信用期限,购买方占用了销售方的资金,销售方为了促使客户早日付款,加速资金周转,在规定信用期限的同时,往往附有现金折扣条件,即客户如能在规定的折扣期限内付款,则能享受相应的折扣优惠,折扣的表示往往由折扣率与折扣期限两者构成,折扣率越小,一般折扣期限越长;折扣率越大,折扣期限一般越短。现金折扣采用符号例如"2/10,1/30,n/60"来表示,意思表示销售发票开出后 10 天内付款可以享受 2%的价格优惠,10 到 30 天内付款就可以享受 1%的价格优惠,最长付款期限为 60 天。

与不设置现金折扣相比,设置现金折扣会吸引客户,企业的销售会有所上升,平均收账期会缩短,应收账款的成本会发生变化,成本增减取决于销售带来应收账款的上升幅度与平均收账期缩短带来的应收账款下降幅度哪个大,如果前者大于后者,则成本上升,否则成本下降,另外还会发生折扣支出。运用成本效益原则进行对比,如果设置现金折扣带来的好处超过了设现金折扣带来的坏处,则可设置现金折扣。反之,不能设置现金折扣。

【例 3-9】 通达公司在[例 3-8]中采用 B 方案,现在为了加速应收账款的回收,决定将赊销条件改为 C 方案"2/10,1/20,n/60",估计销售上升到 4 320 万元,约有 60%的客户会利用 2%的折扣;15%的客户将利用 1%的折扣。坏账损失率降为 1.5%,收账费用降为 42 万元,其他条件不变。要求:分析公司是否应采用现金折扣。

解答:C 方案比 B 方案:

Δ(信用成本前、折扣前)利润=(4 320-3 960)×(1-60%)=144(万元)

Δ成本:

$$\Delta 机会成本=(\frac{4\,320}{360}\times 24-\frac{3\,960}{360}\times 60)\times 60\%\times 10\%=-22.32(万元)$$

其中:方案 C 的平均收账天数＝60%×10＋15%×20＋(1−60%−15%)×60＝24(天)

$\qquad$△ 管理成本＝42−60＝−18(万元)

$\qquad$△ 坏账成本＝4 320×1.5%−3 960×3%＝−54(万元)

$\qquad$△ 折扣成本＝4 320×(2%×60%＋1%×15%)＝58.32(万元)

$\qquad$△(信用成本后、折扣后)净收益＝△(信用成本前、折扣前)利润−△ 成本

$\qquad\qquad\qquad$＝144−(−22.32−18−54＋58.32)＝180(万元)

因为 △ 净收益＞0,所以选择 C 方案。

当面临两种现金折扣方案的取舍时,同样运用成本效益原则进行对比,把改变信用政策对企业的影响都找出来,只要改变信用政策带来的好处大于改变信用政策带来的坏处,则可以改变信用政策,否则不可改变信用政策,维持原政策。

3. 收账政策

收账政策亦称收账方针,是指当客户违反信用条件,拖欠甚至拒付账款时所采用的收款策略与措施。收账政策是企业为最大限度收回被拖欠的账款所采取的事后补救方法。

收账必须有合理的收账程序和追债方法。客户拖延付款有很多原因,一般可分为无力付款和故意拖延。无力付款是指客户因管理经营不善,导致财务出现问题未能按时付款。遇到这些情况,企业需要对客户拖延付款的原因进行详细的分析,确定能否再予延期付款。故意拖延指客户有付款能力,但为了本身利益想尽办法故意不付款,遇到此情况,企业有必要采取适当的讨债行动达到收款目的。收账一般有一定的程序和方法,有信件通知、电话催收、上门谈判、诉诸法律等。对短期欠款的客户,可出具书信催收账款;对付长期欠款的客户,可致电、上门催缴,严重的则必须通过法律方式来解决,但应该慎用法律方式。

采用积极的收账政策,收账措施越有力,收账的花费越大,收回的应收账款越多,机会成本和坏账损失也就越小。但是收账费用的发生与应收账款机会成本、坏账损失的下降并不呈线性关系,可以用图 3-8 表示。

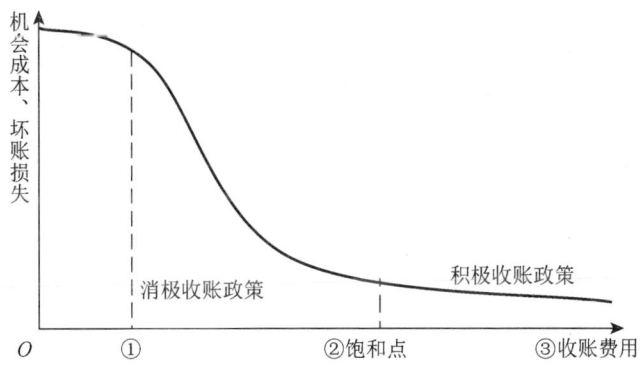

图 3-8　收账政策

第一阶段,收账部门刚开始发生收账费用时,应收账款机会成本、坏账损失有所下降,但是不明显;第二阶段,随着收账费用的进一步发生,应收账款机会成本和坏账损失大幅度下降,这一阶段效果最为显著;第三阶段,当收账费用发生到饱和点时,无论怎样增加收账费用,对降低应收账款机会成本和坏账损失已没多大的作用。因此,企业在确定收账政策时,

就要在增加的收账费用与减少的应收账款机会成本和坏账损失之间进行权衡,找出饱和点。要注意把握宽严程度,针对不同的客户采取相应的措施,以尽量确保在不丧失客户的情况下收回账款,减少收款费用和坏账损失。

【结论】 坏账不可避免,企业应采用合理的信用政策降低坏账损失。

【例 3-10】 通达公司应收账款原有的收账政策和拟采用的收账政策如表 3-9 所示。假设资金利润率为 10%,变动成本率为 60%。通过计算判断两种方案的优劣。

表 3-9 收账政策备选方案资料

项目	现行收账政策	拟改变的收账政策
赊销额(万元)	7 200	7 200
年收账费用(万元)	90	150
应收账款平均收账天数(天)	60	30
坏账损失占赊销额的百分比(%)	3	2

解答:方法一:比较两个方案的净收益。

拟改变的收账政策比现行收账政策:

△利润=0

△成本:

$$\triangle 机会成本 = \frac{7\ 200}{360} \times (30-60) \times 60\% \times 10\% = -36(万元)$$

$$\triangle 管理成本 = 150 - 90 = 60(万元)$$

$$\triangle 坏账成本 = 7\ 200 \times (2\% - 3\%) = -72(万元)$$

△净收益=0-(-36+60-72)=48(万元)>0 ,采用拟采用的收账政策。

因为收账政策是赊销之后采用的收回过期应收账款的政策,对销售规模没有影响,不考虑利润的变动,直接拿降低的机会成本和坏账损失(本例中 36+72=108 万元)与增加的收账费用(60 万元)对比,本例中采用新方案降低的机会成本和坏账损失超过收账费用的增加,故选择拟采用方案。

方法二:比较两个方案的总成本。

$$现行收账政策的成本 = \frac{7\ 200}{360} \times 60 \times 60\% \times 10\% + 7\ 200 \times 3\% + 90 = 378(万元)$$

$$拟采用收账政策的成本 = \frac{7\ 200}{360} \times 30 \times 60\% \times 10\% + 7\ 200 \times 2\% + 150 = 330(万元)$$

选择总成本低的拟采用收账政策。

(五) 应收账款日常管理

1. 赊销前管理

应收账款收回数额的多寡及时间的长短取决于客户的信用。企业设置赊销和征信部门,专门对客户的信用进行直接或间接调查,向对企业进行信用评级的征信机构取得客户信息,以便确定要求赊购客户的信用状况及付款能力,对信用标准不同的客户进行信用等级的划分。在信用等级方面,目前主要有两种:一种是三类九等,将企业的信用状况分类为

AAA、AA、A、BBB、BB、B、CCC、CC、C 九等,其中 AAA 为信用最优等级,C 级为信用最低等级。另一种是三级制,将企业的信用状况划分为 AAA、AA、A 三个信用等级。

2. 赊销中管理

1）做好基础性记录

基础性记录工作包括企业对客户提供的信用条件,建立信用关系的日期,客户付款的时间,目前尚欠款数额以及客户信用等级变化等。要登记好客户的应收账款明细账。企业只有掌握这些信息,才能及时采取相应的对策。

2）进行账龄分析

根据应收账款明细分类账和销货日记簿,检查客户是否突破信用额度。企业已发生的应收账款时间长短不一,有的尚未超过信用期,有的则已逾期拖欠。企业对客户提供的每一笔赊销业务,都要检查是否超过信用期限,将各客户的应收账款余额按账龄的长短进行分类,编制账龄分析表。应收账款账龄分析就是考察研究应收账款的账龄结构。一般来讲,逾期拖欠时间越长,账款催收的难度越大,成为坏账的可能性越高。

账龄分析表可以用来估计可能发生的坏账率,还可以利用账龄表对各个客户的信用作出动态的判断。通达公司 2017 年 12 月账龄分析表如表 3-10 所示。

表 3-10　应收账款账龄分析表

应收账款	账龄账户数量	金额(万元)	比重(%)
信用期内(设平均为 3 个月)	100	600	60
超过信用期 1 个月内	50	100	10
超过信用期 2 个月内	20	70	7
超过信用期 3 个月内	15	60	6
超过信用期 4 个月内	12	50	5
超过信用期 5 个月内	10	40	4
超过信用期 6 个月内	8	20	2
超过信用期 6 个月以上	16	60	6
应收账款余额	—	1 000	100

3）应收账款账户余额模式分析

账龄分析表可以用于进一步建立应收账款余额的模式,这是重要的现金收入预测工具。应收账款余额的模式反映一定期间(如一个月)的赊销额,在发生赊销的当月月末及随后的各月仍未偿还的百分比。企业收款的历史决定了其正常的应收账款余额的模式,企业管理部门通过将当前的模式和过去的模式进行对比,来评价应收账款余额模式的变化。企业还可以运用应收账款余额的模式来计划应收账款金额水平,衡量应收账款的收账效率和预测未来的现金收入。

【例 3-11】　通达公司 2018 年 1 月份的销售额为 300 000 元,估计当月销售额当月可以收到现金 5%,第二个月收回 40%,第三个月收回 35%,其余的 20% 第四个月收回,假设不会发生坏账。要求:计算通达公司 3 月末的应收账款余额。

解答：3 月末的应收账款余额，见表 3-11。

表 3-11　各月份销售及收款情况

单位：元

1 月份销售		300 000
1 月份收款（销售额的 5%）	300 000×5%	15 000
2 月份收款（销售额的 40%）	300 000×40%	120 000
3 月份收款（销售额的 35%）	300 000×35%	105 000
收款合计		240 000
1 月份销售仍未收回的应收账款	300 000－240 000 或者：300 000×20%	60 000

该例中，假设通达公司能按时收回应收账款。但现实中，有一定比例的应收账款会逾期或发生坏账，可以对应收账款账户余额的模式稍作调整来反映这些项目。

【例 3-12】　通达公司 2018 年 1～4 月份的销售额分别为 300 000 元、400 000 元、500 000 元和 600 000 元，沿用上例，当月销售额当月可以收到现金 5%，第二个月收回 40%，第三个月收回 35%，其余的 20% 第四个月收回，假设不会发生坏账。要求：计算 3 月末应收账款的余额和 4 月份现金收入。

解答：根据资料，计算 3 月末应收账款余额，见表 3-12。

表 3-12　各月份应收账款账户余额模式

单位：元

月份	销售额	月销售中 3 月末未收回的金额	月销售中 3 月末未收回的百分比
1	300 000	60 000	20%
2	400 000	22 000	55%
3	500 000	475 000	95%
4	600 000		

① 3 月末未收回应收账款的余额合计为：

$$60\ 000＋22\ 000＋475\ 000＝557\ 000（元）$$

② 4 月份现金收入估计＝4 月份销售额的 5%＋3 月份销售额的 40%＋2 月份销售额的 35%＋1 月份销售额的 20%：

$$4 \text{ 月份现金收入估计}＝600\ 000×5%＋500\ 000×40%＋400\ 000×35%＋300\ 000×5%$$
$$＝385\ 000（元）$$

4）应收账款收现保证率分析

应收账款收现保证率是为适应企业现金收支匹配关系的需要，所确定的有效收现的账款应占应收账款的百分比，是两者应当保持的最低比例。用公式表现为：

$$应收账款收现保证率 ＝ \frac{当期必要现金支付总额 － 当期其他稳定可靠的现金流入总额}{当期应收账款总计金额}$$

式中的当期其他稳定可靠现金流入总额是指从应收账款收现以外的途径可以取得的各种稳定可靠的现金流,包括短期有价证券变现净额、可随时取得的银行贷款额等。

【例 3-13】 通达公司预计 2018 年应收账款的总计金额为 4 000 万元,必要的现金支付为 2 500 万元,应收账款收现以外的其他稳定可靠的现金流入总额为 500 万元,则该公司2018 年的应收账款收现保证率为多少?

解答: $$应收账款收现保证率 = \frac{2\,500 - 500}{4\,000} = 50\%$$

应收账款收现保证率指标反映了企业既定会计期间预期现金支付数量扣除各种可靠、稳定性来源后的差额,必须通过应收账款有效收现予以弥补的最低保证程度。其意义在于,应收账款未来是否可能发生坏账损失对企业眼前并非最为重要,更为关键的是实际收现的账款能否满足同期必需的现金支付要求,特别是能否满足具有刚性约束的纳税债务及偿付不得展期或调换的到期债务的需要。

5) 建立坏账准备金制度

企业要遵循稳健性原则,对坏账损失的可能性预先进行估计,积极建立弥补坏账损失的准备制度。通过考察实际坏账准备率与预计坏账准备率的高低看信用标准是否过于严格或宽松,从而修正信用标准。

3. 赊销后管理

1) 确定合理的讨债方法

若客户确实遇到暂时的困难,经努力可东山再起,企业应帮助其渡过难关,以便收回账款,如客户已达到破产界限的情况,则应及时向法院起诉,以期在破产清算时得到部分清偿。针对故意拖欠的讨债,可供选择的方法有:讲理法、疲劳战法、激将法、软硬兼施法等。

2) 利用应收账款保理

保理是保付代理的简称,是指保理商和与债权人签订协议,转让其对应收账款的部分或全部权利与义务,并收取一定费用的过程。保理又称托收保付,是指卖方(供应商或出口商)与保理商间存在的一种契约关系。根据契约,卖方将其现在或将来的基于其与买方(债务人)订立的货物销售(服务)合同所产生的应收账款转让给保理商,由保理商提供下列服务中的至少两项:贸易融资、销售账户管理、应收账款的催收、信用风险控制和坏账担保。可见保理是一项综合性的金融服务方式,其同单纯的融资或收款管理有着本质的区别。

应收账款保理是指企业将赊销形成的未到期应收账款,在满足一定条件下转让给保理商,以获取流动资金,加快资金的周转。保理可以分为有追索权保理(非买断型)和无追索权保理(买断型)、明保理和暗保理、折扣保理和到期保理,企业可以针对不同的情况选用。应收账款保理,对于企业而言具有融资功能,可以减轻企业应收账款的管理负担,减少坏账损失降低经营风险,还有助于企业改善财务结构。当然,企业采用应收账款保理时,一定要采用成本效益原则权衡利弊。

3) 准确地使用法律武器

企业的经济活动受法律的约束,同时,法律也会保护企业合法的经济活动,所以,维护应收账款的完整,我们不能离开法律这一有效武器。首先,应规范销售合同。销售部门应会同财务部门、生产部门和法律部门共同制订销售合同,完善合同的内容,明确各方的责任和义务,尤其是违约条款的相关规定等,以避免日后纠纷。对于信用级别较低的客户,可以采用有担保销售和不赊销。其次,定期对账催账后要取得具有法律效力的书面文件,避免口头承诺。最后,对于陷入债务危机的客户,如其没有发展潜力,应及时启动债权人申请破产程序,以减少损失;如其有发展潜力,应合理有效地利用债务重组等方式,挽救自己的损失。

 【案例解析】

原方案:机会成本＝日赊销额×平均收账期×变动成本率×资金成本率
$$=720÷360×60×60\%×6\%=4.32(万元)$$

坏账成本＝赊销额×坏账损失率＝720×10%＝72(万元)

收账费用＝5(万元)

信用成本＝4.32+72+5＝81.32(万元)

新方案:机会成本＝720÷360×50×60%×6%＝3.6(万元)

坏账成本＝720×7%＝50.4(万元)

两个方案的销售规模一样,要使得新方案比原方案更合理,新方案的信用成本应小于原方案的信用成本,新方案的收账费用不能超过27.32万元[81.32-(50.4+3.6)],即新方案增加的收账费用必须在22.32万元(27.32-5)以内。

知识点三 存货管理

存货是指企业在生产经营过程中,为销售或耗用而储备的各种物资,包括原材料、燃料、在产品、自制半成品、产成品、低值易耗品、包装物、修理用备件、外购商品等。存货数量品种多,在企业营运资本中占很大比重,存放地点分散,又是流动性较差的流动资产。存货管理利用情况如何,直接关系到企业的资金占用水平以及资产运作效率。因此,一个企业若要保持较高的盈利能力,应当加强存货管理。

(一) 存货的功能

1. 保险功能

一定数量的存货储备能够增加企业在生产和销售方面的机动性和适应市场变化的能力。生产过程中需要的原材料和在产品是生产的物质保障,为保证生产的正常进行,必须储备一定量的原材料,否则可能会造成生产中断、停工待料现象。尽管当前部分企业的存货管理已经实现计算机自动化管理,但要实现存货为零的目标实属不易。若根据需求状况组织生产则可能有时生产能力得不到充分利用,有时又超负荷生产,造成产品成本的上升,为了降低生产成本维持均衡生产,就要储备一定的原材料、在产品和半成品存货。当企业市场需求量增加时,若产成品储备不足就有可能失去销售良机,同时由于顾客为节约采购成本和其他费用,一般可能成批采购,所以保持一定量的产成品存货,有利于组织市场销售。

2. 预防功能

企业在采购、运输、生产和销售过程中都可能发生意料之外的事故,保持必要的存货保险储备可以避免和减少意外事件带来的损失。

3. 效益功能

一般情况下企业进行采购时进货总成本与采购物资的单价和采购次数有密切关系。而许多供应商为鼓励客户多购买其产品,往往在客户采购量达到一定数量时给予价格折扣。所以企业通过大批量集中进货,既可以享受价格折扣,降低购置成本,也可以因减少订货次数降低订货成本,使总的进货成本降低。而当顾客成批量采购,企业为了达到运输上的最优批量也会组织成批发运,降低运输费用。

4. 投机功能

遇到市场上获取意外收益的机会,企业可以进行投机。

(二) 存货的成本

1. 取得成本

取得成本指为取得某种存货而发生的成本,通常用 TC 来表示,包括购置成本和订货成本。

1) 购置成本

购置成本是指为购买存货本身所发生的支出,即存货本身的价值。购置成本等于采购单价(用 U 表示)乘以采购数量(用 D 表示)。在一定时期进货总量既定的条件下,假定物价不变且无采购数量折扣,无论企业采购次数如何变动,存货的购置成本通常保持相对稳定。

$$购置成本 = DU$$

2) 订货成本

订货成本是指企业为组织进货而开支的费用,如办公费、差旅费、邮资、电报电话费等。订货成本按照其与订货次数的关系,可以分为变动性订货成本(差旅费等)和固定性订货成本(采购机构的基本开支,用 F_1 表示)。订货成本与存货持有量呈反向变动关系。

$$订货成本 = F_1 + \frac{D}{Q}K$$

式中, D——存货年需要量;

Q——每次订货量;

K——每次订货成本。

$$取得成本 \, TCa = 购置成本 + 订货成本 = DU + F_1 + \frac{D}{Q}K$$

2. 储存成本

储存成本指为保持存货而发生的成本,包括存货占用资金所应计的利息、仓库费用、保险费用、存货破损和变质损失等,通常用 TCc 来表示。

储存成本可以按照其与储存数量的关系分为变动性储存成本和固定性储存成本。其中固定性储存成本与存货数量的多少没有直接联系,如仓库折旧费、仓库职工的固定月工资等,用 F_2 表示;变动性储存成本则随着存货储存数量的增减呈正比例变动关系,如存货资金的应计利息、存货残损和变质损失、存货保险费用等，单位年储存成本用 I 来表示。

$$TC_C = F_2 + \frac{Q}{2}I$$

3. 缺货成本

缺货成本指由于存货供应中断而造成的损失，包括材料供应中断造成的停工损失、产成品库存缺货造成销售中断导致延误发货的信誉损失及丧失销售机会的损失等。如果生产企业以紧急采购代用存货解决库存存货中断之急，那么缺货成本表现为紧急外购额外成本。缺货成本用 TCs 表示。缺货成本与存货储存数量呈反向变动关系，且当存货数量足够多时，缺货成本为 0。

如果以 T 来表示存货的总成本，它的计算公式为：

$$T = TC_a + TC_c + TC_s = DU + F_1 + \frac{D}{Q}K + F_2 + \frac{Q}{2}I + TCs$$

【结论】 存货购置成本与存货批量 Q 无关，订货成本和缺货成本与存货批量 Q 呈反向变动，储存成本与存货批量 Q 呈同方向变动。

(三) 存货的管理目标

企业持有充足的存货，不仅有利于生产和销售的顺利进行，而且批量购买价格优惠，节约采购费用与生产时间，并能够迅速地满足客户各种订货的需要，从而为企业的生产与销售提供较大的机动性，避免因存货不足带来的损失。但是，过多的存货需要占用较多资金，并且会增加包括仓储费、保险费、维护费、管理人员工资在内的各项开支。如何在存货的功能与成本之间进行利弊权衡，在充分发挥功能的同时降低成本、增加收益，达到两者的最佳结合，成为存货管理的基本目标。

存货的多与少，与存货的采购批量有关，要使一定时期内某一类存货的总成本降至最低限度，就要设法确定出存货的最佳订货数量。存货的控制方法有：经济批量法、ABC 分类控制法、定量控制法、定期控制法、双堆控制法及综合控制法等。

(四) 存货的控制方法

1. 经济批量法

存货经济批量是指能够使一定时期存货的相关总成本达到最低的进货数量。

1) 基本模型

建立经济批量基本模型是带着一些假设前提的：

(1) 一定时期的进货总量可以准确地予以预测，是已知常数。

(2) 存货的消耗比较均衡。

(3) 存货集中到货，而不是陆续到货。

(4) 仓储条件以及所需现金不受限制，不会因现金短缺而影响进货。

(5) 存货市场供应充足，不会因买不到需要的存货而受影响。

(6) 不允许缺货，TCs 为零。

(7) 存货价格稳定且不存在数量折扣。

由于上述假设条件的存在，存货的平均水平如图 3-9 所示。

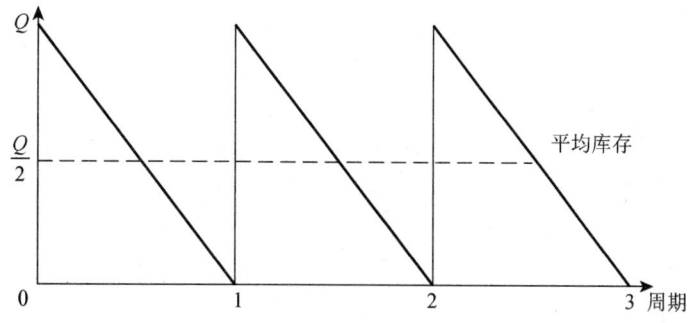

图 3-9　存货平均水平

根据以上假设,在总成本 $T = TC_a + TC_c + TC_s = DU + F_1 + \dfrac{D}{Q}K + F_2 + \dfrac{Q}{2}I + TC_s$ 公式中,DU、F_1、F_2、TCs 是常数,只有变动性订货成本(简称订货成本)和变动性储存成本(简称储存成本)为存货经济批量的相关成本。

$$TC = \frac{D}{Q}K + \frac{Q}{2}I$$

式中,TC——经济批量相关总成本。

随着订货量减少,储存成本降低,但订货次数增加,会导致订货成本提高;相反,增加订货批量,储存成本增加,但进货次数减少,订货成本降低,见图 3-10。

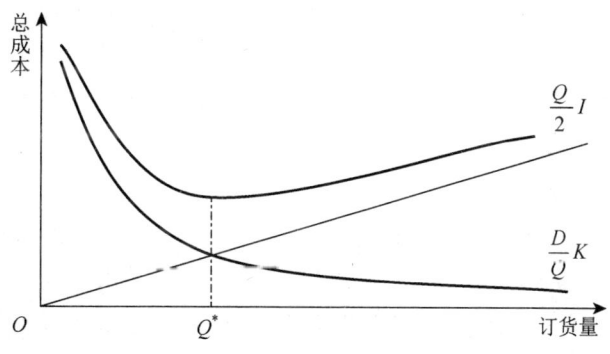

图 3-10　基本经济批量模型

因此,只要这两部分成本之和最小,就能保证存货成本总最小,相关总成本最小时的订货批量即为最佳经济批量。对 Q 求导得到:

经济订货批量 $Q^* = \sqrt{\dfrac{2DK}{I}}$

经济批量相关总成本 $TC(Q^*) = \sqrt{2DKI}$

经济批量订货次数 $N^* = \dfrac{D}{Q^*}$

经济批量订货周期 $t^* = \dfrac{360}{N^*}$

经济批量存货占用资金 $W^* = \dfrac{Q^*}{2}U$

经济批量 Q^* 时,订货成本 $\dfrac{D}{Q^*}K$ = 储存成本 $\dfrac{Q^*}{2}I$,所以,相关总成本最低或者订货成本等于储存成本相等时的批量为经济批量。

【例3-14】 通达公司本年度需耗用乙材料 360 公斤,该材料购置成本为每公斤 200 元,材料单位年储存成本为每公斤 16 元,平均每次订货成本为 20 元。

要求:

① 计算本年度乙材料的经济订货批量;

② 计算本年度乙材料经济订货批量下的相关总成本;

③ 计算本年度乙材料经济订货批量下的平均资金占用额;

④ 计算本年度乙材料最佳订货次数;

⑤ 计算本年度乙材料最佳订货周期。

解答:① 本年度乙材料的经济订货批量 $Q* = \sqrt{\dfrac{2 \times 360 \times 20}{16}} = 30$(公斤)

② 本年度乙材料经济订货批量下的相关总成本 $TC(Q*) = \sqrt{2 \times 360 \times 20 \times 16}$
$= 480$(元)

③ 本年度乙材料经济订货批量下的平均资金占用额 $W* = \dfrac{30}{2} \times 200 = 3\,000$(元)

④ 本年度乙材料最佳订货数 $N* = \dfrac{360}{30} = 12$(次)

⑤ 本年度乙材料最佳订货周期 $t* = \dfrac{360}{12} = 30$(天)

【结论】 经济批量是在众多的假设条件下的订货量,只是一个参考值,实际订货量需要根据各种条件的变化适当调整。

2) 实行数量折扣的经济批量模型

为了鼓励客户购买更多的商品,销售企业通常会给予不同程度的价格优惠,即实行商业折扣或价格折扣,购买越多,所获得价格优惠越大。这时,在基本模型中的前提条件里,只排除了单价 U 不变这个条件,其他条件还是存在的。此时,在总成本 T 公式中的相关成本有订货成本、储存成本和购置成本。使得相关总成本最低的 Q 就是实行数量折扣的经济批量。

$$存货相关总成本 = DU + \frac{D}{Q}K + \frac{Q}{2}I$$

方法一:比较相关总成本法。

具体确定步骤如下:

第一步,按照基本经济订货批量模型确定经济批量;

第二步,计算按经济批量订货时的存货相关总成本;

第三步,计算按给予数量折扣起点的批量订货时的存货相关总成本;

第四步,比较不同进货批量的存货相关总成本,最低存货相关总成本对应的订货批量,就是实行数量折扣的最佳经济订货数量。

方法二:增量法。

第一步,求出标准模型下的经济批量 Q^*;

如果 Q^* >折扣起点批量 Q,运用 Q^* 订货,因为 Q^* 订货和折扣起点订货量享受一样的折扣,而且储存成本和订货成本之和比折扣起点的两大成本之和小。反之,则需进入下一步比较。

第二步,计算 $TC(Q) - TC(Q^*)$;

第三步,计算批量 Q 订货享受的折扣好处;

第四步,比较 $TC(Q) - TC(Q^*)$ 和享受折扣好处的大小。

如果 $TC(Q) - TC(Q^*)$ <享受折扣好处,表示采用折扣起点 Q 订货两大成本上升小于享受折扣好处,应选择折扣起点 Q 订货;$TC(Q) - TC(Q^*)$ >享受折扣的好处,表示采用折扣起点 Q 订货,两大成本上升超过享受折扣好处,应选择 Q^* 订货。可以表示为图 3-11。

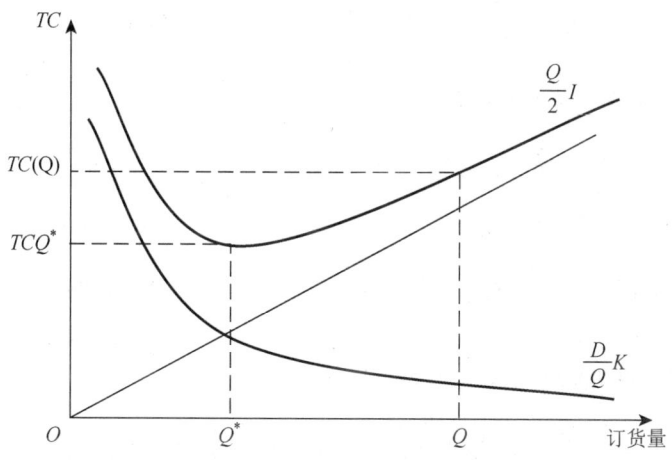

图 3-11 数量折扣的经济批量模型

【例 3-15】 通达公司甲材料的年需要量为 16 000 公斤,每公斤标准价为 20 元。销售企业规定:客户每批购买量不足 1 000 公斤的,按照标准价格计算;每批购买量 1 000 公斤以上、1 600 公斤以下的,价格优惠 2%;每批购买量 1 600 公斤以上的,价格优惠 3%。已知每批订货成本为 600 元,单位材料的年储存成本为 30 元。

要求:判断通达公司的最佳订货数量。

解答:

方法一:比较相关总成本大小法。

若企业不享受折扣,则按经济订货批量基本模式确定的经济订货批量为:

$$Q^* = \sqrt{\frac{2 \times 16\,000 \times 600}{30}} = 800(公斤)$$

每次订货 800 公斤时的存货相关总成本为:

$$存货相关总成本 = 16\,000 \times 20 + \frac{16\,000}{800} \times 600 + \frac{800}{2} \times 30 = 344\,000(元)$$

若享受 2% 的折扣,则每次订货折扣起点为 1 000 公斤,此时:

存货相关总成本 $=16\ 000\times20\times(1-2\%)+\dfrac{16\ 000}{1\ 000}\times600+\dfrac{1\ 000}{2}\times30=338\ 200$(元)

若享受 3% 的折扣,则每次订货折扣起点为 1 600 公斤,此时:

存货相关总成本 $=16\ 000\times20\times(1-3\%)+\dfrac{16\ 000}{1\ 600}\times600+\dfrac{1\ 600}{2}\times30=340\ 400$(元)

通过比较发现,每次订货为 1 000 公斤时的存货相关总成本最低,所以最佳订货批量为 1 000 公斤。

方法二:增量法。

基本模式下的经济订货批量为:

$$Q^*=\sqrt{\dfrac{2\times16\ 000\times600}{30}}=800(公斤)$$

折扣起点 1 000 公斤大于 800 公斤。

$$TC(Q)-TC(Q^*)=\dfrac{16\ 000}{1\ 000}\times600+\dfrac{1\ 000}{2}\times30-(\dfrac{16\ 000}{800}\times600+\dfrac{800}{2}\times30)=600(元)$$

每次 1 000 公斤订货享受的折扣好处 $=16\ 000\times20\times2\%=6\ 400$(元)

因为享受折扣好处 $-[TC(Q)-TC(Q^*)]=6\ 400-600=5\ 800>0$,所以选择每次订货量 1 000 公斤进货。

同样地,折扣起点 1 600 公斤大于 800 公斤。

$$TC(Q)-TC(Q^*)=\dfrac{16\ 000}{1\ 600}\times600+\dfrac{1\ 600}{2}\times30-(\dfrac{16\ 000}{800}\times600+\dfrac{800}{2}\times30)=6\ 000(元)$$

每次 1 600 公斤订货享受的折扣好处 $=16\ 000\times20\times3\%=9\ 600$(元)

因为享受折扣好处 $-[TC(Q)-TC(Q^*)]=9\ 600-6\ 000=3\ 600>0$,所以这两个方案中选择每次订货量 1 600 公斤订货。

根据以上比较,因为 5 800 元>3 600 元,所以三个方案中应选择最佳订货量为 1 000 公斤。

为什么只拿标准经济批量和折扣起点 1 000 公斤、1 600 公斤来对比,而不拿 1 001 公斤、1 601 公斤的订货量来比较?是因为 1 001 公斤订货与 1 000 公斤订货,每年享受的折扣好处一样,而 1 001 公斤订货的两大相关成本之和比 1 000 公斤订货的两大相关成本之和要高。同样超过 1 600 公斤的订货量每年享受的折扣和 1 600 公斤订货相等,但超过 1 600 公斤的订货量的两大成本更高。

【结论】 企业选择享受数量折扣,一般采用折扣起点订货。

3)订货提前期经济批量模型

实际工作中,并不是发出订单马上到货,而是有一个间隔的时间段,这个间隔的时间段就是订货提前期(L),是指从发出订单到收到货物的时间间隔。发出订单时存货的数量称为再订货点(R),如图 3-12 所示。

图中,$R=Ld$,d 为每日耗用量。在这时订货,等该批订货到达时,原有库存刚好用完,

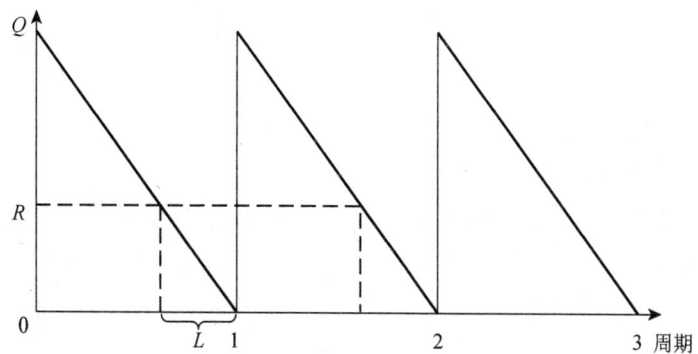

图 3-12　订货提前期经济批量

此时经济批量的假设前提依然存在。

【**结论**】　订货提前期并不影响经济批量,只是提前发出订单罢了。

4) 存货陆续供应和使用经济批量模型

在经济批量基本模型中,我们假设存货集中到货,而事实上,各批存货可能陆陆续续入库,存量陆续增加。尤其是产成品入库和在产品转移,几乎总是陆续供应和陆续耗用的。在这种情况下,排除集中到货条件,需要对经济批量基本模型做一些调整。

存货陆续供应和使用可以用图 3-13 表示。

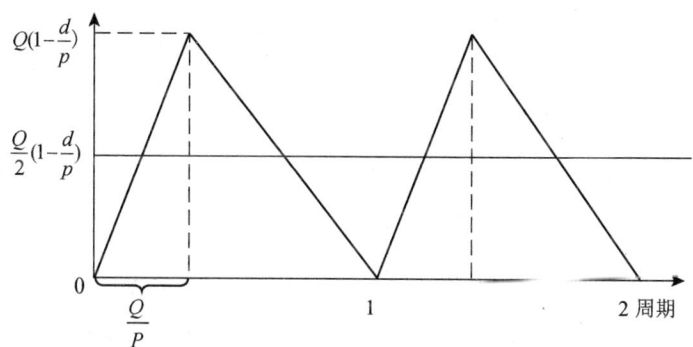

图 3-13　陆续供应使用经济批量模型

每次订货量为 Q,每日送货量为 P,每日耗用量为 d,则:送货期=Q/P,送货期内耗用量=$\dfrac{Q}{P}d$,最高存量=$Q(1-\dfrac{d}{p})$,平均存量=$\dfrac{Q}{2}(1-\dfrac{d}{p})$,这时,相关总成本=$\dfrac{D}{Q}K+\dfrac{Q}{2}(1-\dfrac{d}{p})I$,对 Q 求导得到:

$$经济批量 Q=\sqrt{\frac{2DK}{I}\cdot(\frac{P}{P-d})}$$

$$相关总成本=\sqrt{2DKI(1-\frac{d}{p})}$$

【结论】 陆续供应和使用的经济批量大于标准模型下的经济批量,而相关成本小于标准模型下的相关成本。

陆续供应和使用的经济批量模型还适用于生产批量的确定,此时,K 为一次生产准备费用,P 为日生产量,d 为日耗用量。

【例 3-16】 根据预测,通达公司每年市场对产品需求量为 10 000 个,平均日需求量为 40 个,该公司的日生产量为 80 个,每次生产准备费用为 100 元,每年单位产品的库存费用是 4 元。试确定其经济生产批量。

解答:

$$经济批量\ Q = \sqrt{\frac{2 \times 10\ 000 \times 100}{4}\left(\frac{80}{80 - 40}\right)} = 1\ 000(个)$$

$$相关总成本 = \sqrt{2 \times 10\ 000 \times 100 \times 4 \times \left(1 - \frac{40}{80}\right)} = 2\ 000(元)$$

5) 保险储备

按照某一再订货点发出订单后,到货期间如果耗用需求量增大或送货延迟,就会发生缺货或供货中断。为防止由此造成的损失,就需要多储备一些存货以备应急之需,这部分储备称为保险储备,如图 3-14 所示。

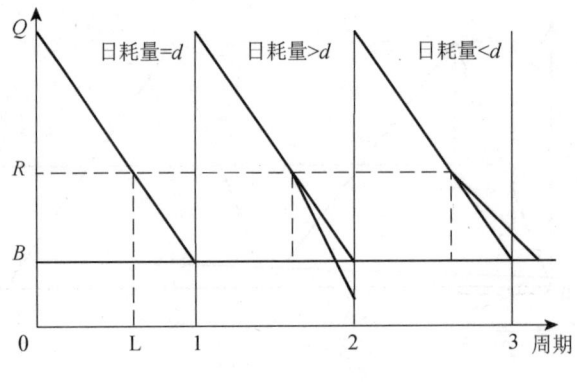

图 3-14 保险储备

考虑了保险储备的再订货点的公式如下:

$$R = 预计交货期内的需求 + 保险储备$$
$$= 订货提前期 \times 平均日需求量 + 保险储备 = Ld + B$$

式中,d——平均每日耗用量;

  B——保险储备。

图 3-14 中,设置保险储备,如果日耗量为 d,不需要动用保险储备量(见周期 1);发出订单后每日耗用量变动,如果日耗量大于 d,则需要动用保险储备(见周期 2),如果日耗量小于 d,不仅不需要动用保险储备,而且还有存货结余(见周期 3)。

保险储备的存在虽然可以减少缺货成本,但增加了储存成本。最优保险储备量的确定标准就是使保险储备的储存成本与缺货成本之和最小。

保险储备的储存成本＝保险储备量×单位储存成本

缺货成本＝一次订货期望缺货量×年订货次数×单位缺货损失

相关总成本＝保险储备的储存成本＋缺货成本

比较不同保险储备方案下的相关总成本,选择使总成本最低的再订货点和保险储备量。

【例 3-17】　通达公司计划年度耗用甲材料 21 600 公斤,材料单价为 50 元,经济订货量为 3 600 公斤,全年订货 6 次(21 600/3 600),订货点为 1 200 公斤。单位材料年储存成本为材料单价的 20%,单位材料缺货损失 15 元。在订货提前期内,生产需要量及其概率如表 3-13 所示。

表 3-13　甲材料订货提前期内耗用量情况

生产需要量(公斤)	1 000	1 100	1 200	1 300	1 400
概率	0.1	0.2	0.4	0.2	0.1

要求:根据以上资料计算确定最佳保险储备和再订货点。

解答:(1) 不设置保险储备,即 B＝0

不设置保险储备,再订货点为 1 200 公斤。当需求量为 1 200 或 1 200 公斤以下时,不会发生缺货。当需求量为 1 300 公斤时,缺货 100 公斤,概率为 0.2;当需要量为 1 400 公斤时,缺货量为 200 公斤,概率为 0.1。

一次订货的期望缺货量＝100×0.20＋200×0.1＝40(公斤)

全年缺货损失＝40×6×15＝3 600(元)

全年保险储备储存成本＝0

全年相关总成本＝3 600(元)

(2) 保险储备量为 100 公斤,B＝100

再订货点为 1 300 公斤。

一次订货的期望缺货量＝100×0.1＝10(公斤)

全年缺货损失＝10×6×15＝900 元

全年保险储备储存成本＝100×50×20%＝1 000(元)

全年相关总成本＝900＋1 000＝1 900(元)

(3) 保险储备量为 200 公斤,B＝200

再订货点为 1 400 公斤。

全年缺货损失＝0

全年保险储备储存成本＝200×50×20%＝2 000(元)

全年相关总成本＝2 000(元)

以上三种情形中,当保险储备量为 100 公斤时,全年相关总成本最低。因此,该企业保险储备量为 100 公斤比较合适。

2. ABC 分类控制法

存货 ABC 分类控制是指按一定的标准,将企业的存货划分为 A、B、C 三类,分别实行分品种重点管理、分类别一般控制和按总额灵活掌握的存货管理方法。

首先,要确定存货分类的标准。分类的标准主要有两个:一是金额标准;二是品种数量标准。其中金额标准是最基本的,品种数量标准仅作为参考。一般而言,三类存货的金额比重大致为 A∶B∶C＝0.7∶0.2∶0.1,而品种数量比重大致为 A∶B∶C＝0.1∶0.2∶0.7。将金额比重绘制成 ABC 分析图,如图 3-15 所示。

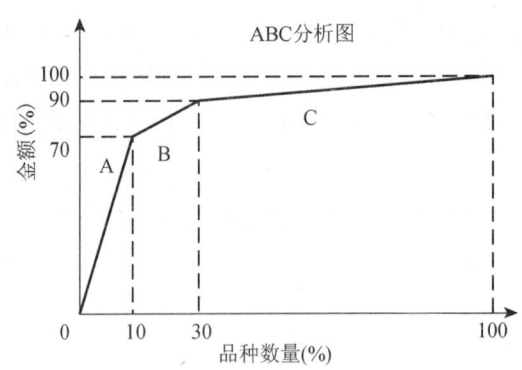

图 3-15　ABC 分析图

其次,根据上述标准对 A、B、C 三类存货进行具体划分。例如一个拥有上万种商品的百货公司,家用电器、高档皮货、家具、摩托车、大型健身器械等商品的品种数量并不很多,但价值额却相当大,划分为 A 类;大众化的服装、鞋帽、床上用品、布匹、文具用具等商品品种数量比较多,但金额相对 A 类商品要小得多,划分为 B 类;至于各种小百货、如针线、纽扣、化妆品、日常卫生品及其他日杂用品等品种数量非常多,但所占金额却很小,划分为 C 类。

最后,在对存货进行 ABC 分类的基础上,企业应分清主次,采取相应的对策进行有效的管理控制。由于 A 类存货的特点是金额巨大,但品种数量较少,公司完全有能力对 A 类存货进行重点管理和控制,实行最为严格的内部控制制度(比如说定期盘点的间隔期最短),逐项计算各种存货的经济订货量与再订货点,努力加速这类存货的周转,经常检查有关计划和管理措施的执行情况,以便及时纠正各种偏差。只要能够控制好 A 类存货,基本上不会出现较大的问题。对 B 类存货,由于其金额相对较小,而品种数量远多于 A 类存货,企业通常没有能力对每一具体品种进行控制,因此,不必像 A 类存货那样严格管理,可通过分类别的方式进行管理和控制;至于 C 类存货品种数量繁多,但价值金额却很小,对它的管理可采用较为简化的方法,只要把握一个总金额就完全可以了,不必因此花费较多的管理费用。

【例 3-18】　通达公司共有 20 种库存材料,总金额为 200 000 元,将其按金额多少的顺序排列并按上述方法划分成 A、B、C 三类。

解答:具体过程可以分成三个步骤:

(1) 列示公司全部材料的明细表,并计算出每种材料的价值总额及占全部材料金额的百分比;(2)按照金额标志由大到小进行排序并累计金额百分比;(3)当金额百分比累加到70%左右时,以上存货视为 A 类材料存货;百分比介于 70%至 90%之间的存货作为 B 类材料存货;其余则为 C 类材料存货。如表 3-14 所示。

表 3-14　通达公司库存材料 ABC 分类表

材料编号	金额(元)	金额比重	累计金额比重	类别	各类存货数量比重	各类存货金额比重
01	60 000	30%	30%	A	15%	70%
02	45 000	22.5%	52.5%			
03	35 000	17.5%	70%			
04	17 000	8.5%	78.5%	B	20%	20%
05	10 000	5%	83.5%			
06	8 000	4%	87.5%			
07	5 000	2.5%	90%			
08	3 000	1.5%	91.5%	C	65%	10%
09	2 500	1.25%	92.75%			
10	2 200	1.1%	93.85%			
11	2 100	1.05%	94.9%			
12	2 000	1%	95.9%			
13	1 800	0.9%	96.8%			
14	1 500	0.75%	97.55%			
15	1 300	0.65%	98.2%			
16	1 050	0.525%	98.725%			
17	800	0.4%	99.125%			
18	700	0.35%	99.475%			
19	550	0.275%	99.75%			
20	500	0.25	100%			
合计	200 000	100%	—	—	100%	100%

3. 定量控制法

定量控制也称订购点法或 Q 制度。它的基本特征是：当存货到达订货点时便发出订单订货，每次订货数量一定，由存货控制的基本原则来决定；订货周期不固定，按需求决定；订货点的安全存量，应能应付到货前时间内不正常的需求。所以采用这种方法应经常检查当前的存货是否减至订货点，以便及时订购。

4. 定期控制法

定期控制也称 P 制度。其特征是：订货的周期固定不变；订货的数量为存货水平的数量减去现存量，是不确定的。采用这种方法应定时执行盘点作业，确定现存量。

5. 双堆控制法

双堆控制是将特定存货分为 A、B 两堆份，使用 A 份时，B 份作储存。待 A 份用完后，才准动 B 份，同时订购 A 份的数量。B 份用完之前，A 份已补充到位。B 份用完时再订购，同时使用 A 份，以此类推。

6. 综合控制法

采用定期的控制方法,在定期检查存货时,往往会发生存货已减至应订货点之下的情况,即使立即订购物料,待新物料到库也已无法应付需求。为了弥补这一缺点,管理人员可将定量控制与定期控制配合使用。如果定期检查日期未到而订货点已到,则应立即订购;如果定期检查的日期已到而订货点未到,仍需进行订购,即订货期和订货点两者无论先遇到哪个都要发出订单订货。

7. 适时制控制法

适时库存控制法又称零库存管理、看板管理系统,它最早由丰田公司提出,并将其运用于实践,是指制造企业事先和供应商和客户协商好,只有当制造企业在生产过程中需要原料和零件时,供应商才会将原料和零件送来,每当产品生产出来就被客户拉走。这样制造企业的存货持有水平就可以大大下降,企业的物资供应、生产和销售情况形成连续的同步运动过程。显然,适时制库存控制系统,需要的是稳定而标准的生产程序以及诚信的供应商,否则任何一环出现差错将导致整个生产线的停止,目前已有越来越多的企业利用适时制库存控制系统减少甚至消除对存货的需求,即实行零库存管理,比如沃尔玛、丰田、海尔等。适时制库存控制系统进一步的发展被应用于企业整个生产管理的过程中——集开发、生产、库存和分销于一体,大大提高了企业运营管理效率。

对于大型企业而言,其存货种类数以十万计,要使用人力及传统方法对如此众多的库存进行有效管理,及时调整存货水平,不出现缺货或浪费现象简直是不可能的,但计算机系统却能对此作出迅速有效的反应。随着业务流程重组的兴起以及计算机行业的发展,存货管理系统也得到了很大的发展,从 MRP(物流资源规划)发展到 MRP-II(制造资源规划),再到ERP(企业资源规划),以及后来的柔性制造和供应链管理,甚至是外包等管理方法的快速发展,都大大提高了企业存货管理方法的发展水平。这些新的生产方式把信息技术革命和管理进一步融为一体,提高了企业的整体运作效率。

(五) 存货日常管理

1. 入库管理

外购时,首先由用料部门提出用料计划,由分管领导和委派会计审核,交财务部门纳入收支计划,并通过单位内部支付款项,再由供应部门负责实施采购。

购回时,由物资质检部门按质按量组织验收,按实际质量认真填写"入库单",对"入库单"的外购地、入库时间、物资名称、规格型号、数量、单价、金额、交货人、承包人和验收入库等应逐一填写,不得漏项,对无随货同行发票的货物金额应由交货人提供采购价,由财务据此入账核算,待发票到后再按实际价格调整。

运费结算必须在运输发票后附有一次复写的"入库单"的"运费结算联",如无运费,应将该联连同"入库单"的"财务联"一起附于购货发票后交财务入账。

产成品入库必须有质检部门验收的"合格证",由保管员按规格、品种填写成品"入库单",质检员、保管员和当班生产负责人均应签字。

对于数量短缺、品种质量不符合的外购物资,由采购人员负责更换,更换费用或因此而造成的损失由采购人员个人承担;生产产品因质量问题而返修、销售退回所发生的损失由生产部门承担。

2. 库存管理

保管员应设置各种存货保管明细账,并根据出入库单进行账簿登记,经常与财务核对账目,实地盘点实物,保证账账相符,账实相符。物资要堆放整齐,标签清楚,存放安全,保管员应对存货的安全和完整负责。用量或金额较大,领用次数频繁的物资应每月盘点一次;所有存货至少要一年彻底清查一次。盘点时,由供应、生产、仓库、质检、财务等部门组成财产清查小组,对存货进行实地盘点,查找盈亏、积压等原因,编制盘存表,提出处理意见,参与清查的人员应在盘存表上签字,以示负责。库存管理应注意控制存货储存时间。

3. 出库管理

生产用物资由生产部门按生产所需,于材料会计处办理"出库单"手续。对非生产用物资,领用人应持领用审批手续,办理"出库单"及相关手续,仓库保管员凭"出库单"据实发货。月末,已领用但尚未耗用的物资(包括残余料)应及时退回仓库,便于财务如实核算成本。材料会计在月底时,应将当月的存货出入库按部门分项目汇总,与仓库保管、生产部门核对一致后,报给成本会计。

 知识检测

任务拓展

一、单项选择题

1. 某公司年应收账款总额为 1 000 万元,当年必要现金支付总额为 800 万元,除应收账款收现外,公司稳定可靠的现金流入包括短期有价证券变现净额是 400 万元,可随时取得的银行贷款额是 200 万元,则该公司年应收账款收现保证率为(　　)。

   A. 60％　　　　　B. 20％　　　　　C. 25％　　　　　D. 40％

2. 某企业某种原材料预计每天的最大耗用量为 16 吨,平均每天的正常耗用量为 10 吨,预计最长订货提前期为 6 天,正常的订货提前期为 5 天,则该企业保险储备量为(　　)吨。

   A. 50　　　　　　B. 46　　　　　　C. 80　　　　　　D. 20

3. 某企业年赊销收入为 720 万元,信用条件为"2/10,n/30"时,预计有 30％ 的客户选择现金折扣优惠,其余客户在信用期付款,变动成本率为 60％,资金成本率为 10％,则应收账款机会成本为(　　)元。

   A. 20 800　　　　B. 14 568　　　　C. 28 800　　　　D. 15 600

4. 某企业采购今年所需材料的总支出是 360 万元,单位材料年存储成本为 4 元,平均每次订货成本为 1 800 元,A 材料全年平均单价为 40 元。假定满足经济订货批量基本模型的假设前提,那么 A 材料的经济订货批量为(　　)件。

   A. 9 000　　　　　B. 8 500　　　　　C. 7 000　　　　　D. 90 000

5. 假设某企业明年需要现金 9 600 万元,已知有价证券的年利率为 8％,将有价证券转换为现金的转换成本为每次 150 元,则最佳现金持有量和持有机会成本、固定转换成本分别是(　　)。

   A. 60 万元;2.4 万元;4.8 万元　　　　　B. 60 万元;2.4 万元;2.4 万元

   C. 80 万元;2.4 万元;2.4 万元　　　　　D. 80 万元;4.8 万元;2.4 万元

6. 企业为满足交易动机而持有现金,所需考虑的主要因素是(　　)。

A. 企业销售水平的高低   B. 企业临时举债能力的大小

C. 企业对待风险的态度   D. 金融市场投机机会的多少

7. 在确定最佳现金持有量时,成本分析模式和存货模式均需考虑的因素是(　　)。

  A. 持有现金的机会成本   B. 固定性转换成本

  C. 现金短缺成本   D. 现金保管费用

8. 某企业现金收支状况比较稳定,全年的现金需要量为 250 000 元,每次转换有价证券的固定成本为 400 元,有价证券的年利率为 2%,则全年固定性转换成本是(　　)元。

  A. 1 000   B. 2 000   C. 3 000   D. 4 000

9. 某企业若采用银行集中法,增设收款中心,可使企业应收账款平均余额由现在的 400 万元减至 300 万元。企业年综合资金成本率为 12%,因增设收款中心,每年将增加相关费用 8 万元,则该企业分散收款收益净额为(　　)万元。

  A. 4   B. 8   C. 12   D. 16

10. 下列各项中,属于现金支出管理方法的是(　　)。

  A. 银行业务集中法   B. 合理运用"浮游量"

  C. 账龄分析法   D. 邮政信箱法

11. 企业在进行现金管理时,可利用的现金浮游量是指(　　)。

  A. 企业账户所记存款余额

  B. 银行账户所记企业存款余额

  C. 企业账户与银行账户所记存款余额之差

  D. 企业实际现金余额超过最佳现金持有量之差

12. 下列各项中,不属于应收账款成本构成要素的是(　　)。

  A. 机会成本 B. 管理成本 C. 坏账成本 D. 短缺成本

13. 下列关于营运资金周转的说法正确的是(　　)。

  A. 营运资金周转是指企业的营运资金从应收账款开始,到最终转化为现金为止的过程

  B. 存货周转期,是指将原材料转化成产成品并出售所需要的时间

  C. 营运资金的周转通常与现金周转无关

  D. 存货周转期、应付账款周转期和应收账款周转期越短,营运资金数额就越小

14. 某公司 2018 年年底的应收账款为 1 200 万元,该公司的信用条件为"n/60",2018 年的赊销额为 5 400 万元,假设一年有 360 天,则应收账款的平均逾期天数为(　　)天。

  A. 60   B. 50   C. 30   D. 20

15. 采用 ABC 控制法对存货进行控制时,应当重点控制的是(　　)。

  A. 数量较多的存货

  B. 占用资金较多但品种数量较少的存货

  C. 品种较多的存货

  D. 存货时间较长的存货

二、多项选择题

1. 下列有关信用期限的表述中,正确的有(　　)。

  A. 缩短信用期限可能增加当期现金流量

B. 延长信用期限会扩大销售

C. 降低信用标准意味着将延长信用期限

D. 延长信用期限将增加应收账款的机会成本

2. 下列公式中正确的有(　　)。

A. 维持赊销业务所需资金＝应收账款平均余额×变动成本率

B. 应收账款平均余额＝平均日赊销额×平均收账天数

C. 应收账款机会成本＝应收账款平均余额×资金成本率

D. 维持赊销业务所需资金＝年赊销额/360×平均收账天数×变动成本率

3. 影响信用标准的基本因素包括(　　)。

A. 同行业竞争对手的情况　　　　　　B. 客户承担风险的能力

C. 客户的资信程度　　　　　　　　　D. 企业承担风险的能力

4. 存货经济订货批量基本模式的假设条件包括(　　)。

A. 存货的耗用或者销售比较均衡　　　B. 存在数量折扣

C. 仓储条件及所需现金不受限制　　　D. 不允许出现缺货的情况

5. 延期支付账款的方法包括(　　)。

A. 邮政信箱法　　　　　　　　　　　B. 银行业务集中法

C. 合理利用现金"浮游量"　　　　　　D. 采用汇票付款

6. 企业在采取赊销的方式促进销售、减少存货的同时,会因为持有应收账款而付出一定的代价,主要包括(　　)。

A. 机会成本　　　　B. 现金折扣成本　　　C. 管理成本　　　D. 坏账成本

7. 在存货经济订货批量基本模型中,导致经济订货批量增加的因素有(　　)。

A. 存货年需要量增加　　　　　　　　B. 单位缺货成本增加

C. 存货单位变动储存成本增加　　　　D. 平均每次的订货成本增加

8. 企业持有现金的成本通常由(　　)组成。

A. 机会成本　　　B. 转换成本　　　C. 短缺成本　　　D. 管理成本

9. 现金回收管理方法包括(　　)。

A. 邮政信箱法　　　　　　　　　　　B. 采用支票付款

C. 合理利用"浮游量"　　　　　　　　D. 银行业务集中法

三、判断题

1. 某企业若采用银行业务集中法增设收款中心,可使企业应收账款平均余额由现在的400万元减至200万元。企业综合资金成本率为10%,因增设收款中心每年将增加相关费用10万元,那么该企业应该采用银行业务集中法的决策。　　　　　　　　　　(　　)

2. 在存在数量折扣的情况下,存货的购置成本不属于存货的相关总成本。　　(　　)

3. 企业为满足交易动机所持有的现金余额主要取决于企业的日常开支水平。　(　　)

4. 允许缺货时的经济订货批量是能够使企业的变动性订货成本、变动性储存成本和缺货成本之和最小的进货批量。　　　　　　　　　　　　　　　　　　　　(　　)

5. 现金浮游量是指企业实际现金余额与最佳现金持有量之差。　　　　　　(　　)

6. ABC 分类管理就是按照一定的标准,将企业的存货划分为 A、B、C 三类,分别实行分

品种重点管理,按总额一般控制,分类别灵活掌握的存货管理方法。　　　　(　　)

7. 企业持有一定量的现金主要是基于投资动机、预防动机和交易动机。　(　　)

8. 存货 ABC 分类的标准主要有两个:一是金额标准;二是品种数量标准。其中金额标准是最基本的,品种数量标准仅作为参考。　　　　　　　　　(　　)

9. 信用条件是指销货企业要求赊购客户支付货款的条件,由信用期限、信用标准和现金折扣三个要素组成。　　　　　　　　　　　　　　　　　　　(　　)

10. 存货周转期是指将原材料转化成产成品所需要的时间　　　　　　　(　　)

11. 所谓应收账款的账龄结构,就是指各账龄应收账款的余额占赊销额的比重。(　　)

12. 在随机模型中,当现金余额超过上限时,将部分现金转换为有价证券;当现金余额低于下限时,则卖出部分证券。　　　　　　　　　　　　　　　(　　)

任务实训

1. 假设某企业现有 ABCD 四种现金持有方案,有关成本资料如表 3-15 所示。(单位:元):

表 3-15　某企业四种现金持有方案有关成本资料

项目	A	B	C	D
现金持有量	100 000	200 000	300 000	400 000
机会成本率	12%	12%	12%	12%
短缺成本	56 000	25 000	10 000	5 000

要求:采用成本分析模式确定该企业最佳现金持有量。

2. 东方公司现金收支比较稳定,预计全年需要现金 400 000 元,一次转换成本为 400 元,有价证券收益率为 20%。运用现金持有量确定的存货模式计算:(1)最佳现金持有量;(2)确定转换成本、机会成本;(3)最佳现金管理相关总成本;(4)有价证券交易间隔期。

3. 东方公司现采用 30 天按发票金额付款的信用政策,拟将信用期放宽到 60 天,仍按发票金额付款(不给折扣),该公司投资的最低报酬率为 15%,其他有关数据见表 3-16。

表 3-16　东方公司两种信用政策有关数据

信用期	30 天	60 天
销售量(件)	100 000	120 000
销售额(元,单价 5 元)	500 000	600 000
销售成本(元)		
变动成本(元,每件 4 元)	400 000	480 000
固定成本(元)	5 0 000	50 000
息税前利润(元)	50 000	70 000
可能发生的收账费用(元)	3 000	4 000
可能发生的坏账损失(元)	5 000	9 000

要求:判断东方公司是否应改变信用政策。

4. 东方公司 2017 年 A 产品销售收入为 4 000 万元,总成本为 3 000 万元,其中固定成本为 600 万元。2018 年该企业有两种信用政策可供选用:甲方案给予客户 60 天信用期限(n/60),预计销售收入为 5 000 万元,货款将于第 60 天收到,其信用成本为 140 万元;乙方案的信用政策为(2/10,1/20,n/90),预计销售收入为 5 400 万元,将有 30% 的货款于第 10 天收到,20% 的货款于第 20 天收到,其余 50% 的货款于第 90 天收到(前两部分货款不会产生坏账,后一部分货款的坏账损失率为该部分货款的 4%),收账费用为 50 万元。

该公司 A 产品销售额的相关范围为 3 000~6 000 万元,企业的资金成本率为 8%(为简化计算,本题不考虑增值税因素)。

要求:(1)计算该企业 2017 年的下列指标:①变动成本总额;②以销售收入为基础计算的变动成本率。

(2)计算乙方案的下列指标:①应收账款平均收账天数;②应收账款平均余额;③维持应收账款所需资金;④应收账款机会成本;⑤坏账成本;⑥采用乙方案的信用成本。

(3)计算以下指标:①甲方案的现金折扣;②乙方案的现金折扣;③甲乙两方案信用成本前收益之差;④甲乙两方案信用成本后收益之差。

5. 东方公司每年需用某种材料 8 000 吨,每次订货成本为 400 元,每件材料的年储存成本为 40 元,该种材料买价为 1 500 元/吨。

要求:(1)计算每次购入多少吨,可使全年与订货批量相关的总成本达到最低,此时相关总成本为多少。

(2)若一次订购量在 500 吨以上时可获 2% 的折扣,在 1 000 吨以上时可获 3% 折扣,判断公司最经济订货量为多少。

6. 东方公司生产中使用甲零件,全年共需耗用 3 600 件,购入单价为 9.8 元,一次订货成本 72 元,从发出订单到货物到达需要 10 天时间,可能发生延迟交货,延迟的时间和概率如表 3-17 所示。

表 3-17　到货延迟时间和概率

到货延迟天数	0	1	2	3
概率	0.6	0.25	0.1	0.05

假设该零件的单位储存变动成本为 4 元,单位零件缺货损失为 5 元,一年按 360 天计算。建立保险储备时,最小增量为 10 件。

要求:(1)计算甲零件的经济订货批量。

(2)计算最小存货成本。

(3)计算每年订货次数。

(4)计算平均每天需要量。

(5)确定最合理的保险储备量和再订货点。

任务三　流动负债管理

【任务描述】　了解短期借款、短期融资券和商业信用的内容、特点,能够分析短期借款信用条件和利息支付方式对企业造成的影响,通过计算应付账款的成本对应付账款的付款时间作出判断。

【案例导入】

　　佳洁公司是一个季节性很强、信用为 AA 级的大中型企业,每年一到生产经营旺季,企业就面临着产品供不应求,资金严重不足的问题,让公司领导和财务经理大伤脑筋。2017 年,公司生产中所需的甲种材料面临缺货,急需投入 200 万元资金,而公司目前尚无多余资金,这一问题若得不到解决,将给企业生产及当年效益带来严重影响。为此,公司领导要求财务经理张林尽快想出办法解决。接到任务后,张林马上会同公司其他财务人员商讨对策,以解燃眉之急。与会人员经过一番讨论,形成了四种备选筹资方案。

　　方案一:银行短期贷款。工商银行提供期限为 3 个月的短期借款 200 万元,年利率为 8%,银行要求保留 20% 的补偿性余额。

　　方案二:票据贴现。将面额为 220 万元的未到期(不带息)商业汇票提前 3 个月进行贴现。贴现率为 9%。

　　方案三:商业信用融资。通达公司愿意以"2/10、n/30"的信用条件,向其销售 210 万元的甲材料。

　　方案四:安排专人将 250 万元的应收款项从东方公司催回。

　　佳洁公司的产品销售净利率为 10%。

　　思考:请你协助财务经理张林对佳洁公司的短期资金筹集方式进行选择。

　　流动负债来源多种,各种来源具有不同的获取速度、灵活性、成本和风险。企业流动负债主要有三种:短期借款、短期融资券和商业信用。

知识点一　短期借款管理

　　短期借款是指企业向银行和其他非银行金融机构借入的期限在 1 年(含 1 年)以下的各种借款。

(一)短期借款的种类

　　1. 按照目的和用途分为若干种,主要有经营周转借款、临时借款、结算借款、票据贴现借款、卖方信贷、预购定金借款和专项储备借款

　　(1)经营周转借款:亦称生产周转借款或商品周转借款。它是指企业因流动资金不能满足正常生产经营需要,而向银行或其他金融机构取得的借款。办理该项借款时,企业应按有关

规定向银行提出年度、季度借款计划,经银行核定后,在借款计划中根据借款借据办理借款。

（2）临时借款:临时借款是指企业因季节性和临时性客观原因,正常周转的资金不能满足需要,超过生产周转或商品周转款额借入的短期借款。临时借款实行"逐笔核贷"的办法,借款期限一般为 3 至 6 个月,按规定用途使用,并按核算期限归还。

（3）结算借款:结算借款是指在采用托收承付结算方式办理销售货款结算的情况下,企业为解决商品发出后至收到托收货款前所需要的在途资金而借入的款项。企业在发货后的规定期间（一般为 3 天,特殊情况最长不超过 7 天）内向银行托收的,可申请托收承付结算借款。借款金额通常按托收金额和商定的折扣率进行计算,大致相当于发出商品销售成本加代垫运杂费。企业的货款收回后,银行将自行扣回其借款。

（4）票据贴现借款:票据贴现借款是指持有银行承兑汇票或商业承兑汇票的企业在发生经营周转困难时申请票据贴现所得的借款,期限一般不超过 3 个月。贴现借款额一般是票据的票面金额扣除贴现息后的金额,贴现借款的利息即为票据贴现息,由银行办理贴现时先行扣除。

（5）卖方信贷:卖方信贷是指产品列入国家计划、质量在全国处于领先地位的企业,经批准采取分期收款销售引起生产经营资金不足而向银行申请取得的借款。这种借款应按货款收回的进度分次归还,期限一般为 1 至 2 年。

（6）预购定金借款:预购定金借款是指商业企业为收购农副产品发放预购定金而向银行借入的款项。这种借款按国家规定的品种和批准的计划标准发放,实行专户管理,借款期限最多不超过 1 年。

（7）专项储备借款:专项储备借款是指商业批发企业国家批准储备商品而向银行借入的款项。这种借款必须实行专款专用,借款期限根据批准的储备期确定。

2. 按照国际通行做法,短期借款还可依偿还方式的不同分为一次性偿还借款和分期偿还借款

3. 按利息支付方法的不同,分为收款法借款、贴现法借款和加息法借款

4. 按有无担保分为抵押借款和信用借款

抵押借款是以本企业的某些资产作为抵押品而取得的借款。银行贷款的安全程度取决于抵押品的价值大小和变现速度,价值越大,变现能力越强,银行贷款的风险越小。银行对财务状况较差的公司贷款时,一般都要求提供抵押品。

信用借款是指企业凭自己的信誉从银行取得的借款,又称无担保借款,是企业筹资的重要来源之一。信用借款一般附有不同信用条件,银行仅对规模大、信誉好的企业提供信用借款。

（二）短期借款的取得

企业举借短期借款,首先必须提出申请,经审查同意后借贷双方签订借款合同,注明借款的用途、金额、利率、期限、还款方式、违约责任等;然后企业根据借款合同办理借款手续;借款手续办理完毕,企业便可取得借款。

（三）短期借款的信用条件

1. 信贷限额

信贷限额是指银行对借款人规定的信用借款的最高限额。信贷限额的有效期限通常为 1 年,但根据情况也可展期 1 年。企业在批准的信贷限额内,可随时提出贷款的申请,但是银行并不承担必须提供全部信贷限额的义务。如借款人超过限额继续借款,银行将停止办理。此外,如果

企业信誉恶化,银行也有权停止借款。对信贷额度,银行不承担法律责任,没有强制义务。

2. 周转信贷协定

周转信贷协定指银行具有法律义务地承诺提供不超过某一最高限额的贷款协定。在协定的有效期内,只要企业的借款总额未超过最高限额,银行必须满足企业在任何时候提出的借款要求。企业享用周转信贷协定必须对贷款限额的未使用部分向银行支付一笔承诺费,银行对周转信贷协定负有法律义务。周转信贷协定的有效期通常超过 1 年,但实际上贷款每几个月发放一次,所以周转信贷协定具有短期借款和长期借款的双重特点。

【例 3-19】 通达公司 2018 年度与银行协定的信贷限额是 2 000 万元,承诺费率为 0.5%,公司年度内使用了 1 400 万元,余额为 600 万元,借款利率为 5%。

要求:①计算通达公司应向银行支付的承诺费;②计算通达公司 2018 年度应向银行支付的总费用。

解答: ①公司应向银行支付承诺费=600×0.5%=3(万元)

②公司应向银行支付总费用=600×0.5%+1 400×5%=73(万元)

【结论】 信贷限额和周转信贷协定都是银行对企业的限制条件,但两者在有效期限、银行的态度和企业的负担上不同。

3. 补偿性余额

补偿性余额是指银行要求借款人在银行中保留按借款限额或实际借款额的一定百分比(一般为 10% 至 20%)计算的最低存款余额。企业在使用资金的过程中,通过资金在存款账户的进出,始终在银行存款的账户上保持一定的补偿性余额。从银行的角度讲,补偿性余额可降低贷款风险,补偿遭受的贷款损失。对于借款企业来讲,补偿性余额则提高了借款的实际利率,增加了借款企业的利息,加重了企业的财务负担。

【例 3-20】 通达公司按利率 8% 向银行借款 100 万元,银行要求保留 20% 的补偿性余额。那么公司可以动用的借款只有 80 万元,问该项借款的实际利率为多少?

解答:补偿性余额借款实际利率 $=\dfrac{\text{年利息}}{\text{实际可使用资金}}\dfrac{100\times 8\%}{100\times(1-20\%)}=10\%$

或者:补偿性余额借款实际利率 $=\dfrac{\text{名义利率}}{1-\text{补偿性余额比率}}=\dfrac{8\%}{1-20\%}=10\%$

【结论】 补偿性余额的设置导致企业借款的实际利率高于名义利率,加重了企业的负担。

4. 借款抵押

除信用借款以外,银行向财务风险大、信誉不好的企业发放贷款,往往需要抵押贷款,即企业以抵押品作为贷款的担保,以减少银行蒙受损失的风险。短期借款的抵押品通常是借款企业的应收账款、存货、股票、债券及房屋等。银行接受抵押品后,将根据抵押品的账面价值决定贷款金额,一般为抵押品的账面价值的 30% 至 90%。这一比例的高低,取决于抵押品的变现能力和银行的风险偏好。因此,抵押借款的成本通常高于信用借款。企业接受抵押贷款后,其抵押财产的使用及将来的借款能力会受到限制。

5. 偿还条件

无论何种借款,一般都会规定还款的期限。根据我国金融制度的规定,借款到期后仍无力偿还的,视为逾期贷款,银行要照章加收逾期罚息。借款的偿还有到期一次还清和在借款期内定期等额偿还两种方式,企业一般不希望采取后一种方式,因为这样会提高借款的实际利率。而银行不希望采用前种偿还方式,因为这会加重企业的财务负担,增加企业的拒付风险,同时会降低实际借款利率。

6. 以实际交易为贷款条件

当企业发生经营性临时资金需求,企业可以向银行申请贷款,银行以企业的实际交易为贷款基础,单独立项、单独审批,最后作出决定并确定贷款的相应条件和信用保证。对这种一次性借款,银行要对借款人的信用状况、经营情况进行个别评价,然后才能确定贷款的利息率、期限和数量。

银行有时还要求企业为取得借款而作出其他承诺,如及时提供财务报表,保持适当的财务水平等。

短期借款的信用条件是银行这一债权人为了维护自身利益、降低贷款风险,对企业提出的种种限制条款。上述各项条款结合使用,将有利于全面保护债权人的权益。但借款合同是经双方充分协商后确定的,其最终结果取决于双方谈判能力的大小,而不是完全取决于银行这一债权人的主观愿望。

(四) 短期借款利息的支付方式

一般讲,借款企业可以以下三种方法支付银行借款利息。

1. 收款法

收款法又称利随本清法,即在短期借款到期时向银行一次性支付利息。采用这种方法,借款的名义利率等于实际利率。

2. 贴现法

贴现法是银行向企业发放贷款时,先从本金中扣除利息部分,而借款到期时,再由企业偿还全部本金的方法。这种方法,企业实际得到的借款只有本金减去利息部分后的差额,导致借款的实际利率高于名义利率,公式如下:

$$贴现借款的实际利率 = \frac{年利息}{实际可使用资金} = \frac{年利息}{借款本金 - 借款利息}$$

或:

$$贴现借款的实际利率 = \frac{名义利率}{1 - 名义利率}$$

【例 3-21】 通达公司向银行贷款 600 万元,期限为 1 年,名义利率为 8%,年利息为 48 万元。按照贴现法付息,公司实际得到的借款为 552 万元(600-48),计算该项借款的实际利率。

解答:
$$贴现借款的实际利率 = \frac{48}{600 - 48} = 8.70\%$$

或:
$$贴现借款的实际利率 = \frac{8\%}{1 - 8\%} = 8.70\%$$

3. 加息法

加息法是银行发放分期等额偿还贷款时采用的利息收取方法。在分期等额偿还贷款的情况下,银行要将根据名义利率计算的利息加到贷款本金上计算出贷款的本息和,要求企业在贷款期内分期偿还本息之和的金额。由于贷款分期均衡偿还,借款企业实际上只平均使用了贷款本金的半数,而却支付全额利息,导致企业所负担的实际利率要高于名义利率的大约1倍。此法未考虑利息支付的时间价值。

【例 3-22】 通达公司借入一笔年利率为 12% 的贷款 20 000 元,分 12 个月等额偿还本息,则该项借款的实际利率为多少?

解答:

$$\text{实际利率} = \frac{\text{年利息}}{\text{实际年平均使用资金}} = \frac{20\,000 \times 12\%}{20\,000 \div 2} = 24\%$$

【结论】 不同的利息支付方式,企业的负担不同,贴现法和加息法都加重了企业的负担,提高了实际利率。

(五)短期借款的优缺点

1. 短期借款的优点

(1)筹资效率高。

(2)筹资弹性大。

2. 短期借款的缺点

(1)资金成本比商业信用高。

(2)限制条款较多。

知识点二　短期融资券管理

短期融资券是由企业依法发行的无担保短期本票。在我国,短期融资券指企业依照《银行间债券市场非金融企业债券融资工具管理办法》的条件和程序,在银行间债券市场发行和交易并约定在一定期限内还本付息的有价证券,是企业筹措短期资金的直接融资方式。

(一)短期融资券的种类

(1)按照发行人分类,短期融资券分为金融企业的融资券和非金融企业的融资券。在我国,目前发行和交易的是非金融企业的融资券。

(2)按发行方式分类,短期融资券分为经纪人承销的融资券和直接销售的融资券。非金融企业发行融资券一般采用间接承销方式,金融企业发行融资券一般采用直接发行方式。

(二)发行短期融资券的相关规定

(1)发行人为非金融企业,发行企业均应经过在中国境内进行过工商注册且具备债券评级能力的评级机构的信用评级,并将评级结果向银行间债券市场公示。

(2)发行和交易的对象是银行间债券市场的机构投资者,不向社会公众发行和交易。

(3)融资券的发行是由符合条件的金融机构承销,企业不得自行销售融资券,发行融资券筹集的资金用于本企业的生产经营。

(4)融资券采用实名记账方式在中央国债登记结算有限责任公司(简称中央结算公司)登记托管,中央结算公司负责提供有关服务。

(5)债务融资工具发行利率、发行价格和所涉费率以市场化方式确定,任何商业机构不得以欺诈、操纵市场等行为获取不正当利益。

（三）短期融资券的筹资特点

（1）短期融资券筹资成本较低。相对于发行公司债券筹资而言,发行短期融资券的筹资成本较低。

（2）短期融资券筹资数额比较大。相对于银行借款筹资而言,短期融资券一次性筹资数额比较大。

（3）发行短期融资券的条件比较严格。只有具备一定的信用等级的实力强的企业才能发行短期融资券筹资。

知识点三　商业信用管理

商业信用是指在商品交易中由于延期付款或预收货款所形成的企业间的借贷关系,属于企业之间的一种直接信用关系。商业信用产生于商品交换,是双方交易时商品与货币的流转在时间上发生分离产生的"自发性筹资"。商业信用是企业短期融通资金的一种重要方式,运用广泛,在短期负债筹资中占有相当大比重。它产生于银行信用之前,但银行信用出现之后,商业信用依然存在。

（一）商业信用的形式

商业信用的具体形式有应付账款、应付票据、预收货款等。

1. 应付账款

应付账款主要指企业在赊购商品时延期一段时间后支付的款项,是一种最典型、最常见的商业信用形式。买卖双方发生商品交易,卖方向买方提供一定期限的信用条件,买方收到商品后可以不立即支付现金。从取得商品到支付现金的时期内,企业实质上无偿地占用了这笔资金。换言之,卖方向买方提供了一段时期的无息贷款,满足买方短期资金占用的需要。

1）应付账款的信用条件

信用条件是指在买方赊购商品时,销货人对付款时间和折扣所作的具体规定,信用条件有以下两种形式。

第一种:有信用期,无现金折扣

这是指企业购买商品时,卖方允许企业在交易发生后一定时期内按发票金额支付货款的情形。如"n/45"是指最长信用期为 45 天,在 45 天内按发票金额付款,提前付款不提供现金折扣。在这种情况下,买卖双方存在商业信用,买方可因延期付款而取得资金来源。

第二种:有信用期和现金折扣

在这种情况下,买方若提前付款,卖方可给予一定的现金折扣,如"2/10,n/30",是指最长信用期为 30 天,现金折扣期为 10 天,若在 10 天内付款,可获得 2% 的现金折扣。在这种情况下,双方存在信用交易,买方若提前在折扣期内付款,则可获得短期的资金来源,并能得到现金折扣;若放弃现金折扣,则可在稍长时间内占有卖方的资金。

2）应付账款的成本

商业信用按照是否付出代价分为免费信用和有代价信用。其中不提供现金折扣在信用期内付款以及设置现金折扣并且在折扣期内付款都是免费信用,不需要花费任何代价,免费信用额是发票金额减去折扣后的金额。设置现金折扣并且放弃现金折扣则会付出代价,商品的加价部分是买方筹资的成本,是放弃折扣而付出的代价。

【例3-23】 通达公司向供货商购进原材料,发票金额为100万元,卖方提供的商业信用条件为"2/10,n/30"。若公司为多占用20天的资金而放弃2%的折扣,其资金的使用成本为多少?

$$解答\ 放弃现金折扣的成本(率) = \frac{货款金额 \times 折扣率}{货款金额 \times (1-折扣率)} \times \frac{360\ 天}{实际占用天数}$$

$$= \frac{折扣率}{1-折扣率} \times \frac{360\ 天}{实际付款期 - 现金折扣期}$$

$$= \frac{2\%}{1-2\%} \times \frac{360}{20}$$

$$= 36.73\%$$

通达公司为多占用20天的资金,支付了高达36.73%的利息成本。相反,供应商为提前20天收回货款,则愿意放弃36.73%的资金潜在收益。

"放弃现金折扣成本"的含义是,"如果放弃现金折扣"(即不在折扣期内付款)则要承担的年成本。"放弃折扣成本"的公式计算就是一个借款年利率问题,实际付款期-折扣期表示的是"延期付款天数"即"实际占用天数"。

3)应付账款的应用决策

放弃现金折扣成本公式表明放弃现金折扣的成本与折扣率的大小、折扣期的长短呈同方向变化,与信用期或实际付款期的长短呈反方向变化,与货款额大小无关。可见,如果买方放弃折扣而获得信用,其代价是较高的。然而在放弃折扣的情况下,推迟付款的时间(信用期)越长,其成本也会越小。

根据这一公式可以进行现金折扣的决策,在附有信用条件的情况下,因为获得不同信用要承担不同的代价,买方要在不同选择项中作出决策。一般说来:

(1)如果能以低于放弃现金折扣的成本(实质是一种机会成本)的利率借入资金,便应按折扣期付款,享受折扣。

(2)如果在付款期内将应付账款用于短期投资,投资收益率高于放弃现金折扣的成本,则应放弃现金折扣,到信用期内的最后一天付款,以降低放弃现金折扣的成本。

(3)如果因缺乏资金而欲超过信用期付款即延期付款,则需在降低了的放弃现金折扣成本与延期付款带来的损失之间作出选择。延期付款带来的损失主要指因企业信誉恶化而丧失供应商乃至其他贷款人的信用,或日后招致苛刻的信用条件。

(4)如果面对两家以上提供不同信用条件的卖方,应权衡选择。如果决定享受现金折扣,应选择放弃现金折扣成本最大的方案,即享受时选高成本方案;如果决定放弃现金折扣,应选择放弃现金折扣成本最小的方案,即放弃时选低成本方案。比如"1/20、n/30"的放弃折扣成本为36.40%,"2/10、n/30"的放弃折扣成本为36.73%,如果买方企业估计会拖延付款,那么宁肯选择信用条件为"1/20、n/30"的供应商进行交易。

【例3-24】 通达公司采购一批原材料,供应商报价为10 000元,付款条件为"3/10、2.5/30、1.8/50、n/90"。目前公司用于支付账款的资金需要在90天时才能周转回来,在90天内付款只能通过银行借款解决,银行利率为12%。

要求:确定企业材料采购款的付款时间和价格。

解答:第 10 天付款,放弃现金折扣成本 $=\dfrac{3\%}{1-3\%}\times\dfrac{360}{80}=13.92\%$

第 30 天付款,放弃现金折扣成本 $=\dfrac{2.5\%}{1-2.5\%}\times\dfrac{360}{60}=15.38\%$

第 50 天付款,放弃现金折扣成本 $=\dfrac{1.8\%}{1-1.8\%}\times\dfrac{360}{40}=16.5\%$

由于各种方案,放弃折扣的成本率均高于借款利息率,因此初步结论是取得现金折扣,借入银行借款以偿还货款。

第 10 天付款的方案,得折扣 300 元,占用资金 9 700 元,借款 80 天,

借款利息 $=9\,700\times12\%\times80\div360=258.67$(元),净收益 $=300-258.67=41.33$(元);

第 30 天付款的方案,得折扣 250 元,占用资金 9 750 元,借款 60 天,

借款利息 $=9\,750\times12\%\times60\div360=195$(元),净收益 $=250-195=55$(元);

第 50 天付款的方案,得折扣 180 元,占用资金 9 820 元,借款 40 天,

借款利息 $=9\,820\times12\%\times40\div360=130.93$(元),净收益 $=180-130.93=49.07$(元)。

通过比较,第 30 天付款是最佳方案,其净收益最大。

2. 应付票据

应付票据是指企业根据购销合同的要求,采用商业汇票进行延期付款结算时产生的商业信用。应付票据根据商业汇票承兑人的不同,可以分为商业承兑汇票和银行承兑汇票。应付票据的最长付款期限不得超过 6 个月,并可按是否带息分为带息票据和不带息票据。无论哪种形式的票据,由于最终的付款人是购货方,因此其实质是票据持有人向承兑人提供的一种商品赊销行为。应付票据的利率一般比银行借款利率低,且不用保持相应的补偿余额和支付协议费,但到期必须归还,否则便要交付罚金,因而风险较大。

目前我国应付票据使用的范围较小、条件较严格。其只适用于商品交易,劳务报酬、清偿债务及资金借贷等方面的结算则不能使用商业汇票。应付票据的贴现也是融通资金的一种信用形式,是公司将未到期的商业票据通过背书,要求银行以一定的利率从票据价值中扣除贴现日至票据到期日为止的贴现息后,以余额付给企业,其实质以商业票据作抵押向银行融通一笔短期流动资金。

3. 预收货款

预收货款是指按合同或协议规定,卖方可先向买方收取货款,但延期一段时间以后交货。通常购买单位对于紧俏商品乐于采用这种形式,以保证按期取得所需商品。另外,对于生产周期长、资金需求量大的商品,如轮船、飞机,生产企业也经常向订货者分次预收货款以缓解资金占用过多的矛盾。在债权债务关系解除之前,预收货款就是购货企业向销货企业提供的无偿贷款。

4. 应计未付款

此外,还存在一些在非商品交易中产生,但亦为"自发性筹资"的应付费用,如应付职工薪酬、应交税费、其他应付款等。应付费用使企业收益在前、费用支付在后,相当于享用了受款方的借款,一定程度上缓解了企业的资金需求。应付未付款随着企业规模扩大而增加,企

业使用这些自然形成的资金,无须付出任何代价。但因为其支付有一定时间性,企业不能总拖欠及控制这些款项。

（二）商业信用的特点

（1）商业信用容易获得。商业信用筹资的最大优越性在于容易取得,对于多数企业来说,商业信用是一种持续性的信用形式,且无需办理复杂的筹资手续。

（2）筹资便利、灵活性强。利用商业信用筹措资金非常方便。因为商业信用与商品买卖同时进行,属于一种自然性筹资,这项资金随时可以随着购销行为的产生而获得,不需作非常正规的安排,筹资规模具有较大的伸缩性,能够随着购买和销售规模的变化而自动地扩张或缩小,企业有较大的机动权。

（3）筹资成本高。如果没有现金折扣或企业不放弃现金折扣,则利用商业信用筹资没有实际成本。如果放弃现金折扣,则会产生较高的机会成本。

（4）限制条件少。商业信用比其他筹资方式条件宽松,企业一般不用提供担保和抵押。

（5）商业信用的期限一般较短。如果企业享受现金折扣,则期限更短,还款压力大,企业风险控制的难度增加。

 【案例解析】

方案一：实际可动用的借款$=200×(1-20\%)=160$（万元）<200（万元）

实际利率$=\dfrac{8\%}{1-20\%}×100\%=10\%=$产品销售利润率$10\%$

故该方案不可行。

方案二：贴现息$=220×\dfrac{9\%}{12}×3=4.95$（万元）

贴现实得款项$=220-4.95=215.05$（万元）>200万元,且贴现利率$<10\%$。本方案可行。

方案三：企业放弃现金折扣的成本$=\dfrac{2\%}{1-2\%}×\dfrac{360}{30-10}=36.73\%>10\%$

若企业放弃现金折扣,则要付出高达36.73%的资金成本,筹资期限也只有一个月。

方案四：安排专人催收应收账款必然会发生一定的收账费用,同时如果催收过急,会影响公司和客户的关系,最终会导致原有客户减少,不利于维持或扩大企业销售规模,因此该方案要衡量利弊。

综上所述,佳洁公司应首选票据贴现方式进行融资,如果应收账款催收难度不大,对企业销售无任何影响,也可以选择。

 **知识检测**

一、单项选择题

1. 下列各项中,不属于商业信用的是（　　）。

A. 应付工资　　　B. 应付账款　　　C. 应付票据　　　D. 预收

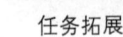
任务拓展

货款

2. 某企业欲购入价款 20 万元的材料.销货方的信用条件是 2/10,n/30,若企业接受付现折扣并在第 10 天付款,则企业的免费信用额为（　　）。

    A. 20 万元　　　　B. 0.4 万元　　　　C. 19.6 万元　　　　D. 4 万元

3. 以下不属于商业信用筹资方式特点的说法是（　　）。

    A. 商业信用易于取得

    B. 商业信用期限较短

    C. 商业信用一般情况下成本较低

    D. 商业信用的取得需要办理正式筹资手续

4. 商业信用筹资最大优越性在于（　　）。

    A. 不负担成本　　　　　　　　B. 期限较短

    C. 容易取得　　　　　　　　　D. 是一种短期融资形式

5. 某周转信贷协议额度为 200 万元,承诺费率为 0.2%,借款企业年度内使用了 180 万元,尚未使用的余额为 20 万元,则企业向银行支付的承诺费用为（　　）。

    A. 600 元　　　　B. 500 元　　　　C. 420 元　　　　D. 400 元

二、多项选择题

1. 商业信用的具体形式有（　　）。

    A. 应付票据　　　B. 预付账款　　　C. 应付账款　　　D. 预收账款

2. 按卖方提供的信用条件,买方利用信用筹资需付出机会成本的情况有（　　）。

    A. 卖方不提供现金折扣　　　　　B. 买方享受现金折扣

    C. 放弃现金折扣,在信用期内付款　　D. 卖方提供现金折扣,而买方逾期支付

3. 补偿性余额的约束使借款企业所受的影响有（　　）。

    A. 减少了可用资金　　　　　　　B. 提高了筹资成本

    C. 减少了应付利息　　　　　　　D. 增加了应付利息

4. 商业信用筹资的优点主要表现在（　　）。

    A. 筹资风险小　　　B. 筹资成本低　　　C. 限制条件少　　　D. 筹资方便

三、判断题

1. 某企业年初从银行贷款 200 万元,期限为 1 年,年利率为 8%,按照贴现法付息,则年末应偿还的金额为 216 万元。　　　　　　　　　　　　　　　　（　　）

2. 由于抵押贷款成本高、风险大,故抵押贷款的利率高于信用贷款的利率。　（　　）

3. 某企业计划购入原材料,供应商给出的付款条件为 1/20,n/50。若银行短期借款利率为 10%,则企业应在折扣期内支付货款。　　　　　　　　　　　　（　　）

4. 企业放弃现金折扣的成本与折扣期的长短呈正方向变化,与折扣百分比的大小和信用期的长短呈反方向变化。　　　　　　　　　　　　　　　　　（　　）

任务实训

1. 东方公司向银行贷款 500 万元,期限为 1 年,名义利率为 8%,年利息为 40 万。

（1）如果银行要求设置补偿性余额比率为 20％，要求计算该项贷款的实际利率。

（2）按照贴现法付息，要求计算该项贷款的实际利率。

（3）如果银行不仅要求设置 20％的补偿性余额比率，而且采用贴现法付息，要求计算该项贷款的实际利率。

2. 南方公司向银行借入短期借款 10 万元，支付银行贷款利息的方式同银行协商后有以下四种方案可供选择：①采用收款法付息，利息率为 7％；②采用贴现法付息，利息率为 6％；③利息率为 5％，银行要求的补偿性余额比例为 10％；④采用加息法付息，利息率为 4％。

要求：如果你是该公司财务经理，请选择借款方式，说明理由。

3. 东方公司通过赊购的方式获得商品 50 万元，销货方提供的信用条件是"2/10，n/30"，若该公司在第 28 天付款，计算放弃折扣的成本为多少。

4. ABC 公司拟采购一批辅助生产设备，价值 250 000 元，供应商规定的付款条件如下：立即付款，付 243 750 元；第 20 天付款，付 245 000 元；第 50 天付款，付 247 500 元；第 80 天付款，付全额，一年按 360 天计算。

要求：（1）假设银行短期贷款利率为 10％：①计算放弃现金折扣的信用成本率；②计算各个时点付款的净收益；③分析确定对该公司最有利的付款日期。

（2）假设目前有一短期投资，报酬率为 20％，确定该公司最有利的付款日期。

项 目 小 结

营运资金管理项目的主要内容包括：

一是营运资金的含义和特点：主要介绍了营运资金的含义、特点及营运资金周转。营运资金管理的目的就是要加速营运资金的周转，提高资金的利用效果。

二是现金管理：主要介绍现金管理的意义、现金的成本、现金持有量的确定、现金收回及支出的管理。

三是应收账款的管理：主要阐述了应收账款的作用与成本、信用政策和应收账款的管理措施。信用政策的制定就是在成本与收益比较原则的基础上，作出信用标准、信用条件和收账政策的具体决策方案，并通过采取应收账款的管理措施降低坏账风险。

四是存货管理：主要介绍了存货的分类与功能、存货的成本和存货的控制方法。企业为了适应市场的变化等原因会储备一定的存货，但也会由此而发生订货成本、储存成本和缺货成本等各项支出，经济订货批量控制就是确定能够使一定时期存货的相关总成本达到最低点的订货数量。除此之外，存货的控制方法还有 ABC 分类法等处理方式。

五是短期借款管理：主要介绍了短期借款的种类、信用条件、取得程序、利息支付方式和优缺点。

六是短期融资券管理：主要介绍了短期融资券的种类、发行规定和优缺点。

七是商业信用管理：主要介绍了商业信用的形式、成本和优缺点。

项目四　投资管理实务

 学习目标

1. 了解投资的特点、动机及种类；
2. 熟悉投资项目现金流量的构成内容，理解决策中采用现金流量的原因；
3. 掌握净现值、现值指数、内含报酬率的计算与应用；
4. 熟悉投资回收期、平均报酬率的计算与应用；
5. 掌握债券、股票的收益评价方法。

技能要求

1. 能够运用一定的方法对项目投资进行评价；
2. 能够对股票、债券进行收益评价。

任务一　熟悉投资管理的内容

【任务描述】　了解投资的特点、动机和种类。

投资是指特定经济主体为了在未来可预见的时期内获得收益或使资金增值，在一定时机向一定领域的对象投放足够数额的资金或实物等货币等价物的经济行为。

知识点一　投资的特点

（一）投资时间长

投资的结果通常都会引起企业长期资产（如固定资产、无形资产等）的增加，长期资产的寿命长，从资金的投入到最终效益的产出要经历相当长时间，投资在实际的经营活动进行之前发生，具有预付款的性质，投资预付款只有在投资形成生产经营能力或投资实际运转后才能收回，因而影响企业的时间长。

（二）投资数额大

投资是为了实现未来的收益而投入各种生产要素，形成经营所需的各类资产，因此对资金的需要量相当大，在资金的筹措和运用方面均应采用科学的管理方法，控制资金的投入数量、投入速度、投入质量和产出效益,否则因运用资金不当造成的损失将是巨大的。

(三) 投资专用性

投资总是将资金投放在某一对象物上,如实物资产、有价证券。一旦将资金投放形成某些资产,则该资产在使用属性上就具有专用性,变现能力弱,再想收回或改变往往为时已晚,或者是无法实现,或者是代价太大,具有不可逆转性。比如,汽车生产线只能用于生产汽车,而对于非汽车制造商就没有太大的价值。一般认为,资产专用性越强,用作他用的价值就越低,投资一旦失败造成的未来损失就越大,投资就越应慎重。

(四) 投资风险大

投资的最终目标是获得投资收益,投资收益只有在未来才能获得,最终收益是多少事先难以知晓。正是因为投资收益存在这种不确定性,以及投资涉及时间长,可能影响投资的各种因素难以预料,投资才存在较高的风险。

知识点二　投资的动机

投资是企业财务活动中最重要的活动,筹资的目的是为了投资,而分配活动是对投资活动的结果进行分配,在财务决策中,投资处于核心地位。财务管理的目标是实现企业价值最大化,因此投资的动机也是实现企业价值最大化,具体体现在以下方面:

(一) 取得投资收益,实现企业发展

盈利性动机是市场经济投资活动中最一般、最普遍、最根本的动机形式。能否获得利润对企业的生存和发展至关重要,企业要想获得利润,就必须进行投资,在投资中获得效益。企业要维持简单再生产的顺利进行,就必须及时对生产设备等进行更新,对产品和生产工艺进行改进,不断提高职工的科技水平;要实现扩大再生产,就必须扩建、新建厂房,增添机器设备,增加职工人数,提高员工素质。

(二) 控制企业经营风险

企业的经营面临着各种风险,有来自市场竞争的风险,有资金周转的风险,还有原材料涨价、费用居高不下等成本的风险。投资,是企业风险控制的重要手段。通过投资,企业可以实现多元化经营,将资金投放在与经营相关程度较低的不同产品或不同行业,分散风险稳定收益来源,降低资产的流动性风险和变现风险,增强资产的安全性。通过投资,企业可以将资金投放投向企业生产经营的薄弱环节,使企业的生产经营能力配套、平衡、协调,形成更大的综合生产能力,如企业把资金投向多个行业,通过多样化经营实现风险分散,从而增强企业盈余的稳定性。

(三) 承担社会义务,提升企业形象

承担社会义务是指企业投资的结果是非收入性的,只是一种单纯的义务性投资,或者企业投资是非自愿的,是社会各利害关系方强制所为,如工业安全和环境保护等方面的投资。承担社会义务的投资从表面上看是强制的和非收入性的,但从长期来看,会直接影响企业的社会形象,进而影响企业的生产经营活动,并影响企业的未来盈利能力,如房地产开发商整修社区周边环境,会引起房地产升值,从而有利于房地产销售。同样,一个城市的非生产性环境建设,如控制环境污染,有利于改善投资环境,最终有利于该地区的经济可持续协调

发展。

（四）获取被投资方的经济控制权

股权性投资可以控制、共同控制被投资方或对被投资方施加重大影响，以达到控制、影响对方的经营和决策，参与企业的经营管理的目的。

知识点三 投资的种类

为加强投资管理、提高投资效益，还有必要对投资进行科学分类，分清投资的性质，根据其特点和要求进行投资决策。一般认为，企业投资有以下几种基本类型。

（一）按投资对象的存在形态分类为项目投资与证券投资

项目投资又称实体投资，是指将资金直接投放于形成生产经营能力的实体性资产，包括有形资产和无形资产。这也是指通过购买配置劳动力、劳动资料和劳动对象，从事企业内外的生产经营活动，直接赚取利润，如投资办厂、购置设备或从事商业经营活动。项目投资的目的在于改善生产条件扩大生产能力，以获取更多的经营利润。由于投资直接参与了企业的生产经营活动，所以项目投资又称直接投资。项目投资决策往往是先从备选方案中判断出可行方案，再从可行方案中选出最优方案。

证券投资又称金融投资，是指将资金投放于股票、债券等金融证券资产上的企业投资。股票、债券的发行方筹集到资金后再把这些资金投放于形成生产经营能力的实体性资产，获取经营利润。由于投资方不直接介入具体生产经营过程，而是通过股票、债券上约定的收益分配权利获取股利或利息收入，分享直接投资的经营利润，所以证券投资又称为间接投资。证券投资的目的在于通过持有证券获取投资收益或控制其他企业的财务和经营政策。证券投资决策往往是先选择金融产品投入资金，最终形成不同投资组合的投资方案。

（二）按投资合同对生产经营前景的影响分为发展性投资和维持性投资

发展性投资是指对企业未来的生产经营发展全局有重大影响的企业投资。发展性投资也可以称为战略性投资，如企业间兼并合并的投资、转换新行业和开发新产品投资、大幅度扩大生产规模的投资。发展性投资项目实施后，往往可以改变企业的经营方向和经营领域，或者明显地扩大企业的生产经营能力，或者实现企业的战略重组。

维持性投资是指为了维持企业现有的生产经营正常顺利进行，不会改变企业未来生产经营发展全局的企业投资。维持性投资也可以称为战术性投资，如更新替换旧设备的投资、配套营运资金投资、生产技术革新的投资。维持性投资项目所需要的资金不多，对企业生产经营前景影响不大，投资风险相对较小。

（三）按投资回收期限分类为长期投资与短期投资

短期投资又称流动资产投资，是指能够并且也准备在 1 年（1 个营业周期）以内收回的投资，主要指对应收账款、存货、交易性金融资产等流动资产的投资。

长期投资是指 1 年（1 个营业周期）以上才能收回的投资，主要指对厂房、机器设备等固定资产的投资，也包括对无形资产、可供出售金融资产和持有至到期投资等资产的投资。一般而言，长期投资风险大于短期投资的风险，与此相应，长期投资收益通常高于短期投资收益。

（四）按投资的方向分类为对内投资和对外投资

对内投资是指企业为取得供本企业生产经营使用的固定资产、无形资产、其他资产和垫支营运资金而形成的一种投资。

对外投资是指企业以现金、实物、无形资产等方式或者以购买股票、债券等有价证券方式向其他单位的投资。

对内投资都是直接投资，对外投资主要是间接投资，也可能是直接投资。随着企业横向经济联合的发展，对外投资越来越重要。从理论上讲，由于企业对投资风险的控制能力不同，对内投资的风险要低于对外投资风险，相应地，对外投资的收益应高于对内投资的收益。

（五）按投资项目之间的相互关系分类为独立投资、互斥投资和互补投资

独立投资也称非相关性投资，对某项投资作出接受或放弃的投资决策都不会受其他投资决策的影响。例如，安装教学系统和安装电梯是两个独立的项目，互不影响。

互斥投资也称不相容投资，即采纳或放弃某一投资，会显著影响其他投资的投资。例如甲、乙两个方案，可以选择甲，也可以选择乙，或者同时放弃两者，但唯独不能同时采纳甲方案和乙方案。

互补投资是指可同时进行，相互配套的各项投资，如港口和码头、油田和油管都属于互补投资项目。

就这三种投资类型的风险和收益来说，独立投资的风险收益是独立的、自身的；互斥投资的风险收益虽然是独立、自身的，但还取决于是否正确选择投资项目；互补投资的风险收益则与各配套项目间能否有效补充相联系。

（六）按投资时间的先后顺序分类为先决投资和后决投资

先决投资是指只有先进行该项目投资后，才能使其后或同时进行的一起或多起投资得以实现其收益的投资。

后决投资是指只有在别的相关投资被实施后，本投资才能得以实现其收益的投资。一般来说，先决投资的风险收益主要由其自身的风险收益决定，而后决投资的风险收益不仅取决于自身的风险收益，也取决于先决投资的风险收益。

 知识检测

一、单项选择题

1. 将企业投资划分为发展性投资与维持性投资所依据的分类标准是（　　）。

    A. 按投资活动与企业本身的生产经营活动的关系

    B. 按投资对象的存在形态和性质

    C. 按投资活动对企业未来生产经营前景的影响

    D. 按投资项目之间的相互关联关系

2. 固定资产更新决策的决策类型是（　　）。

    A. 互斥投资方案　　　　　　　　　　B. 独立投资方案

    C. 互补投资方案　　　　　　　　　　D. 相容投资方案

3. 对于一个( )投资项目而言,其他投资项目是否被采纳或放弃,对本项目的决策并无显著影响。

    A. 独立   B. 互斥   C. 互补   D. 不相容

二、多项选择题

1. 投资按投资对象的存在形态分为( )。

    A. 对内投资   B. 实体投资   C. 金融投资   D. 对外投资

2. 投资的特征包括( )。

    A. 投资时间长   B. 投资数额大   C. 投资专用性   D. 投资风险大

三、判断题

1. 固定资产原值和固定资产投资额是一回事情。   ( )

2. 投资的动机主要是获得对被投资方的控制权,参与经营管理。   ( )

3. 独立投资方案指的是可以同时进行,相互配套的投资方案。   ( )

任务二 项目投资管理

【任务描述】 了解项目投资的分类、假设前提。理解并正确估算项目的现金流量。掌握净现值法、现值指数法、内含报酬率法、投资回收期法和平均报酬率法,熟练运用这些方法进行项目投资决策。

 【案例导入】

    佳洁公司进行一项投资,正常投资期为 3 年,每年投资额 200 万元,3 年共需投资 600 万元。第 4 至第 13 年每年现金净流量为 210 万元。如果把投资期缩短为 2 年,每年需投资 320 万元,2 年共需投资 640 万元。竣工投产后的项目计算期和每年现金净流量不变。假定公司资金成本为 10%,项目终结时无残值,无需垫支营运资金。

    思考:请你替佳洁公司分析应否缩短投资期。

知识点一 项目投资的分类

    项目投资是指以特定建设项目为对象,直接与新建项目或更新改造项目有关的长期投资行为。项目投资一般是企业的对内投资,也包括以实物性资产投资于其他企业的对外投资。市场经济条件下,企业能否把筹集到的资金投放到收益高、回收快、风险小的项目上去,对企业的生存和发展是十分重要的。

    项目投资可分为新建项目投资和更新改造项目投资两大类型。新建项目投资以新增生产能力为目的,基本属于外延式扩大再生产;更新改造项目投资以恢复和改善生产能力为目的,基本属于内涵式扩大再生产。新建项目投资还可以进一步分为单纯固定资产投资和完整工业项目投资。单纯固定资产投资简称固定资产投资,通常只包括为构建固定资产而发生的资金投入,一般不涉及周转性流动资产的再投入;完整工业项目投资则不仅包括固定资产投资,而且还涉及周转性流动资产的投入,甚至还需增加如无形资产、长期待摊费用等其他长期资产项目的投资。

【结论】 不能将项目投资简单等同于固定资产投资。

知识点二 项目计算期

项目计算期(n)是指投资项目从投资建设开始到最终清理结束整个过程的全部时间,即该项目的有效持续时间,又称项目有效期,一般以年为单位计算。

项目计算期包括投资期(s)、营业期(p)和终结期三个阶段。其中投资期是指从开始投资建设到建成投产这一过程的全部时间,投资期的第一年年初记作第 0 年,称为建设起点。投资期的最后一年年末(第 s 年)称为投产日。营业期开始于投资期的最后一年末,即投产日,结束于项目最终清理的最后一年年末(n),称为终结期,它一般就是一个时点,也可以称为终结点。从投产日到终结日之间的时间间隔称为营业期(p),营业期包括试产期和达产期,达产期内项目完全达到设计生产能力。项目计算期、投资期和营业期之间有以下关系:

$$项目计算期\ n = 投资期\ s + 营业期\ p$$

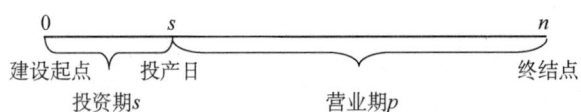

有一种情况是边投资建设,边投产营业,这时的项目计算期 $n \leqslant$ 投资期 $s +$ 营业期 p。

知识点三 项目投资分析的假设条件

(一) 项目投资类型假设

假设项目投资只包括单纯固定资产投资项目、完整工业投资项目和更新改造投资项目三种类型。这些项目又可进一步分为不考虑所得税因素和考虑所得税因素的项目。

(二) 财务可行性分析假设

假设投资决策是从企业投资者的立场出发,投资决策者确定现金流量就是为了进行项目财务可行性研究,该项目已经具备国民经济可行性和技术可行性。

(三) 全投资假设

假设在确定项目的现金流量时,只考虑全部投资的运动情况,而不具体区分自有资金和借入资金等具体形式的现金流量。即使实际存在借入资金也将其作为自有资金对待。

(四) 建设期投入全部资金假设

不论项目的原始投资是一次投入还是分次投入(除个别情况外),假设它们都是在建设期内投入的。

（五）经营期与折旧年限一致假设

假设项目主要固定资产的折旧年限或使用年限与经营期相同。

（六）时点指标假设

为便于资金时间价值的计算，不论现金流量具体内容所涉及的价值指标实际上是时点指标还是时期指标，均假设按照年初或年末的时点指标处理。其中，建设投资在建设期内有关年度的年初或年末发生，营运资金投资则在建设期末发生，且投产一年后有产出，经营期内各年的收入、成本、折旧、摊销、利润、税金等项目的确认均在年末发生，项目最终报废或清理均发生在终结点，但更新改造项目除外。

（七）确定性假设

假设与项目现金流量有关的价格、产销量、成本水平、所得税率等因素均为已知常数。假设项目终了，垫支的营运资金得以收回。

知识点四　项目投资的评价依据——现金流量

项目投资决策中所说的现金流量（Cash Flow）是指在项目计算期内该投资方案所引起的现金收支，其中现金收入称为现金流入量，现金支出称为现金流出量，现金流入量和现金流出量相抵后的余额称为现金净流量（Net Cash Flow，NCF）。这里的"现金"不仅包括各种货币资金，而且还包括项目需要投入的企业现有的非货币资源的变现价值。例如，一个项目需要使用原有的厂房、设备和材料等，则相关的现金流量是指它们的变现价值，而不是其账面价值。现金流量是评价投资方案是否可行时，必须事先计算的一个基础性指标，是评价项目投资决策的主要根据。在一般情况下，投资决策中的现金流量通常是指现金净流量。

（一）现金流量的内容

1. 现金流出量

现金流出量是项目计算期内，投资方案引起的现实货币资金减少或公司现金支出增加的数额，主要包括：

1）长期资产投资

长期资产投资支出一般在会计上表现为固定资产、无形资产和其他资产的增加，包括长期资产的购入、建造、运输、安装、试运行等方面所需要的现金支出。对投资实施后为使固定资产性能改进而发生的改良支出，属于固定资产的后期投资。这部分现金流出是随着投资的进行而发生的，可能是一次性支出，也可能分几次支出，它是项目投资开始时发生的主要现金流出量。

2）营运资金垫支

营运资金垫支是指项目投资形成后，投入使用会扩大公司的生产能力，引起对营运资金需求的增加，应当列入项目投资的现金流出量。由于企业生产能力扩大，原材料、在产品、产成品等流动资产规模也随之扩大，需要追加投入资金。同时，企业营业规模扩充后，应付账款等结算性流动负债也随之增加，自动补充了一部分日常营运资金的需要，因此，为该投资垫支的营运资金是追加的流动资产扩大量与结算性流动负债扩大量的净差额。

3）付现成本

付现成本又称经营成本，它是指项目投产后生产经营期内为满足正常生产经营需要而动用现实货币资金支付的成本费用，如材料费用、人工费用。它是生产经营阶段上最主要的现金流出量。

4）各项税款

这是指项目投产后依法缴纳的各项税费，包括增值税和所得税等。

5）其他现金流出

这是指不包括在以上内容中的现金流出项目。

2. 现金流入量

现金流入量是指项目计算期内，投资方案引起的现实货币资金增加或公司现金收入增加的数额，主要包括：

1）营业收入

营业收入指项目投产后每年实现的全部销售收入或业务收入，它是经营期主要的现金流入量项目。

2）回收固定资产余值

回收固定资产余值指投资项目的固定资产在终结点报废清理或中途变价转让处理时回收的净收入。

3）回收垫支的营运资金

回收垫支的营运资金主要指新建项目在项目计算期完全终止时因不再发生新的替代投资而回收的原垫付的全部营运资金投资额。回收营运资金和回收固定资产余值统称为回收额。

4）其他现金流入量

以上三项指标以外的现金流入量项目。

3. 现金净流量

现金净流量是指投资项目有效期内，每年现金流入量与同年现金流出量之间的差额，它是进行投资项目决策的重要依据。差额为正时，代表项目现金净流入，差额为负代表项目现金净流出，具体公式为。

$$NCF_t = I_t - O_t$$

式中，NCF_t——第 t 年现金净流量；

I_t——第 t 年的现金流入量；

O_t——第 t 年的现金流出量。

（二）项目投资各阶段现金流量的表现

通常，一个投资项目的现金流量从整个项目计算期三个阶段来看大致可以分为投资期现金流量、营业期现金流量和终结期现金流量三大部分。

1. 投资期现金流量

投资期现金流量是指开始投资时发生的现金流量。现金流出表现为投资项目的原始投资，原始投资又称为初始投资，从项目投资的角度看，原始投资是企业为使项目完全达到设计生产能力、开展正常经营而投入的全部现实资金,包括长期资产投资和营运资金投资两项内容。现金流入表现为原有固定资产的变价收入。这主要是指固定资产更新时原有固定资产变卖所得的现金收入。

项目投资期是整个项目计算期的初始阶段,需要投出大量的资金,没有流入或流入很少,这一阶段现金净流量一般为负数,表现为净流出量。

2. 营业期现金流量

营业阶段是投资项目的主要阶段,营业现金流量是指投资项目投入使用后,在其计算期内由于生产经营所带来的现金流入和流出的数量,一般按年度计算。营业期现金流入量主要是营业现金收入,现金流出量主要是付现经营成本和缴纳的税金。如果一个投资项目的每年销售收入等于营业现金收入,付现成本(主要指不包括折旧的成本)等于营业现金支出,那么,年营业现金(净)流量可用下列三个公式表示。

公式一:根据现金净流量的定义计算:

$$营业现金流量(NCF) = 营业收入 - 付现成本 - 所得税$$
$$= 营业收入 - (营业成本 - 折旧) - 所得税$$

付现成本在这里是指需要每年支付现金的成本。营业成本中不需要每年支付现金的部分称为非付现成本,主要包括固定资产折旧费、无形资产摊销额和资产减值准备。所以,付现成本可以用营业成本减去折旧(摊销、资产减值准备)来估计。

公式二:根据年末经营成果计算:

$$营业现金流量(NCF) = 净利润 + 折旧$$

增加的现金流入来自两部分:一部分是净利润带来的货币增值;另一部分是以货币形式收回的折旧。

公式三:根据所得税对收入和折旧的影响计算:

$$营业现金流量(NCF) = 营业收入 \times (1 - 所得税率) - 付现成本 \times$$
$$(1 - 所得税率) + 折旧 \times 所得税率$$
$$= 税后收入 - 税后成本 + 折旧抵税额$$

一个成功的投资项目,在营业阶段的现金流入是大于现金流出的,表现为净流入量,所以,每年营业现金净流量为正数。

3. 终结期现金流量

终结期现金流量是指投资项目完结时所发生的现金流量,主要包括固定资产的净残值收入或变价净收入、停止使用的土地的变价收入和原来垫支在各种流动资产上的资金的收回等。

固定资产的变现净损益对现金净流量是有影响的,固定资产的变现净损益对现金净流量的影响用公式表示如下:

固定资产的变现净损益对现金净流量的影响=(账面价值-变现净收入)×所得税税率

如果(账面价值-变价净收入)>0,则意味着发生了变现净损失,可以抵税,减少现金流出,增加现金净流量;如果(账面价值-变价净收入)<0,则意味着实现了变现净收益,应该

纳税,增加现金流出,减少现金净流量。变现时固定资产账面价值指的是固定资产账面原值与变现时按照税法规定计提的累计折旧的差额。按照税法规定,如果变现时折旧已经全部计提,则变现时固定资产账面价值等于税法规定的净残值;如果变现时折旧没有全部计提,则变现时固定资产账面价值等于税法规定的净残值与剩余的未计提折旧之和。

项目终结阶段表现为以上各项流入,很少再发生投资,一般没有流出,终结现金流量表现为净流入量。

(三) 估算现金流量时应注意的问题

为了正确计算投资项目的现金流量增量,需要正确判断哪些收支会引起企业总现金流量的变动,哪些收支不会引起企业总现金流量的变动。在进行这种判断时,应注意以下几个问题。

1. 只有项目引起的现金流量才是相关的

在确定项目现金流量时,只有那些确因本投资项目而引起的收入、费用,如增加的管理人员工资、租金和动力支出,才能计入投资项目的现金流量,与公司投资进行与否无关的收入、费用则不应计入投资项目的现金流量中。

2. 区分相关成本和非相关成本

相关成本是指与特定项目决策有关的,在判断现金流量时必须加以考虑的成本。例如差额成本、未来成本、重置成本、机会成本都属于相关成本。

非相关成本是指与特定项目决策无关的,在判断现金流量时不必加以考虑的成本。例如沉没成本、过去成本、账面成本都属于非相关成本,如项目实施前所发生的市场调研费用、咨询论证费用。如果将非相关成本纳入投资方案的总成本,则一个有利的方案可能因此变得不利,一个较好的方案可能变为较差的方案,从而造成决策的失误。

3. 要考虑对公司其他部门或产品的影响

采纳一个新的项目,该项目可能对公司的其他部门或产品造成有利或不利的影响,这种效应被称为附加效应。例如,新建车间生产的新产品上市后,原有其他产品的销量可能减少,而且整个公司的销售额也许不增加甚至减少。因此,在判断现金流量时,不应将新建车间的销售收入作为增量收入来处理,而应扣除其他部门因此而减少的销售收入,以两者之差作为新建项目的现金流量。当然,也可能发生相反的情况,新产品上市后将促进其他部门的销售增长。这主要看新项目与原有部门是竞争关系还是互补关系。

4. 不能忽视机会成本

在投资方案的选择中,如果选择了一个投资方案,则必须放弃投资于其他途径的机会,其他投资机会可能取得的收益是实行本方案的一种代价,被称为机会成本。例如,某公司一投资项目需要占用一块土地,该公司刚好拥有一块土地,如果将其出售可得净收入 100 万元,如果将这块土地用于项目投资,公司将损失出售土地的 100 万元收入,这部分丧失的收入即为投资的机会成本。机会成本并不是简单意义上的"成本"含义,它不是一种支出或费用,而是失去的潜在收益。机会成本总是针对具体方案的,离开被放弃的方案就无从计量确定。重视机会成本有利于全面考虑可能采取的各种方案,以便为既定资源寻求最为有利的使用途径。

5. 对营运资金的影响

投资新建项目,有时需要增加现金、应收账款和存货。这种营运资金的投资在其发生时应视为现金流出,而在项目计算期期末,收回营运资金时应视为现金流入。营运资金投资的增减不一定仅限于项目开始和结束时,在任何时候都可以发生。

(四) 现金流量的计算

为了正确评价投资项目的优劣,必须正确地计算现金流量。在实务中,测算某一项投资项目在不同时点上现金流量数额,通常要编制"投资项目现金流量表",通过该表能测算出投资项目相关现金流量的时间和数额,以便进一步进行投资项目可行性分析。

【例 4-1】　通达公司准备购入一项设备以扩充生产能力。现有甲、乙两个方案可供选择。甲方案需投资 100 万元,项目计算期为 5 年,采用直线法计提折旧,报废时无残值。5 年中每年销售收入为 70 万元,每年的付现成本为 30 万元。乙方案需投资 120 万元,项目计算期也为 5 年,采用直线法计提折旧,报废时有残值收入 20 万元。5 年中每年销售收入为 80 万元,付现成本第一年为为 30 万元,以后随着设备陈旧,逐年将增加修理费 3 万元,另需垫支营运资金 10 万元。公司所得税率为 25%,试计算两个方案的现金流量。

解答:(1)计算两个方案每年的折旧额:

$$甲方案每年的折旧额 = \frac{100}{5} = 20(万元)$$

$$乙方案每年的折旧额 = \frac{120 - 20}{5} = 20(万元)$$

(2)计算两个方案每年的营业现金流量,详见表 4-1。

表 4-1　投资项目的营业现金流量表

单位:万元

t	1	2	3	4	5
甲方案					
销售收入(1)	70	70	70	70	70
付现成本(2)	30	30	30	30	30
折旧(3)	20	20	20	20	20
税前利润(4=1−2−3)	20	20	20	20	20
所得税(5=4×25%)	5	5	5	5	5
净利润(6=4−5)	15	15	15	15	15
营业现金净流量(7=1−2−5=3+6)	35	35	35	35	35
乙方案					
销售收入(1)	80	80	80	80	80
付现成本(2)	30	33	36	39	42
折旧(3)	20	20	20	20	20
税前利润(4=1−2−3)	30	27	24	21	18
所得税(5=4×25%)	7.50	6.75	6	5.25	4.50
净利润(6=4−5)	22.50	20.25	18	15.75	13.50
营业现金净流量(7=1−2−5=3+6)	42.50	40.25	38	35.75	33.50

（3）计算两个方案项目计算期每年的现金流量，详见表 4-2。

表 4-2　投资项目现金流量计算表

单位：万元

t	0	1	2	3	4	5
甲方案						
固定资产投资	−100					
营业现金净流量		35	35	35	35	35
现金流量合计	−100	35	35	35	35	35
乙方案						
固定资产投资	−120					
营运资金垫支	−10					
营业现金净流量		42.50	40.25	38	35.75	33.50
固定资产残值						20
营运资金回收						10
现金流量合计	−130	42.50	40.25	38	35.75	63.50

为了简化现金流量的计算计算，一般均假定各年投资在年初一次进行，各年营业现金流量看作是各年年末一次发生，把终结现金流量看作是最后一年年末发生。

根据公式 $NCF_t = I_t - O_t$，将甲乙两个方案的现金净流量的分布状况整理如下：

甲方案 $NCF_0 = 0 - 100 = -100$（万元）

$NCF_{1-5} = (70-30-20) \times (1-25\%) + 20 - 0 = 35 - 0 = 35$（万元）

乙方案 $NCF_0 = 0 - (120+10) = -130$（元）

$NCF_1 = (80-30-20) \times (1-25\%) + 20 - 0 = 42.50$（万元）

$NCF_2 = (80-30-3-20) \times (1-25\%) + 20 - 0 = 40.25$（万元）

$NCF_3 = (80-30-6-20) \times (1-25\%) + 20 - 0 = 38$（万元）

$NCF_4 = (80-30-9-20) \times (1-25\%) + 20 - 0 = 35.75$（万元）

$NCF_5 = (80-30-12-20) \times (1-25\%) + 20 + (20+10) - 0 = 63.50$（万元）

（五）投资项目决策中使用现金流量的原因

利润是会计核算指标，是按照权责发生制确定的，而现金净流量是根据收付实现制确定的，两者既有联系又有区别。在投资决策中，现金流量是研究的重点，利润则被放在研究的次要地位，理由是：

（1）从整个投资计算期来看，利润总额和现金净流量总额总是相等的，现金净流量完全可以取代利润作为评价投资收益的指标。

由于传统的财务会计核算以持续经营和会计分期为前提，使用权责发生制原则，致使企业在某个特定会计期间内的利润与现金净流量可能不一致，但在整个持续经营期内，利润与现金净流量是相等的。某一个具体的项目也是如此。所以，现金净流量可以取代利润作为评价净收益的指标。

【例 4-2】 通达公司某投资项目总额 1 000 万元,分 5 年支付工程款,2 年后开始投产,有效期限为 5 年,投产开始时垫付营运资金 200 万元,结束时收回,每年销售收入为 1 000 万元,付现成本为 700 万元,试计算投资项目的现金流量。

解答:该投资项目的现金流量计算如表 4-3 所示。

表 4-3　投资项目的现金流量计算表

单位:万元

年份	0	1	2	3	4	5	6	7	合计
投资	−200	−200	−200	−200	−200				−1 000
销售收入				1 000	1 000	1 000	1 000	1 000	5 000
付现成本				700	700	700	700	700	3 500
直线折旧				200	200	200	200	200	1 000
利润				100	100	100	100	100	500
加速折旧				300	250	200	150	100	1 000
利润				0	50	100	150	200	500
营业现金流量				300	300	300	300	300	1 500
营运资金			−200					200	0
现金净流量	−200	−200	−400	100	100	300	300	500	500

(2)投资规划要求有一个统一的标准作衡量依据,利润在各年的分布受人为因素的影响,而现金流量的分布不受这些人为因素的影响,可以保证评价的客观性。

在特定的会计期间采用不同的折旧方法、存货计价方法、成本计算方法等,得出的营业利润指标是不同的,但它们的营业现金流量却是相同的。

(3)投资决策必须认真考虑资金的时间价值,现金流量有利于科学地考虑时间价值因素。

收到的现金是实在的,未收到的现金的收益,往往有较大的风险,特别是对于回收期长的项目,如不用现金流量作为投资规划的基础,可能会过高地估计投资项目的实际投资收益。计算会计利润时的收入和费用不一定是当期收到和支付的现金,故不利于其现值的确定,而现金流量反映的是当期的现金流入和流出量,有利于考虑时间价值因素。

例如投资收益是应收账款而非现金。投资 1 000 元,年收益 100 元,银行存款利率为8%,100 元当年收益则大于 80 元机会收益,如是第二年收到 1 000 元投资产生的 100 元收益,机会收益则为 160 元,利息 160 元大于收益 100 元,投资不利。

(4)在投资分析中,现金流动状况比盈亏状况更重要,所有有利润的年限不一定能产生多余的现金进行其他项目的再投资。

在投资分析中,对项目效益的评价是以假设其收回的资金能用于再投资为前提的。利润反映项目的盈亏状况,而有利润的年份不一定能产生相应的现金用于再投资,只有现金净流量才能用于再投资。一个项目能否维持下去,不是取决于某年份是否有利润,而是取决于是否有现金用于所需要的各种支付。显然,在投资中,现金流动状况比盈亏状况更为重要。

知识点五　项目投资决策评价指标

项目投资决策评价指标是指用于衡量和比较投资项目可行性的标准和尺度,是由一系列综合反映投资效益、投入产出关系的量化指标构成的。它可以分为两类:一类是贴现指标,即考虑了资金时间价值因素的指标,主要包括净现值、现值指数、内含报酬率;另一类是非贴现指标,即未考虑资金时间价值因素的指标,主要包括投资回收期、平均报酬率。

(一) 贴现的分析评价方法及指标

贴现的分析评价方法,是指考虑货币时间价值的分析评价方法,亦被称为贴现现金流量分析技术。

1. 净现值法

项目计算期三阶段中,投资期的现金流量表现为净流出量,营业期和终结期表现为净流入量。所谓净现值(Net Present Value,缩写为NPV),是一项投资所产生的未来现金净流量现值与原始投资额现值之间的差额。

净现值法是用净现值指标作为评价投资方案优劣的方法。采用净现值法来评价投资方案一般有以下步骤:

第一,测定投资方案各年的现金流量,包括现金流出量和现金流入量。

第二,设定投资方案采用的贴现率。确定贴现率的参考标准可以是①以市场利率为标准,资金市场的市场利率是整个社会投资报酬率的最低水平,可以视为一般最低报酬率要求;②以投资者希望获得的预期最低投资报酬率为标准,这就考虑了投资项目的风险补偿因素以及通货膨胀因素;③以企业平均资金成本率为标准,企业投资所需要的资金都或多或少地具有资金成本,企业筹资承担的资金成本率水平,给投资项目提出了最低报酬率要求。

第三,按设定的贴现率,分别将各年的现金流出量和现金流入量折算成现值。

第四,将未来的现金净流量现值与投资额现值进行比较,判断方案优劣。

1) 净现值的计算公式

$$净现值\ NPV = 未来现金净流量现值 - 原始投资额现值$$

或者:

$$NPV = \sum_{t=0}^{n} \frac{NCF_t}{(1+i)^t}$$

如果原始投资为一次性期初投资,则公式为:

$$NPV = \left[\frac{NCF_1}{(1+i)^1} + \frac{NCF_2}{(1+i)^2} + \cdots + \frac{NCF_n}{(1+i)^n} \right] - C$$

$$= \sum_{t=1}^{n} \frac{NCF_t}{(1+i)^t} - C$$

式中,NPV——净现值;

NCF_t——第 t 年的现金净流量;

i——贴现率(该项目要求的报酬率);

n——投资项目的有效年限;

C——原始投资额。

2）净现值法的决策标准

按照这种方法，所有未来现金净流量和原始投资额都要按预定贴现率折算为现值，然后再计算它们之间的差额。如净现值为正数，即贴现后现金流入大于贴现后现金流出，该投资项目的报酬率大于预定的贴现率；如净现值为零，即贴现后现金流入等于贴现后现金流出，该投资项目的报酬率相当于预定的贴现率；如净现值为负数，即贴现后现金流入小于贴现后现金流出，该投资项目的报酬率小于预定的贴现率。

在只有一个备选方案的采纳与否决策中，净现值 ≥0 可以采纳，净现值<0 则不采纳。在有多个备选方案的互斥选择决策中，应选用净现值正值最大者为最优方案。

【例 4-3】 根据[例 4-1]所列通达公司的资料（见表 4-1 和表 4-2），假设方案要求的报酬率为 10%。要求：计算净现值。

解答：甲方案每年末的 NCF 相等，可用公式计算：

$$\begin{aligned}
甲方案\ NPV &= NCF \times (P/A, i, n) - 100 \\
&= 35 \times (P/A, 10\%, 5) - 100 \\
&= 35 \times 3.790\ 8 - 100 \\
&= 32.68（万元）
\end{aligned}$$

乙方案的 NCF 不等，可用公式计算：

$$\begin{aligned}
乙方案\ NPV &= 42.50 \times (P/F, 10\%, 1) + 40.25 \times (P/F, 10\%, 2) + 38 \times (P/F, 10\%, 3) \\
&\quad + 35.75 \times (P/F, 10\%, 4) + 63.50 \times (P/F, 10\%, 5) - 130 \\
&= 42.50 \times 0.909\ 1 + 40.25 \times 0.826\ 4 + 38 \times 0.751\ 3 + 35.75 \\
&\quad \times 0.683\ 0 + 63.50 \times 0.620\ 9 - 130 \\
&= 38.64 + 33.26 + 28.55 + 24.42 + 39.43 - 130 = 34.30（万元）
\end{aligned}$$

从上面计算中我们可以看出，甲、乙两个方案的净现值均为正数，都是可取的。但乙方案的净现值（34.30 万元）大于甲方案的净现值（32.68 万元），所以通达公司应选择乙方案。

3）净现值法的基本原理

净现值法所依据的原理是：假设预计的现金净流入在各年末肯定可以实现，并把原始投资看成是按预定贴现率从银行借入的，当净现值为正数时，还本付息后该项目仍有剩余的收益，当净现值为零时还本付息后一无所获，当净现值为负数时该项目收益不足以还本付息。

例[4-3]中，甲方案的还本付息表如表 4-4 所示。

表 4-4　甲方案还本付息表

单位：万元

年份	年初未偿还额	年利息	年末需偿还额	年末可偿还额	年末未偿还额
1	100	10	110	35	75
2	75	7.50	82.50	35	47.50
3	47.50	4.75	52.25	35	17.25

年份	年初未偿还额	年利息	年末需偿还额	年末可偿还额	年末未偿还额
4	17.25	1.73	18.98	35	−16.02
5	−16.02	1.60	−17.62	35	−52.62

通过甲方案的还本付息表，可以看出甲方案在有效期5年内，按照预计的每年取得35万元的投资流入，在10%的利率下，还本付息后剩余52.62万元收益，说明方案甲可行，第5年末的52.62万元折算为现值即为32.67万元（52.62×0.620 9），与前面的结果有0.01万元差异，差异是折现系数造成的。

4）净现值法的优缺点

净现值法具有广泛的适用性，在理论上也比其他方法更完善。

净现值法的优点有：

（1）考虑了资金时间价值，能够反映各种方案的净收益，增强了投资经济性的评价，是一种较好的方法。

（2）考虑了投资风险性，风险大则采用高折现率，风险小则采用低折现率。

（3）考虑了项目计算期全部的现金流量，体现了流动性与收益性的统一。

（4）净现值能够明确地反映出从事一项投资会使企业增值（或减值）数额的大小，正的净现值即表示企业价值的增加值。

缺点：

（1）较难确定现金净流量的测量和折现率。净现值法应用的主要问题是如何确定现金流量和贴现率，确定的现金净流量小或贴现率高，会导致净现值下降，本来可行的项目不可行，确定的现金净流量高或贴现率低会导致净现值上升，本来不可行的项目变为可行，决策失误。

（2）在项目投资规模不同的方案的对比中，净现值法无法准确判断方案的优劣。净现值是绝对指标，容易使决策趋向投资大收益大的项目，忽视投资小收益率高的项目。

（3）只能判断方案是否可行，不能反映出方案本身报酬率的高低。

2. 现值指数法

所谓现值指数（Profitability Index，缩写为PI）是投资项目未来现金净流入量现值（即未来报酬的总现值）与原始投资额的现值的比率，又称现值比率、获利指数、贴现后收益—成本比率等。

现值指数法是使用现值指数作为指标评价方案优劣的方法。

1）现值指数的计算公式

$$PI = \frac{未来现金净流入现值}{原始投资额现值}$$

如果原始投资为一次性期初投资，则公式为：

$$PI = \left[\frac{NCF_1}{(1+i)^1} + \frac{NCF_2}{(1+i)^2} + \cdots + \frac{NCF_n}{(1+i)^n} \right] \div C$$

$$= \sum_{t=1}^{n} \frac{NCF_t}{(1+i)^t} \div C$$

现值指数的实质是每一元原始投资所能获取的未来流入的现值额。

2) 现值指数法的决策标准

在只有一个备选方案的采纳与否决策中,现值指数≥1,可以采纳,否则就拒绝。在有多个备选方案的互斥选择决策中,应选用现值指数超过1最多的投资项目。

【例 4-4】 根据[例 4-1]和[例 4-3]所列通达公司的资料,要求:计算现值指数。

解答: 甲方案的现值指数 $PI = \dfrac{35 \times 3.7\,908}{100}$

$$= \dfrac{132.68}{100}$$

$$= 1.33$$

乙方案的现值指数 $PI = \dfrac{38.64 + 33.26 + 28.55 + 24.42 + 39.43}{130}$

$$= \dfrac{164.30}{130}$$

$$= 1.26$$

甲、乙两个方案的现值指数都大于1,故两个方案都可以进行投资,但甲方案的现值指数更大,所以通达公司应采用甲方案。

3) 现值指数法的优缺点

现值指数法和净现值法的优缺点相似,唯一不同的是,净现值指标是绝对数指标,反映投资的效益;现值指数是一个相对数指标,可以看成是1元原始投资可望获得的净收益现值,反映投资的效率。现值指数能够真实反映投资项目的盈亏程度,有利于不同原始投资额的投资方案之间进行对比。两者都考虑了资金时间价值因素,都考虑了风险因素,需要妥善估算现金流量和预计贴现率,都可以说明投资方案高于或低于某一特定的投资报酬率,但不能揭示方案本身可以达到的具体的报酬率是多少。

运用净现值法和现值指数法决策时,两者的决策结果有时会出现矛盾。例[4-4]中,运用净现值法判断时乙方案优于甲方案,运用现值指数法判断时甲方案优于乙方案。这是因为乙方案净现值大是靠原始投资额大取得的,甲方案原始投资额小,但资金使用效率高。到底采用哪个方案,要看方案之间的关系。事实上,互斥方案的选优决策,各方案本身都是可行的,均有正的净现值,表明各方案均收回了原始投资额,并有超额报酬。进一步在可行方案中选优,方案的获利数额被作为了选优的评价标准。在项目的寿命期相等时,不论方案的原始投资额大小如何,能够获得最大的获利数额即净现值的,即为最优方案。所以在互斥投资方案的选优决策中,原始投资额的大小并不影响决策的结论,无需考虑原始投资额的大小。例[4-4]中,如果甲、乙方案属于互斥方案,则净现值大的乙方案为最佳方案。如果两个方案是相互独立的,所有的可行性方案均可以实施,企业应当优先选择投资效率高的方案,应采用现值指数或内含报酬率对项目进行排序,然后决策。例[4-4]中,如果甲、乙方案是独立方案,则甲方案为最优方案。

【结论】 净现值法和现值指数法均需要事先确定贴现率,均不能反映项目本身报酬率的高低。

3. 内含报酬率法

在计算方案净现值时,以必要投资率作为贴现率,得出的净现值的结果大于0或小于0,

说明项目本身报酬率大于或小于贴现率;而当净现值为 0 时,说明项目本身报酬率与贴现率相等,这时项目不盈利也不亏损。所以,内含报酬率(Internal Rate of Return,缩写为 IRR)即项目本身报酬率,是指使投资方案净现值为零的贴现率,或者是能够使未来现金净流入量现值等于原始投资现值的贴现率。

内含报酬率法是使用方案本身的内含报酬率作为指标评价方案优劣的决策方法。

1)内含报酬率的计算公式

$$使得\ NPV = 0\ 时的\ i\ 为\ IRR$$

如果原始投资为一次性期初投资,则公式为:

$$使得\left[\frac{NCF_1}{(1+i)^1} + \frac{NCF_2}{(1+i)^2} + \cdots + \frac{NCF_n}{(1+i)^n}\right] - C = 0$$

即, $$\sum_{t=1}^{n}\frac{NCF_t}{(1+i)^t} - C = 0\ 时的\ i\ 就是内含报酬率$$

式中,NCF_t——第 t 年的现金净流量;

i——内含报酬率 IRR;

n——项目预计使用年限;

C——原始投资额。

根据现金流量分布的不同,具体的计算分两种情形:

情形一:如果每年现金净流量 NCF 相等,采用年金法按下列步骤计算:

第一步:计算年金现值系数。

$$年金现值系数 = \frac{原始投资额}{每年流入\ NCF}$$

第二步:查年金现值系数表,在相同的期数内,找出与上述年金现值系数相邻近的较大和较小的两个贴现率。

第三步:根据上述两个邻近的贴现率和已求得的年金现值系数,采用插值法计算出该方案的内含报酬率。

【例 4-5】 根据[例 4-1]和[例 4-3]所列通达公司甲方案的资料(见表 4-1 和表 4-2),计算内含报酬率。

解答:由于甲方案每年的 NCF 相等,可采用年金法计算内含报酬率。

$$年金现值系数 = \frac{原始投资额}{每年流入\ NCF}$$
$$= \frac{100}{35} = 2.857$$

查年金现值系数表,第 5 期与 2.857 相邻近的年金现值系数在 22% 和 23% 之间,现用插值法计算如下:

贴现率	22%	IRR	23%
年金现值系数	2.863 6	2.857	2.803 5

由图运用等比例关系得到：$\dfrac{22\% - IRR}{22\% - 23\%} = \dfrac{2.863\ 6 - 2.857}{2.863\ 6 - 2.803\ 5}$

甲方案的内含报酬率 $IRR = 22\% + \dfrac{2.863\ 6 - 2.857}{2.863\ 6 - 2.803\ 5} \times (23\% - 22\%) = 22.11\%$

或者：$\quad IRR = 23\% - \dfrac{2.857 - 2.803\ 5}{2.863\ 6 - 2.803\ 5} \times (23\% - 22\%) = 22.11\%$

每年的 NCF 相等时使用的插值法，建立在年金现值系数随利率分布均匀分布的基础上，事实上，年金现值系数并不随利率分布均匀分布。所以，内含报酬率只是项目报酬率的一个近似值。

情形二：如果每年现金净流量 NCF 不相等，则需要按下列步骤计算：

第一步：先预估一个贴现率，并按此贴现率计算净现值。如果计算出的净现值为正数，表示预估的贴现率小于该项目的实际内含报酬率，应提高贴现率，再进行测算；如果计算出的净现值为负数，则表示预估的贴现率大于该项目的实际内含报酬率，应降低贴现率，再进行测算。经过如此反复测算，直到找到两个相邻的利率，使得一个利率的净现值为正，一个利率的净现值为负。

第二步：根据上述两个邻近的贴现率，采用插值法计算出该方案的实际内含报酬率。

【例 4-6】 根据[例 4-1]和[例 4-3]所列通达公司乙方案的资料（见表 4-1 和表 4-2），计算内含报酬率。

解答：乙方案的每年 NCF 不相等，因而必须逐次进行测算。[例 4-3]中，按 10% 的贴现率进行计算，净现值为 34.30 万元，为正数，说明内含报酬率远大于 10%，提高贴现率再进行测算，直到找到 19% 和 20%。

$i = 19\%, NPV = 42.50 \times (P/F, 19\%, 1) + 40.25 \times (P/F, 19\%, 2) + 38 \times$
$\qquad (P/F, 19\%, 3) + 35.75 \times (P/F, 19\%, 4) + 63.50 \times (P/F, 19\%, 5) - 130$
$\qquad = 42.50 \times 0.840\ 3 + 40.25 \times 0.706\ 2 + 38 \times 0.593\ 4 + 35.75 \times$
$\qquad 0.498\ 7 + 63.50 \times 0.419\ 0 - 130$
$\qquad = 35.71 + 28.42 + 22.55 + 17.83 + 26.61 - 130 = 1.12(万元)$

$i = 20\%, NPV = 42.50 \times (P/F, 20\%, 1) + 40.25 \times (P/F, 20\%, 2) + 38 \times$
$\qquad (P/F, 20\%, 3) + 35.75 \times (P/F, 20\%, 4) + 63.50 \times (P/F, 20\%, 5) - 130$
$\qquad = 42.50 \times 0.833\ 3 + 40.25 \times 0.694\ 4 + 38 \times 0.578\ 7 + 35.75 \times$
$\qquad 0.482\ 3 + 63.50 \times 0.401\ 9 - 130$
$\qquad = 35.42 + 27.95 + 21.99 + 17.24 + 25.52 - 130 = -1.88(万元)$

乙方案的内含报酬率在 19% 和 20% 之间。采用插值法计算出乙方案的 IRR。

贴现率	19%	IRR	20%
净现值	1.12	0	−1.88

运用等比例关系得到：$\dfrac{19\% - IRR}{19\% - 20\%} = \dfrac{1.12 - 0}{1.12 - (-1.88)}$

甲方案的内含报酬率 $IRR = 19\% + \dfrac{1.12 - 0}{1.12 - (-1.88)} \times (20\% - 19\%) = 19.37\%$

或者：$IRR = 20\% - \dfrac{0 - (-1.88)}{1.12 - (-1.88)} \times (20\% - 19\%) = 19.37\%$

同样,每年的 NCF 不相等时使用的插值法,建立在假设净现值随利率分布均匀分布的基础上,事实上,净现值并不随利率分布均匀分布。内含报酬率依然只是项目报酬率的一个近似值。

2）内含报酬率法的决策标准

在只有一个备选方案的采纳与否决策中,如果计算出的内含报酬率大于或等于企业的资金成本或必要报酬率,就采纳;反之,则拒绝。在有多个备选方案的互斥选择决策中,应选用内含报酬率超过资金成本或必要报酬率最多的投资项目。

从以上计算结果可以看出,甲方案的内含报酬率较高,故甲方案效益比乙方案要好,通达公司应选用甲方案。

3）内含报酬率法的优缺点

内含报酬率法的优点有：

（1）考虑了资金的时间价值。

（2）从相对指标上反映了投资项目的报酬率,使不同投资规模的项目可比,适用于独立投资方案的比较。各方案原始投资额不同,计算各方案的内含报酬率,可反映各投资方案的获利水平。

内含报酬率法缺点有：

（1）内含报酬率中包含一个不现实的假设,即假定投资每期收回的款项都可以再投资,而且再投资达到的收益率与内含报酬率一致,其实有很多项目是达不到的。再者,如果投资方案的现金流量是交错型的,则一个投资方案可能有几个内含报酬率,这在实际工作中很难选择。

（2）在互斥投资方案决策时,如果各方案的原始投资额现值不等,有时无法作出正确的决策。某一个方案原始投资额低,净现值小,但内含报酬率可能较高;而另一个方案原始投资额高,净现值大,但内含报酬率可能较低。

（3）内含报酬率高的项目风险也高,如果选取了内含报酬率高的项目,意味着企业选择了高风险项目。

（4）内含报酬率法计算过程比较复杂。特别是每年 NCF 不相等的投资项目,一般要经过多次测算才能算出。

（二）非贴现的分析评价方法及指标

非贴现的分析评价方法,不考虑货币时间价值,把不同时间的货币收支看成是等效的。它主要包括投资回收期法、平均报酬率法等,这些方法在选择方案时起辅助作用。

1. 投资回收期法

投资回收期（Payback Period,缩写为 PP）,是指回收初始投资所需要的时间,一般以年为单位。回收年限越短,方案越有利。投资回收期法是以投资回收期作为指标来评价方案优劣的方法。

投资回收期的计算,根据每年的营业现金净流量的相等与否,分为两种情形：

（1）如果每年的营业现金净流量（NCF）相等,则投资回收期可按下列公式计算。

$$投资回收期（PP）= 原始投资额 \div 每年 NCF$$

（2）如果每年的营业现金净流量（NCF）不相等，则投资回收期要根据每年年末尚未回收的投资额加以确定。

$$投资回收期 = 未回收额为负数的前一年 + \frac{未回收额出现负数年份的未回收额}{未回收额出现负数年份的回收额} \times 1 年$$

【例4-7】 根据[例4-1]和[例4-3]所列通达公司的资料（见表4-1和表4-2），计算投资回收期。

解答：甲方案每年的 NCF 相等，故：

$$甲方案投资回收期 = \frac{100}{35} = 2.857（年）$$

乙方案每年的 NCF 不相等，所以应先计算其各年年末尚未回收的投资额，具体见表4-5。

表4-5 投资项目回收期测算表

单位：元

年度	年初需回收额	年末回收额年现金净流量（NCF）	年末尚未回收的投资额
1	130.00	42.50	87.50
2	87.50	40.25	47.25
3	47.25	38.00	9.25
4	9.25	35.75	−26.50
5	−26.50	63.50	−90.00

$$乙方案投资回收期 = 3 + \frac{9.25}{35.75} = 3.2587（年）$$

投资回收期法的判断标准是：对比投资回收期与项目计算期或预期回收期，前者小于后者，说明项目投资能在有效期内收回，项目可行，如果前者大于后者，说明投资不能在有效期内收回，项目不可行。当多个方案选优时，则选择投资回收期短的项目投资。投资回收期法建立在营业现金净流量在年度内是均匀流入这样一个假设前提下。例[4-7]中，甲乙两个方案均可行，但甲投资回收期更短，所以，通达公司选择甲方案投资。

投资回收期法的优点是简单实用，便于理解。它的缺点在于不仅忽视时间价值因素，而且没有考虑回收期以后的收益。事实上，有战略意义的长期投资往往早期收益较低，而中后期收益较高，回收期法优先考虑急功近利的项目，可能导致放弃长期成功的方案。投资回收期法目前作为辅助方法使用，主要用来测定方案的流动性而非盈利性。

2. 平均报酬率法

平均报酬率（Average Rate of Return，缩写为 ARR），是指投资项目计算期内平均的年投资报酬率，也称平均投资报酬率。平均报酬率法是以平均报酬率作为指标评价方案优劣的方法。

平均报酬率有多种计算方法，其最常见的计算公式为：

$$平均报酬率 = \frac{平均年现金流量}{原始投资额}$$

【例 4-8】 根据[例 4-1]和[例 4-3]所列通达公司的资料(见表 4-1 和表 4-2),计算平均报酬率。

解答：

$$甲方案 \ ARR = \frac{35}{100} = 35\%$$

$$乙方案 \ ARR = \frac{(42.50 + 40.25 + 38 + 35.75 + 63.50) \div 5}{130} = 34\%$$

平均报酬率的决策标准是:采用平均报酬率这一指标时,应事先确定一个企业要求达到的平均报酬率或必要平均报酬率。在进行决策时,只有高于必要平均报酬率的方案才可行。而在有多个方案的互斥选择中,则选用平均报酬率最高的方案。对比甲乙两个方案,甲方案更好。

平均报酬率法的优点是简明、易算、易懂。其主要缺点是没有考虑资金时间价值,第一年的现金流量与最后一年的现金流量被看作具有相同的价值,所以,有时候可能导致错误的决策。用该方法只能对方案作初步判断,是决策辅助方法。

知识点六　项目投资决策指标的应用

(一) 固定资产更新决策

固定资产更新是用新的资产去更换在技术上、经济上不宜继续使用的旧资产,或用先进的技术对原有设备进行局部改造。科学技术在不断发展,企业固定资产更新周期大大缩短,固定资产更新决策便成为企业长期投资决策的一项重要内容。

固定资产更新决策中主要需要研究两个问题:一个是决定是否更新,即继续使用旧资产还是更换新资产;另一个是决定选择什么样的资产来更新。实际上,这两个问题是结合在一起考虑的,由于旧设备总可以通过修理继续使用,如果市场上没有比现有设备更适用的设备,那么就继续使用旧设备。所以更新决策是继续使用旧设备与购置新设备之间的选择。

【例 4-9】 通达公司考虑用一台新的、效率更高的设备来代替旧设备,以减少成本,增加收益。旧设备原购置成本为 40 万元,已使用 5 年,估计还可使用 5 年,已提折旧 20 万元,假定使用期满后无残值,如果现在出售可得价款 15 万元,使用该设备每年可获收入 50 万元,每年的付现成本为 30 万元。该公司现准备用一台新设备来代替原有的旧设备。新设备的购置成本为 60 万元,估计可使用 5 年,假定使用期满后有残值 5 万元,使用新设备后,每年收入可达 80 万元,每年付现成本为 40 万元。假定通达公司的资金成本为 12%,所得税率为 25%,新、旧设备均采用直线法计提折旧。试作出公司是继续使用旧设备还是对其进行更新的决策。

解答:在本例中,一个方案是继续使用旧设备,另一个方案是出售旧设备而购置新设备。为此,我们可以采用差量分析法来计算一个方案比另一个方案增减的现金流量,所有增减额均用希腊字母"Δ"表示。

从新设备的角度计算两个方案的差量现金流量:

(1) 计算初始投资与折旧的现金流量的差量。

$$\Delta 初始投资 = 60 - 15 = 45(万元)$$

$$\Delta 年折旧额 = \frac{60 - 5}{5} - \frac{40}{10} = 7(万元)$$

（2）算两个方案每年的营业现金流量的差量，如表4-6所示。

表4-6 两个方案每年营业现金流量的差量表

单位:万元

项目	第1年~第5年
△销售收入(1)	80－50＝30
△付现成本(2)	40－30＝10
△折旧额(3)	7
△税前利润(4)＝(1)－(2)－(3)	13
△所得税(5)＝(4)×25％	3.25
△税后净利(6)＝(4)－(5)	9.75
△营业现金净流量(7)＝(1)－(2)－(5)＝(3)＋(6)	16.75

（3）计算两个方案每年现金流量的差量，如表4-7所示。

表4-7 两个方案每年现金流量的差量表

单位:万元

项目	第0年	第1年	第2年	第3年	第4年	第5年
△初始投资	－45					
△营业现金净流量		16.75	16.75	16.75	16.75	16.75
△终结现金流量						5.0
△现金净流量	－45	16.75	16.75	16.75	16.75	21.75

（4）计算两个方案净现值的差量。

$$\Delta NPV = 16.75 \times (P/A, 12\%, 4) + 21.75 \times (P/F, 12\%, 5) - 45$$
$$= 16.75 \times 3.037\ 3 + 21.75 \times 0.567\ 4 - 45$$
$$= 18.22(万元)$$

以上计算结果表明，投资项目更新后，公司会增加净现值18.22万元，故应进行更新。本例中，如果考虑固定资产变现净损益对现金流量的影响，则旧设备变现15万元，与账面价值20万元对比损失5万元，5万元可以抵税，即减少1.25万元税收支出，增加现金净流量。

（二）资本限量决策

资本限量是指企业资金有一定限度，不能投资于所有可接受的项目，即企业虽然有很多获利项目可供投资，但无法筹集到足够的资金。这种情况在许多公司都可能存在，对于那些以内部融资为主或外部融资受到限制的企业尤其如此。

在资金有限量的情况下，企业该采用什么样的项目呢？企业为了获得最大的利益，应投资于一组净现值最大的项目。确定这样的一组项目通常可以采用两种方法，即现值指数法和净现值法。

1. 现值指数法

使用现值指数法,可按以下步骤进行:

(1)计算所有项目的现值指数 PI,不能略掉任何项目,并列出每一个项目的原始投资额。

(2)接受现值指数 $PI \geqslant 1$ 的项目,如果所有可接受的项目都有足够的资金,说明资本没有限量,这一过程即可完成。

(3)如果资金不能满足所有 $PI \geqslant 1$ 的项目,则对所有可接受的项目在资本限量内进行各种可能的组合,然后计算出各种组合的加权平均现值指数。

(4)接受加权平均现值指数最大的一组项目。

2. 净现值法

使用净现值法,可按以下步骤进行:

(1)计算所有项目的净现值 NPV,不能略掉任何项目,并列出每一个项目的原始投资额。

(2)接受净现值 $NPV \geqslant 0$ 的项目,如果所有可接受的项目都有足够的资金,说明资本没有限量,这一过程即可完成。

(3)如果资金不能满足所有 $NPV \geqslant 0$ 的项目,则对所有可供选择接受的项目在资本限量内进行各种可能的组合,然后计算出各种组合的净现值总额。

(4)接受净现值总额最大的一组项目。

【例 4-10】 假定通达公司现有五个可供选择的项目 A_1,B_1,B_2,C_1,C_2,其中,B_1 和 B_2,C_1 和 C_2 是互斥项目。通达公司资本的最大限量为 400 000 元。有关资料见表 4-8。

表 4-8 待选项目资料表

单位:元

投资项目	原始投资额	现值指数 PI	净现值 NPV
A_1	120 000	1.56	67 000
B_1	150 000	1.53	79 500
B_2	300 000	1.37	111 000
C_1	125 000	1.17	21 000
C_2	100 000	1.18	18 000

要求:确定最佳组合方案。

解答:如果通达公司想选择现值指数最大的项目,那么它将选用 A_1 项目(现值指数为 1.56)、B_1 项目(现值指数为 1.53)、和 C_2 项目(现值指数为 1.18);如果通达公司按每一个项目的净现值大小来选取,那么它将首先选用 B_2 项目,另外可选择的只有 C_2 项目。

但是要判断以上选择是否为最佳方案,我们需通过表 4-9 来计算在资本限量内的所有可能的项目组合的加权平均现值指数和净现值总额。

表 4-9 各项目组合计算表

单位:元

项目组合	原始投资额	加权平均现值指数	净现值总额
$A_1 B_1 C_1$	395 000	1.420	167 500
$A_1 B_1 C_2$	370 000	1.412	164 500
$A_1 B_1$	270 000	1.367	146 500
$A_1 C_1$	245 000	1.221	88 000
$A_1 C_2$	220 000	1.213	85 000
$B_1 C_1$	275 000	1.252	100 000
$B_2 C_2$	400 000	1.322	129 000

$A_1 B_1 C_1$ 的组合有 5 000 元资金没有用完,假定这 5 000 元可投资于有价证券,现值指数为 1(以下其他组合也如此),则 $A_1 B_1 C_1$ 组合的加权平均现值指数可按以下方法计算:

$$加权平均现值指数 = \frac{120\ 000}{400\ 000} \times 1.56 + \frac{150\ 000}{400\ 000} \times 1.53 + \frac{125\ 000}{400\ 000} \times 1.17 + \frac{5\ 000}{400\ 000} \times 1.00$$
$$= 1.420$$

通过计算,在资本限量内,通达公司应选择 A_1、B_1 和 C_1 三个项目组成的投资组合方案,从而能够获得最大的净现值总额 167 500 元,其加权平均现值指数为最大(1.420)。

(三) 投资开发时机决策

某些自然资源的储量有限,由于不断开采,价格将随着储量的下降而上升。在这种情况下,由于价格不断上升,早开发的收入少,而晚开发的收入多;但另一方面,由于存在资金时间价值,钱越早赚到手越好,因此,就必须研究开发时机问题。

在进行此类决策时,其基本规则也是寻求使净现值最大的方案。但由于两个方案的开发时间不同,不能简单对比净现值,而必须把晚开发方案所获得的净现值换算为早开发方案的第 1 年初(即 $t=0$)时的现值,然后再进行比较。

【例 4-11】 通达公司拥有一稀有矿藏,这种矿产品的价格在不断上升。根据预测,6 年后价格将一次性上升 30%。因此,需要研究现在开发还是 6 年后再开发的问题。假定不论现在开发还是 6 年后开发,方案初始投资均相同,建设期均为 1 年,从第 2 年开始投产,投产后 5 年就把矿藏全部开采完。有关资料见表 4-10。

表 4-10 通达公司矿产开发投资与回收表

单位:万元

投资与回收		收入与成本	
固定资产投资	80	年产销量	2 000 吨
营运资金垫支	10	现在投资开发每吨售价	0.1
固定资产残值	0	6 年后投资开发每吨售价	0.13
资金成本	12%	付现成本	60
		所得税率	25%

假定固定资产均采用直线法计提折旧。请为通达公司作出现在开发还是 6 年后开发矿藏的决策。

解答:(1)计算现在开发方案的净现值:

$$年折旧额 = \frac{80}{5} = 16(万元)$$

① 计算现在开发方案的营业现金流量,见表 4-11。

表 4-11 现在开发方案每年的营业现金流量计算表

单位:万元

项　目	第 2 年~第 6 年
销售收入(1)	200
付现成本(2)	60
折旧额(3)	16
税前利润(4)=(1)-(2)-(3)	124
所得税(5)=(4)×25%	31
税后净利(6)=(4)-(5)	93
营业现金净流量(7)=(1)-(2)-(5)=(3)+(6)	109

② 根据营业现金流量、初始投资和终结现金流量计算现在开发方案的现金净流量,见表 4-12。

表 4-12 现在开发方案每年现金流量计算表

单位:万元

项　目	第 0 年	第 1 年	第 2 年~第 5 年	第 6 年
固定资产投资	-80			
营运资金垫支	-10			
营业现金净流量		0	109	109
终结现金流量				10
现金净流量	-90	0	109	119

③ 计算现在开发方案的净现值:

$$\begin{aligned}
NPV &= 109 \times (P/A, 12\%, 4) \times (P/F, 12\%, 1) + 119 \times (P/F, 12\%, 6) - 90 \\
&= 109 \times 3.037\ 3 \times 0.892\ 9 + 119 \times 0.506\ 6 - 90 \\
&= 265.89(万元)
\end{aligned}$$

(2)计算 6 年后开发方案的净现值。

① 计算 6 年后开发方案的营业现金流量,见表 4-13。

表 4-13　6 年后开发方案每年的营业现金流量计算表

单位:万元

项　目	第 2 年～第 6 年
销售收入(1)	260
付现成本(2)	60
折旧额(3)	16
税前利润(4)＝(1)－(2)－(3)	184
所得税(5)＝(4)×25%	46
税后净利(6)＝(4)－(5)	138
营业现金净流量(7)＝(1)－(2)－(5)＝(3)＋(6)	154

② 根据营业现金流量、初始投资和终结现金流量计算 6 年后开发方案的现金净流量,见表 4-14。

表 4-14　6 年后开发每年现金流量计算表

单位:万元

项　目	第 0 年	第 1 年	第 2 年～第 5 年	第 6 年
固定资产投资	－80			
营运资金垫支	－10			
营业现金净流量		0	154	154
终结现金流量				10
现金净流量	－90	0	154	164

③ 计算 6 年后开发方案在开发年度初的净现值:

$$NPV = 154 \times (P/A, 12\%, 4) \times (P/F, 12\%, 1) + 164 \times (P/F, 12\%, 6) - 90$$
$$= 154 \times 3.037\ 3 \times 0.892\ 9 + 164 \times 0.506\ 6 - 90$$
$$= 410.73(万元)$$

④ 将 6 年后开发方案的净现值折算为立即开发方案年度初的现值:

$$6 年后开发的净现值的现值 = 410.73 \times (P/F, 12\%, 6)$$
$$= 410.73 \times 0.506\ 6$$
$$= 208.08(万元)$$

(3) 通过以上的计算结果,可以得到结论:由于现在开发的净现值(265.89 万元)超过 6 年后开发的净现值(208.08 万元),因此,该公司应立即进行开发。

(四) 项目计算期不等的投资决策

企业固定资产投资往往会涉及两个或两个以上计算期不同的投资项目的选择问题。由于项目的计算期不同,因而不能对它们的净现值、内含报酬率和现值指数进行直接比较。为了使投资项目的各项指标具有可比性,我们必须设法使两个项目在相同的计算期内进行比较,或者是对两个项目的年均净现值进行比较,这便出现了进行合理比较的两种基本方法,即最小公倍计算期法和年均净现值法。下面仍以通达公司为例进行说明。

【例 4-12】 通达公司现有两个投资项目可选择。半自动化的甲项目需要初始投资 160 万元,每年产生 80 万元的现金净流量,项目的计算期为 3 年,3 年后必须更新且无残值;全自动化的乙项目需要初始投资 240 万元,项目的计算期为 6 年,每年产生 70 万元的现金净流量,6 年后必须进行更新且无残值。假定公司的资金成本为 12%。试判断通达公司该选用哪个项目。

解答:(1)计算两个项目的净现值:

$$甲项目 NPV = NCF_A \times (P/A, i, n) - C$$
$$= 80 \times (P/A, 12\%, 3) - 160$$
$$= 80 \times 2.4018 - 160$$
$$= 32.14(万元)$$
$$乙项目 NPV = NCF_B \times (P/A, i, n) - C$$
$$= 70 \times (P/A, 12\%, 6) - 240$$
$$= 70 \times 4.1114 - 240$$
$$= 47.80(万元)$$

如果仅仅从项目的净现值来看,乙项目优于甲项目,应选用乙项目。但这种分析是不完全的,因为没有考虑两个方案的计算期是不同的。如果采用甲项目,在 3 年以后还要进行相同的投资,才能与乙项目的计算期相同。为了使指标的对比更加合理,我们应采用最小公倍计算期法和年均净现值法进行分析。

(2) 最小公倍计算期法。

最小公倍计算期法就是将投资项目的计算期调整为相等的方法,即求出两个项目计算期的最小公倍数。甲项目和乙项目的最小公倍计算期为 6 年。由于乙项目的净现值原来就是按 6 年计算的,所以无需调整;对于甲项目,则假设项目要在第 3 年进行相同的投资,重复建设一次,重新计算甲项目 6 年期的净现值。具体见表 4-15。

表 4-15 甲项目 6 年期现金流量计算表

单位:万元

项 目	第 0 年	第 1 年	第 2 年	第 3 年	第 4 年	第 5 年	第 6 年
第 0 年投资的现金流量	−160	80	80	80			
第 3 年重复投资的现金流量				−160	80	80	80
重复投资合并的现金流量	−160	80	80	−80	80	80	80

根据表 4-15 重新计算甲项目 6 年期的净现值:

$$甲项目 6 年期 NPV = 第 0 年投资的净现值 + 重复投资一次第 3 年末的净现值 \times$$
$$(P/F, 12\%, 3)$$
$$= 32.14 + 32.14 \times (P/F, 12\%, 3)$$
$$= 32.14 + 32.14 \times 0.7118$$
$$= 55.02(万元)$$

这时,可以把两个项目的净现值重新进行比较。因为甲项目的净现值为 55.02 万元,而乙项目的净现值为 47.80 万元,因此,通达公司应选用半自动化的甲项目。

对通达公司这两个项目来说,项目的最小公倍计算期为 6 年。但在有些情况下,用两个项目的最小公倍计算期是很麻烦的。例如,一个项目的计算期为 5 年,另一个项目的计算期为 17 年,那么最小公倍计算期为 85 年。此时,还运用最小公倍计算期法来评价这两个项目,工作量就相当大了。这种情况下,可以改为采用年均净现值法。

(3) 年均净现值法。

年均净现值(Average Net Present Value,缩写为 ANPV)也称年金净现值,就是把项目的总净现值转化为项目每年的平均净现值。年均净现值的计算公式为:

$$\text{ANPV} = \frac{NPV}{(P/A, i, n)}$$

式中,$ANPV$——年均净现值;

NPV——净现值;

$(P/A, i, n)$——建立在公司资金成本和项目计算期基础上的年金现值系数。

用上述公式分别计算通达公司甲、乙两个项目的年均净现值:

$$\text{甲项目的 ANPV} = \frac{32.14}{(P/A, 12\%, 3)} = \frac{32.14}{2.4018} = 13.38(万元)$$

$$\text{乙项目的 } ANPV = \frac{47.80}{(P/A, 12\%, 6)} = \frac{47.80}{4.1114} = 11.63(万元)$$

从以上计算结果可以看出,甲项目的年均净现值比乙项目要高,故通达公司应选用甲项目。比较年均净现值法与最小公倍计算期法的计算结果,两者的结论是一致的。

【结论】 独立投资方案间的评优,应以内含报酬率或现值指数的高低为基准来选择。对于互斥投资项目间的比较,可以直接根据年均净现值法作出评价;如果互斥方案的原始投资相同且项目计算期相同,也可以用净现值法比较。

【案例解析】

项目开始投资,如果集中施工力量、交叉作业、加班加点可以缩短建设期,可使项目提前竣工,早投入生产,早产生现金流入量,但采用上述措施往往需要增加投资额。企业是否应缩短建设期,正是佳洁公司面临的问题。

在投资期决策中,最常用的方法是差量分析法和净现值比较法。差量分析法就是根据缩短投资期与正常投资期相比的增量现金流量(△现金流量)来计算净现值。如果净现值为正,说明缩短投资期有利;如果净现值为负,说明缩短投资期得不偿失。净现值比较法则分别计算正常投资期和缩短投资期的净现值,并加以比较,然后选择净现值较大的方案。

1. 采用差量分析法进行决策判断

(1) 计算缩短投资期与正常投资期相比的 △现金流量,见表 4-16。

表 4-16　缩短投资期 Δ 现金流量计算表

单位:万元

项　目	第 0 年	第 1 年	第 2 年	第 3 年	第 4～12 年	第 13 年
缩短投资期的现金流量	-320	-320	0	210	210	
正常投资期的现金流量	-200	-200	-200	0	210	210
缩短投资期的 Δ 现金流量	-120	-120	200	210	0	-210

(2) 计算缩短投资期的 Δ 净现值

$$\begin{aligned}Δ净现值&=-120-120\times(P/F,10\%,1)+200\times(P/F,10\%,2)\\&\quad+210\times(P/F,10\%,3)-210\times(P/F,10\%,13)\\&=-120-120\times0.909\ 1+200\times0.826\ 4+210\times0.751\ 3-210\times0.289\ 7\\&=33.12(万元)\end{aligned}$$

通过计算,可知缩短投资期可以增加净现值 33.12 万元,因此佳洁公司应采纳缩短建设期的方案。

2. 采用净现值比较法进行决策

(1) 计算正常投资期的净现值

$$\begin{aligned}NPV&=-200-200\times(P/A,10\%,2)+210\times(P/A,10\%,10)\times(P/F,10\%,3)\\&=-200-200\times1.735\ 5+210\times6.144\ 6\times0.751\ 3\\&=422.35(万元)\end{aligned}$$

(2) 计算缩短投资期的净现值

$$\begin{aligned}NPV&=-320-320\times(P/F,10\%,1)+210\times(P/A,10\%,10)\times(P/F,10\%,2)\\&=-320-320\times0.909\ 1+210\times6.144\ 6\times0.826\ 4\\&=455.45(万元)\end{aligned}$$

通过计算,可知缩短投资期可以增加净现值 455.45-422.35=33.10 万元,因此佳洁公司应采纳缩短建设期的方案,两种方法结论一致。

 **知识检测**

一、单项选择

1. 所谓现金流量,在投资决策中是指一个项目引起的企业(　　　)。

　　A. 现金收入和现金支出额　　　　　　B. 货币资金收入和货币资金支出额

　　C. 流动资金增加或减少额　　　　　　D. 现金收入和现金支出增加的数量

2. 下列各项中,不属于投资项目现金流出量内容的是(　　　)。

　　A. 固定资产投资　　　　　　　　　　B. 折旧与摊销

　　C. 无形资产投资　　　　　　　　　　D. 递延资产投资

3. 企业拟投资一个项目,预计第一年和第二年相关的流动资产分别为 4 000 万元和

6 000万元,两年相关的流动负债分别为2 000万元和3 000万元,则第二年新增的营运资金应为( )万元。

A. 2 000　　　　　B. 1 500　　　　　C. 3 000　　　　　D. 1 000

4. 某公司打算投资一个项目,预计该项目需固定资产投资400万元,预计可使用5年。项目预计流动资产需用额为160万元,流动负债需用额为55万元。则该项目原始投资额为( )万元。

A. 400　　　　　　B. 560　　　　　　C. 345　　　　　　D. 505

5. 当贴现率与内含报酬率相等时,( )。

A. 净现值大于0　B. 净现值等于0　C. 净现值小于0　D. 净现值等于1

6. 投资决策的首要环节是( )。

A. 确定投资要求的最低报酬率或确定资金成本的一般水平

B. 估计投资项目的预期现金流量

C. 估计预期投资风险

D. 确定投资方案收入现值与支出现值,通过比较,确定接受或拒绝投资方案

7. 投资决策评价方法中,对于互斥方案来说,最好的评价方法是( )。

A. 净现值法　　　B. 现值指数法　　　C. 内部报酬率法　　　D. 投资回收期法

8. 下列关于评价投资项目的回收期法的说法中,不正确的是( )。

A. 它忽略了货币时间价值

B. 它需要一个主观上确定的最长可接受回收期作为评价依据

C. 它不能测度项目的盈利性

D. 它不能测度项目的流动性

9. 下列关于投资项目营业现金流量预计的各种做法中,不正确的是( )。

A. 营业现金流量等于税后净利加上折旧

B. 营业现金流量等于营业收入减去付现成本再减去所得税

C. 营业现金流量等于税后收入减去税后成本再加上折旧引起的税鱼减少额

D. 营业现金流量等于营业收入减去营业成本再减去所得税

10. 现值指数等于1意味着( )。

A. 现金流入等于现金流出

B. 投资报酬率小于预定的贴现率

C. 投资报酬率大于预定的贴现率

D. 贴现后的现金流入等于贴现后的现金流出

11. 当两个投资方案为独立选择时,应优先选择( )。

A. 净现值大的方案　　　　　　　　　B. 现值指数大的方案

C. 投资回收期短的方案　　　　　　　D. 项目周期短的方案

12. 投资项目使用原有的非货币资产,其相关的现金流量应为该非货币资产的( )。

A. 账面价值　　　B. 折余价值　　　C. 变现价值　　　D. 原始价值

13. 若设定贴现率为i时,$NPV>0$,则( )。

A. $IRR>i$,应降低贴现率继续测试　　　B. $IRR>i$,应提高贴现率继续测试

C. $IRR<i$,应降低贴现率继续测试 　　　D. $IRR<i$,应提高贴现率继续测试

14. 已知某投资项目的原始投资额为 100 万元,投资期为 2 年,投产后第 1~3 年每年 $NCF=25$ 万元,第 4~10 年每年 $NCF=20$ 万元。则该项目包括投资期的静态回收期为(　　)。

A. 4.25 年　　　　B. 6.25 年　　　　C. 4 年　　　　D. 5 年

15. 对于两个投资规模不同的独立投资项目的评价,应优先选择(　　)。

A. 净现值大的方案　　　　　　　　B. 项目周期短的方案

C. 投资额小的方案　　　　　　　　D. 内含报酬率大的方案

16. 某投资项目的净现值为 -88 万元,则说明该投资项目的报酬率(　　)贴现率。

A. 大于　　　　　　　　　　　　　B. 小于

C. 等于　　　　　　　　　　　　　D. 可能大于也可能小于

17. 在进行投资方案的评价时,不需要事先选择贴现率的评价指标是(　　)。

A. 净现值　　　B. 现值指数　　　C. 获利指数　　　D. 内含报酬率

18. 某公司拟搞一项具有战略意义的长期投资项目,分析人员分别按不同的方法提供了不同的结论,最终可能被最高决策者否决的方法是(　　)。

A. 净现值法　　　B. 现值指数法　　　C. 内含报酬率法　　　D. 投资回收期法

19. 当固定资产投资涉及两个计算期不同的投资项目时,应选择(　　)进行分析。

A. 净现值法　　　B. 现值指数法　　　C. 年均净现值法　　　D. 内含报酬率法

20. 甲和乙两个投资方案的现值指数均大于 1,且甲方案现值指数大于乙方案现值指数,则存在以下结果:(　　)。

A. 甲方案净现值大于乙方案净现值　　B. 甲方案净现值小于乙方案净现值

C. 甲方案净现值等于乙方案净现值　　D. 以上三种均有可能

21. 某投资项目的原始投资额为 100 万元,项目计算期为 9 年,已知项目投产后每年的经营现金净流量均为 30 万元,期满处置固定资产的残值收入为 5 万元,回收流动资金 8 万元,则该项目第 9 年的现金净流量为(　　)万元。

A. 30　　　　　B. 35　　　　　C. 43　　　　　D. 38

22. 已知某投资项目的现值指数为 1.6,该项目的原始投资额为 100 万元,且于建设起点一次投入,则该项目的净现值为(　　)万元。

A. 160　　　　　B. 60　　　　　C. 100　　　　　D. 0

23. 对投资项目的内含报酬率指标大小不产生影响的因素是(　　)。

A. 投资项目的原始投资　　　　　　B. 投资项目的现金流量

C. 投资项目的有效年限　　　　　　D. 投资项目设定的贴现率

24. 如果考虑货币时间价值,投资项目年均净现值就是该投资项目总的净现值除以(　　)。

A. 年金终值系数　　B. 年金现值系数　　C. 使用年限　　　D. 原始投资额

25. 某企业拟进行一项固定资产投资项目决策,设定折现率为 12%,有四个方案可供选择。其中甲方案的项目计算期为 10 年,净现值为 1 000 万元,$(A/P,12\%,10)=0.177$;乙方案的净现值率为 -15%;丙方案的项目计算期为 11 年,其年等额净现

值回收额为 150 万元；丁方案的内部收益率为 10%。最优的投资方案是(　　)。

　　A. 甲方案　　　　　　B. 乙方案　　　　　　C. 丙方案　　　　　　D. 丁方案

二、多项选择

1. 影响投资项目内含报酬率的因素包括(　　)。

　　A. 投资项目的有效年限　　　　　　　　B. 投资项目的现金流量

　　C. 企业要求的最低投资报酬率　　　　　D. 银行贷款利率

2. 投资项目的现金流入量有(　　)。

　　A. 营业现金收入　　　　　　　　　　　B. 证券投资收入

　　C. 项目的残值收入　　　　　　　　　　D. 收回的流动资金

3. 投资项目的现金流出量有(　　)。

　　A. 付现成本　　　　B. 销售费用　　　　C. 管理费用　　　　D. 折旧费

4. 投资决策评价方法中,考虑了资金时间价值因素的有(　　)。

　　A. 净现值法　　　　B. 现值指数法　　　C. 内部报酬率法　　D. 投资回收期法

5. 下列关于评价投资项目的回收期法的说法中,正确的有(　　)。

　　A. 它忽略了货币时间价值

　　B. 它需要一个主观上确定的最长可接受回收期作为评价依据

　　C. 它不能测度项目的盈利性

　　D. 它通常用于测度项目的流动性

6. 确定一个投资方案可行的必要条件是(　　)。

　　A. 内含报酬率大于 1　　　　　　　　　B. 净现值大于 0

　　C. 现值指数大于 1　　　　　　　　　　D. 回收期小于一年

7. 对于同一投资方案,下列论述正确的有(　　)。

　　A. 资金成本越高,净现值越高

　　B. 资金成本越低,净现值越高

　　C. 资金成本相当于内含报酬率时,净现值为 0

　　D. 资金成本高于内含报酬率时,净现值小于 0

8. 下列项目能引起企业现金流出的有(　　)。

　　A. 支付材料款　　　B. 支付工资　　　　C. 垫支流动资金　　D. 计提折旧

9. 净现值法与现值指数法的主要区别有(　　)。

　　A. 前者是绝对数,后者是相对数

　　B. 前者考虑了资金时间价值,后者没有考虑资金时间价值

　　C. 前者不便于比较投资额不同的项目,后者可以用于投资额不同方案的比较

　　D. 两者得出的分析结果一般是相同的

10. 如果投资方案以内含报酬率作为为评价指标,保证投资方案可行的要求是内含报酬率(　　)。

　　A. 大于 0　　　　　　　　　　　　　　B. 大于 1

　　C. 大于企业的资金成本　　　　　　　　D. 大于企业要求的最低报酬率

11. 固定资产投资有效年限内,可能造成各年会计利润与现金流量出现差额的因素有

（　　）。

A. 计提折旧方法　　　　　　　　　B. 存货计价方法

C. 成本计算方法　　　　　　　　　D. 无形资产摊销方法

12. 在进行投资方案的评价时,需要事先选择贴现率的评价指标有(　　)。

A. 净现值　　　　B. 现值指数　　　　C. 投资回收期　　　　D. 内含报酬率

13. 下列说法中正确的有(　　)。

A. 净现值是未来报酬的总现值与初始投资额现值之差

B. 当净现值等于 0 时,项目的折现率等于内含报酬率

C. 当净现值大于 0 时,说明投资方案可行

D. 当净现值大于 0 时,现值指数小于 1

14. 项目初始投资额包括(　　)。

A. 长期资产投资　　　　　　　　　B. 营运资金投资

C. 长期资产借款利息　　　　　　　D. 固定资产原值

15. 评价投资方案的投资回收期指标的主要缺点有(　　)。

A. 不能衡量企业的投资风险　　　　B. 没有考虑资金时间价值

C. 没有考虑回收期后的现金流量　　D. 不能衡量投资方案投资报酬率的高低

16. 在考虑所得税因素以后,能够计算出营业现金流量的公式有(　　)。

A. 营业现金流量＝税后收入－税后付现成本＋税负减少

B. 营业现金流量＝收入×（1－所得税率）－付现成本×（1－所得税率）＋折旧×所得税率

C. 营业现金流量＝税后利润＋折旧

D. 营业现金流量＝营业收入－付现成本－所得税

17. 现金流量指标的优点有(　　)。

A. 准确反映企业未来期间盈利状况

B. 体现了资金时间价值观念

C. 可以排除因会计政策选择所产生的影响

D. 体现了风险—收益之间的关系

18. 对投资项目的内含报酬率指标大小产生影响的因素有(　　)。

A. 投资项目的原始投资　　　　　　B. 投资项目的现金流量

C. 投资项目的有效年限　　　　　　D. 投资项目设定的贴现率

19. 下列属于投资项目现金流量的构成的有(　　)。

A. 投资期的现金流量　　　　　　　B. 营业期的现金流量

C. 终结期的现金流量　　　　　　　D. 利息的支付

20. 下列属于净现值计算过程中的折现率的参考标准的有(　　)。

A. 以市场利率为准

B. 以投资者希望获得的预期收益率

C. 以投资者希望获得的预期最低投资报酬率为标准

D. 以企业平均资本成本率为标准

21. 下列各项中,年均净现值的计算公式正确的有(　　　)。

   A. 年均净现值＝净现值/年金现值系数

   B. 年均净现值＝净现值/资本回收系数

   C. 年均净现值＝现金净流量总终值/年金终值系数

   D. 年均净现值＝现金净流量总终值/偿债基金系数

22. 已知 AB 两个独立投资方案,方案 A 的原始投资额现值为 30 000 元,未来现金净流量现值为 31 500 元,净现值为 1 500 元,方案 B 的原始投资额现值为 3 000 元,未来现金净流量现值为 4 200 元,净现值为 1 200 元,则下列说法正确的有(　　　)。

   A. 应当采用净现值法进行比较　　　　　B. 应当采用现值指数进行比较

   C. A 方案优于 B 方案　　　　　　　　　D. B 方案优于 A 方案

三、判断题

1. 现值指数是相对数指标,反映投资的效益,但不适用于独立投资机会获利能力的比较。　　　　　　　　　　　　　　　　　　　　　　　　　　　　　(　　　)

2. 在评价投资项目优劣时,如果贴现指标的评价结果与非贴现指标的评价结果产生矛盾,应以贴现指标的评价分析为准。　　　　　　　　　　　　　　　　(　　　)

3. 对内投资都是直接投资,对外投资不一定都是间接投资。　　　　　　　(　　　)

4. 某一投资方案按 10% 的贴现率计算的净现值小于 0 ,说明该投资方案报酬率大于 10%。　　　　　　　　　　　　　　　　　　　　　　　　　　　　　　(　　　)

5. 现值指数大于 1,说明投资方案的报酬率高于资金成本率。　　　　　　(　　　)

6. 甲企业的净收益低于乙企业的净收益,则甲企业的现金净流量也低于乙企业的现金净流量。　　　　　　　　　　　　　　　　　　　　　　　　　　　　(　　　)

7. 在进行单一的独立投资方案的财务可行性评价时,使用回收期指标和净现值指标,会得到完全相同的评价结论。　　　　　　　　　　　　　　　　　　　　(　　　)

8. 对于投资项目而言,在项目建设期只有现金流出,没有现金流入;而在项目经营期只有现金流入,没有现金流出。　　　　　　　　　　　　　　　　　　　(　　　)

9. 如果某投资项目的内含报酬率为 8% ,且该项投资所需资金是以 10% 的贷款利率取得的,那么还本付息后将无剩余收益。　　　　　　　　　　　　　　　　(　　　)

10. 如果 A 方案的内含报酬率高于 B 方案的内含报酬率,则 A 方案的净现值也一定大于 B 方案的净现值。　　　　　　　　　　　　　　　　　　　　　　　(　　　)

11. 如果把原始投资看成是按预定贴现率借入的,那么在净现值法下,若净现值为正数,说明还本付息后该项目仍有剩余收益。　　　　　　　　　　　　　　(　　　)

12. 净现值法适用于原始投资额相同,但寿命期不相同的多方案比较决策。　(　　　)

13. 已知 A、B、C 三个方案是独立的,若投资规模不同,采用年均净现值法可以作出优先次序的排列。　　　　　　　　　　　　　　　　　　　　　　　　(　　　)

任务实训

1. 东方公司准备购入一设备以扩充生产能力,现有 A、B 两个方案可供选择。A 方案需投资 20 万元,使用寿命为 5 年,直线法提折旧,5 年后设备无残值。5 年中每年可取得销售收入 12 万元,每年的付现成本为 4 万元。B 方案需投资 24 万元,使用寿命也为 5 年,直线法提折旧,5 年后有残值收入 4 万元。5 年中每年的销售收入为 16 万元,第 1 年付现成本为 6 万元,以后随着设备陈旧,逐年将增加修理费用 0.8 万元,另外,第 1 年需垫支营运资金 6 万元。假定公司所得税率为 25%,资金成本为 10%。

要求:(1) 计算每年现金净流量。

(2) 如果你是东方公司的财务经理,请用净现值法选择方案。

(3) 请用现值指数法选择方案。

(4) 请用内含报酬率法选择方案。

2. 南方公司计划开发一个新项目,该项目的寿命期为 5 年,需投资固定资产 120 000 元,需垫支营运资金 100 000 元,5 年后可收回固定资产残值 15 000 元,用直线法计提折旧。投产后,预计每年的销售收入可达 120 000 元,相关的直接材料和直接人工等变动成本为 64 000 元,每年的设备维修费为 5 000 元,该公司要求的最低投资收益率为 10%,适用的所得税税率为 25%。

要求:

(1) 计算净现值,并利用净现值法对是否开发该项目进行决策。

(2) 计算现值指数,并用现值指数法对是否开发该项目进行决策。

(3) 计算内含报酬率,并利用内含报酬率法对是否开发该项目进行决策。

(4) 根据上面的决策结果,说明对单一项目进行决策的时候,应该选择哪一种指标。

3. 东方公司某长期投资项目建设期现金净流量为 $NCF_0 = -500$ 万元,$NCF_1 = -500$ 万元,$NCF_2 = 0$,第 3～12 年的经营现金净流量皆为 200 万元,第 12 年年末回收额为 100 万元,行业基准折现率为 10%。

要求:(1) 计算原始投资额。

(2) 计算终结点现金净流量。

(3) 计算静态投资回收期。

(4) 计算净现值。

(5) 计算现值指数。

(6)计算平均报酬率。

4. 东方公司某项目静态投资回收期为 2.966 年,项目有效期为 5 年,期初一次性投入,以后每年流入 NCF 相同,

要求:计算该项目的内含报酬率。

任务三　证券投资管理

【任务描述】　了解证券的分类,证券投资的目的、特征和风险;掌握债券和股票投资的收益评价。

【案例导入】

　　佳洁公司拟购买某公司债券作为长期投资,确认为持有至到期投资,要求的必要收益率为 6%。现有三家公司同时发行 5 年期,面值均为 1 000 元的债券。其中:甲公司债券的票面利率为 8%,每年付息一次,到期还本,债券发行价格为 1 041 元;乙公司债券的票面利率为 8%,单利计息,到期一次还本付息,债券发行价格为 1 050 元;丙公司债券的票面利率为 0,发行价格为 750 元,到期按面值 1 000 元还本。
思考:
　　(1) 计算佳洁公司购入三家公司债券的价值和收益率。
　　(2) 根据上述计算结果,评价三家公司债券是否具有投资价值,并为公司作出购买何种债券的决策。
　　(3) 若佳洁公司购买甲公司债券,1 年后将以 1 045 元的价格出售,计算该项投资收益率。

知识点一　证券的分类

　　证券是指用以证明或设定权利所做成的书面凭证,它表明证券持有人或第三者有权取得该证券所拥有的特定权益。证券可按不同的标准进行分类。
　　(一) 按照证券发行主体的不同,可分为政府证券、金融证券和公司证券
　　政府证券是指中央政府或地方政府为筹集资金而发行的证券;金融证券是指银行或其他金融机构为筹集资金而发行的证券;公司证券是指工商企业发行的证券。
　　(二) 按照证券所体现的权益关系,可分为所有权证券和债权证券
　　所有权证券是指证券的持有人便是证券发行单位的所有者的证券,如股票;债权证券是指证券的持有人是证券发行单位的债权人的证券,如债券。
　　(三) 按照证券收益的决定因素,可分为原生证券和衍生证券
　　原生证券的收益大小取决于发行者的财务情况;衍生证券包括期货合约和期权合约两种基本类型,其收益取决于原生证券的价格。
　　(四) 按照证券收益稳定性的不同,可分为固定收益证券和变动收益证券
　　固定收益证券在证券票面规定有固定收益率(如债券),变动收益证券的收益情况随企业经营状况而改变(如普通股)。
　　(五) 按照证券到期日的长短,可分为短期证券和长期证券
　　短期证券是指到期日短于 1 年的证券;长期证券是到期日长于 1 年的证券。
　　(六) 按照募集方式的不同,可分为公募证券和私募证券
　　公募证券又称公开发行债券,是指发行人向不特定的社会公众发售的证券;私募证券,又称内部发行证券,是指面向少数特定投资者发行的证券。

知识点二　证券投资的目的

证券投资是指投资者将资金投于股票、债券及衍生证券等资产,从而获取收益的一种投资行为。证券投资既是公司理财行为,又是企业经营发展战略的重要组成部分,其目的是多方面的。

(一) 利用闲置资金,增加企业收益

企业在不同阶段、不同经营条件下都存在一定量暂时闲置的资金,将闲置资金投放于证券可获得较高收益。例如,处于成长期或扩张期的公司一般每隔一段时间就会发行长期证券,所获得的资金往往不会一次性用完,从事季节性经营的公司在资金有多余的月份可以投资证券,而在资金短缺的季节将证券变现。

(二) 分散资金投向,降低投资风险

投资分散化,即将资金投资于多个相关程度较低的项目,实行多元化经营,有效地分散投资风险。当某个项目经营不景气而利润下降甚至亏损时,其他项目可能会获取较高的收益。将企业的资金分成内部经营投资和对外证券投资两个部分,实现了企业投资的多元化。而且,与对内投资相比,对外证券投资不受地域和经营范围的限制,投资选择面非常广,投资资金的退出和收回也比较容易,是多元化投资的主要方式。

(三) 提高资产流动性,增强偿债能力

资产流动性强弱是影响企业财务安全性的主要因素。除现金等货币资产外,证券的变现能力最强,在证券市场不断发展的情况下,证券一般都能及时变现,甚至可以充当现金的等价物,来偿还企业的到期负债,增强企业的偿债能力。

(四) 获得相关企业的控制权,实现企业扩张

企业生产经营环节中,供应和销售是企业与市场相联系的重要通道,没有稳定的原材料供应来源,没有稳定的销售客户,都会使企业的生产经营中断。为了保持与供销客户良好稳定的业务关系,企业可以对业务关系链的供销企业进行投资,保持对他们一定的债权或股权,甚至控股。这样能够以债权或股权对关联企业的生产经营施加影响和控制,保证本企业的生产经营顺利进行。企业甚至进而可以对外扩张,兼并、收购其他企业,进行公司重组,扩大企业规模。一家企业或公司的经营是否成功,其标志之一是看其是否在经营过程中获得了发展,而发展的具体体现包括了向外的扩张,这就是兼并、收购其他企业,并进行公司重组。

知识点三　证券投资的特征

相对于项目实物投资而言,证券投资具有如下特点。

(一) 流动性强

证券可以随时抛售取得现金,流动性明显高于实物资产。

(二) 价格不稳定、投资风险较大

证券可以获得一定的收益,但相对于实物资产来说,因没有相应的实物作保证,其价值受政治、经济环境和人为等各种因素的影响较大,具有收益不稳定、投资风险较大的特征。

(三)交易成本低

证券交易过程快速、简捷,成本较低。

知识点四　证券投资的基本程序

(一)选择投资对象

企业进行证券投资首先要选择合适的投资对象,即选择投资于何种证券,以及投资于哪家企业的证券。投资对象的选择是证券投资最关键的一步,它关系到投资的成败,投资对象选择得好,可以更好地实现投资的目标,投资对象选择得不当,就有可能使投资者蒙受损失。

(二)开户与委托

投资者在进行证券买卖之前,首先要到证券营业部或证券登记机构开立证券账户。证券账户用来记载投资者进行证券买卖和拥有证券的数额和品种的情况。投资者在开户后选择好投资于何种证券,就可以选择合适的证券经纪人,委托其买卖证券。

(三)交割与清算

投资者委托证券经纪人买卖各种证券之后,就要及时办理证券交割。所谓证券交割,是指买入证券方交付价款领取证券,卖出证券方交出证券收取价款的收缴活动。

(四)过户

证券过户是指投资者从交易市场买进证券后,到证券的发行公司办理变更持有人姓名的手续。证券过户一般只限于记名股票,办理过户的目的是为了保障投资者的权益。只有及时办理过户手续,才能成为新股东,享有应有的权利。

知识点五　证券投资的风险

由于证券资产的市价波动频繁,证券投资的风险往往较大。获取投资收益是证券投资的主要目的,证券投资的风险是投资者无法获得预期投资收益的可能性。按风险性质划分,证券投资的风险分为系统性风险和非系统性风险两大类别。

(一)系统性风险

1. 利率风险

利率风险是指由于市场利率上升而引起证券价格下跌,从而使投资者遭受损失的风险。证券的价格随着市场利率的变动而变动,一般来说,证券价格与市场利率呈反比变化,市场利率上升会引起证券市场价格下跌;市场利率下降会引起证券市场价格上升。当金融市场上资金供大于求时,市场利率就会下降,这将会导致证券价格上升;相反,当市场利率上升时,投资者将转向更有利可图的投资机会,从而导致证券价格下跌。此外,证券利率风险与证券持有期限的长短密切相关,期限越长,利率风险也越大。因此,即使证券的收益是固定不变的,但因市场利率的变化,其投资收益也是不确定的。

2. 通货膨胀风险

通货膨胀风险又称购买力风险,是指由于通货膨胀而使证券到期或出售时所获得现金的购买力下降的风险。在持续而剧烈的物价波动环境下,货币性资产会产生购买力损益。当物价持续上涨时,货币性资产会遭受购买力损失;当物价持续下跌时,货币性资产会带来购买力收益。证券资产是一种货币性资产,通货膨胀会使证券资产投资的本金和收益贬值,名义报酬率不变而实际报酬率降低。购买力风险对具有收款权利性质的资产影响很大,债券投资的购买力风险远大于股票投资。如果通过膨胀长期延续,投资者会把资金投向实体性资产以求保值。对证券资产的需求量减少,会引起证券资产价格下跌。

3. 再投资风险

再投资风险是由于市场利率下降造成无法通过再投资实现预期收益的风险。一般地,长期证券资产的报酬率应当高于短期证券资产,这是因为期限越长,不确定性越强。证券资产投资者一般喜欢持有短期证券资产,因为它们较易变现而收回本金。因此,投资者愿意接受短期证券资产的低报酬率。证券资产发行者一般喜欢发行长期证券资产,因为长期证券资产可以筹集到长期资金,而不必经常面临筹集不到资金的困境。因此,证券资产发行者愿意为长期证券资产支付较高的报酬率。为了避免市场利率上升的价格风险,投资者可能会投资于短期证券资产,而短期证券资产又面临市场利率下降的再投资风险,即无法按约定报酬率进行再投资而实现所要求的预期收益。

(二) 非系统性风险

1. 违约风险

违约风险是指证券资产发行者无法按时兑付证券资产利息和偿还本金而产生的风险。有价证券资产本身就是一种契约性权利资产,经济合同的任何一方违约都会给另外一方造成损失。违约风险是投资于收益固定型有价证券资产的投资者经常面临的,它多发于债券投资中。违约风险产生的原因可能是公司产品经销不善,也可能是公司现金周转不灵。

2. 流动性风险

流动性风险是指证券资产持有者无法在市场上以正常的价格出货的风险。持有证券资产的投资者,可能会在证券资产持有期内出售现有证券资产投资于另一个项目,但在短期内找不出愿意出合理价格的买主,投资者就会丧失新的投资机会或面临降价出售的损失。在同一证券资产市场上,各种有价证券资产的变现力是不同的,交易越频繁的证券资产,其变现能力越强。

3. 破产风险

破产风险是指在证券资产发行者破产清算时,投资者无法收回应得权益的风险。当证券资产发行者由于经营管理不善而持续亏损、现金周转不畅而无力清偿债务,或其他原因导致难以持续经营时,可能会申请破产保护。破产保护会导致债务清偿的豁免、有限责任的退资,使得投资者无法取得应得的投资收益,甚至无法收回投资的本金。

知识点六　证券投资的种类

按照购买证券的种类,可将证券投资分成股票投资、债券投资和基金投资三类。其中股票投资是指通过购买股票的形式对外投资,债券投资是指通过购买债券的形式对外投资,基金投资是指通过购买基金的形式对外投资。除此之外还有期货投资、期权投资、证券组合投资等其他投资种类,在此仅作了解。本任务主要对债券投资和股票投资方式作详细阐述。

知识点七 债券投资

债券是发行者为筹集资金,向债权人发行的,在约定时间支付一定比例的利息,并在到期时偿还本金的一种有价证券。债券应具备的基本要素为面值、票面利率、到期日和还本付息方式,这些因素的变动会影响债券的投资。

(一) 债券投资的特点

1. 投资人无表决权,无权参与企业管理

企业通过购买债券的形式对外投资时,投资人获得的是债券,作为债权人是无权参与和接受投资企业的经营管理的,更没有表决权。只有普通股股东才有权参与接受投资企业的经营管理,并享有表决权。

2. 投资风险相对较低

企业通过购买债券的形式对外投资时,一般在债券到期时,可足额收回债券本息,除非被投资企业破产。即使被投资企业破产,债券的持有人也可优于优先股和普通股股东分配破产财产。所以,债券的投资风险相对低于优先股和普通股的投资风险。

3. 投资收益固定,不参与受资企业的盈利分配

债券的持有人一般可按照债券的面值总额和票面利率及持有的时间分得固定的利息,所以投资收益是固定的,另外债券的持有人在受资企业盈利时,一般不参与受资企业盈利的分配;在受资企业亏损时,也不用承担风险。

(二) 债券投资的收益评价

在评价债券投资收益时,票面利率不能作为我们投资决策的标准和依据。按票面利率计算的收益,没有考虑时间价值,票面利率相同的两种债券,一个每年付息,一个到期一次还本付息,对投资人来说所获得的实际收益是完全不一样的,通过票面利率无法区分收益高低。评价债券收益的指标有两个,一个是债券价值,一个是债券投资收益率。

1. 债券价值

债券价值也叫债券估价,或者叫债券的理论价值、内在价值、真正价值,是指投资人购买债券后,所获得的未来现金流入的现值。对债券进行估价需要考虑债券利息的归还方式。一般来说,债券的本金利息归还有两种常见情况,一种是一次性还本付息,而另一种则是分期付息一次还本。这其中最典型的形式是利率固定,每年计算并支付利息,到期还本。所以,债券价值的计算公式分成以下两种:

(1) 利率固定,每年计算并支付利息,到期还本债券价值的计算:

$$债券价值 = 利息 \times 年金现值系数 + 本金 \times 复利现值系数$$

即:
$$V = M \times r \times (P/A, i, n) + M \times (P/F, i, n)$$

式中,V——债券价值;

M——债券面值;

r——债券票面利率;

i——投资者要求的最低报酬率;

n——债券投资期限。

【例 4-13】 通达公司 1 月 1 日能够用 1 950 元的价格,购买一张面额为 2 000 元的债券,票面利率为 10%,每年 1 月 1 日计算并支付一次利息,到期还本,债券的期限为 3 年。公司要求的最低报酬率为 12%,问公司是否应该购买该债券。

解答:
$$V = 2\ 000 \times 10\% \times (P/A, 12\%, 3) + 2\ 000 \times (P/F, 12\%, 3)$$
$$= 200 \times 2.401\ 8 + 2\ 000 \times 0.711\ 8$$
$$= 480.36 + 1\ 423.6$$
$$= 1\ 903.96(元)$$

通过上述计算可以看出债券的价值是 1 903.96 元,小于购买价 1 950 元,所以公司不应购买该债券。从另一方面讲公司获得的报酬率肯定是小于所要求的最低报酬率。

[**例 4-13**]中,如果公司要求的最低报酬率为 8%,公司是否应该购买该债券呢?

$$V = 2\ 000 \times 10\% \times (P/A, 8\%, 3) + 2\ 000 \times (P/F, 8\%, 3)$$
$$= 200 \times 2.577\ 1 + 2\ 000 \times 0.793\ 8$$
$$= 515.42 + 1\ 587.8$$
$$= 2\ 103.02(元)$$

此时,债券的价值是 2 103.02 元,大于购买价 1 950 元,可以得出公司应购买该债券的结论。从另一方面讲公司获得的报酬率肯定是大于所要求的最低报酬率。

【结论】 最低报酬率(市场利率)与票面利率不一致时,债券价值与面值不一致,当最低报酬率大于后票面利率时,债券价值低于面值,否则,当最低报酬率小于后票面利率时,债券价值高于面值。债券值不值得投资,最终取决于投资人所要达到的最低报酬率。

(2) 利率固定,到期一次性还本付息债券价值的计算:

$$债券价值 = (本金 + 利息) \times 复利现值系数$$

即:
$$V = M(1 + m) \times (P/F, i, n)$$

【例 4-14】 通达公司 1 月 1 日以 1 780 元的价格,购买一张面额为 2 000 元的债券,票面利率为 10%,到期一次性还本付息,债券的期限为 3 年。公司要求的最低报酬率为 12%,那么公司是否要购买该债券呢?

解答:
$$V = (2\ 000 \times 10\% \times 3 + 2\ 000) \times (P/F, 12\%, 3)$$
$$= (600 + 2\ 000) \times 0.711\ 8$$
$$= 1\ 850.68(元)$$

通过计算得到债券的价值是 1 850.68 元,高于购买价 1 780 元,所以公司应购买该债券。从另一方面讲,公司获得的报酬率大于要求的最低报酬率,只是和分期付息到期还本债券相比而言,由于时间价值因素的影响,一次性还本付息债券获得的投资报酬率要小些。

【结论】 债券购买决策问题可以看作是净现值法的运用。债券价值是债券投资项目的流入现值,债券价格是债券投资项目的流出现值,只有流入现值大于流出现值,项目值得投资,即债券值得购买。

2. 债券投资收益率

债券投资收益率也叫债券的内含报酬率,指的是投资人在购买债券后,一直持有该债券,在到期日或转让日能使债券未来现金流入现值等于债券购买价格的折现率。从另一方面说,债券投资收益率就是投资人按当前市场价格购买了债券后,持有到期时或中途转让时债券所产生的预期报酬率。计算债券的投资收益率时同样要考虑债券利息的归还方法。所以,债券投资收益率的计算公式也分成两种:

(1)利率固定,每年计算并支付利息,到期还本债券的投资收益率的计算:

根据定义, 债券购买价格=利息×年金现值系数+本金(面值)×复利现值系数

即:使得 $P_0 = M \times r \times (P/A, i, n) + M \times (P/F, i, n)$ 时的 i 就是债券投资收益率。

式中:P_0——债券买入价格。

【例 4-15】 通达公司 1 月 1 日买了一张面值 5 000 元的债券,买价为 5 000 元,票面利率为 6%,每年付息一次,到期还本,期限为 5 年。要求:计算该债券到期投资收益率。

解答:设该债券投资收益率为 i,根据公式我们得到:

$$5\ 000 = 5\ 000 \times 6\% \times (P/A, i, 5) + 5\ 000 \times (P/F, i, 5)$$
$$= 300 \times (P/A, i, 5) + 5\ 000 \times (P/F, i, 5)$$

这种情形下,按面值发行的债券,投资人获得的到期债券收益率等于票面利率 6%,我们不需要计算,可以直接判断下结论,$i = 6\%$。

如果购买价格为 5 400 元,公司溢价买入债券,则计算过程如下:

设该债券投资收益率为 i,根据公式:

$$5\ 400 = 5\ 000 \times 6\% \times (P/A, i, 5) + 5\ 000 \times (P/F, i, 5)$$
$$= 300 \times (P/A, i, 5) + 5\ 000 \times (P/F, i, 5)$$

投资人溢价购买债券,债券价值高于面值,则最低报酬率低于票面利率。

选 $i = 4\%$:

$$公式右边 = 300 \times (P/A, 4\%, 5) + 5\ 000 \times (P/F, 4\%, 5)$$
$$= 300 \times 4.451\ 8 + 5\ 000 \times 0.821\ 9$$
$$= 1\ 335.54 + 4\ 109.5$$
$$= 5\ 445.04$$

公式右边大于 5 400,说明 i 的取值在 6% 和 4% 之间。为精确确定其值:

选 $i = 5\%$:

$$公式右边 = 300 \times (P/A, 5\%, 5) + 5\ 000 \times (P/F, 5\%, 5)$$
$$= 300 \times 4.329\ 5 + 5\ 000 \times 0.783\ 5$$
$$= 1\ 298.85 + 3\ 917.5$$
$$= 5\ 216.35$$

应用插值法进行 i 的计算。

$$\frac{4\%-i}{4\%-5\%}=\frac{5\,445.04-5\,400}{5\,445.04-5\,216.35}$$

通过计算求得 $i=4.20\%$。

溢价买入债券时取得的投资收益率为 4.20%，小于票面利率 6%。

如果购入价改成 $4\,400$，折价购买债券，则该债券的投资收益率计算如下：

$$4\,400=5\,000\times6\%\times(P/A,i,5)+5\,000\times(P/F,i,5)$$
$$=300\times(P/A,i,5)+5\,000\times(P/F,i,5)$$

折价购买债券，债券价值低于面值，则最低报酬率高于票面利率。

选 $i=8\%$：

$$公式右边=300\times(P/A,8\%,5)+5\,000\times(P/F,8\%,5)$$
$$=300\times3.992\,7+5\,000\times0.680\,6$$
$$=1\,197.81+3\,403$$
$$=4\,600.81$$

公式右边大于 $4\,400$，说明选取的 i 小了，现在提高贴现率进一步测试。

选 $i=10\%$：

$$公式右边=300\times(P/A,10\%,5)+5\,000\times(P/F,10\%,5)$$
$$=300\times3.790\,8+5\,000\times0.620\,9$$
$$=1\,137.24+3\,104.5$$
$$=4\,241.74$$

公式右边大于 $4\,400$，说明选取的 i 小了，i 应该在 8% 和 10% 之间。

应用插值法进行 i 的计算：

$$\frac{8\%-i}{8\%-10\%}=\frac{4\,600.81-4\,400}{4\,600.81-4\,241.74}$$

通过计算求得 $i=9.12\%$。

折价买入债券时所获得的投资收益率为 9.12%，大于票面利率 6%。

(2) 到期一次性还本付息债券投资收益率的计算

投资人所持有债券的投资收益率，表示使债券未来现金流入的现值等于流出现值的折现率。所以根据定义我们得出下列公式：

$$债券购入价=(利息+本金)\times复利现值系数$$

即：使 $P_0=M(1+m)\times(P/F,i,n)$ 时的 i 为债券投资收益率。

【例 4-16】 上例中，如果通达公司 1 月 1 日购买一张面值为 5 000 元的债券，买价为 5 000 元，票面利率为 6%，到期一次还本付息，期限为 5 年。要求：计算该债券到期投资收益率。

解答：设该债券投资收益率为 i，利用定义：

$$5\ 000=(5\ 000\times6\%\times5+5\ 000)\times(P/F,i,5)$$
$$(P/F,i,5)=5\ 000\div6\ 500$$
$$=0.769\ 2$$

查复利现值系数表,得到 i 在 5% 和 6% 之间。

利用插值法得出, $\dfrac{5\%-i}{5\%-6\%}=\dfrac{0.783\ 5-0.769\ 2}{0.783\ 5-0.747\ 3}$

通过计算求得 $i=5.4\%$

此例中,如果买价是 5 400 元,债券投资收益率的计算如下。

设该债券投资收益率为 i,根据定义得到:

$$5\ 400=(5\ 000\times6\%\times5+5\ 000)\times(P/F,i,5)$$
$$(P/F,i,5)=5\ 400\div6\ 500$$
$$=0.830\ 8$$

查复利现值系数表,得出 i 在 3% 和 4% 之间。

利用插值法得出:

$$\frac{3\%-i}{3\%-4\%}=\frac{0.862\ 6-0.830\ 3}{0.862\ 6-0.821\ 9}$$

通过计算得出 $i=3.78\%$。

此例中,如果买价改成 4 400,则该债券投资收益率计算如下。

设该债券投资收益率为 i,根据定义得出公式:

$$4\ 400=(5\ 000\times6\%\times5+5\ 000)\times(P/F,i,5)$$
$$(P/F,i,5)=4\ 400\div6\ 500$$
$$=0.676\ 9$$

查复利现值系数求得 i 在 8% 和 9% 之间。

我们用插值法来求出 i:

$$\frac{8\%-i}{8\%-9\%}=\frac{0.680\ 6-0.676\ 9}{0.680\ 6-0.649\ 9}$$

通过计算求出 $i=8.12\%$。

【结论】 债券投资收益率问题可以看作是内含报酬率法的运用。债券价值是债券投资项目的流入现值,债券价格是债券投资项目的流出现值,流入现值等于流出现值时的报酬率就是债券的投资收益率。

不难看出,到期一次性还本付息债券就算是以面值发行,债券的投资收益率也不等于票面利率。到期一次性还本付息债券的投资收益率要小于同等条件下分次还息到期还本债券的投资收益率。

知识点八 股票投资

股票投资是指投资人通过购买股票的形式对外进行投资,是证券投资的一种主要形式。

股票投资又可分成普通股投资和优先股投资两类。当前我国《公司法》只允许公司发行普通股,不允许公司发行优先股。

(一)股票投资的目的

企业进行股票投资的目的主要有两种:

一是获利(分散投资),即将其作为一般的证券投资,获取股利收入及股票买卖价差;

二是控股(集中投资),即通过购买某一企业的大量股票达到控制的目的。

(二)股票投资的特点

股票投资和债券投资都属于证券投资,证券投资与其他投资相比,都具有高风险、高收益、易于变现的特点。相对于债券投资而言,股票投资又具有以下特点:

1. 投资人有表决权,有权参与企业管理

普通股股东对公司的生产经营和管理问题有表决权,表决权的多少取决于普通股股东所持普通股比例的高低,一般来说,每一普通股有一份表决权。正因为普通股股东有表决权,所以普通股股东有权参与公司的生产经营管理。这一点是债券持有人所不具备的。

2. 投资人无权收回本金,投资风险较大

投资人投资普通股后,作为公司的股东,无权像债券投资那样收回所投本金。一旦公司破产,进行破产清算分配财产时,普通股股东位于债权人和优先股股东之后。所以投资人投资于普通股时,所冒的风险远远大于债券投资和优先股投资的风险。

3. 投资人有权参与利润分配,投资收益不固定

投资人投资普通股后,作为普通股股东,有权参与公司利润的分配,而且分取股利的多少主要取决于公司的盈利情况和股利分配政策,其分取的原则是"多盈多分、少盈少分、不盈不分"。所以,普通股股东的投资收益是不固定的,这和债券持有人可按债券面值和票面利率获得固定利息不同,也从另一个侧面说明股票投资风险大于债券投资风险。

(三)股票投资的收益评价

评价股票投资收益的指标主要包括股票价值和股票的预期收益率。

1. 股票价值

股票价值也叫股票估价,其计算没有统一的标准,也难以有统一的标准。一般情况下,它是指投资人进行股票投资时,获得的预期未来现金流入的现值,即现值估价模型。我们也可以用股票的票面价值来表示,但票面价值往往与股票实际的市场价格相去甚远。人们还可以利用一些比率作为股票估价的指标。

现值估价模型中,投资人购买股票后,所获得未来现金流入包括两部分,一部分是在投资公司盈利时,投资人分得的股利收入。另一部分是投资人出售股票时获得的买卖价差,即资本利得收入。由于投资人购买股票后,有的长期持有该股票,有的短期之内将其出售,股票股利变动各不相同,所以,股票价值的计算分成以下几种情况:

1)可预见的未来准备出售的股票价值

对于这种类型的股票而言,投资人获得的未来现金流入包括两部分,一部分是在投资公司盈利时,投资人分取的股利收入;另一部分是投资人出售股票时获得的售价收入。将投资人获得的未来现金流入按照一定的贴现率进行折现,可得出该类股票价值的计算公式:

$$V = \sum_{t=1}^{n} \frac{d_t}{(1+k)^t} + \frac{P_n}{(1+k)^n}$$

式中, V——股票价值;

d_t——投资人未来获得的第 t 年股利;

P_n——投资人出售股票时,获得的售价收入;

k——投资人要求的最低投资报酬率。

【例 4-17】 通达公司买入一股票,买价为 900 元,计划 3 年后出售,预计售价为 1 000 元,前三年股利预计分别为 60 元、70 元和 80 元。另外已知公司要求的最低报酬率为 6%。计算该股票的理论价值。

解答: $V = 60 \times (P/F, 6\%, 1) + 70 \times (P/F, 6\%, 2) + 80 \times (P/F, 6\%, 3) +$
$\qquad 1\,000 \times (P/F, 6\%, 3)$
$\qquad = 60 \times 0.943\,4 + 70 \times 0.890\,0 + 80 \times 0.839\,6 + 1\,000 \times 0.839\,6$
$\qquad = 56.60 + 62.3 + 67.17 + 839.6$
$\qquad = 1\,025.67 (元)$

由于该股票的内在价值为 1 025.67 元,大于其购买价格 900 元,所以通达公司可以购买该股票。

2) 长期持有、股利稳定不变的零成长股票价值

投资人购入普通股后,如果打算永久持有、不准备出售,P_n 为 0,而且股利稳定不变,$d_1 = d_2 = \cdots = d_n = d$,那么投资人获得的未来现金流入类似于永续年金,从而得出该种投资股票价值的计算公式为:

$$V = \frac{d}{k}$$

式中, d——未来投资人获得的年股利;

k——投资人要求的最低报酬率。

【例 4-18】 通达公司以 900 元的价格购入某股票,打算永久性持有该股票。已知该股票的年股利额固定,每年为 80 元,公司要求的最低投资报酬率为 8%,计算该股票的理论价值。

解答: $$V = \frac{80}{8\%}$$
$$= 1\,000 (元)$$

由于该股票的内在价值为 1 000 元,大于其购买价格 900 元,所以通达公司购买该股票是有利的。

3) 长期持有、股利固定增长的固定成长股票价值

投资人购入普通股后,如果打算长期持有,而且股利以固定的增长率逐年增长,则较之短期持有、未来准备出售股票,$P_n = 0$

$$d_1 = d_0(1+g)$$
$$d_2 = d_1(1+g) = d_0(1+g)^2$$
$$\vdots$$
$$d_n = d_0(1+g)^n$$

并且 n 趋向于无穷大,该类股票的价值可用以下公式表示:

$$V = \sum_{t=1}^{\infty} \frac{d_0 (1+g)^t}{(1+k)^t} = \frac{d_1}{k-g}$$

式中,d_0——刚刚发放过的股利;

d_1——投资人预期的第一年的股利;

k——投资人要求的最低投资报酬率;

g——固定的年股利增长率。

【例4-19】 通达公司准备买入某股票,买价为80元,该股票当年发放股利4元,预计以后每年以2%的固定增长率增长,另外已知公司要求的最低投资报酬率为8%,则该股票的价值为多少?

解答:

$$V = \frac{4 \times (1+2\%)}{8\% - 2\%}$$
$$= \frac{4.08}{6\%}$$
$$= 68(元)$$

由于该股票的买价80元大于该股票的理论价值68元,所以该方案不可行,通达公司应否决该投资。

4) 阶段性增长股票价值

事实上,股票价值往往需要分阶段计算,公司发放的股利并非每年不变,也并非每年固定增长,一个经营状况良好的企业,每年股利逐年增长,常常表现为阶段性增长。

【例4-20】 通达公司持有甲公司的股票,公司投资最低报酬率为15%。预计甲公司未来3年股利将高速增长,增长率为20%。在此以后转为正常增长,增长率为12%。公司最近支付的股利是2元。计算该公司股票价值。

解答:首先,计算第一阶段三年的股票价值,见表4-17。

表 4-17 前三年股票价值计算表

单位:元

年份	股利(d_t)	现值系数(15%)	现值(P)
1	$2 \times 1.2 = 2.4$	0.869 6	2.087
2	$2.4 \times 1.2 = 2.88$	0.756 1	2.178
3	$2.88 \times 1.2 = 3.456$	0.657 5	2.272
合计(3年股利现值)			6.537

其次,计算第二阶段在第三年年底的普通股价值:

$$V_3 = \frac{d_4}{k-g} = \frac{d_3(1+g)}{k-g} = \frac{3.456 \times 1.12}{0.15 - 0.12} = 129.02(元)$$

调整为现值$= V_3 \times (p/F, 15\%, 3) = 129.02 \times 0.657\ 5 = 84.83(元)$

最后,计算股票目前的价值:

$$V = 6.537 + 84.83 = 91.37(元)$$

5）股票估价其他模型

除了利用现值对股票进行估价，还可以用以下比率作为股票估价的指标。

（1）根据市盈率估值。

市盈率（P/E Ratio）是指在一个考察期（通常为12个月的时间）内，每股价格（Price per Share）与该股上一年度每股盈余（Earnings per Share）的比率。该指标为衡量股票投资价值的一种动态指标。投资者通常利用该比例值估量某股票的投资价值，或者用该指标在不同公司的股票之间进行比较。

$$市盈率（P/E）＝每股市价/每股盈余$$

市盈率越低，代表投资者越能够以较低价格购入股票以取得回报。投资者计算市盈率，主要用来比较不同股票的价值。理论上，股票的市盈率愈低，愈值得投资。比较不同行业、不同国家、不同时段的市盈率是不大可靠的。比较同类股票的市盈率较有实用价值，比如钢铁业世界上发达国家股市市盈率一般是8～13倍，所以通过这种估值方法可以得出一般钢铁企业的股票价值。

$$股票价值＝该企业每股盈余×所在行业的平均市盈率$$

（2）根据市净率估值。

市净率指的是每股股价（Price per Share）与每股净资产（book value）的比率。

$$市净率（P/BV）＝股票市价/每股净资产$$

市净率可用于投资分析，一般来说市净率较低的股票，投资价值较高，相反，则投资价值较低。但在判断投资价值时还要考虑当时的市场环境以及公司经营情况、盈利能力等因素。

通过市净率定价法估值时，首先，应根据审核后的净资产计算出企业的每股净资产；其次，根据二级市场的平均市净率、企业的行业情况（同类行业公司股票的市净率）、经营状况及其净资产收益等拟订估值市净率；最后，依据估值市净率与每股净资产的乘积决定估值。市净率在评估高风险企业和企业资产大量为实物资产的企业时特别受到重视，尤其适合制造业这类主要靠生产资料生产的企业。

比如一个资源类企业的每股净资产是4元，那么我们就可以看这类企业在资本市场中一般市净率是多少，如果市净率为25％，可估算出该企业股票价值。

$$股票价值＝该企业净资产×所在行业的平均市净率＝4×25％＝1（元）$$

2. 股票预期收益率

股票预期收益率指投资于股票预期所获得的收益总额与原始投资额的比率。股票得到投资者的青睐，是因为购买股票所带来的收益。

$$股票收益率＝预期收益额/原始投资额$$

其中：预期收益额＝收回投资额＋全部股利－（原始投资额＋全部佣金＋税款）

当股票未出售时，收益额只有股利。

衡量股票投资收益水平的指标主要有短期预期收益率和长期预期收益率。

1）短期预期收益率

短期预期收益率指投资者持有股票期间的股息收入与买卖差价之和与股票买入价的比

率。其计算公式为：

$$短期预期收益率＝股利收益率＋资本利得收益率$$

即：

$$k = \frac{d}{P_0} + \frac{P_1 - P_0}{P_0}$$

式中，k——短期预期收益率；

P_0——股票买入价；

P_1——股票卖出价；

d——短期持有所获股息。

股票没有到期日，投资者持有股票的时间短则几天，长则数年，短期预期收益率就是反映投资者在一定的持有期内的全部股利收入和资本利得占投资本金的比重。短期预期收益率是投资者最关心的指标，但如果要将它与债券收益率、银行利率等其他金融资产的收益率作比较，须注意时间的可比性，即要将持有期收益率转化为年收益率。

2) 长期预期收益率

假设股票价格是公平的市场价格，证券市场处于均衡状态，在任一时点证券价格都能完全反映有关该公司的任何可获得的公开信息，而且证券价格对新信息能迅速作出反应。在这种假设条件下，股票的预期收益率等于其必要的收益率。

(1) 根据固定成长股票估价模型，$V = \frac{d_1}{k - g}$

把公式移项整理，可以得到 $k = \frac{d_1}{V} + g$

这个公式说明，股票的总收益率可以分为两个部分：第一部分是 d_1/V，叫作股利收益率，是根据预期现金股利除以当前股价计算出来的。第二部分是增长率 g，叫作股利增长率。股利的增长速度就是股价的增长速度，因此 g 可以解释为股价增长率或资本利得收益率，g 的数值可以根据公司的可持续增长率估计。V 是股票市场形成的价格，只要能预计出下一期的股利，就可以估计出股票预期收益率，在有效市场中它就是与该股票风险相适应的必要报酬率。

【例 4-21】 通达公司有一只股票的价格为 20 元，预计下一期的股利是 1 元，该股利将以大约 10% 的速度持续增长。该股票的预期收益率是多少？

解答：

$$k = 1/20 + 10\% = 15\%$$

如果用 15% 作为必要报酬率，则一年后的股价为：

$$V_1 = d_1 \times (1 + g)/(k - g) = 1 \times (1 + 10\%)/(15\% - 10\%) = 1.1/5\% = 22(元)$$

如果现在用 20 元购买该股票，年末将收到 1 元股利，并且得到 2 元(22−20)的资本利得：

$$短期预期收益率＝股利收益率＋资本利得收益率$$
$$= 1/20 + 2/20$$
$$= 5\% + 10\%$$
$$= 15\%$$

　　这个例子验证了股票短期预期收益率模型的正确性。该模型可以用来计算特定公司风险情况下股东要求的必要报酬率，也就是公司的权益资金成本，即股东期望或者要求赚取15％的收益。如果股东的要求大于15％，就不会进行这种投资；如果股东的要求小于15％，就会争购该股票，使得股价上升。既然股东们接受了 20 元的价格，就表明他们要求的是15％的报酬率。

　　（2）根据零成长股票模型，则：

$$k = \frac{d}{V}$$

　　③ 实务中企业每年股利支付是不固定的，股利收益率就是使得股票未来流入现值（股票价值）等于股票流出现值（股票价格）的收益率，即：

　　使得 $\sum_{t=1}^{n} \frac{d_t}{(1+k)^t} + \frac{P_n}{(1+k)^n} = P_0$ 时的 k 为股利收益率。

　　采用逐步测试法，找到两个相邻的利率，使得一个利率计算的股票价值大于 P_0，一个利率计算的股票价值小于 P_0，再使用插值法算出近似股利收益率，方法同债券投资收益率的计算。

【案例解析】

　　（1）甲公司：

　　　　债券价值＝1 000×8％×(P/A,6％,5)+1 000×(P/F,6％,5)
　　　　　　　　＝80×4.212 4+1 000×0.747 3＝1 084（元）

　　债券价值大于价格 1 041，说明债券收益率大于6％，选取利率7％求债券现值。

　　$i=7\%$ 时，　债券价值＝80×(P/A,7％,5)+1 000×(P/F,7％,5)
　　　　　　　　＝80×4.100 2+1 000×0.713 0＝1 041（元）

　　说明甲债券收益率＝7％。

　　乙公司：

　　　　债券价值＝(1 000+1 000×8％×5)×(P/F,6％,5)
　　　　　　　　＝1 400×0.747 3＝1 046（元）

　　债券价值小于价格 1 050，说明债券收益率小于6％，选取利率5％折现。

　　$i=5\%$ 时，　　　　债券价值＝1 400×(P/F,5％,5)
　　　　　　　　　　　　＝1 400×0.783 5＝1 097（元）

　　说明该债券收益率为在5％和6％之间，采用插值法求出债券收益率。

　　债券收益率＝5％+(1 097-1 050)/(1 097-1 046)×(6％-5％)＝5.92％

　　丙公司：

　　　　债券价值＝1 000×(P/F,6％,5)＝1 000×0.747 3＝747（元）

债券收益率小于6%,选取利率5%折现。

$i=5\%$时，　　　　债券价值$=1\,000\times(P/F,5\%,5)$

　　　　　　　　　　　$=1\,000\times0.783\,5=784$(元)

说明该债券收益率为在5%和6%之间,采用插值法求出债券收益率。

　　债券收益率$=5\%+(784-750)/(784-747)\times(6\%-5\%)=5.92\%$

(2) 甲公司债券收益率为7%,大于佳洁公司要求的必要报酬率6%,债券价值1 084元大于债券发行价格1 041元,所以甲债券值得投资。

乙、丙公司债券收益率均为5.92%小于佳洁公司要求的必要报酬率6%,债券价值小于债券发行价格,所以乙、丙债券不值得投资。

(3) 如果佳洁公司购买甲公司债券,1年后将以1 050元的价格出售。

简化计算为：　　债券投资收益率$=(80+9)/1\,041=8.5\%$

准确计算为：　　　　　　　$1\,041(1+i)=1\,045+80$

　　　　　　　　　　　　　　$i=8.07\%$

佳洁公司的投资收益率为8.07%。

 知识检测

任务拓展

一、单项选择题

1. 下列关于证券的说法错误的是(　　　)。

　A. 政府证券的风险小于金融证券

　B. 所有权证券比债权证券承担的风险要大

　C. 原生证券收益的大小主要取决于发行者的财务状况,衍生证券的收益取决于原生证券的价格

　D. 私募证券发行手续简单,筹资数量多

2. 长期债券投资的目的是(　　　)。

　A. 合理利用暂时闲置的资金　　　　　B. 调节现金余额

　C. 获得稳定收益　　　　　　　　　　D. 获得企业的控制权

3. 证券按其收益的决定因素不同,可分为(　　　)。

　A. 所有权证券和债权证券　　　　　　B. 原生证券和衍生证券

　C. 公募证券和私募证券　　　　　　　D. 凭证证券和有价证券

4. 下列各种证券中,属于变动收益证券的是(　　　)。

　A. 国库券　　　　　　　　　　　　　B. 公司债券

　C. 普通股股票　　　　　　　　　　　D. 非参与优先股股票

二、多项选择题

1. 股票属于(　　　)。

A. 公司证券　　　　B. 所有权证券　　　　C. 原生证券　　　　D. 变动收益证券

2. 证券投资相对于实物投资的区别主要包括（　　　）。

A. 投资风险较大　　　B. 流动性较差　　　C. 交易成本高　　　D. 价格不稳定

3. 股票投资相比,债券投资的优点有（　　　）。

A. 本金安全性好　　　B. 投资收益率高　　　C. 投资风险小　　　D. 收入稳定性强

4. 为了回避风险,可以选择的债券组合模式包括（　　　）。

A. 浮动利率债券与固定利率债券的组合

B. 短期债券与长期债券的组合

C. 政府债券、金融债券、企业债券的组合

D. 附认股权债券与不附认股权债券的组合

5. 下列属于债券投资决策中积极的投资策略的有（　　　）。

A. 预计利率下降时,买进债券　　　　　　B. 预计利率下降时,增持期限长的债券

C. 预计利率上升时,买进债券　　　　　　D. 预计利率上升时,增加期限短的债券

三、判断题

1. 开户与委托是证券投资最关键的一步。　　　　　　　　　　　　　　（　　　）

2. 债券投资收益率通常不及股票高,但具有较强的稳定性,投资风险较小。（　　　）

3. 按照证券收益的决定因素,可以把证券分为原生证券和衍生证券,衍生证券包括期货合约和期权合约,衍生证券的收益取决于衍生证券的价格。　　　　　　　（　　　）

4. 原生证券收益取决于发行者的财务状况,衍生证券收益取决于原生证券的价格。

（　　　）

5. 企业进行股票投资的目的在于通过投资获取股利收入及股票买卖价差收益。

（　　　）

6. 投资人买入债券一直持有至到期日的做法属于消极投资策略的应用。（　　　）

任务实训

1. 东方公司于 2017 年 1 月 1 日以每张 1 020 元的价格购买某企业发行的企业债券。该债券的面值为 1 000 元,期限为 3 年,票面年利率为 10%。购买时市场年利率为 8%。不考虑所得税。

要求:

（1）假设该债券一次还本付息,单利计息,利用债券估价模型评价东方公司购买此债券是否合算。

（2）假设该债券每年支付一次利息,按复利计算,评价东方公司是否可以购买此债券。

2. 2018 年 8 月 4 日,A 公司购入 B 公司同日发行的 5 年期债券,面值为 1 000 元,发行价为 960 元,票面年利率为 9%,每年 8 月 3 日付息一次。

要求:

（1）计算该债券的本期收益率。

（2）计算 2018 年 12 月 4 日以 1 015 元的价格出售时的持有期投资收益率。

（3）计算 2020 年 8 月 4 日以 1 020 元的价格出售时的持有期年均投资收益率。

（4）计算 2023 年 8 月 4 日到期收回时的持有到期投资收益率。

3. 东方公司利用一笔长期资金购买股票。现有 A 公司股票和 B 公司股票可供选择,东方只准备投资一家公司股票。已知 A 公司股票现行市价为每股 8 元,上年每股股利为 0.10元,预计以后每年以 6% 的增长率增长。B 公司股票现行市价为每股 6 元,上年每股股利为0.50 元,股利政策将一贯坚持固定股利政策。东方公司所要求的投资必要报酬率为 8%。

要求:

（1）利用股票估价模型,分别计算 A、B 公司股票价值。

（2）判断东方公司应作出怎样的股票投资决策。

项 目 小 结

本项目首先介绍了投资的特点和种类,投资中注重的资金的时间价值和资金的风险价值。然后分别介绍了最具代表性的固定资产项目投资和证券投资。

固定资产投资中介绍了项目决策有关的现金流量,它是评价投资方案是否可行的基础性指标。投资决策指标是评价投资方案是否可行或孰优孰劣的标准,主要有两类:一类是贴现指标,主要包括净现值、现值指数、内含报酬率;另一类是非贴现指标,主要包括投资回收期、平均报酬率。为了加深对投资决策的理解,本项目结合几个具体实例分析了投资决策指标的应用问题,主要包括固定资产更新决策、资本限量决策、投资开发时机决策、投资期决策和项目计算期不等的投资决策。

证券投资中介绍了证券投资的目的、特点、投资程序、风险和分类,重点阐述了对债券和股票的收益评价。

项目五 利润分配管理实务

学习目标

1. 了解我国公司制企业利润分配的顺序；
2. 理解影响股利分配的因素，了解利润分配原则和股利支付程序；
3. 掌握几种常见的股利分配政策的基本原理、优缺点和适用范围；
4. 理解现金股利、股票股利和股票分割的作用及对企业的影响；
5. 了解股票回购的动机及对企业的影响；
6. 了解股权激励的方式、优缺点和适用情形。

技能要求

1. 能够根据企业的实际情况选择不同的股利政策，制定相应的利润分配方案；
2. 能够分析股票股利、股票分割和股票回购对公司和股东的影响。

任务一 熟悉利润分配管理的内容

【**任务描述**】 了解利润分配的原则、顺序；熟悉制定股利政策的影响因素和股利分配程序。

利润是收入弥补成本费用后的余额。由于成本费用包含的内容与表现形式不同，利润包含的内容与形式也有一定的区别。若成本费用不包括利息和所得税，则利润表现为息税前利润；若成本费用包括利息而不包括所得税，则利润表现为利润总额；若成本费用里包括了利息和所得税，则利润表现为净利润。本项目所指利润分配是指对净利润的分配。利润分配关系到国家、企业和所有者等各方面的利益，必须严格按照国家的法令和制度执行。

利润是企业的生产经营成果，也是企业的一个重要财务指标，利润不仅是企业发展的新资金来源，也是投资者利润分配的基础。对利润资金的管理方式关系到企业声誉以及今后的发展。

知识点一　利润分配的基本原则

（一）依法分配原则

为规范企业的利润分配行为，国家制定和颁布了若干法律法规。这些法律法规对企业利润分配的基本要求、一般程序和重大比例作出了规定。企业应认真执行，不得违反。企业的利润分配必须依法进行，这是处理各方面利益关系的关键。

（二）兼顾各方面利益原则

利润分配是利用价值形式对社会产品的分配，直接关系到有关各方的切身利益。因此利润分配要坚持全局观念，兼顾各方利益。除依法纳税以外，投资者作为资本投入者、企业所有者，依法享有利润分配权。企业的净利润归投资者所有，是企业的基本制度，也是企业所有者投资于企业的根本动力所在。但企业的利润离不开全体职工的辛勤劳动，职工作为利润的直接创造者，除了获得工资及奖金等劳动报酬外，还应当以适当的方式参与净利润的分配。企业应提取公益金用于集体福利设施的构建开支。可见，企业进行利润分配时，应统筹兼顾，合理安排，维护投资者、企业与职工的合法权益。

（三）分配与积累并重原则

在企业利润分配的过程中，要正确处理当前利益与长远利益的关系，坚持分配与积累并重。企业除了按规定提取法定盈余公积金以外，可适当留存一部分利润作为积累，这部分未分配利润仍归企业所有者所有。这部分积累的净利润不仅可以为企业扩大生产筹集资金，增强企业发展和抵御风险的能力，同时，还可以供企业在未来年度进行分配，稳定投资者的收益。

（四）投资与收益对等原则

企业在利润分配过程中，应当体现收益大小与投资比例相适应的原则，即投资与收益的对等，而不能允许发生任何一方随意多分多占的现象，这样才能从根本上保护投资者的利益，从而保护投资者投资的积极性。

知识点二　利润分配的内容和顺序

利润是收入弥补成本费用后的余额，由于成本、费用包括的内容与表现的形式不同，利润所包含的内容与形式也有一定的区别。若成本、费用不包括利息和所得税，则利润表现为息税前利润；若成本、费用包括利息，而不包括所得税，则利润表现为利润总额；若成本、费用包括利息和所得税，则利润表现为净利润。

本项目所指利润分配是指对净利润的分配。利润分配关系到国家、企业及所有者等各方面的利益，必须严格按照国家的法令和制度执行。根据我国《公司法》及相关法律制度的规定，公司净利润的分配应按照下列顺序进行，并构成了分配管理的主要内容。

（一）弥补以前年度亏损

企业在提取法定公积金之前，应先用当年利润弥补以前年度亏损。企业年度亏损可以用下一年度的税前利润弥补，下一年度不足弥补的，可以在五年之内用税前利润连续弥补，连续五年未弥补的亏损,则用税后利润弥补。其中,税后利润弥补亏损可以用当年实现的净利润,也可以用盈余公积转入。

(二) 提取法定公积金

根据《公司法》的规定,法定公积金的提取比例为当年税后利润(弥补亏损后)的10%。当年法定公积金的累计额已达注册资本的50%时,可以不再提取。法定公积金提取后,根据企业的需要,可用于弥补亏损或转增资本,但企业用法定公积金转增资本后,法定公积金的余额不得低于转增前公司注册资本的25%。提取法定公积金的主要目的是增加企业内部积累,以利于企业扩大再生产。

(三) 提取任意公积金

根据《公司法》的规定,公司从税后利润中提取法定公积金后,经股东会或股东大会决议,还可以从税后利润中提取任意公积金。这是为了满足企业经营管理的需要,控制向投资者分配利润的水平,以及调整各年度利润分配的波动。

(四) 向股东(投资者)分配股利(利润)

根据《公司法》的规定,公司弥补亏损和提取公积金后所余税后利润,可以向股东(投资者)分配。其中有限责任公司股东按照实缴的出资比例分取红利,全体股东约定不按照出资比例分取红利的除外;股份有限公司按照股东持有的股份比例分配,但股份有限公司章程规定不按照持股比例分配的除外。

此外,近年来,以股权形式或类似股权形式进行的股权激励在一些大公司逐渐流行起来,从本质上说,股权激励是企业对管理层或者员工进行的一种经济利益分配。

知识点三　确定股利政策时应考虑的因素

股份有限公司制定正确的股利分配政策,并保持一定程度上的连续性,有利于提高企业的财务形象,提高企业发行在外股票的价格和企业的市场价值。股利分配政策的确定受到各个方面因素的影响。

(一) 法律因素

为了保护债权人和股东的利益,有关法律法规对公司的股利分配经常作出如下限制:

(1) 资本保全约束。资本保全是责任有限的现代企业制度的基础性原则之一,企业在分配中不能侵蚀资本(包括股本和资本公积)。利润的分配是对经营中资本增值额的分配,不是资本金的返还。按照这一原则,一般情况下,企业如果存在尚未弥补的亏损,应首先弥补亏损,再进行其他分配。目的在于维持企业资本的完整性,防止企业任意减少资金结构中的所有者权益的比例,保护企业完整的产权基础,保障债权人的利益。

(2) 资本积累约束。公司必须按净利润的一定比例计提各种公积金。

(3) 净利润约束。这是指公司年度累计净利润必须为正数时才能发放股利,以前年度亏损必须足额弥补。通过计算可供分配的利润,将本年净利润(或亏损)与年初未分配利润(或亏损)合并,如果可供分配的利润为负数(即亏损),则不能进行后续分配;如果可供分配的利润为正数(即本年累计盈利),则进行后续分配。

(4) 超额累积利润约束。对于股份公司来说,由于股东接受股利时要缴纳的所得税高于其进行股票交易的资本利得所缴纳的税金,因此许多股份公司通过积累利润使股价上升的方式来帮助股东避税。一旦公司留存收益超过法律认可的水平,公司将被加征额外的税收。

(5) 偿债能力约束。偿债能力是企业按时、足额偿付各种到期债务的能力。如果一个公司的举债能力强,能够及时从资金市场中筹到资金,则有可能多分派股利,而一个举债能力较弱的公司往往分配较少的股利。这就要求公司考虑现金股利分配对偿债能力的影响,确定在分配后仍能保持较强的偿债能力,以维持公司的信誉和借贷能力,保证公司的正常资金周转。

(二) 股东因素

(1) 控制权的考虑。公司的股利支付率越高,留存收益必然减少,这又意味着将来发行新股的可能性加大,而发行新股会稀释公司的控制权。因此公司的老股东往往主张限制股利的支付,而愿意更多地增加留存收益,以防止控制权被稀释。

(2) 避税考虑。由于投资者接受股利缴纳的所得税要高于进行股票交易的资本利得所缴纳的税金,一部分有较高股利收入的股东为了避税,又往往反对公司发放较多的股利,要求限制股利的支付。

(3) 稳定收入考虑。一些小股东,往往靠定期的股利维持生活,他们要求公司支付稳定持续的股利,反对公司留存较多的利润。还有一些股东认为,通过增加留存收益引起股价上涨而获得的资本利得是有风险的,而目前的股利是确定的,即便是现在较少的股利,也强于未来相对大额的资本利得,因此他们往往也要求较多的股利支付。

(三) 公司因素

(1) 现金流量。由于会计规范的要求和核算方法的选择,公司盈余与现金流量并非完全同步,净收入的增加不一定意味着可供分配的现金流量的增加,公司在进行利润分配时要保证正常的经营活动对现金的需求,以维持资金的正常周转,使生产经营得以有序进行。

(2) 资产的流动状况。公司分派较多的现金股利,会使大量的现金流出,降低资产的流动性,企业为了保持一定的流动性和变现能力就不宜支付较多的现金股利。

(3) 盈余的稳定状况。企业的利润分配政策在很大程度上受盈余稳定性的影响。一般来讲,公司的盈余越稳定,其股利支付水平也就越高。对于盈余不稳定的公司,可以采用低股利政策。

(4) 未来的投资机会。如果在可以预见到的将来公司有较多的投资机会,对资金的需求量大,则公司就应该用较多的留存收益满足自己未来的需要,而不能把大量的现金作为股利发放。如果企业缺乏良好的投资机会,往往会加大分红数额。

(5) 筹资因素。留存收益是不需要筹资费用就可以动用的资金,而公司新举债或发行新股,都要支付一定的融资费用。所以,从资金成本方面来说,公司如果有资金需求,应当采取较低的股利政策,首选留存收益。

(6) 其他因素。由于股利的信号传递作用,公司应该保持股利政策的连续性和稳定性。此外,利润分配政策还受到其他因素的影响,比如不同发展阶段,不同行业股利支付比例会有所差异。发行可转换债券的企业,多发放股利导致股价的上升,促使投资者尽早地行使转换权,达到调整资本结构的目的,达到兼并、反收购的目的等。

（四）其他因素

（1）债务合同的约束。一般来说，股利支付水平越高，留存收益越少，公司破产风险加大，债权人利益就越有可能受到损害。因此，企业的债权人为了保护自身的利益，往往在债务合同中加入支付股利的限制条款。

（2）通货膨胀的因素。由于通货膨胀，在固定资产实物更新的时候，计提的累计折旧不足以对固定资产进行更新。因此在通货膨胀时期，企业一般采取偏紧的利润分配政策，以弥补由于购买力下降而造成的固定资产重置资金缺口。

知识点四　股利分配理论

在股利分配对公司价值的影响这一问题上，存在不同的观点。

（一）股利无关论

股利无关论也称 MM 理论，该理论认为，在一定的假设条件限定下，股利政策不会对公司的价值或股票的价格产生任何影响。一个公司的股票价格完全由公司投资决策的获利能力和风险组合决定，而与公司的利润分配政策无关。

1. 股利无关论的假设条件

（1）不存在个人或公司所得税。

（2）不存在股票的发行和交易费用。

（3）公司的投资决策与股利决策彼此独立（投资决策不受股利分配的影响）。

（4）公司的投资者和管理当局可相同地获得关于未来投资机会的信息。

上述假设描述的是一种完美无缺的市场，因此股利无关论又被称为完全市场理论。

2. 股利无关论的观点

1）投资者并不关心公司股利的分配

公司留存较多的利润用于再投资，会导致公司股票价格上升，此时尽管股利较低，但需用现金的投资者可以出售股票换取现金。若公司发放较多的股利，投资者又可以用现金再买入一些股票以扩大投资。也就是说投资者对股利和资本利得并无偏好。

2）股利政策不影响公司的价值

既然投资者不关心股利的分配，公司的价值就完全由其投资的获利能力和风险组合所决定，公司的净利润在股利和留存收益之间的分配并不影响公司的价值。因此，在完全资本市场的条件下，投资者对于净利润的留存或发放毫无偏好。

（二）股利相关论

股利相关论认为公司的股利分配对公司市场价值有影响。在现实生活中，不存在股利无关论提出的假定前提，公司的股利分配是在种种制约因素下进行的，公司不可能摆脱这些因素的影响。由于存在种种影响股利分配的限制，股利政策与股票价格就不是无关的，公司的价值，或者说股票价格，不会仅仅由其投资的获利能力决定。股利相关论主要观点如下：

1. "在手之鸟"理论

该理论认为，用留存收益再投资带给投资者的收益具有很大的不确定性，并且投资风险随时间的推移将进一步增大，因此，投资者更喜欢现金股利，而不太喜欢将利润留给公司。

林中的鸟不一定能抓到，"二鸟在林，不如一鸟在手"。

2. 股利分配的信号传导理论

这种理论认为，在信息不对称的情况下，公司可以通过股利政策向市场传递有关公司未来盈利能力的信息。一般说来，预期未来盈利能力强的公司往往愿意通过相对较高的股利支付率，把自己同预期盈利能力差的公司区别开，以吸引更多的投资者。但公司通过支付现金股利的方式向市场传递信息，通常也要付出较为高昂的代价。

3. 股利分配的代理理论

代理理论认为，股利政策有助于减缓管理者与股东之间，以及股东与债权人之间的代理冲突，也就是说，股利政策相当于协调股东与管理者之间的代理关系的一种约束机制。一方面，公司存在大量的自由现金时，公司管理者将公司的盈利以股利的形式支付给投资者，管理者自身可以支配的"闲余现金流量"就相应减少了，这在一定程度上可以抑制公司管理者过度地扩大投资或进行特权消费，减少代理成本，增加公司价值，从而保护外部投资者的利益。另一方面，较多地派发现金股利，减少了内部融资，导致公司进入资本市场寻求外部融资，这虽然增加了融资成本，但公司可以经常接受资本市场的有效监督，通过资本市场的监督减少代理成本。最优的股利政策应使两种成本之和最小化。

4. 所得税差异理论

在许多国家的税法中，长期资本利得所得税税率要低于普通所得税税率。因为股利税率高于资本利得的税率，投资者自然喜欢公司少支付股利而将较多的收益保存下来以作为再投资用，以期提高股票价格，把股利转化为资本利得。股利政策影响股价，股利支付水平高的股票要比支付水平低的股票有更高的税前收益。因此，公司选择不同的股利支付方式，不仅会对公司的市场价值产生不同的影响，而且也会对公司或个人的税收负担产生差异。另外，继续持有股票可延缓资本收益的获得，推迟资本收益的纳税时间，公司应采用低股利政策。

知识点五　股利分配程序

股利分配是一个过程，从确定发放何种股利开始，到股利发放到股东手中为止，一般要经过几个时间点：

(一) 股利宣告日

股利一般是按照每年度或每半年进行分配的。一般来说，分配股利首先要由公司董事会向公众发布分红预案，在发布分红预案的同时，公司董事会将公告召开公司股东大会的日期。股利宣告日是指董事会将股东大会决议通过的分红方案予以公告的日期。公告中将宣布每股股利、股权登记日、除息日和股利支付日等事项。

(二) 股权登记日

股权登记日是指有权领取股利的股东的资格登记截止日期。只有在股权登记日前在公司股东名册上登记的股东，才有权利分享当期的股利，在股权登记日以后列入名单的股东则无权领取股利。

(三) 除息日

除息日是指领取股利的权利与股票相互分离的日期。在除息日前，股利权从属于股票,持有股票者即享有领取股利的权利;从除息日开始,股利权与股票分离,新购入股票的人不能享有股利。除息日的确定是由证券市场的交割方式决定的,因为股票买卖的交割、过户需要一定的时间。在我国,由于采用次日交割方式,除息日与登记日相差一个工作日。

(四)股利发放日

股利发放日即向股东发放股利的日期。

【例5-1】 通达公司于2018年4月5日公布了2017年的最后红利分配方案,"2018年4月3日在总部召开股东大会,通过了2018年4月1日董事会关于每股派发0.1元的2017年的股利分配方案。股权登记日为4月24日,除息日为4月25日,股东可在5月1日至15日之间通过深圳交易所按交易方式领取股息。特此公告。"

要求:确定该企业的股利分配程序中的几个时间点。

解答:4月1日为预算公布日,4月5日为股利宣布日,4月24日为股权登记日,4月25日为除权日,5月1日为股利支付日。

知识检测

一、单项选择题

1. 下列各项目,在利润分配中优先的是(   )。
   A. 法定公积金   B. 普通股股利
   C. 任意公积金   D. 优先股股利

2. 企业利润分配主要是确定企业的净利润在(   )两者之间的分配。
   A. 投资者与国家   B. 债权人和企业
   C. 债权人与企业再投资   D. 投资者和企业再投资

3. 股东领取股利的权利与股票分离的日期是(   )。
   A. 股利宣告日   B. 股利支付日   C. 股权登记日   D. 除息日

4. 法定盈余公积金达到注册资本的(   )时,可以不再提取。
   A. 20%   B. 30%   C. 40%   D. 50%

5. 在确定企业的利润分配政策时,应当考虑相关因素的影响,其中"资本保全约束"属于(   )。
   A. 股东因素   B. 公司因素
   C. 法律因素   D. 债务契约因素

6. 股利的支付可减少管理层可支配的自由现金流量,在一定程度上和抑制管理层的过度投资或在职消费行为。这种观点体现的股利理论是(   )。
   A. "在手之鸟"理论   B. 信号传导理论
   C. 所得税差异理论   D. 代理理论

7. 税法规定,纳税人发生年度亏损,可以用下一纳税年度的所得弥补,下一年度所得不足以弥补的,可以逐年延续弥补,但延续弥补期最长不超过(   )年。
   A. 1   B. 3   C. 5   D. 10

二、多项选择题

1. 在企业进行利润分配时,提取法定公积金在( )提取。
   A. 提取任意公积金之前
   B. 提取任意公积金之后
   C. 弥补以前年度亏损之后
   D. 分配给投资者利润之前

2. 股利支付的程序包括( )。
   A. 股利宣告日
   B. 股利发放日
   C. 股权登记日
   D. 除息日

3. 关于利润分配决策的说法中,正确的有( )。
   A. 核心问题是利润中分配给股东与留存企业的比例分别是多少
   B. 分配给个人投资者的利润必须代扣代缴个人所得税
   C. 将收益留存企业是一种内部融资的方式
   D. 分配给法人投资者的利润不属于应纳税所得,可以免缴所得税

4. 公司在制定股利政策时应考虑的因素有( )。
   A. 通货膨胀因素
   B. 股东因素
   C. 法律因素
   D. 公司因素

5. 企业发生的经营亏损,一般可以用( )进行弥补。
   A. 投资者投入的资本
   B. 以前年度的盈余公积
   C. 以后年度的税前利润
   D. 以后年度的税后利润

6. 下列项目中,构成企业可供分配的利润是( )。
   A. 本年利润
   B. 公积金
   C. 年初未分配利润
   D. 以前年度净利润

7. 在下列各项中,属于企业进行利润分配应遵循的原则有( )。
   A. 依法分配原则
   B. 资本保全原则
   C. 分配与积累并重原则
   D. 投资与收益对等原则

8. 股东从保护自身利益的角度出发,在确定股利分配政策时应考虑的因素有( )。
   A. 控制权
   B. 稳定的收入
   C. 避税
   D. 现金流量

三、判断题

1. 股份有限公司当年无利润时,原则上不得分配股利。 ( )

2. 股权登记日之前在册的股东能够取得本次派发的股利,之后的股东则不能取得本次股利。 ( )

3. 公司不能用资本和资本公积发放股利。 ( )

4. 在通货膨胀时期,企业一般会采取偏紧的利润分配政策。 ( )

任务二　确定股利政策

【任务描述】 掌握四种常见股利分配政策的内容、优缺点和适用范围。

【案例导入】

　　佳洁公司是一家大中型公司,公司业绩一直很稳定,其净利润的长期成长率为12%。2017年公司税后盈利为1 000万元,当年发放股利共300万元。2018年,因公司面临一投资机会,预计其盈利可达到1 400万元,而该公司投资总额为900万元,预计2019年以后仍会具有12%的增长率。公司目标资金结构负债:权益为1:2。现在公司面临股利分配政策的选择,可供选择的股利分配政策有固定股利支付率政策、剩余股利政策以及固定或稳定增长的股利政策。

　　如果你是财务经理张林,请你计算2018年公司实行不同股利政策时的股利水平,并比较不同的股利政策,作出你认为正确的选择。

　　股利分配涉及的方面很多,如股利支付程序中各日期的确定、股利支付比率的确定、股利支付形式的确定、支付现金股利所需资金的筹集方式的确定等。其中最主要的是确定股利的支付比率,即用多少净利润发放股利,将多少净利润为公司所留用(称为内部筹资),这两者此增彼减。

　　在净利润数额相对固定的情况下,如何合理安排留存与分红的比例,直接关系到公司与投资者、目前利益与长远利益等关系能否妥善处理的问题,可能会对公司股票的价格产生影响。正确选择股利政策,对公司具有十分重要的意义。企业在确定利润分配政策时,应综合考虑各种因素的影响,结合自身的实际情况,权衡利弊,从优选择。成功的股利政策往往有利于提高公司的市场价值。企业经常采用的股利政策主要有四种:剩余股利政策、固定或稳定增长股利政策、固定股利支付率政策和低正常股利加额外股利政策。

知识点一　剩余股利政策

　　剩余股利政策是指公司在有良好的投资机会时,生产经营所获得的税后净利润应先较多地考虑满足公司的投资项目的需要,只有当增加的资金额达到预定的目标资金结构后,如果还有剩余,才分派股利;如果没有剩余,则不分派股利。

(一)步骤

(1)设定目标资金结构,即确定权益资金与债务资金的比例,在此资本结构下,加权平均资金结构将达到最低水平。

(2)确定目标资金结构下投资所需的股东权益资金数额。

(3)最大限度地使用留存收益来满足投资方案所需的权益资金数额。

(4)投资方案所需权益资金已经满足后若有剩余,再将其作为股利发放。

【例5-2】　通达公司本年净利润为900万元,预计明年需要投资额为1 200万元,该公司的目标资金结构是权益资金占60%,公司采用剩余股利政策。要求:计算明年初该公司能发放的现金股利。

　　解答:　按目标资本结构明年投资中所需权益资金额＝1 200×60%＝720(万元)

可供分配的现金股利＝900－720＝180（万元）

（二）剩余股利政策的优缺点

1. 优点

可以最大限度地满足企业对再投资的权益资金需要，保持理想的资金结构，能使综合资金成本达到最低。

2. 缺点

忽略了不同股东对资本利得与股利的偏好，损害那些偏好现金股利的股东利益，从而有可能影响股东对企业的信心。另外采用剩余股利政策是以投资的未来收益为前提的，由于企业管理层与股东之间存在信息不对称，股东不一定了解企业投资的未来收益水平，这同样会影响股东对公司的信心。剩余股利政策各年股利发放额是变动的，不利于投资者安排收支，也不利于公司树立良好的形象。

（三）剩余股利政策的适用性

剩余股利政策一般适用于公司初创阶段。公司初创阶段面临的经营风险较大，从外部筹集资金有一定的难度，采用负债筹资又会增大财务风险，所以会更多地采用留存收益筹集权益资金，降低企业风险。

知识点二　固定或稳定增长股利政策

固定或稳定增长股利政策是指公司将每年派发的股利额固定在某一特定水平上，然后一段时间内不论公司的盈利情况如何，派发的股利额都保持不变。只有当企业对未来利润增长确有把握，并且认为这种增长不会发生逆转时，才会增加每股股利额，所以固定股利在长期内表现为阶梯状稳定增长态势。

（一）固定或稳定增长股利政策的目的

固定或稳定增长股利政策的主要目的是避免出现由于经营不善而削减股利的情况。

（二）固定或稳定增长股利政策的优缺点

1. 优点

（1）稳定的股利向市场传递着公司正常发展的信息，有利于树立公司良好形象，增强投资者对公司的信心，稳定股票的价格。

（2）稳定的股利支付有利于投资者安排收入与支出，对那些对股利有较强依赖的股东来说更是如此。

（3）固定或稳定增长股利政策可能会不符合剩余股利理论，但考虑到股票市场会受多种因素影响（包括股东的心理状态和其他要求），为了将股利或股利增长率维持在稳定的水平上，即使推迟某些投资方案或暂时偏离目标资金结构，也可能比降低股利或股利增长率更为有利。

2. 缺点

（1）公司股利支付与公司盈利脱离。

（2）公司盈利较低时仍要支付较高的股利，容易引起公司资金短缺，导致财务状况恶化，甚至侵蚀公司的留存收益和公司资本，造成投资的风险与收益不对称。

（3）不能像剩余股利政策那样保持较低的资金成本。

（三）固定或稳定增长股利政策的适用性

固定或稳定增长股利政策一般适用于经营比较稳定或正处在成长期的公司，但该政策很难被长期采用。

知识点三　固定股利支付率政策

固定股利支付率政策是公司确定一个固定的股利占净利润的比率，并长期按照这一比率从净利润中支付股利的政策。在此种政策下，每年支付的股利等于当年的净利润乘以固定股利支付率。所以，当年净利润较多时，股利支付较多，当年净利润较少时，股利支付则较少。

（一）固定股利支付率政策的优缺点

1. 优点

（1）股利与净利润紧密配合，体现多盈多分、少盈少分、不盈不分的原则。

（2）每年股利随公司收益变动而变动，按固定比例从净利润中支付现金股利，从支付能力的角度看，这是一种稳定的股利政策。

2. 缺点

（1）每年股利支付额波动较大，容易给投资者带来经营状况不稳定、投资风险较大的不良印象，对于稳定股票价格不利。

（2）容易使公司面临较大的财务压力。公司实现的盈利多，并不代表公司有足够的现金来支付较多的股利额。

（3）合适的固定股利支付率的确定难度比较大。

（二）固定股利支付率政策的适用性

固定股利支付率政策只能适用于稳定发展的公司和财务状况较稳定、处于成熟阶段的公司。每年公司面临的投资筹资渠道都不同，而这些都可以影响公司的股利分配。所以，一成不变地奉行固定股利支付率政策的公司在实际中并不多见。

知识点四　低正常股利加额外股利政策

低正常股利加额外股利政策是指公司事先设定一个较低的固定股利额，在一般情况下，公司每年都按照这一金额支付正常股利，只有企业盈利较多时，才根据实际情况发放额外股利，每年的额外股利金额因每年净利润的不同而变化。它是介于固定股利和固定股利支付率之间的一种股利支付方式。

（一）低正常股利加额外股利政策的优缺点

1. 优点

（1）采用这种股利政策，会使公司在股利发放上具有较大的灵活性。当公司净利润较少或投资需要较多资金时，可维持设定的较低但正常的股利，公司不必支付较多的资金，同时股东也不会有失落感；当净利润较多时，则可以适度增发股利，使投资者增强对公司的信心，有利于股票价格的稳定。

（2）这种股利政策可使那些依靠股利度日的股东每年至少可以得到虽然较低但比较稳定的股利收入，从而吸引住这部分股东。

可以看出，低正常股利加额外股利政策既吸收了固定股利政策对股东投资收益的保障的优点，同时又摒弃其对公司所造成的财务压力方面的不足，所以在资本市场上颇受投资者和公司的欢迎。

2. 缺点

（1）由于年份之间公司的盈利波动使得额外股利不断变化，时有时无，造成分派的股利不同，容易给投资者以公司收益不稳定的感觉。

（2）当公司在较长时期持续发放额外股利后，额外股利可能会被股东误认为是"正常股利"，一旦取消了这部分额外股利，传递出去的信号可能会使股东认为这是公司财务状况恶化的表现，进而可能会引起公司股价下跌的不良后果。

（二）低正常股利加额外股利政策的适用性

低正常股利加额外股利政策主要适用于经营状况不稳定和利润波动较大的公司，以及处于高速发展价段的公司。

 【案例解析】

（1）维持固定股利支持率政策时，计算如下：

2017 年股利支付率＝300/1 000＝30%

所以，2018 年支付股利为 1 400×30%＝420（万元）

（2）采用剩余股利政策时，计算如下：

需内部权益融资额＝900×2/3＝600（万元）

所以，2018 年支付股利为 1 400－600＝800（万元）

（3）实行稳定增长的股利政策时，2018 年支付股利为 300×（1＋12%）＝336（万元）

剩余股利政策在股利分配时，优先考虑投资机会的选择，其股利额会随着所面临的投资机会而变动，因为公司每年面临不同的投资机会，所以会造成股利较大的变动，不利于公司股价稳定。固定股利支付率政策由于按固定比率支付，股利会随每年净利润的变动而变动，这使公司股利支付极不稳定，不利于实现公司市值最大化目标。稳定增长的股利政策的股利发放额稳定增长，有利于树立公司良好的形象，使公司股价稳定，有利于公司长期发展，但是实行这一政策的前提是公司的收益增长率必须稳定且能正确地预计。根据上述分析，由于佳洁公司正处于稳定增长的阶段，张林应选择稳定增长的股利政策。

 知识检测

一、单项选择题

1. 能够较好地体现风险投资与风险收益对等关系的利润分配政策是（　　）。

任务拓展

  A. 固定股利政策

  B. 剩余股利政策

  C. 固定比例股利政策

  D. 正常股利加额外股利政策

2. 能充分利用筹资成本最低的资金来源,保持理想的资金结构,使综合资金成本最低的利润分配政策是(　　)。

  A. 固定股利政策

  B. 剩余股利政策

  C. 固定比例股利政策

  D. 正常股利加额外股利政策

3. 能保持股利与收益之间一定的比例关系,并能够体现"利多多分、利少少分、无利不分"原则的股利分配政策是(　　)。

  A. 剩余股利政策

  B. 固定或持续增长股利政策

  C. 固定股利支付率政策

  D. 低正常股利加额外股利政策

4. 某公司 2017 年度净利润为 4 000 万元,预计 2018 年投资所需的资金为 2 000 万元,假设目标资金结构是负债资金占 60%,企业按照 15% 的比例计提盈余公积金,公司采用剩余股利政策发放股利,则 2017 年度企业可向投资者支付的股利为(　　)万元。

  A. 2 600   B. 3 200

  C. 2 800   D. 2 200

5. 比较而言,(　　)股利政策能使公司在股利发放上具有较大的灵活性。

  A. 固定或稳定增长股利政策

  B. 固定股利支付率政策

  C. 剩余股利政策

  D. 低正常股利加额外股利政策

二、多项选择题

1. 下列关于股利分配政策的说法中,正确的有(　　)。

  A. 剩余股利政策一般适用于公司初创阶段

  B. 固定或稳定增长的股利政策有利于树立公司的良好形象,增强投资者对公司的信心,稳定公司股票价格

  C. 固定股利支付率政策体现了"多盈多分、少盈少分、无盈不分"的股利分配原则

  D. 低正常股利加额外股利政策有利于股价的稳定

2. 公司刚刚于 2018 年 8 月成立,则其不宜采用的股利分配政策有(　　)。

  A. 剩余股利政策

  B. 固定股利政策

  C. 稳定增长股利政策

  D. 固定股利支付率政策

3. 下列各项股利政策中,股利水平与当期盈利直接关联的有( )。

    A. 固定股利政策

    B. 稳定增长股利政策

    C. 固定股利支付率政策

    D. 低正常股利加额外股利政策

三、判断题

1. 实行剩余股利政策能使每年发放的股利直接和当年的盈利挂钩,体现多盈多分,少盈少分的原则。 ( )

2. 处于成长期的公司多采取多分少留的政策,而陷入经营收缩的公司多采取少分多留的政策。 ( )

3. 剩余股利政策的一个缺点是股利发放额每年随投资机会和盈利水平的波动而波动,不利于投资者安排收入与支出,也不利于公司树立良好的形象。 ( )

4. 如果公司的投资机会多,对资金的需求量大,那么它就很可能会考虑采用高股利支付水平的分配政策。 ( )

 任务实训

东方公司 2017 年度的税后利润为 1 200 万元,该年分配股利 600 万元,该公司 2018 年度的税后利润为 1 300 万元。2019 年拟投资 1 000 万元引进一条生产线以扩大生产能力,该公司目标资金结构为自有资金占 80%,借入资金占 20%。

要求:

(1) 2018 年,如果该公司执行的是固定股利政策,并保持资金结构不变,则 2019 年度该公司为引进生产线需要从外部筹集多少自有资金?

(2) 如果该公司执行的是固定股利支付率政策,并保持资金结构不变,则 2019 年度该公司为引进生产线需要从外部筹集多少自有资金?

(3) 如果该公司执行的是剩余股利政策,本年不需要计提盈余公积金,则 2018 年度公司可以发放多少现金股利?

(4) 假设公司 2019 年很难从外部筹集资金,只能从内部筹资,不考虑目标资本结构,计算 2018 年度应分配的现金股利。

任务三　理解股利形式

【任务描述】 理解我国上市公司采取的现金股利和股票股利支付形式。

企业通常以多种形式发放股利,股利支付形式一般有现金股利、股票股利、财产股利(以现金以外的其他资产支付股利,如有价证券)和负债股利(以负债方式支付的股利,如应付票据)几种,其中最为常见的是现金股利和股票股利。在现实生活中,我国上市公司的股利分配形式广泛采用一部分股票股利和一部分现金股利的做法。

知识点一 现金股利

现金股利是指公司以现金方式向股东支付股利,也称红利。现金股利最常见,也最容易被投资者接受。公司要支付现金股利,除了要有净利润,还要有足够的现金做基础。因此,公司在打算支付现金股利时,要先做好财务上的安排,既要支付股利,又要满足生产经营的需要。

知识点二 股票股利

股票股利是公司以发放本公司的股票作为股利的支付方式,我国实务中通常也称其为"红股"。股票股利不直接增加股东的财富,不导致公司资产的流出或负债的增加,因而不是公司资金的使用,同时也并不增加公司的财产,但会引起所有者权益各项目的结构发生变化,公司的未分配利润会转化为股本和实收资本。

【例5-3】 通达公司在发放股票股利前,股东权益分布如表5-1所示。

表5-1 股东权益分布表

单位:元

项目	金额
普通股股本(面值1元,已发行200 000股)	200 000
资本公积	400 000
盈余公积(含公益金)	440 000
未分配利润	1 000 000
股东权益合计	2 040 000

假定该公司宣告发放10%的股票股利,即20 000股普通股股票,现有股东每股持100股可得到10股新股票。如该股票当时市价为20元,发放股票股利以市价计算,则发放股票股利会对股东权益产生什么影响?

解答: 未分配利润发放股利的资金=20×200 000×10%=400 000(元)
普通股股本增加=1×200 000×10%=20 000(元)
资本公积增加=400 000-20 000=380 000(元)

发放股票股利后,企业股东权益各项目分别如表5-2所示。

表5-2 股东权益分布

单位:元

项目	金额
普通股股本(面值1元,已发行220 000股)	220 000
资本公积	780 000

（续表）

项目	金额
盈余公积(含公益金)	440 000
未分配利润	600 000
股东权益合计	2 040 000

【结论】 发放股票股利,不会对企业股东权益总额产生影响,但会使股东权益的结构发生变化,并且增加了流通在外的股份数。

(一) 股票股利对股东的意义

(1) 有时公司发放股票股利后其股价并不成比例下降,发放少量股票股利(2%～3%)不会引起股价的立即变化,可使股东得到总体股票价值上升的好处。

(2) 发放股票股利通常由成长中的公司所为,投资者往往认为发放股票股利预示着公司将会有较大的发展,利润将大幅度增长。这足以抵消增发股票带来的消极影响。这种心理会稳定股价甚至让股价略有上升。

(3) 股东在需要现金时,还可以将分得的股票股利出售,有些国家出售股票所缴纳的资本利得税率比收到现金股利所缴纳的所得税率要低,这使得股东可以从中获得纳税上的好处。

(4) 降低每股市价,日后公司要发行新股票时,则可以降低发行价格,有利于吸引投资者,促进股票的交易和流通。

(二) 股票股利对公司的意义

(1) 发放股票股利可以使股东分享公司的净利润而无需分配资金,这使得公司留存了大量的现金,便于进行再投资,有利于公司的长期发展。

(2) 在净利润和现金股利不变的情况下,发放股票股利可以降低每股价值,以吸引更多的投资者。

(3) 发放股票股利往往向社会传递公司将会继续发展的信息,从而提高投资者对公司的信心,在一定程度上稳定股票价格。但在某些情况下,发放股票股利也会被认为是公司资金周转不良的征兆,从而降低投资者对公司的信心,加剧股价下跌。

(4) 发放股票股利的费用比发放现金股利的费用大,会增加公司的负担。

 知识检测

一、单项选择题

1. 发放股票股利会产生(　　)影响。

　　A. 引起公司资金流出

　　B. 引起股东权益各项目的比例发生变化

　　C. 引起股东权益总额的变化

　　D. 引起每股利润保持不变

2. 发放股票股利后,如果盈利总额不变,会引起每股收益和每股市价的(　　)。

　　A. 上升、下降　　　B. 下降、下降　　　C. 下降、不变　　　D. 上升、不变

3. 如果上市公司以其所拥有的其他公司的股票作为股利支付给股东,则这种股利的方
式称为（　　）。

　　A. 现金股利　　　　B. 股票股利　　　　C. 财产股利　　　　D. 负债股利

二、多项选择题

1. 股利支付方式有（　　）。

　　A. 现金股利　　　　B. 股票股利　　　　C. 财产股利　　　　D. 负债股利

2. 目前,我国上市公司的股利分配形式有（　　）。

　　A. 现金股利　　　　B. 股票股利　　　　C. 负债股利　　　　D. 财产股利

3. 在其他条件不变的前提下,企业分配现金股利的多少会影响企业的（　　）。

　　A. 净资产总额

　　B. 外部筹资额

　　C. 资本结构

　　D. 负债比率的高低

4. 下列关于发放股票股利的表述中,正确的有（　　）。

　　A. 不会导致公司现金流出

　　B. 会增加公司流通在外的股票数量

　　C. 会改变公司股东权益的内部结构

　　D. 会对公司股东权益总额产生影响

三、判断题

1. 公司向股东分配股票股利,既不会减少公司的现金,也不会减少公司的股东权益总额,但会增加公司的总股本。　　　　　　　　　　　　　　　　　　　　　　（　　）

2. 企业发放股票股利会导致每股收益的下降,因此每股市价有可能会下降,从而每位股东所持股票的市场价值总额也会下降。　　　　　　　　　　　　　　　　　　（　　）

任务四　熟悉股票分割、股票回购和股票激励

　　【任务描述】　掌握股票股利、股票分割对公司和股东的影响,区分股票股利和股票分割的异同。分析股票回购的动机以及对公司的影响;了解股票激励的形式和作用。

知识点一　股票分割

　　股票分割又称拆股,是指将一股股票拆分成多股股票的行为。股票分割不属于某种股利支付方式。进行股票分割时,发放在外的股数增加,使得每股面值降低,每股盈余下降;但公司价值不变,股东权益总额、权益各项目的金额及相互间的比例也不会改变,这与发放股票股利的情况既有相同之处,又有区别之处。

　　【例5-4】　通达公司现有股本1 000万股(每股面值10元),资本公积40 000万元,留存

收益 70 000 万元,股票市价为每股 30 元。现按 100％发放股票股利及按 1∶2 进行股票分割,分析发放股票股利和股票分割对公司股东权益的影响。

解答:发放股票股利和股票分割对公司股东权益的影响分析结果如表 5-3 所示。

表 5-3　股东权益分布表

单位:万元

原普通股股东权益	
股本(1 000 万股,面值为 10 元)	10 000
资本公积	40 000
留存收益	70 000
股东权益合计	120 000
分配 100％股票股利	
股本(2 000 万股,面值为 10 元)	20 000
资本公积	60 000
留存收益	40 000
股东权益合计	120 000
1∶2 股票分割	
股本(2 000 万股,面值为 5 元)	10 000
资本公积	40 000
留存收益	70 000
股东权益合计	120 000

从实践效果来看,由于股票分割与发放股票股利非常接近,所以一般根据证券管理部门的具体规定对两者加以区别。例如,有的国家证券交易机构规定,发放 25％以上的股票股利即属于股票分割。

(一) 股票分割的主要目的

股票分割的主要目的在于通过增加股票的股数来降低每股市价,从而吸引更多的投资者。此外,股票分割往往是成长中公司的行为,所以宣布股票分割容易给人一种公司在成长中的印象,这种信息对公司的发展有利。

(二) 股票分割的作用

(1) 股票分割可以促进股票的流通和交易。股票分割会在短时间内使公司股票每股市价降低,买卖该股票所必需的资金量减少,易于增加该股票在投资者之间的换手,并且可以使更多的资金实力有限的潜在股东变成持股的股东。

(2) 股票分割可以向投资者传递公司发展前景良好的信息,有助于提高投资者对公司的信心。

(3) 股票分割可以为公司发行新股做准备。公司股票价格太高,会使许多潜在的投资者力不从心,不敢轻易对公司的股票进行投资。在新股发行之前,利用股票分割降低股票价格,可以促进新股的发行。

(4)股票分割有助于公司并购政策的实施,增加对被并购方的吸引力。

(5)股票分割带来的股票流通性的提高和股东数量的增加,会在一定程度上加大恶意收购公司股票的难度。

对于股东来讲,股票分割后各股东持有的股数增加,但持股总额不变,持股比例不变。不过,只要股票分割后每股现金股利的下降幅度小于股票分割幅度,股东仍能多获得现金股利。尽管股票分割与发放股票股利都能达到降低公司股价的目的,但一般来说,只有在公司股价大幅度上涨且预期难以下降的时候,才采用股票分割的办法来降低股价;而在公司股价上涨幅度不大的时候,往往通过发放股票股利将股价维持在理想的范围内。相反,若公司认为自己股票的价格太低,为了提高股价,会采取反分割(也称股票合并)的措施。反分割是股票分割的相反行为,即将数股面值较低的股票合并为一股面值较高的股票。

(三)股票分割与股票股利的比较

1. 股票分割与股票股利的相同点

(1)普通股股份数增加(股票分割增加更多)。

(2)每股收益和每股市价下降(股票分割下降更多)。

(3)股东持股比例不变。

(4)资产总额、负债总额、股东权益总额不变。

2. 股票分割与股票股利的不同点

股票分割:①面值变小;②股东权益结构不变;③不属于股利支付方式。

股票股利:①面值不变;②股东权益结构改变;③属于股利支付方式。

知识点二　股票回购

股票回购是指上市公司出资,将其发行在外的普通股以一定价格购买回来予以注销,或作为库存股的一种资本运作方式。公司不得随意收购本公司的股份,只有满足相关法律规定的情形才能回购股票。

(一)股票回购的方式

股票回购的方式主要包括公开市场回购、要约回购和协议回购。其中公开市场回购是指公司在公开市场交易市场上以当前市价回购股票;要约回购是指公司在特定期间向股东发出以高出当前市价的某一价格回购既定数量股票的要约,并根据要约内容进行回购;协议回购则是指公司以协议价格直接向一个或几个主要股东回购股票。

(二)股票回购的动机

在证券市场上,股票回购的动机多种多样,主要有以下几种:

(1)现金股利的替代。现金股利政策会对公司产生未来的派现压力,而股票回购不会。公司有富余资金时,通过回购股东所持有股票将现金分配给股东,这样股东就可以根据自己的需要选择继续持有股票,或出售股票获得现金。

(2)改变公司的资金结构。无论是现金回购还是举债回购股份,都会提高公司的财务杠杆水平,改变公司的资金结构。当公司认为权益资金在资金结构中所占比例较大时,为了调整资金结构而进行股票回购,可以在一定程度上降低整体资金成本。

(3)传递公司信息。由于信息不对称和预期差异,证券市场上的公司股票价格可能被低估,而过低的股价将会对公司产生负面的影响。一般情况下,投资者会认为股票回购意味着公司认为其股票价值被低估而采取应对措施。

(4)基于控制权的考虑。控股股东为了保证其控制权不被改变,往往采取直接或间接的方式回购股票,从而巩固既有的控制权。另外,股票回购使流通在外的股份数变少,股价上升,从而可以有效地防止敌意收购。

(三)股票回购的影响

股票回购对上市公司的影响,主要表现在以下几个方面:

(1)股票回购需要大量资金支付回购成本,容易造成资金紧张,降低资产流动性,影响公司的后续发展。

(2)股票回购无异于股东退股和公司资本的减少,也可能会使公司的发起人股东更注重创业利润的实现,从而不仅在一定程度上削弱了对债权人利益的保护,而且忽视了公司的长远发展,损害公司的根本利益。

(3)股票回购容易导致公司操纵股价。公司回购自己的股票容易导致其利用内幕消息进行炒作,加剧公司行为的非规范化,损害投资者的利益。

知识点三 股权激励

随着资本市场的发展和公司治理的完善,公司股权日益分散化,管理技术日益复杂化。为了合理激励公司管理人员,创新激励方式,一些大公司纷纷推行了股票期权等形式的股权激励机制。股权激励是一种通过经营者获得公司股权形式给予企业经营者一定的经济权力,使他们能够以股东的身份参与企业决策、分享利润、承担风险,从而勤勉尽责地为公司的长期发展服务的激励方法。现阶段,股权激励模式主要有股票期权模式、限制性股票模式、股票增值权模式、业绩股票模式和虚拟股票模式。

(一)股票期权模式

股票期权模式是指股份公司赋予激励对象(如经理人员)在未来某一特定日期内以预先约定的价格和条件购买公司一定数量股份的选择权。持有这种权利的经理人,可以按照特定价格购买公司一定数量的股票,也可以放弃购买股票的权利,但股票期权本身不可以转让。

股票期权实质上是公司给予激励对象的一种激励报酬,但是能否取得该报酬取决于以经理人为首的相关人员是否通过努力实现公司的目标。在行权期内,如果股价高于行权价格,激励对象可以通过行权获得市场现价与行权价格差带来的收益,否则将放弃行权。《上市公司股权激励管理办法》对股票期权行权的规定为股票期权授权日与获授股票期权首次可以行权日之间的间隔不得少于1年。股票期权的有效期从授权日起计算不得超过十年。

股票期权模式存在以下优点:

(1)能够降低委托—代理成本,将经营者的报酬与公司的长期利益绑在一起,使经营者与企业所有者利益的高度一致,使两者的利益紧密联系在一起,并且有利于降低激励成本。

（2）可以锁定期权人的风险。由于期权人没有事先支付成本或支付成本较低,如果行权时公司股票价格下跌,期权人可以放弃行权,几乎没有损失。

股票期权激励模式存在以下缺点：

（1）影响现有股东的权益。激励对象行权将会分散股权,改变公司的总资本和股本结构,会影响到现有股东权益,可能导致产权和经济纠纷。

（2）可能遭遇来自股票市场的风险。由于股票市场受较多不可控因素的影响,因此股票市场的价格具有不稳定性,持续的牛市会产生"收入差距过大"的问题,在期权人行权但尚未售出购入的股票时,如果股价下跌至行权价以下,期权人将同时承担行权后的纳税和股票跌破行权价的双重损失的风险。

（3）可能带来经营者的短期行为。由于股票期权的收益取决于行权之日市场上的股票价格是否高于行权价格的差额,这可能促使公司的经营者采取片面追求股价提升的短期行为而放弃有利于公司发展的重要投资机会。股票期权模式比较适合那些初始资本投入较少、资本增值较快、处于成长初期或扩张期的企业,如网络、高科技等风险较高的企业。

（二）限制性股票模式

限制性股票是指公司为了实现某一特定目标,先将一定数量的股票赠予或以较低价格售予激励对象。只有在实现预定目标后,激励对象才可将限制性股票抛售并从中获利;若预定目标没有实现,公司有权将免费赠予的限制性股票收回,或者将售出股票以激励对象购买时的价格回购。

由于只有达到限制性股票所规定的限制性期限时,持有人才能拥有实在的股票,因此在限制期间公司不需要支付现金对价,便能够留住人才。但限制性股票缺乏一个能推动企业股价上涨的激励机制,即在企业股价下跌时激励对象仍能获得股份,这样可能达不到激励效果,并使股东遭受损失。处于成熟期的企业由于其股价的上涨空间有限,因此采用限制性股票模式较为合适。

（三）股票增值权模式

股票增值权模式是指公司授予经营者一种权利,如果经营者努力经营企业,在规定期限内公司股票价格上升或业绩上升,经营者就可以按一定比例获得这种由股价上扬或业绩提升所带来的收益,收益为行权价与行权日二级市场股价之间的差价或净资产的增值额。激励对象不用为行权支付现金,行权后由公司支付现金、股票或股票和现金的组合。

股票增值权模式比较易于操作,股票增值权持有人在行权时直接兑现股票升值部分。首先,这种模式审批程序简单,无需解决股票来源问题,但由于激励对象不能获得真正意义上的股票,激励的时效相对较差。其次,公司方面需要提取奖励基金,从而给公司带来较大的现金支付压力。因此,股票增值权激励模式较适合现金流量比较充裕且比较稳定的上市公司和现金流量比较充裕的非上市公司。

（四）业绩股票模式

业绩股票模式是指公司在年初确定一个合理的年度业绩目标,如果激励对象经过大量努力后,在年末实现了公司预定的年度业绩目标,则公司给予激励对象一定数量的股票,或一定数量的奖金来购买本公司的股票。业绩股票再锁定一定年限以后才可以兑现。因此,这是一种根据被激励者完成业绩目标的情况,将普通股作为长期激励形式支付给经营者的激励机制。

业绩股票模式能够激励公司高管人员努力完成业绩目标。激励对象获得激励股票后便成为公司的股东,与原股东有了共同利益,会更加努力地去提升公司的业绩,进而获得因公司股价上涨带来的更多收益。但由于公司的业绩目标确定的科学性很难保证,这容易导致公司高管人员为获得业绩股票而弄虚作假。同时,激励成本较高,可能造成公司支付现金的压力。业绩股票激励模式只对公司的业绩目标进行考核,不要求股价的上涨,因此比较适合业绩稳定型的上市公司及其集团公司、子公司。

(五)虚拟股票模式

虚拟股票模式是指公司授予激励对象一种"虚拟"的股票,激励对象可以据此享受一定数量的分红权和股价升值收益。如果公司的业绩目标实现,则被授予者可以据此享受一定数量的分红,但没有所有权和表决权。这种虚拟股票也不能转让和出售,在离开公司时自动失效。在虚拟股票持有人实现既定目标条件下,公司支付给持有人收益时,既可以支付现金、等值的股票,也可以将等值的股票和现金相结合支付。虚拟股票能通过其持有者分享企业剩余索取权,将他们的长期收益与企业效益挂钩。

虚拟股票激励模式有以下优点:

(1)它实质上是一种享有企业分红权的凭证,除此之外,持有人不再享有其他权利。因此,虚拟股票的发放不影响公司的总资本和股本结构。

(2)虚拟股票具有内在的激励作用。虚拟股票的持有人通过自身的努力去经营管理好企业,使企业不断地盈利,进而取得更多的分红收益。公司的业绩越好,持有人的收益越多。

(3)虚拟股票激励模式具有一定的约束作用。因为获得分红收益的前提是实现公司的业绩目标,并且收益是在未来实现的。

虚拟股票激励模式的缺点:

(1)激励对象可能因考虑分红,减少甚至不实行企业资本公积金的积累,而过分地关注企业的短期利益。

(2)在这种模式下的股东分红意愿强烈,导致公司的现金支付压力比较大。

虚拟股权操作方便,只要拟定一个内部协议就可以了,不会影响股权结构,也无需考虑激励股票的来源问题。但由于企业用于激励的现金支出较大,企业的现金流会受影响,毕竟并不是所有企业都能保证持续的高增长和高利润。由于虚拟股票激励模式实质上不涉及公司股票的所有权授予,只是奖金的延期支付,所以其长期激励效果并不明显。因此,虚拟股票激励模式比较适合现金流量比较充裕的上市公司和非上市公司。

 知识检测

一、单项选择题

1. 下列关于股票回购的说法不正确的是( )。

    A. 公司可以根据资本运作的需要自主确定是否需要回购股票

    B. 公司在股票的公开交易市场上按照公司股票当前市场价格回购

任务拓展

    C. 公司在特定期间向市场发出以高于股票当前市场价格的某一价格回购既定数量股票的要约

    D. 协议回购是公司以协议价格直接向一个或几个主要股东回购股票

2. 下列关于股票回购方式的说法正确的是( )。

    A. 公司在股票的公开交易市场上按照高出股票当前市场价格的价格回购

    B. 公司在股票的公开交易市场上按照公司股票当前市场价格回购

    C. 公司在特定期间向市场发出以低于股票当前市场价格的某一价格回购既定数量股票的要约

    D. 公司以协议价格直接向一个或几个主要股东回购股票,协议价格一般高于当前的股票市场价格

3. 下列有关股票分割表述正确的是( )。

    A. 股票分割的结果会使股数增加

    B. 股票分割的结果有可能会使负债比重降低

    C. 股票分割会使股东权益增加

    D. 股票分割不影响股票面值

4. 下列关于股票分割的叙述中,不正确的是( )。

    A. 改善企业资金结构

    B. 使公司每股市价降低

    C. 有助于提高投资者对公司的信心

    D. 股票面值变小

5. 股份有限公司赋予激励对象在未来某一特定日期内,以预先确定的价格和条件购买公司一定数量股份的选择权,这种股权激励模式是( )。

    A. 股票期权模式   B. 限制性股票模式

    C. 股票增值权模式   D. 业绩股票激励模式

6. 根据被激励者完成业绩目标的情况,以普通股作为长期激励形式支付给经营者的激励模式是( )。

    A. 业绩股票激励模式   B. 股票增值权模式

    C. 股票期权模式   D. 限制性股票模式

二、多项选择题

1. 根据股票回购对象和回购价格的不同,股票回购的主要方式有( )。

    A. 要约回购   B. 协议回购

    C. 杠杆回购   D. 公开市场回购

2. 下列属于股票回购缺点的有( )。

    A. 股票回购易造成公司资金紧缺,资产流动性变差

    B. 股票回购可能使公司的发起人忽视公司长远的发展

    C. 股票回购容易导致公司操纵股价

    D. 股票回购会使股价下跌

3. 在下列各项中,能够增加普通股股票发行在外股数,但不改变公司资本结构的行为

的有(　　)。

A. 股票股利   B. 增发普通股

C. 股票分割   D. 股票回购

4. 下列关于股权激励方式的表述中正确的有(　　)。

A. 股票期权模式适合那些处于成长初期或扩张期的企业

B. 限制性股票模式适用于那些处于成熟期的企业

C. 在股票增值权模式下激励对象需要为行权支付现金

D. 业绩股票激励模式适合业绩稳定性的上市公司

三、判断题

1. 在其他条件不变的情况下,股票分割会使发行在外的股票总数增加,进而降低公司资产负债率。　　　　　　　　　　　　　　　　　　　　　　　　　　　　　(　　)

2. 一般地讲,只有在公司股价剧涨,预期难以下降时,才采用股票股利的办法降低股价;而在公司股价上涨幅度不大时,往往采用股票分割的方法将股价维持在理想的范围之内。　　　　　　　　　　　　　　　　　　　　　　　　　　　　　　　　　(　　)

3. 从本质上来说,股权激励是企业对管理层或者员工进行的一种经济利益分配。(　　)

4. 采用股票增值权模式,激励对象不用为行权支付现金,行权后有公司支付现金、股票或者股票和现金的结合。　　　　　　　　　　　　　　　　　　　　　　　　(　　)

5. 业绩股票激励模式只对业绩目标进行考核,而不要求股价的上涨,因而比较适合业绩稳定的上市公司。　　　　　　　　　　　　　　　　　　　　　　　　　　　　(　　)

 任务实训

东方公司年终进行利润分配前的股东权益情况如表 5-4 所示。

表 5-4 　东方公司股东权益情况

单位:万元

股本(面值 2 元,已发行 100 万股)	200
资本公积	400
未分配利润	200
股东权益合计	800

要求:

(1) 如果公司宣布发放 10% 的股票股利,并按发放股票股利后的股数发放现金股利,每股 0.1 元,发放的股票股利按照面值计价。则计算发放股利后的股东权益各项目的数额。

(2) 第一问中,如果发放的股票股利按照市价 10 元计价,则计算发放股利后的股东权益各项目的数额。

(3) 如果按照 1:2 的比例进行股票分割,计算进行股票分割后股东权益各项目的数额。

项 目 小 结

　　财务管理中的利润分配管理要注意按照法定的分配顺序分配利润。常见的股利分配政策有剩余股利政策、固定或稳定增长股利政策、固定股利支付率政策和正常股利加额外股利政策。我国上市公司股利的支付形式主要有现金股利和股票股利。股利的支付程序中,时间界限包括股利宣告日、股权登记日、除权日和股利发放日。分配注意分析股票股利、股票分割、股票回购以及股权激励对公司和股东的影响。

期数	1%	2%	3%	4%	5%	6%	7%	8%	9%	10%
1	1.010 0	1.020 0	1.030 0	1.040 0	1.050 0	1.060 0	1.070 0	1.080 0	1.090 0	1.100 0
2	1.020 1	1.040 4	1.060 9	1.081 6	1.102 5	1.123 6	1.144 9	1.166 4	1.188 1	1.210 0
3	1.030 3	1.061 2	1.092 7	1.124 9	1.157 6	1.191 0	1.225 0	1.259 7	1.295 0	1.331 0
4	1.040 6	1.082 4	1.125 5	1.169 9	1.215 5	1.262 5	1.310 8	1.360 5	1.411 6	1.464 1
5	1.051 0	1.104 1	1.159 3	1.216 7	1.276 3	1.338 2	1.402 6	1.469 3	1.538 6	1.610 5
6	1.061 5	1.126 2	1.194 1	1.265 3	1.340 1	1.418 5	1.500 7	1.586 9	1.677 1	1.771 6
7	1.072 1	1.148 7	1.229 9	1.315 9	1.407 1	1.503 6	1.605 8	1.713 8	1.828 0	1.948 7
8	1.082 9	1.171 7	1.266 8	1.368 6	1.477 5	1.593 8	1.718 2	1.850 9	1.992 6	2.143 6
9	1.093 7	1.195 1	1.304 8	1.423 3	1.551 3	1.689 5	1.838 5	1.999 0	2.171 9	2.357 9
10	1.104 6	1.219 0	1.343 9	1.480 2	1.628 9	1.790 8	1.967 2	2.158 9	2.367 4	2.593 7
11	1.115 7	1.243 4	1.384 2	1.539 5	1.710 3	1.898 3	2.104 9	2.331 6	2.580 4	2.853 1
12	1.126 8	1.268 2	1.425 8	1.601 0	1.795 9	2.012 2	2.252 2	2.518 2	2.812 7	3.138 4
13	1.138 1	1.293 6	1.468 5	1.665 1	1.885 6	2.132 9	2.409 8	2.719 6	3.065 8	3.452 3
14	1.149 5	1.319 5	1.512 6	1.731 7	1.979 9	2.260 9	2.578 5	2.937 2	3.341 7	3.797 5
15	1.161 0	1.345 9	1.558 0	1.800 9	2.078 9	2.396 6	2.759 0	3.172 2	3.642 5	4.177 2
16	1.172 6	1.372 8	1.604 7	1.873 0	2.182 9	2.540 4	2.952 2	3.425 9	3.970 3	4.595 0
17	1.184 3	1.400 2	1.652 8	1.947 9	2.292 0	2.692 8	3.158 8	3.700 0	4.327 6	5.054 5
18	1.196 1	1.428 2	1.702 4	2.025 8	2.406 6	2.854 3	3.379 9	3.996 0	4.717 1	5.559 9
19	1.208 1	1.456 8	1.753 5	2.106 8	2.527 0	3.025 6	3.616 5	4.315 7	5.141 7	6.115 9
20	1.220 2	1.485 9	1.806 1	2.191 1	2.653 3	3.207 1	3.869 7	4.661 0	5.604 4	6.727 5
21	1.232 4	1.515 7	1.860 3	2.278 8	2.786 0	3.399 6	4.140 6	5.033 8	6.108 8	7.400 2
22	1.244 7	1.546 0	1.916 1	2.369 9	2.925 3	3.603 5	4.430 4	5.436 5	6.658 6	8.140 3
23	1.257 2	1.576 9	1.973 6	2.464 7	3.071 5	3.819 7	4.740 5	5.871 5	7.257 9	8.954 3
24	1.269 7	1.608 4	2.032 8	2.563 3	3.225 1	4.048 9	5.072 4	6.341 2	7.911 1	9.849 7
25	1.282 4	1.640 6	2.093 8	2.665 8	3.386 4	4.291 9	5.427 4	6.848 5	8.623 1	10.834 7
26	1.295 3	1.673 4	2.156 6	2.772 5	3.555 7	4.549 4	5.807 4	7.396 4	9.399 2	11.918 2
27	1.308 2	1.706 9	2.221 3	2.883 4	3.733 5	4.822 3	6.213 9	7.988 1	10.245 1	13.110 0
28	1.321 3	1.741 0	2.287 9	2.998 7	3.920 1	5.111 7	6.648 8	8.627 1	11.167 1	14.421 0
29	1.334 5	1.775 8	2.356 6	3.118 7	4.116 1	5.418 4	7.114 3	9.317 3	12.172 2	15.863 1
30	1.347 8	1.811 4	2.427 3	3.243 4	4.321 9	5.743 5	7.612 3	10.062 7	13.267 7	17.449 4

终值系数表

$$(F/P, i, n) = (1 + i)^n$$

11%	12%	13%	14%	15%	16%	17%	18%	19%	20%
1.110 0	1.120 0	1.130 0	1.140 0	1.150 0	1.160 0	1.170 0	1.180 0	1.190 0	1.200 0
1.232 1	1.254 4	1.276 9	1.299 6	1.322 5	1.345 6	1.368 9	1.392 4	1.416 1	1.440 0
1.367 6	1.404 9	1.442 9	1.481 5	1.520 9	1.560 9	1.601 6	1.643 0	1.685 2	1.728 0
1.518 1	1.573 5	1.630 5	1.689 0	1.749 0	1.810 6	1.873 9	1.938 8	2.005 3	2.073 6
1.685 1	1.762 3	1.842 4	1.925 4	2.011 4	2.100 3	2.192 4	2.287 8	2.386 4	2.488 3
1.870 4	1.973 8	2.082 0	2.195 0	2.313 1	2.436 4	2.565 2	2.699 6	2.839 8	2.986 0
2.076 2	2.210 7	2.352 6	2.502 3	2.660 0	2.826 2	3.001 2	3.185 5	3.379 3	3.583 2
2.304 5	2.476 0	2.658 4	2.852 6	3.059 0	3.278 4	3.511 5	3.758 9	4.021 4	4.299 8
2.558 0	2.773 1	3.004 0	3.251 9	3.517 9	3.803 0	4.108 4	4.435 5	4.785 4	5.159 8
2.839 4	3.105 8	3.394 6	3.707 2	4.045 6	4.411 4	4.806 8	5.233 8	5.694 7	6.191 7
3.151 8	3.478 6	3.835 9	4.226 2	4.652 4	5.117 3	5.624 0	6.175 9	6.776 7	7.430 1
3.498 5	3.896 0	4.334 5	4.817 9	5.350 3	5.936 0	6.580 1	7.287 6	8.064 2	8.916 1
3.883 3	4.363 5	4.898 0	5.492 4	6.152 8	6.885 8	7.698 7	8.599 4	9.596 4	10.699 3
4.310 4	4.887 1	5.534 8	6.261 3	7.075 7	7.987 5	9.007 5	10.147 2	11.419 8	12.839 2
4.784 6	5.473 6	6.254 3	7.137 9	8.137 1	9.265 5	10.538 7	11.973 7	13.589 5	15.407 0
5.310 9	6.130 4	7.067 3	8.137 2	9.357 6	10.748 0	12.330 3	14.129 0	16.171 5	18.488 4
5.895 1	6.866 0	7.986 1	9.276 5	10.761 3	12.467 7	14.426 5	16.672 1	19.244 1	22.186 1
6.543 6	7.690 0	9.024 3	10.575 2	12.375 5	14.462 5	16.879 0	19.673 3	22.900 5	26.623 3
7.263 3	8.612 8	10.197 4	12.055 7	14.231 8	16.776 5	19.748 4	23.214 4	27.251 6	31.948 0
8.062 3	9.646 3	11.523 1	13.743 5	16.366 5	19.460 8	23.105 6	27.393 0	32.429 4	38.337 6
8.949 2	10.803 8	13.021 1	15.667 6	18.821 5	22.574 5	27.033 6	32.323 8	38.591 0	46.005 1
9.933 6	12.100 3	14.713 8	17.861 0	21.644 7	26.186 4	31.629 3	38.142 1	45.923 3	55.206 1
11.026 3	13.552 3	16.626 6	20.361 6	24.891 5	30.376 2	37.006 2	45.007 6	54.648 7	66.247 4
12.239 2	15.178 6	18.788 1	23.212 2	28.625 2	35.236 4	43.297 3	53.109 0	65.032 0	79.496 8
13.585 5	17.000 1	21.230 5	26.461 9	32.919 0	40.874 2	50.657 8	62.668 6	77.388 1	95.396 2
15.079 9	19.040 1	23.990 5	30.166 6	37.856 8	47.414 1	59.269 7	73.949 0	92.091 8	114.475 5
16.738 7	21.324 9	27.109 3	34.389 9	43.535 3	55.000 4	69.345 5	87.259 8	109.589 3	137.370 6
18.579 9	23.883 9	30.633 5	39.204 5	50.065 6	63.800 4	81.134 2	102.966 6	130.411 2	164.844 7
20.623 7	26.749 9	34.615 8	44.693 1	57.575 5	74.008 5	94.927 1	121.500 5	155.189 3	197.813 6
22.892 3	29.959 9	39.115 9	50.950 2	66.211 8	85.849 9	111.064 7	143.370 6	184.675 3	237.376 3

期数	1%	2%	3%	4%	5%	6%	7%	8%	9%	10%
1	0.990 1	0.980 4	0.970 9	0.961 5	0.952 4	0.943 4	0.934 6	0.925 9	0.917 4	0.909 1
2	0.980 3	0.961 2	0.942 6	0.924 6	0.907 0	0.890 0	0.873 4	0.857 3	0.841 7	0.826 4
3	0.970 6	0.942 3	0.915 1	0.889 0	0.863 8	0.839 6	0.816 3	0.793 8	0.772 2	0.751 3
4	0.961 0	0.923 8	0.888 5	0.854 8	0.822 7	0.792 1	0.762 9	0.735 0	0.708 4	0.683 0
5	0.951 5	0.905 7	0.862 6	0.821 9	0.783 5	0.747 3	0.713 0	0.680 6	0.649 9	0.620 9
6	0.942 0	0.888 0	0.837 5	0.790 3	0.746 2	0.705 0	0.666 3	0.630 2	0.596 3	0.564 5
7	0.932 7	0.870 6	0.813 1	0.759 9	0.710 7	0.665 1	0.622 7	0.583 5	0.547 0	0.513 2
8	0.923 5	0.853 5	0.789 4	0.730 7	0.676 8	0.627 4	0.582 0	0.540 3	0.501 9	0.466 5
9	0.914 3	0.836 8	0.766 4	0.702 6	0.644 6	0.591 9	0.543 9	0.500 2	0.460 4	0.424 1
10	0.905 3	0.820 3	0.744 1	0.675 6	0.613 9	0.558 4	0.508 3	0.463 2	0.422 4	0.385 5
11	0.896 3	0.804 3	0.722 4	0.649 6	0.584 7	0.526 8	0.475 1	0.428 9	0.387 5	0.350 5
12	0.887 4	0.788 5	0.701 4	0.624 6	0.556 8	0.497 0	0.444 0	0.397 1	0.355 5	0.318 6
13	0.878 7	0.773 0	0.681 0	0.600 6	0.530 3	0.468 8	0.415 0	0.367 7	0.326 2	0.289 7
14	0.870 0	0.757 9	0.661 1	0.577 5	0.505 1	0.442 3	0.387 8	0.340 5	0.299 2	0.263 3
15	0.861 3	0.743 0	0.641 9	0.555 3	0.481 0	0.417 3	0.362 4	0.315 2	0.274 5	0.239 4
16	0.852 8	0.728 4	0.623 2	0.533 9	0.458 1	0.393 6	0.338 7	0.291 9	0.251 9	0.217 6
17	0.844 4	0.714 2	0.605 0	0.513 4	0.436 3	0.371 4	0.316 6	0.270 3	0.231 1	0.197 8
18	0.836 0	0.700 2	0.587 4	0.493 6	0.415 5	0.350 3	0.295 9	0.250 2	0.212 0	0.179 9
19	0.827 7	0.686 4	0.570 3	0.474 6	0.395 7	0.330 5	0.276 5	0.231 7	0.194 5	0.163 5
20	0.819 5	0.673 0	0.553 7	0.456 4	0.376 9	0.311 8	0.258 4	0.214 5	0.178 4	0.148 6
21	0.811 4	0.659 8	0.537 5	0.438 8	0.358 9	0.294 2	0.241 5	0.198 7	0.163 7	0.135 1
22	0.803 4	0.646 8	0.521 9	0.422 0	0.341 8	0.277 5	0.225 7	0.183 9	0.150 2	0.122 8
23	0.795 4	0.634 2	0.506 7	0.405 7	0.325 6	0.261 8	0.210 9	0.170 3	0.137 8	0.111 7
24	0.787 6	0.621 7	0.491 9	0.390 1	0.310 1	0.247 0	0.197 1	0.157 7	0.126 4	0.101 5
25	0.779 8	0.609 5	0.477 6	0.375 1	0.295 3	0.233 0	0.184 2	0.146 0	0.116 0	0.092 3
26	0.772 0	0.597 6	0.463 7	0.360 7	0.281 2	0.219 8	0.172 2	0.135 2	0.106 4	0.083 9
27	0.764 4	0.585 9	0.450 2	0.346 8	0.267 8	0.207 4	0.160 9	0.125 2	0.097 6	0.076 3
28	0.756 8	0.574 4	0.437 1	0.333 5	0.255 1	0.195 6	0.150 4	0.115 9	0.089 5	0.069 3
29	0.749 3	0.563 1	0.424 3	0.320 7	0.242 9	0.184 6	0.140 6	0.107 3	0.082 2	0.063 0
30	0.741 9	0.552 1	0.412 0	0.308 3	0.231 4	0.174 1	0.131 4	0.099 4	0.075 4	0.057 3

现值系数表

$$(P/F,i,n) = (1+i)^{-n}$$

11%	12%	13%	14%	15%	16%	17%	18%	19%	20%
0.900 9	0.892 9	0.885 0	0.877 2	0.869 6	0.862 1	0.854 7	0.847 5	0.840 3	0.833 3
0.811 6	0.797 2	0.783 1	0.769 5	0.756 1	0.743 2	0.730 5	0.718 2	0.706 2	0.694 4
0.731 2	0.711 8	0.693 1	0.675 0	0.657 5	0.640 7	0.624 4	0.608 6	0.593 4	0.578 7
0.658 7	0.635 5	0.613 3	0.592 1	0.571 8	0.552 3	0.533 7	0.515 8	0.498 7	0.482 3
0.593 5	0.567 4	0.542 8	0.519 4	0.497 2	0.476 1	0.456 1	0.437 1	0.419 0	0.401 9
0.534 6	0.506 6	0.480 3	0.455 6	0.432 3	0.410 4	0.389 8	0.370 4	0.352 1	0.334 9
0.481 7	0.452 3	0.425 1	0.399 6	0.375 9	0.353 8	0.333 2	0.313 9	0.295 9	0.279 1
0.433 9	0.403 9	0.376 2	0.350 6	0.326 9	0.305 0	0.284 8	0.266 0	0.248 7	0.232 6
0.390 9	0.360 6	0.332 9	0.307 5	0.284 3	0.263 0	0.243 4	0.225 5	0.209 0	0.193 8
0.352 2	0.322 0	0.294 6	0.269 7	0.247 2	0.226 7	0.208 0	0.191 1	0.175 6	0.161 5
0.317 3	0.287 5	0.260 7	0.236 6	0.214 9	0.195 4	0.177 8	0.161 9	0.147 6	0.134 6
0.285 8	0.256 7	0.230 7	0.207 6	0.186 9	0.168 5	0.152 0	0.137 2	0.124 0	0.112 2
0.257 5	0.229 2	0.204 2	0.182 1	0.162 5	0.145 2	0.129 9	0.116 3	0.104 2	0.093 5
0.232 0	0.204 6	0.180 7	0.159 7	0.141 3	0.125 2	0.111 0	0.098 5	0.087 6	0.077 9
0.209 0	0.182 7	0.159 9	0.140 1	0.122 9	0.107 9	0.094 9	0.083 5	0.073 6	0.064 9
0.188 3	0.163 1	0.141 5	0.122 9	0.106 9	0.093 0	0.081 1	0.070 8	0.061 8	0.054 1
0.169 6	0.145 6	0.125 2	0.107 8	0.092 9	0.080 2	0.069 3	0.060 0	0.052 0	0.045 1
0.152 8	0.130 0	0.110 8	0.094 6	0.080 8	0.069 1	0.059 2	0.050 8	0.043 7	0.037 6
0.137 7	0.116 1	0.098 1	0.082 9	0.070 3	0.059 6	0.050 6	0.043 1	0.036 7	0.031 3
0.124 0	0.103 7	0.086 8	0.072 8	0.061 1	0.051 4	0.043 3	0.036 5	0.030 8	0.026 1
0.111 7	0.092 6	0.076 8	0.063 8	0.053 1	0.044 3	0.037 0	0.030 9	0.025 9	0.021 7
0.100 7	0.082 6	0.068 0	0.056 0	0.046 2	0.038 2	0.031 6	0.026 2	0.021 8	0.018 1
0.090 7	0.073 8	0.060 1	0.049 1	0.040 2	0.032 9	0.027 0	0.022 2	0.018 3	0.015 1
0.081 7	0.065 9	0.053 2	0.043 1	0.034 9	0.028 4	0.023 1	0.018 8	0.015 4	0.012 6
0.073 6	0.058 8	0.047 1	0.037 8	0.030 4	0.024 5	0.019 7	0.016 0	0.012 9	0.010 5
0.066 3	0.052 5	0.041 7	0.033 1	0.026 4	0.021 1	0.016 9	0.013 5	0.010 9	0.008 7
0.059 7	0.046 9	0.036 9	0.029 1	0.023 0	0.018 2	0.014 4	0.011 5	0.009 1	0.007 3
0.053 8	0.041 9	0.032 6	0.025 5	0.020 0	0.015 7	0.012 3	0.009 7	0.007 7	0.006 1
0.048 5	0.037 4	0.028 9	0.022 4	0.017 4	0.013 5	0.010 5	0.008 2	0.006 4	0.005 1
0.043 7	0.033 4	0.025 6	0.019 6	0.015 1	0.011 6	0.009 0	0.007 0	0.005 4	0.004 2

期数	1%	2%	3%	4%	5%	6%	7%	8%	9%	10%
1	1.000 0	1.000 0	1.000 0	1.000 0	1.000 0	1.000 0	1.000 0	1.000 0	1.000 0	1.000 0
2	2.010 0	2.020 0	2.030 0	2.040 0	2.050 0	2.060 0	2.070 0	2.080 0	2.090 0	2.100 0
3	3.030 1	3.060 4	3.090 9	3.121 6	3.152 5	3.183 6	3.214 9	3.246 4	3.278 1	3.310 0
4	4.060 4	4.121 6	4.183 6	4.246 5	4.310 1	4.374 6	4.439 9	4.506 1	4.573 1	4.641 0
5	5.101 0	5.204 0	5.309 1	5.416 3	5.525 6	5.637 1	5.750 7	5.866 6	5.984 7	6.105 1
6	6.152 0	6.308 1	6.468 4	6.633 0	6.801 9	6.975 3	7.153 3	7.335 9	7.523 3	7.715 6
7	7.213 5	7.434 3	7.662 5	7.898 3	8.142 0	8.393 8	8.654 0	8.922 8	9.200 4	9.487 2
8	8.285 7	8.583 0	8.892 3	9.214 2	9.549 1	9.897 5	10.259 8	10.636 6	11.028 5	11.435 9
9	9.368 5	9.754 6	10.159 1	10.582 8	11.026 6	11.491 3	11.978 0	12.487 6	13.021 0	13.579 5
10	10.462 2	10.949 7	11.463 9	12.006 1	12.577 9	13.180 8	13.816 4	14.486 6	15.192 9	15.937 4
11	11.566 8	12.168 7	12.807 8	13.486 4	14.206 8	14.971 6	15.783 6	16.645 5	17.560 3	18.531 2
12	12.682 5	13.412 1	14.192 0	15.025 8	15.917 1	16.869 9	17.888 5	18.977 1	20.140 7	21.384 3
13	13.809 3	14.680 3	15.617 8	16.626 8	17.713 0	18.882 1	20.140 6	21.495 3	22.953 4	24.522 7
14	14.947 4	15.973 9	17.086 3	18.291 9	19.598 6	21.015 1	22.550 5	24.214 9	26.019 2	27.975 0
15	16.096 9	17.293 4	18.598 9	20.023 6	21.578 6	23.276 0	25.129 0	27.152 1	29.360 9	31.772 5
16	17.257 9	18.639 3	20.156 9	21.824 5	23.657 5	25.672 5	27.888 1	30.324 3	33.003 4	35.949 7
17	18.430 4	20.012 1	21.761 6	23.697 5	25.840 4	28.212 9	30.840 2	33.750 2	36.973 7	40.544 7
18	19.614 7	21.412 3	23.414 4	25.645 4	28.132 4	30.905 7	33.999 0	37.450 2	41.301 3	45.599 2
19	20.810 9	22.840 6	25.116 9	27.671 2	30.539 0	33.760 0	37.379 0	41.446 3	46.018 5	51.159 1
20	22.019 0	24.297 4	26.870 4	29.778 1	33.066 0	36.785 6	40.995 5	45.762 0	51.160 1	57.275 0
21	23.239 2	25.783 3	28.676 5	31.969 2	35.719 3	39.992 7	44.865 2	50.422 9	56.764 5	64.002 5
22	24.471 6	27.299 0	30.536 8	34.248 0	38.505 2	43.392 3	49.005 7	55.456 8	62.873 3	71.402 7
23	25.716 3	28.845 0	32.452 9	36.617 9	41.430 5	46.995 8	53.436 1	60.893 3	69.531 9	79.543 0
24	26.973 5	30.421 9	34.426 5	39.082 6	44.502 0	50.815 6	58.176 7	66.764 8	76.789 8	88.497 3
25	28.243 2	32.030 3	36.459 3	41.645 9	47.727 1	54.864 5	63.249 0	73.105 9	84.700 9	98.347 1
26	29.525 6	33.670 9	38.553 0	44.311 7	51.113 5	59.156 4	68.676 5	79.954 4	93.324 0	109.181 8
27	30.820 9	35.344 3	40.709 6	47.084 2	54.669 1	63.705 8	74.483 8	87.350 8	102.723 1	121.099 9
28	32.129 1	37.051 2	42.930 9	49.967 6	58.402 6	68.528 1	80.697 7	95.338 8	112.968 2	134.209 9
29	33.450 4	38.792 2	45.218 9	52.966 3	62.322 7	73.639 8	87.346 5	103.965 9	124.135 4	148.630 9
30	34.784 9	40.568 1	47.575 4	56.084 9	66.438 8	79.058 2	94.460 8	113.283 2	136.307 5	164.494 0

终值系数表

$$(F/A, i, n) = \frac{(1+i)^n - 1}{i}$$

11%	12%	13%	14%	15%	16%	17%	18%	19%	20%
1.000 0	1.000 0	1.000 0	1.000 0	1.000 0	1.000 0	1.000 0	1.000 0	1.000 0	1.000 0
2.110 0	2.120 0	2.130 0	2.140 0	2.150 0	2.160 0	2.170 0	2.180 0	2.190 0	2.200 0
3.342 1	3.374 4	3.406 9	3.439 6	3.472 5	3.505 6	3.538 9	3.572 4	3.606 1	3.640 0
4.709 7	4.779 3	4.849 8	4.921 1	4.993 4	5.066 5	5.140 5	5.215 4	5.291 3	5.368 0
6.227 8	6.352 8	6.480 3	6.610 1	6.742 4	6.877 1	7.014 4	7.154 2	7.296 6	7.441 6
7.912 9	8.115 2	8.322 7	8.535 5	8.753 7	8.977 5	9.206 8	9.442 0	9.683 0	9.929 9
9.783 3	10.089 0	10.404 7	10.730 5	11.066 8	11.413 9	11.772 0	12.141 5	12.522 7	12.915 9
11.859 4	12.299 7	12.757 3	13.232 8	13.726 8	14.240 1	14.773 3	15.327 0	15.902 0	16.499 1
14.164 0	14.775 7	15.415 7	16.085 3	16.785 8	17.518 5	18.284 7	19.085 9	19.923 4	20.798 9
16.722 0	17.548 7	18.419 7	19.337 3	20.303 7	21.321 5	22.393 1	23.521 3	24.708 9	25.958 7
19.561 4	20.654 6	21.814 3	23.044 5	24.349 3	25.732 9	27.199 9	28.755 1	30.403 5	32.150 4
22.713 2	24.133 1	25.650 2	27.270 7	29.001 7	30.850 2	32.823 9	34.931 1	37.180 2	39.580 5
26.211 6	28.029 1	29.984 7	32.088 7	34.351 9	36.786 2	39.404 0	42.218 7	45.244 5	48.496 6
30.094 9	32.392 6	34.882 7	37.581 1	40.504 7	43.672 0	47.102 7	50.818 0	54.840 9	59.195 9
34.405 4	37.279 7	40.417 5	43.842 4	47.580 4	51.659 5	56.110 1	60.965 3	66.260 7	72.035 1
39.189 9	42.753 3	46.671 7	50.980 4	55.717 5	60.925 0	66.648 8	72.939 0	79.850 2	87.442 1
44.500 8	48.883 7	53.739 1	59.117 6	65.075 1	71.673 0	78.979 2	87.068 0	96.021 8	105.930 6
50.395 9	55.749 7	61.725 1	68.394 1	75.836 4	84.140 7	93.405 6	103.740 3	115.265 9	128.116 7
56.939 5	63.439 7	70.749 4	78.969 2	88.211 8	98.603 2	110.284 6	123.413 5	138.166 4	154.740 0
64.202 8	72.052 4	80.946 8	91.024 9	102.443 6	115.379 7	130.032 9	146.628 0	165.418 0	186.688 0
72.265 1	81.698 7	92.469 9	104.768 4	118.810 1	134.840 5	153.138 5	174.021 0	197.847 4	225.025 6
81.214 3	92.502 6	105.491 0	120.436 0	137.631 6	157.415 0	180.172 1	206.344 8	236.438 5	271.030 7
91.147 9	104.602 9	120.204 8	138.297 0	159.276 4	183.601 4	211.801 3	244.486 8	282.361 8	326.236 9
102.174 2	118.155 2	136.831 5	158.658 6	184.167 8	213.977 6	248.807 6	289.494 5	337.010 5	392.484 2
114.413 3	133.333 9	155.619 6	181.870 8	212.793 0	249.214 0	292.104 9	342.603 5	402.042 5	471.981 1
127.998 8	150.333 9	176.850 1	208.332 7	245.712 0	290.088 3	342.762 7	405.272 1	479.430 6	567.377 3
143.078 6	169.374 0	200.840 6	238.499 3	283.568 8	337.502 4	402.032 3	479.221 1	571.522 4	681.852 8
159.817 3	190.698 9	227.949 9	272.889 2	327.104 1	392.502 8	471.377 8	566.480 9	681.111 6	819.223 3
178.397 2	214.582 8	258.583 4	312.093 7	377.169 7	456.303 2	552.512 1	669.447 5	811.522 8	984.068 0
199.020 9	241.332 7	293.199 2	356.786 8	434.745 1	530.311 7	647.439 1	790.948 0	966.712 2	1181.881 6

附录四 1 元年金

期数	1%	2%	3%	4%	5%	6%	7%	8%	9%	10%	11%	12%	13%	14%	15%
1	0.990 1	0.980 4	0.970 9	0.961 5	0.952 4	0.943 4	0.934 6	0.925 9	0.917 4	0.909 1	0.900 9	0.892 9	0.885 0	0.877 2	0.869 6
2	1.970 4	1.941 6	1.913 5	1.886 1	1.859 4	1.833 4	1.808 0	1.783 3	1.759 1	1.735 5	1.712 5	1.690 1	1.668 1	1.646 7	1.625 7
3	2.941 0	2.883 9	2.828 6	2.775 1	2.723 2	2.673 0	2.624 3	2.577 1	2.531 3	2.486 9	2.443 7	2.401 8	2.361 2	2.321 6	2.283 2
4	3.902 0	3.807 7	3.717 1	3.629 9	3.546 0	3.465 1	3.387 2	3.312 1	3.239 7	3.169 9	3.102 4	3.037 3	2.974 5	2.913 7	2.855 0
5	4.853 4	4.713 5	4.579 7	4.451 8	4.329 5	4.212 4	4.100 2	3.992 7	3.889 7	3.790 8	3.695 9	3.604 8	3.517 2	3.433 1	3.352 2
6	5.795 5	5.601 4	5.417 2	5.242 1	5.075 7	4.917 3	4.766 5	4.622 9	4.485 9	4.355 3	4.230 5	4.111 4	3.997 5	3.888 7	3.784 5
7	6.728 2	6.472 0	6.230 3	6.002 1	5.786 4	5.582 4	5.389 3	5.206 4	5.033 0	4.868 4	4.712 2	4.563 8	4.422 6	4.288 3	4.160 4
8	7.651 7	7.325 5	7.019 7	6.732 7	6.463 2	6.209 8	5.971 3	5.746 6	5.534 8	5.334 9	5.146 1	4.967 6	4.798 8	4.638 9	4.487 3
9	8.566 0	8.162 2	7.786 1	7.435 3	7.107 8	6.801 7	6.515 2	6.246 9	5.995 2	5.759 0	5.537 0	5.328 2	5.131 7	4.946 4	4.771 6
10	9.471 3	8.982 6	8.530 2	8.110 9	7.721 7	7.360 1	7.023 6	6.710 1	6.417 7	6.144 6	5.889 2	5.650 2	5.426 2	5.216 1	5.018 8
11	10.367 6	9.786 8	9.252 6	8.760 5	8.306 4	7.886 9	7.498 7	7.139 0	6.805 2	6.495 1	6.206 5	5.937 7	5.686 9	5.452 7	5.233 7
12	11.255 1	10.575 3	9.954 0	9.385 1	8.863 3	8.383 8	7.942 7	7.536 1	7.160 7	6.813 7	6.492 4	6.194 4	5.917 6	5.660 3	5.420 6
13	12.133 7	11.348 4	10.635 0	9.985 6	9.393 6	8.852 7	8.357 7	7.903 8	7.486 9	7.103 4	6.749 9	6.423 5	6.121 8	5.842 4	5.583 1
14	13.003 7	12.106 2	11.296 1	10.563 1	9.898 6	9.295 0	8.745 5	8.244 2	7.786 2	7.366 7	6.981 9	6.628 2	6.302 5	6.002 1	5.724 5
15	13.865 1	12.849 3	11.937 9	11.118 4	10.379 7	9.712 2	9.107 9	8.559 5	8.060 7	7.606 1	7.190 9	6.810 9	6.462 4	6.142 2	5.847 4
16	14.717 9	13.577 7	12.561 1	11.652 3	10.837 8	10.105 9	9.446 6	8.851 4	8.312 6	7.823 7	7.379 2	6.974 0	6.603 9	6.265 1	5.954 2
17	15.562 3	14.291 9	13.166 1	12.165 7	11.274 1	10.477 3	9.763 2	9.121 6	8.543 6	8.021 6	7.548 8	7.119 6	6.729 1	6.372 9	6.047 2
18	16.398 3	14.992 0	13.753 5	12.659 3	11.689 6	10.827 6	10.059 1	9.371 9	8.755 6	8.201 4	7.701 6	7.249 7	6.839 9	6.467 4	6.128 0
19	17.226 0	15.678 5	14.323 8	13.133 9	12.085 3	11.158 1	10.335 6	9.603 6	8.950 1	8.364 9	7.839 3	7.365 8	6.938 0	6.550 4	6.198 2
20	18.045 6	16.351 4	14.877 5	13.590 3	12.462 2	11.469 9	10.594 0	9.818 1	9.128 5	8.513 6	7.963 3	7.469 4	7.024 8	6.623 1	6.259 3
21	18.857 0	17.011 2	15.415 0	14.029 2	12.821 2	11.764 1	10.835 5	10.016 8	9.292 2	8.648 7	8.075 1	7.562 0	7.101 6	6.687 0	6.312 5
22	19.660 4	17.658 0	15.936 9	14.451 1	13.163 0	12.041 6	11.061 2	10.200 7	9.442 4	8.771 5	8.175 7	7.644 6	7.169 5	6.742 9	6.358 7
23	20.455 8	18.292 2	16.443 6	14.856 8	13.488 6	12.303 4	11.272 2	10.371 1	9.580 2	8.883 2	8.266 4	7.718 4	7.229 7	6.792 1	6.398 8
24	21.243 4	18.913 9	16.935 5	15.247 0	13.798 6	12.550 4	11.469 3	10.528 8	9.706 6	8.984 7	8.348 1	7.784 3	7.282 9	6.835 1	6.433 8
25	22.023 2	19.523 5	17.413 1	15.622 1	14.093 9	12.783 4	11.653 6	10.674 8	9.822 6	9.077 0	8.421 7	7.843 1	7.330 0	6.872 9	6.464 1
26	22.795 2	20.121 0	17.876 8	15.982 8	14.375 2	13.003 2	11.825 8	10.810 0	9.929 0	9.160 9	8.488 1	7.895 7	7.371 7	6.906 1	6.490 6
27	23.559 6	20.706 9	18.327 0	16.329 6	14.643 0	13.210 5	11.986 7	10.935 2	10.026 6	9.237 2	8.547 8	7.942 6	7.408 6	6.935 2	6.513 5
28	24.316 4	21.281 3	18.764 1	16.663 1	14.898 1	13.406 2	12.137 1	11.051 1	10.116 1	9.306 6	8.601 6	7.984 4	7.441 2	6.960 7	6.533 5
29	25.065 8	21.844 4	19.188 5	16.983 7	15.141 1	13.590 7	12.277 7	11.158 4	10.198 3	9.369 6	8.650 1	8.021 8	7.470 1	6.983 0	6.550 9
30	25.807 7	22.396 5	19.600 4	17.292 0	15.372 5	13.764 8	12.409 0	11.257 8	10.273 7	9.426 9	8.693 8	8.055 2	7.495 7	7.002 7	6.566 0

现值系数表

$$(P/A, i, n) = \frac{1-(1+i)^{-n}}{i}$$

16%	17%	18%	19%	20%	21%	22%	23%	24%	25%	26%	27%	28%	29%	30%
0.862 1	0.854 7	0.847 5	0.840 3	0.833 3	0.826 4	0.819 7	0.813 0	0.806 5	0.800 0	0.793 7	0.787 4	0.781 3	0.775 2	0.769 2
1.605 2	1.585 2	1.565 6	1.546 5	1.527 8	1.509 5	1.491 5	1.474 0	1.456 8	1.440 0	1.423 5	1.407 4	1.391 6	1.376 1	1.360 9
2.245 9	2.209 6	2.174 3	2.139 9	2.106 5	2.073 9	2.042 2	2.011 4	1.981 3	1.952 0	1.923 4	1.895 6	1.868 4	1.842 0	1.816 1
2.798 2	2.743 2	2.690 1	2.638 6	2.588 7	2.540 4	2.493 6	2.448 3	2.404 3	2.361 6	2.320 2	2.280 0	2.241 0	2.203 1	2.166 2
3.274 3	3.199 3	3.127 2	3.057 6	2.990 6	2.926 0	2.863 6	2.803 5	2.745 4	2.689 3	2.635 1	2.582 7	2.532 0	2.483 0	2.435 6
3.684 7	3.589 2	3.497 6	3.409 8	3.325 5	3.244 6	3.166 9	3.092 3	3.020 5	2.951 4	2.885 0	2.821 0	2.759 4	2.700 0	2.642 7
4.038 6	3.922 4	3.811 5	3.705 7	3.604 6	3.507 9	3.415 5	3.327 0	3.242 3	3.161 1	3.083 3	3.008 7	2.937 0	2.868 2	2.802 1
4.343 6	4.207 2	4.077 6	3.954 4	3.837 2	3.725 6	3.619 3	3.517 9	3.421 2	3.328 9	3.240 7	3.156 4	3.075 8	2.998 6	2.924 7
4.606 5	4.450 6	4.303 0	4.163 3	4.031 0	3.905 4	3.786 3	3.673 1	3.565 5	3.463 1	3.365 7	3.272 8	3.184 2	3.099 7	3.019 0
4.833 2	4.658 6	4.494 1	4.338 9	4.192 5	4.054 1	3.923 2	3.799 3	3.681 9	3.570 5	3.464 8	3.364 4	3.268 9	3.178 1	3.091 5
5.028 6	4.836 4	4.656 0	4.486 5	4.327 1	4.176 9	4.035 4	3.901 8	3.775 7	3.656 4	3.543 5	3.436 5	3.335 1	3.238 8	3.147 3
5.197 1	4.988 4	4.793 2	4.610 5	4.439 2	4.278 4	4.127 4	3.985 2	3.851 4	3.725 1	3.605 9	3.493 3	3.386 8	3.285 9	3.190 3
5.342 3	5.118 3	4.909 5	4.714 7	4.532 7	4.362 4	4.202 8	4.053 0	3.912 4	3.780 1	3.655 5	3.538 1	3.427 2	3.322 4	3.223 3
5.467 5	5.229 3	5.008 1	4.802 3	4.610 6	4.431 7	4.264 6	4.108 2	3.961 6	3.824 1	3.694 9	3.573 3	3.458 7	3.350 7	3.248 7
5.575 5	5.324 2	5.091 6	4.875 9	4.675 5	4.489 0	4.315 2	4.153 0	4.001 3	3.859 3	3.726 1	3.601 0	3.483 4	3.372 6	3.268 2
5.668 5	5.405 3	5.162 4	4.937 7	4.729 6	4.536 4	4.356 7	4.189 4	4.033 3	3.887 4	3.750 9	3.622 8	3.502 6	3.389 6	3.283 2
5.748 7	5.474 6	5.222 3	4.989 7	4.774 6	4.575 5	4.390 8	4.219 0	4.059 1	3.909 9	3.770 5	3.640 0	3.517 7	3.402 8	3.294 8
5.817 8	5.533 9	5.273 2	5.033 3	4.812 2	4.607 9	4.418 7	4.243 1	4.079 9	3.927 9	3.786 1	3.653 6	3.529 4	3.413 0	3.303 7
5.877 5	5.584 5	5.316 2	5.070 0	4.843 5	4.634 6	4.441 5	4.262 7	4.096 7	3.942 4	3.798 5	3.664 2	3.538 6	3.421 0	3.310 5
5.928 8	5.627 8	5.352 7	5.100 9	4.869 6	4.656 7	4.460 3	4.278 6	4.110 3	3.953 9	3.808 3	3.672 6	3.545 8	3.427 1	3.315 8
5.973 1	5.664 8	5.383 7	5.126 8	4.891 3	4.675 0	4.475 6	4.291 6	4.121 2	3.963 1	3.816 1	3.679 2	3.551 4	3.431 9	3.319 8
6.011 3	5.696 4	5.409 9	5.148 6	4.909 4	4.690 0	4.488 2	4.302 1	4.130 0	3.970 5	3.822 3	3.684 4	3.555 8	3.435 6	3.323 0
6.044 2	5.723 4	5.432 1	5.166 8	4.924 5	4.702 5	4.498 5	4.310 6	4.137 1	3.976 4	3.827 3	3.688 5	3.559 2	3.438 4	3.325 4
6.072 6	5.746 5	5.450 9	5.182 2	4.937 1	4.712 8	4.507 0	4.317 6	4.142 8	3.981 1	3.831 2	3.691 8	3.561 9	3.440 6	3.327 2
6.097 1	5.766 2	5.466 9	5.195 1	4.947 6	4.721 3	4.513 9	4.323 2	4.147 4	3.984 9	3.834 1	3.694 3	3.564 0	3.442 3	3.328 6
6.118 2	5.783 1	5.480 4	5.206 0	4.956 3	4.728 4	4.519 6	4.327 8	4.151 1	3.987 9	3.836 7	3.696 3	3.565 6	3.443 7	3.329 7
6.136 4	5.797 5	5.491 9	5.215 1	4.963 6	4.734 2	4.524 3	4.331 6	4.154 2	3.990 3	3.838 7	3.697 9	3.566 9	3.444 7	3.330 5
6.152 0	5.809 9	5.501 6	5.222 8	4.969 7	4.739 0	4.528 1	4.334 4	4.156 6	3.992 3	3.840 2	3.699 1	3.567 9	3.445 5	3.331 2
6.165 6	5.820 4	5.509 8	5.229 2	4.974 7	4.743 0	4.531 2	4.337 1	4.158 5	3.993 8	3.841 4	3.700 1	3.568 7	3.446 1	3.331 7
6.177 2	5.829 4	5.516 8	5.234 7	4.978 9	4.746 3	4.533 8	4.339 1	4.160 1	3.995 0	3.842 4	3.700 9	3.569 3	3.446 6	3.332 1

参 考 文 献

[1] 赵润华. 财务管理[M]. 北京:北京交通大学出版社,2010.

[2] 张军. 财务管理[M]. 北京:科学出版社,2004.

[3] 孙振丹. 公司理财[M]. 北京:中国人民大学出版社,2012.

[4] 荆新,王化成,刘俊彦. 财务管理学[M]. 北京:中国人民大学出版社,2009.

[5] 吕晓荣. 新编财务管理[M]. 北京:电子工业出版社,2008.

[6] 迟艳琴. 财务管理[M]. 上海:上海财经大学出版社,2007.

[7] 中国注册会计师协会. 财务成本管理[M]. 北京:经济科学出版社,2008.

[8] 余绪缨. 企业理财学[M]. 沈阳:辽宁人民出版社,1996.

[9] 财政部会计资格评价中心. 中级会计资格财务管理[M]. 北京:经济科学出版社,2018.